EUROPA LEHRMITTEL

Demokratie gestalten

Sozialkunde für Berufsschulen und Berufsfachschulen in Bayern

Claus · Gleixner · Kalis · Schellenberger

4. Auflage

VERLAG EUROPA-LEHRMITTEL · Nourney, Vollmer GmbH & Co. KG
Düsselberger Straße 23 · 42781 Haan-Gruiten

Europa-Nr.: 67015

Autoren:
Dietrich Claus, StD, Kleinaitingen
Helmut Gleixner, StD, Schnaitsee
Edgar Kalis, StD, Ingolstadt
Stefan Schellenberger, StR, Valley/Unterdarching

Arbeitskreisleitung:
Helmut Gleixner

Verlagslektorat:
Dr. Rainer Maurer und Thorsten Lemanski (M. A.)

4. Auflage 2008

Druck 5 4 3 2 1

Alle Drucke derselben Auflage sind parallel einsetzbar, da sie bis auf die Behebung von Druckfehlern untereinander unverändert sind.

Das vorliegende Buch wurde auf der **Grundlage der aktuellen amtlichen Rechtschreibregeln** erstellt.

ISBN 978-3-8085-6704-3

Umschlaggestaltung: Michael M. Kappenstein, 60594 Frankfurt a. M.
Layout, Grafik, Satz: Satz+Layout Werkstatt Kluth, 50374 Erftstadt
Druck: Triltsch Print und digitale Medien, 97199 Ochsenfurt-Hohestadt

Liebe Schülerinnen, liebe Schüler, liebe Lehrerinnen, liebe Lehrer,

mit dem Lehr- und Arbeitsbuch „Demokratie gestalten“ haben Sie sich für ein modernes Lehrwerk entschieden. Es wurde nach dem Lehrplan für Sozialkunde in Bayern (2004) verfasst.

Das Buch vermittelt Ihnen ein solides Grundwissen, das unter Berücksichtigung der neuesten didaktischen und methodischen Erkenntnisse präsentiert wird. Die vorliegende Auflage wurde durchgängig aktualisiert. Aktuelle politische Personen, Gesetzesänderungen und thematische Entwicklungen im Unterrichtsfach Sozialkunde wurden eingearbeitet. Dies ermöglicht Ihnen eine fundierte und zeitgemäße Auseinandersetzung mit Ihrer politischen, wirtschaftlichen, sozialen und kulturellen Umwelt.

„Demokratie gestalten“ will Sie ermutigen, sich – mit diesem Wissen gerüstet – in die Gestaltung ihres politischen Umfeldes einzubringen.

Um Ihnen das Arbeiten und Lernen mit dem Buch zu erleichtern, finden Sie folgende Textelemente:

Hier finden Sie „Überlegensfragen“. Darin werden Sie aufgefordert, sich zu dem Thema Ihre eigenen Gedanken zu machen bzw. die Problematik zu hinterfragen.

Zusammenfassung

In der Zusammenfassung stehen – knapp und präzise – die wichtigsten Inhalte des jeweiligen Kapitels. Diese Inhalte sollten Sie gründlich lernen.

Wissens-Check

Im Wissens-Check können Sie überprüfen, ob Sie das Gelernte auch beherrschen. Wenn Sie diese Fragen beantworten können, haben Sie sich ein solides Wissen erarbeitet.

Links

Hier finden Sie eine Auswahl von Websites mit weitergehenden Informationen.

Die Autoren und der Verlag wünschen sich, dass Ihnen die Arbeit mit dem Buch Freude macht. Wenn das der Fall ist, sind wir optimistisch, dass Sie bewusst „Demokratie gestalten“.

München, im Sommer 2008

Jahrgangsstufe 10

Jahrgangsstufe 11

Jahrgangsstufe 12

A Ausbildung und Beruf

Duales Ausbildungssystem

Berufsausbildungsvertrag

Jugendarbeitsschutzgesetz

Schutzbestimmungen im Arbeitsrecht

Tarifautonomie – Arbeitskampf

Mitbestimmung im Betrieb

1 Duales Ausbildungssystem

Bis zum Ende des 18. Jahrhunderts war die menschliche Arbeit von handwerklicher Arbeitsteilung geprägt. Es gab nur wenige Handwerksberufe wie z. B. Bäcker, Schuster, Schneider, Müller, Schmied. Die Handwerker stellten meist ein ganzes Stück (z. B. ein Brot, einen Schuh oder eine Hose) selbst her. Die Vielzahl unterschiedlichster Berufe entwickelte sich erst im Zuge der Industrialisierung. Der Herstellungsprozess wurde in viele einzelne Arbeitsgänge und Tätigkeiten aufgeteilt. Diese haben sich zu eigenen Berufen entwickelt. Heute sind an der Herstellung einer modernen Werkzeugmaschine viele hoch qualifizierte Experten und spezialisierte Fachkräfte beteiligt. Die Entwicklung und Herstellung neuer und verbesserter Güter bringt neue und anspruchsvollere Berufe hervor. Mit den gestiegenen Anforderungen ist es nicht mehr möglich, jeden Beruf unabhängig von der Schulbildung zu erlernen. Viele Betriebe fordern bereits einen mittleren Schulabschluss oder gar das Abitur als Einstellungsvoraussetzung.

Zahlen: Bundesinstitut für Berufsbildung

Wie viel Prozent der Jugendlichen durchlaufen das duale Ausbildungssystem?

Findet die berufliche Ausbildung in der Berufsschule und im Betrieb statt, spricht man von einer Berufsausbildung im dualen System. Die Ausbildung an den verschiedenen Lernorten soll sich ergänzen und dauert, je nach Ausbildungsberuf und Vorbildung, zwei bis dreieinhalb Jahre. Die Berufsschule deckt den theoretischen Teil der Ausbildung ab. Fachtheoretische Kenntnisse für den jeweiligen Beruf werden vermittelt und die Allgemeinbildung wird gefördert. Der Betrieb übernimmt als Partner im dualen System die praktische Ausbildung und ermöglicht den Erwerb der erforderlichen Berufserfahrung während der Ausbildung.

Der Unterricht erfolgt als Teilzeitunterricht und kann als

- **Einzeltagesunterricht** oder
- **Blockunterricht**

organisiert sein.

Einzeltagesunterricht:
Ein bis zwei Tage Unterricht pro Woche

Blockunterricht:
Mehrmals im Jahr eine oder mehrere Wochen Unterricht

Schulpflicht – Berufsschulpflicht

Die Berufsschule ist für die meisten jungen Auszubildenden eine Pflichtschule. Zum Besuch der Berufsschule ist verpflichtet,

- wer nach der erfüllten **Vollzeitschulpflicht** ein Ausbildungsverhältnis eingeht,
- wer noch keine zwölf Schulbesuchsjahre aufweist und
- wer noch nicht 21 Jahre alt ist.

Vollzeitschulpflicht:
Sie ist nach neun Schulbesuchsjahren erfüllt.

Warum gibt es in der Berufsschule Blockunterricht und Einzeltagesunterricht? Notieren Sie mögliche Argumente für beide Formen.

Die **Schulpflicht** gliedert sich in die Vollzeitschulpflicht und die Berufsschulpflicht. Sie dauert in der Regel zwölf Jahre und umfasst neun Jahre Volksschule und drei Jahre Berufsschule. Mit dem Bestehen der Berufsabschlussprüfung endet die Berufsschulpflicht.

Schulpflicht:
Sie ist im Bayerischen Erziehungs- und Unterrichtsgesetz (BayEUG) geregelt.

Bei guten Leistungen im Berufsschulzeugnis

- Notendurchschnitt 2,5 oder besser und
- Note 3 oder besser in Englisch

verleiht die Berufsschule den mittleren Schulabschluss.

Den **Quabi** erhält auf Antrag bei seiner Hauptschule, wer

- einen **Quali** besitzt und
- im Berufsabschluss die Note 2,5 oder besser nachweist und
- mindestens befriedigende Englischkenntnisse nachweist.

Quabi:
Qualifizierter beruflicher Bildungsabschluss (mittlerer Bildungsabschluss)

Quali:
Qualifizierender Hauptschulabschluss

Jugendliche, die keinen Ausbildungsberuf erlernen, haben nach neun Schulbesuchsjahren die Vollzeitschulpflicht erfüllt. Sie sind aber weiterhin schulpflichtig, wenn sie keinen mittleren Schulabschluss haben. Als Jungarbeiter erfüllen Sie ihre restliche Schulpflicht an einer Berufsschule.

Wer einen mittleren Schulabschluss erreicht hat (z. B. erfolgreicher Realschulabschluss oder Bestehen der zehnten Klasse Gymnasium), ist nicht mehr schulpflichtig. Jugendliche werden berufsschulpflichtig, sobald sie eine Berufsausbildung beginnen.

Hochschulzugangsberechtigte: Schüler mit Abitur oder einem ähnlichen Schulabschluss, der zu einem Studium an einer Universität oder Fachhochschule berechtigt

Hochschulzugangsberechtigte und Auszubildende, die das 21. Lebensjahr vollendet haben, sind berufsschulberechtigt. Während einer Berufsausbildung dürfen sie die Berufsschule besuchen. Der Betrieb muss sie für den Besuch der Berufsschule freistellen.

Zusammenfassung

Die duale Ausbildung findet in Berufsschule und Betrieb statt.

Die Berufsschule deckt den theoretischen Teil der Ausbildung ab, der Betrieb den praktischen.

Die Schulpflicht dauert zwölf Jahre. Bei guten Leistungen verleihen die Berufsschule oder die Hauptschule einen mittleren Bildungsabschluss.

Wissens-Check

1. Nennen Sie die Ausbildungspartner der dualen Ausbildung.
2. Martin bricht nach einem Jahr die Ausbildung zum Einzelhandelskaufmann ab.

   Hat er die Schulpflicht erfüllt? Welche Möglichkeiten gibt es?

Links

www.bibb.de

www.stmuk.bayern.de

2 Berufsausbildungsvertrag

Grafik: Dave Vaughan

Diskutieren Sie anhand der Karikatur, wozu Berufsausbildungsverträge abgeschlossen werden.

Vor Beginn einer Berufsausbildung wird zwischen dem Ausbildenden und dem Auszubildenden ein Berufsausbildungsvertrag geschlossen (§ 10 **BBiG**). Dieser Vertrag dokumentiert ein besonderes Arbeitsverhältnis, das den Auszubildenden schützt, ihm aber auch Pflichten auferlegt. Der Ausbildende übernimmt ebenfalls Rechte und Pflichten.

BBiG:
Berufsbildungsgesetz
Es regelt die Berufsausbildung, die berufliche Fortbildung und die berufliche Umschulung.

§ 10 BBiG (Vertrag)

(1) Wer andere Personen zur Berufsausbildung einstellt (Ausbildender) hat mit dem Auszubildenden einen Berufsausbildungsvertrag zu schließen.

§ 11 BBiG (Vertragsniederschrift)

(1) Ausbildende haben unverzüglich nach Abschluss des Berufsausbildungsvertrages (...) den wesentlichen Inhalt des Vertrages (...) schriftlich niederzulegen.

(2) Die Niederschrift ist von den Ausbildenden den Auszubildenden und deren gesetzlichen Vertretern und Vertreterinnen zu unterzeichnen.

Rechte und Pflichten

Der Ausbildende ...	Der Auszubildende ...
... hat dafür zu sorgen, dass dem Auszubildenden die berufliche Handlungsfähigkeit vermittelt wird, die zum Erreichen des Ausbildungszieles erforderlich ist.	... muss sich bemühen, die berufliche Handlungsfähigkeit zu erwerben, die zum Erreichen des Ausbildungszieles erforderlich ist.
... hat die Berufsausbildung in einer durch ihren Zweck gebotenen Form planmäßig, zeitlich und sachlich gegliedert so durchzuführen, dass das Ausbildungsziel in der vorgesehenen Ausbildungszeit erreicht werden kann.	
... darf dem Auszubildenden nur Aufgaben übertragen, die dem Ausbildungszweck dienen und seinen körperlichen Kräften angemessen sind.	... muss die im Rahmen der Berufsausbildung aufgetragenen Aufgaben sorgfältig ausführen.
... hat den Auszubildenden zum Besuch der Berufsschule sowie zum Führen von schriftlichen Ausbildungsnachweisen (z. B. Berichtsheft) anzuhalten und diese durchzusehen.	... hat an Ausbildungsmaßnahmen teilzunehmen, für die er freigestellt wird (z. B. Berufsschulunterricht, Lehrgänge der Innung oder Kammern).
... hat selbst auszubilden oder einen Ausbilder oder eine Ausbilderin ausdrücklich damit zu beauftragen..	... hat den Weisungen zu folgen, die ihm im Rahmen der Berufsausbildung von Ausbildern bzw. Ausbilderinnen oder von anderen weisungsberechtigten Personen erteilt werden.
... hat dafür Sorge zu tragen, dass der Auszubildende charakterlich gefördert sowie sittlich und körperlich nicht gefährdet wird.	... muss die für die Ausbildungsstätte geltende Ordnung beachten.
	... ist verpflichtet, über Betriebs- und Geschäftsgeheimnisse Stillschweigen zu bewahren.
... hat dem Auszubildenden kostenlos die Ausbildungsmittel, insbesondere Werkzeuge und Werkstoffe, zur Verfügung zu stellen.	... hat Werkzeuge, Maschinen und sonstige Einrichtungen pfleglich zu behandeln.

Wer sind die Vertragspartner eines Berufsausbildungsvertrages?

Der Berufsausbildungsvertrag wird von den zuständigen Stellen (z. B. der Handwerkskammer, Industrie- und Handelskammer) geprüft. Mit dem Eintrag in das Verzeichnis der Berufsausbildungsverhältnisse entsteht ein rechtskräftiges Dokument.

Die Eintragung wird nur vorgenommen, wenn folgende Bedingungen erfüllt sind:

- Der Berufsausbildungsvertrag entspricht den gesetzlichen Vorgaben.
- Ein Auszubildender unter 18 Jahren legt eine Bescheinigung über die Erstuntersuchung vor.
- Die **persönliche und fachliche Eignung** des Ausbildungspersonals sowie die Eignung der Ausbildungsstätte wird bestätigt (§ 32 BBiG, § 29 HwO).

Persönliche und fachliche Eignung:

Sie wird erworben durch:

- die Meisterprüfung
- die Technikerprüfung
- ein Studium
- die Ausbildereignungsprüfung

Ausbildungsdauer

Die Dauer der Ausbildung ist in der jeweiligen Ausbildungsordnung vorgeschrieben und muss im Berufsausbildungsvertrag festgelegt sein. Sie beträgt je nach Ausbildungsberuf zwischen zwei und dreieinhalb Jahren. Normalerweise endet das Berufsausbildungsverhältnis mit Ablauf der vorgeschriebenen Ausbildungsdauer. In bestimmten Fällen kann die Ausbildungszeit durch die zuständige Stelle verkürzt oder verlängert werden.

Ausbildungsdauer:

- 2 Jahre
  z. B. Teilezurichter/-in, Tiefbaufacharbeiter/-in
- 3 Jahre
  z. B. Tischler/-in, Informatikkaufmann/-frau
- 3 ½ Jahre
  z. B. Zahntechniker/-in, Kfz-Mechatroniker

§ 21 BBiG (Beendigung)

(2) Bestehen Auszubildende vor Ablauf der Ausbildungszeit die Abschlussprüfung, so endet das Berufsausbildungsverhältnis mit Bekanntgabe des Ergebnisses durch den Prüfungsausschuss.

Verkürzung der Ausbildungszeit

Der Auszubildende kann auf Antrag während der Ausbildung vorzeitig zur Prüfung zugelassen werden. Die zuständige Stelle genehmigt in der Regel eine Verkürzung um sechs Monate, wenn zwei Bedingungen erfüllt sind:

- Der Auszubildende hat gute Leistungen in der betrieblichen Ausbildung erbracht und der Ausbildungsbetrieb befürwortet die vorzeitige Zulassung.
- Der Auszubildende weist in den berufsbezogenen Fächern der Berufsschule gute Leistungen nach.

Die Ausbildungszeit kann auch aufgrund der schulischen Vorbildung verkürzt werden, z. B. für Abiturienten.

Verlängerung der Ausbildungsdauer

Besteht der Auszubildende innerhalb der Ausbildungszeit die Prüfung nicht, kann die Ausbildung verlängert werden. Der Ausbildende ist verpflichtet, dem zuzustimmen und den Berufsausbildungsvertrag zu verlängern.

In Ausnahmefällen kann die zuständige Stelle auf Antrag des Ausbildenden die Ausbildungszeit verlängern, wenn die Verlängerung erforderlich ist, um das Ausbildungsziel zu erreichen.

Solche Ausnahmefälle sind z. B.:

- erkennbare schwere Mängel der Ausbildung
- längere Ausfallzeiten, die vom Auszubildenden nicht zu vertreten sind (z. B. Krankheit)

Ausbildungsvergütung

Der Ausbildende muss dem Auszubildenden eine angemessene Vergütung bezahlen. Sie richtet sich nach dem Alter des Auszubildenden und der Dauer der Berufsausbildung. Eine Mindestvergütung ist nicht festgeschrieben.

Wenn für den Ausbildungsbetrieb eine verbindliche Tarifregelung gilt, dürfen im Ausbildungsvertrag keine niedrigeren Vergütungssätze vereinbart werden. Informationen hierzu erhält man beim Betriebsrat, der Jugend- und Auszubildendenvertretung oder bei den jeweiligen Gewerkschaften.

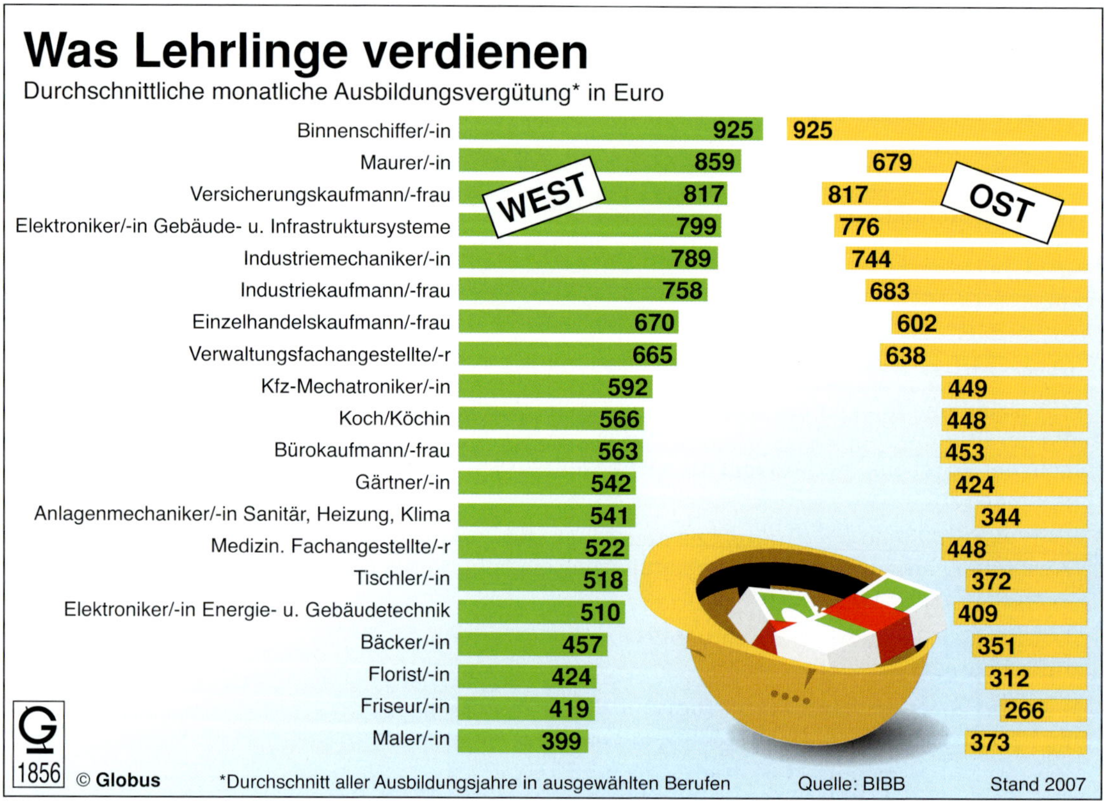

Ausbildungsstätte

Auszubildende dürfen nur eingestellt werden, wenn die Ausbildungsstätte für die Berufsausbildung geeignet ist. Will ein Betrieb ausbilden, muss eine genügende Ausstattung sowie qualifiziertes Personal vorhanden sein.

Am besten wäre es, wenn jeder Ausbildungsbetrieb alle für einen Beruf nötigen Fertigkeiten und Kenntnisse vermitteln könnte. Dies ist in kleineren Unternehmen jedoch häufig nicht möglich. In solchen Fällen kann nur ein Ausgleich durch Ausbildungsmaßnahmen außerhalb der Ausbildungsstätte geschaffen werden, beispielsweise in Lehrwerkstätten oder überbetrieblichen Ausbildungseinrichtungen bei den Handwerkskammern oder Innungen.

Prüfungen

Bei der Ausbildung in **anerkannten Ausbildungsberufen** werden Zwischen- und Abschlussprüfungen durchgeführt. Die Zwischenprüfung findet je nach Ausbildungsberuf nach einem, anderthalb oder zwei Ausbildungsjahren statt. Der Betrieb hat den Auszubildenden für diesen Tag freizustellen.

Anerkannte Ausbildungsberufe:

Es gibt über 350 nach dem Berufsbildungsgesetz geregelte Ausbildungsberufe, die 13 Berufsfeldern zugeordnet werden.

Für die Zulassung zur Abschlussprüfung müssen folgende Voraussetzungen erfüllt sein:

- Einhalten der Ausbildungszeit
- Beendigung der Ausbildungszeit nicht später als 2 Monate nach dem Prüfungstermin
- Teilnahme an der Zwischenprüfung
- Führen des vorgeschriebenen schriftlichen Ausbildungsnachweises (Berichtsheft)

Organisation und Durchführung der Zwischen- und Abschlussprüfung obliegen den zuständigen Stellen.

Nach bestandener Prüfung erhält der Auszubildende ein Zeugnis der zuständigen Stelle und ein Abschlusszeugnis der Berufsschule.

In einigen Ausbildungsberufen wurde die **gestreckte Abschlussprüfung** eingeführt.

Gestreckte Abschlussprüfung:

Sie besteht aus Teil 1 (entspricht Zwischenprüfung) und Teil 2 (entspricht Abschlussprüfung). Die Gesamtprüfungsnote berechnet sich aus den erbrachten Leistungen in beiden Prüfungsteilen. Bei den anderen Berufsabschlussprüfungen findet das Ergebnis der Zwischenprüfung keine Berücksichtigung.

Arbeitszeugnis

Alle Arbeitnehmer haben bei Beendigung ihrer Tätigkeit einen Anspruch auf ein schriftliches Zeugnis des Arbeitgebers. Dies gilt auch für Auszubildende nach Beendigung ihres Ausbildungsverhältnisses.

Das Arbeitszeugnis spielt bei der Bewerbung eine wesentliche Rolle. Es beschreibt die Person und vermittelt einen ersten wichtigen Eindruck. Einerseits müssen die Aussagen der Wahrheit entsprechen, andererseits dürfen keine negativen Formulierungen enthalten sein. Das berufliche Fortkommen des Beurteilten darf nicht ungerechtfertigt erschwert werden.

Grundsätzlich unterscheidet man zwei Arten von Arbeitszeugnissen: das **einfache** und das **qualifizierte Arbeitszeugnis.**

Einfaches Arbeitszeugnis:

Es ist ein Tätigkeitsnachweis und enthält folgende Fakten:

- Personalien
- Dauer und Beschreibung der ausgeübten Tätigkeit

Bewertung und Beurteilung der Leistung des Mitarbeiters fehlen.

Qualifiziertes Arbeitszeugnis:

Es beinhaltet über die einfachen Daten des Arbeitszeugnisses hinaus eine Bewertung von Leistung und Verhalten des Arbeitnehmers.

1. Recherchieren Sie im Internet oder in Broschüren die derzeit gängigen Formulierungen für Arbeitszeugnisse.
2. Verfassen Sie ein gutes bzw. schlechtes qualifiziertes Arbeitszeugnis für einen Auszubildenden in Ihrem Ausbildungsberuf.

Beendigung des Berufsausbildungsverhältnisses – Kündigung

Die Voraussetzungen für eine Kündigung sind gesetzlich festgelegt. Jugendliche und Auszubildende genießen einen besonderen Kündigungsschutz.

Nur während der **Probezeit** kann ohne Angabe von Gründen und ohne Einhaltung einer Kündigungsfrist vom Ausbildenden und vom Auszubildenden schriftlich gekündigt werden.

Probezeit:

Die Probezeit beträgt zwischen einem Monat und vier Monaten.

Nach der Probezeit kann nur aus wichtigem Grund (siehe Kap. 5) gekündigt werden.

Der Auszubildende kann nach der Probezeit mit einer Kündigungsfrist von vier Wochen kündigen, wenn er die Berufsausbildung aufgeben oder sich für eine andere Berufstätigkeit ausbilden lassen will (§ 22 BBiG).

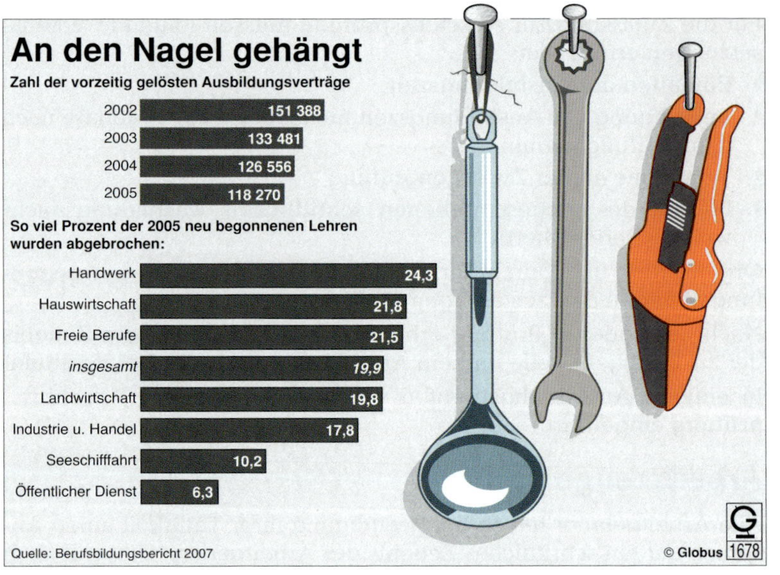

Aufhebungsvertrag

Im gegenseitigen Einvernehmen kann das Berufsausbildungsverhältnis jederzeit aufgehoben werden.

Welcher Unterschied besteht zwischen einer Kündigung während und einer Kündigung nach der Probezeit?

Zusammenfassung

Das BBiG regelt die Rechte und Pflichten der Vertragspartner in einem anerkannten Berufsausbildungsverhältnis.

Personal und Ausstattung der Ausbildungsstätte müssen für die Berufsausbildung geeignet sein.

Die Dauer der Berufsausbildung beträgt je nach den Anforderungen des Ausbildungsberufes zwischen zwei und dreieinhalb Jahren.

Während der Probezeit können Ausbildender und Auszubildender das Berufsausbildungsverhältnis ohne Angabe von Gründen kündigen.

Wissens-Check

1. Ein Auszubildender in einem Metall verarbeitenden Betrieb wäscht während der Arbeitszeit den Wagen des Gesellen.

   Ist dies zulässig? Begründen Sie Ihre Antwort.
2. Wo ist die Höhe der Ausbildungsvergütung festgelegt, wenn keine verbindliche Tarifregelung vorliegt?

Links

www.bmgs.bund.de

www.bmwi.de

3 Jugendarbeitsschutzgesetz (JArbSchG)

In vielen Ländern der Erde ist der Jugendarbeitsschutz nicht selbstverständlich.

Das Foto zeigt ein Mädchen aus dem indischen Bundesstaat Bihar, das in einer Fabrik in Guwahati (Assam) gebrannte Ziegel schleppt.

Quelle: dpa

Das Jugendarbeitsschutzgesetz regelt den besonderen Arbeitsschutz für Jugendliche, die sich in einem **Arbeits-** oder **Berufsausbildungsverhältnis** befinden.

Das Gesetz gilt für alle Jugendlichen bis zur Vollendung des 18. Lebensjahres. Es ist unerheblich, ob sich die Jugendlichen in der Berufsausbildung befinden, oder ob sie als Arbeitnehmer, Heimarbeiter oder in ähnlichen Ausbildungs- oder Arbeitsverhältnissen beschäftigt sind.

Das Jugendarbeitsschutzgesetz wird häufig mit dem **Jugendschutzgesetz** verwechselt, welches dem Schutz der Jugendlichen in der Öffentlichkeit dient.

Arbeitsverhältnis:

Es liegt vor, wenn eine Person aufgrund eines privatrechtlichen Vertrages im Dienst eines anderen zur Arbeit verpflichtet ist und unselbstständige Dienste gegen Entgelt leistet.

Jugendschutzgesetz:

Es regelt den Verkauf und die Abgabe von Tabak, Alkohol, Filmen und Computerspielen sowie den Aufenthalt in Diskotheken und Gaststätten.

Mindestalter

Grafik: R. A. Drude

Kind ist, wer noch nicht 15 Jahre alt ist (§ 2 Abs. 1 JArbSchG).

Jugendlicher ist, wer 15, aber noch nicht 18 Jahre alt ist (§ 2 Abs. 2 JArbSchG).

Kinder dürfen nicht beschäftigt werden (§ 5 Abs. 1 JArbSchG).

Jahrgangsstufe 10

Arbeitszeit

Jugendliche dürfen nicht mehr als acht Stunden täglich und nicht mehr als 40 Stunden wöchentlich beschäftigt werden (§ 8 Abs. 1 JArbSchG).

Tägliche Arbeitszeit ist die Zeit vom Beginn bis zum Ende der täglichen Beschäftigung ohne Ruhepausen (§ 4 Abs. 1 JArbSchG).

Ruhepausen

Jugendliche müssen spätestens nach viereinhalb Stunden Arbeit eine Pause einlegen. Deren Länge richtet sich nach der Gesamtarbeitszeit:

- 30 Minuten bei einer Gesamtarbeitszeit von viereinhalb bis sechs Stunden
- 60 Minuten bei einer Gesamtarbeitszeit von mehr als sechs Stunden

Generell gilt eine Arbeitsunterbrechung nur dann als Ruhepause, wenn sie mindestens 15 Minuten dauert.

Junge Bäcker dürfen eine Stunde später mit der Arbeit beginnen.

Freizeit und Urlaub

Jugendliche müssen nach ihrer täglichen Arbeitszeit mindestens zwölf Stunden ununterbrochene Freizeit haben.

In Abhängigkeit von seinem Alter zu Beginn eines Kalenderjahres steht dem jugendlichen Auszubildenden eine unterschiedliche Anzahl von Urlaubstagen mindestens zu:

- Ist der Auszubildende noch keine 16 Jahre alt, beträgt sein Jahresurlaub mindestens 30 Werktage.
- Ein noch nicht 17 Jahre alter Auszubildender hat Anspruch auf mindestens 27 Werktage Urlaub.
- Für noch nicht 18 Jahre alte Auszubildende umfasst der Jahresurlaub mindestens 25 Werktage.

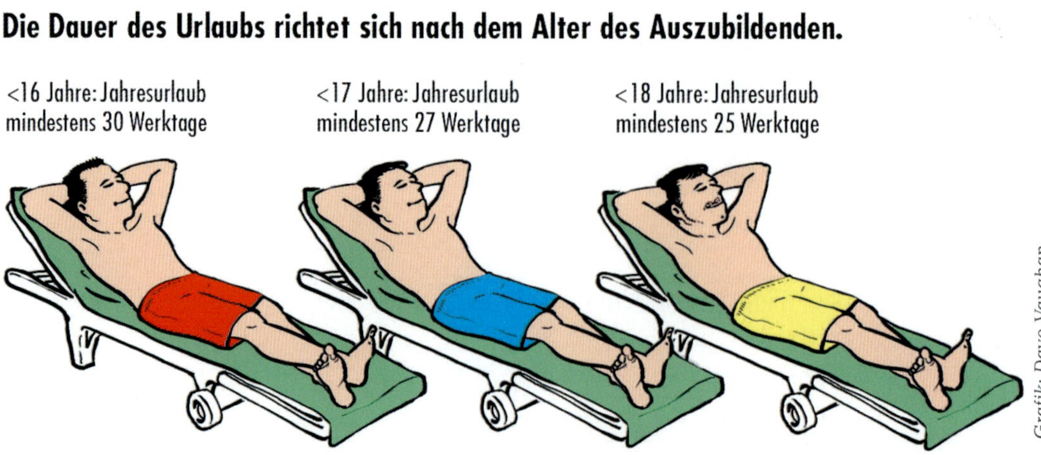

Grafik: Dave Vaughan

Beschäftigungsverbote und -beschränkungen

Jugendliche dürfen grundsätzlich nicht zwischen 20 und 6 Uhr beschäftigt werden (Nachtruhe). Es werden aber z. B. die folgenden Ausnahmen eingeräumt:

- Gaststättengewerbe: Arbeitszeit bis 22 Uhr
- Mehrschichtbetriebe: Arbeitszeit bis 23 Uhr
- Backgewerbe: Arbeitsbeginn ab 5 Uhr (für Jugendliche über 17 Jahre ab 4 Uhr)
- Landwirtschaft: Arbeitszeit ab 5 Uhr oder bis 21 Uhr

Darüber hinaus gilt für Jugendliche ein Beschäftigungsverbot für **Akkord-**, Samstags-, Sonntags- und Feiertagsarbeit sowie für gefährliche Arbeiten.

Allerdings wird die Samstags-, Sonntags- und Feiertagsruhe für Berufe in bestimmten Branchen eingeschränkt.

§ 16 JArbSchG (Samstagsruhe)

(1) An Samstagen dürfen Jugendliche nicht beschäftigt werden.

(2) Zulässig ist die Beschäftigung Jugendlicher an Samstagen nur

1. in Krankenanstalten sowie in Alten-, Pflege- und Kinderheimen,
2. in offenen Verkaufsstellen, in Betrieben mit offenen Verkaufsstellen, in Bäckereien und Konditoreien, im Friseurhandwerk und im Marktverkehr,
3. im Verkehrswesen,
4. in der Landwirtschaft und Tierhaltung,
5. im Familienhaushalt,
6. im Gaststätten- und Schaustellergewerbe,
7. bei Musikaufführungen, Theatervorstellungen und anderen Aufführungen, bei Aufnahmen im Rundfunk (Hörfunk und Fernsehen), auf Ton- und Bildträger sowie bei Film- und Fotoaufnahmen,
8. bei außerbetrieblichen Ausbildungsmaßnahmen,
9. beim Sport,
10. im ärztlichen Notdienst,
11. in Reparaturwerkstätten für Kraftfahrzeuge.

Mindestens zwei Samstage im Monat sollen beschäftigungsfrei bleiben.

Berufsschule

Die Jugendlichen müssen vom Ausbildungsbetrieb für die Teilnahme am Berufsschulunterricht freigestellt werden (§ 9 Abs. 1 JArbSchG).

Der Arbeitgeber darf den jugendlichen Auszubildenden an einem Berufsschultag mit mehr als fünf Unterrichtsstunden nicht beschäftigen.

Akkordarbeit:

Bezahlung nach der angefertigten Stückzahl (Stücklohn)

Gefährliche Arbeiten:

- Arbeiten bei übermäßigen psychischen, physischen oder sittlichen Belastungen
- Arbeiten bei übermäßiger Hitze, Kälte oder Nässe
- Arbeiten bei übermäßiger Belastung durch Lärm, Erschütterungen, Strahlen, Giftstoffe
- Arbeiten bei erhöhter Unfallgefahr, die vom Jugendlichen nicht einschätzbar ist

Auskünfte, Beschwerden, Klagen

Während der Ausbildung können zahlreiche Probleme auftreten. Der Auszubildende kann sich selbstverständlich mit allen Fragen an den Ausbildenden oder den Betriebs- bzw. Personalrat wenden. Sollte das Problem auf diesem Wege nicht gelöst werden können, gibt es eine Reihe weiterer außerbetrieblicher Beratungs- und Beschwerdestellen, z. B. die Kammer oder das Gewerbeaufsichtsamt.

Zusammenfassung

Das Jugendarbeitsschutzgesetz gilt für Jugendliche, die sich in einem Arbeits- oder Berufsausbildungsverhältnis befinden.

Jugendlicher ist, wer 15, aber noch nicht 18 Jahre alt ist.

Jugendliche sind vor übermäßiger Belastung zu schützen.

Jugendliche dürfen grundsätzlich nicht zwischen 20 und 6 Uhr sowie samstags, sonntags und feiertags beschäftigt werden. Für Jugendliche, die in bestimmten Branchen oder Unternehmen tätig sind, gibt es Ausnahmeregelungen.

Die Jugendlichen sind für die Teilnahme am Berufsschulunterricht freizustellen.

Wissens-Check

1. Wer ist im Sinne des JArbSchG Jugendlicher?
2. Ein Auszubildender ist in einem Betrieb freitags von 7 Uhr bis 12 Uhr beschäftigt. Um früher nach Hause gehen zu können, verzichtet er am Vormittag auf 20 Minuten Pause.

   Ist das zulässig? Begründen Sie Ihre Antwort.
3. Auszubildende im Gast- und Hotelgewerbe dürfen bis 22 Uhr arbeiten.

   Wann ist morgens Arbeitsbeginn, wenn man sinnvolle Pausen voraussetzt?
4. Ein junger Dachdecker arbeitet bei 45° C auf einem Hausdach. Der Meister verbietet es dem Auszubildenden, er soll stattdessen die Dachziegel in einen Lastenaufzug legen und nach oben befördern.

   Welche Begründungen könnte der Meister nach dem JArbSchG für seine Entscheidung anführen?
5. Eine Auszubildende wird am 23. Februar 18 Jahre alt. Die ersten Urlaubstage nimmt sie ab dem 25. Februar. Wie viele Urlaubstage stehen ihr insgesamt nach dem JArbSchG in diesem Jahr zu?

Links

http://bundesrecht.juris.de/bundesrecht/jarbschg

www.verdi.de

4 Arbeitsvertrag

Grundlage für das Arbeitsverhältnis zwischen Arbeitgeber und Arbeitnehmer ist der Arbeitsvertrag.

4.1 Form und Inhalt von Arbeitsverträgen

Die meisten Arbeitsverträge werden schriftlich abgeschlossen. Darin werden die Inhalte des Arbeitsverhältnisses fixiert. Wichtige Inhalte sind:

- Namen und Anschriften der Vertragsparteien
- Beginn des Arbeitsverhältnisses
- Tätigkeitsbeschreibung und Arbeitsort des Angestellten
- Beginn und Ende der Arbeitszeit
- Ggf. Verweis auf den Tarifvertrag
- Dauer der Probezeit (bzw. Verzicht auf eine Probezeit)
- Ggf. tarifliche Gehaltsgruppe

Je nach konkreter Vereinbarung und Sachverhalt können folgende Angaben hinzukommen:

- Übertarifliche Zahlungen
- Verweis auf geltende Betriebsvereinbarungen

Die Inhalte des Arbeitsvertrages dürfen die gesetzlichen Mindeststandards (Tarife, Betriebsvereinbarungen, Gesetze) nicht unterschreiten. Der Arbeitgeber darf jedoch zu Gunsten des Arbeitnehmers über die Mindeststandards hinausgehen.

Wenn in einem Arbeitsvertrag Tarifbindung vereinbart wurde, ist der Arbeitgeber an den geltenden Tarifvertrag gebunden.

Bei einem mündlichen Arbeitsvertrag ist das **Nachweisgesetz (NachwG)** zu beachten.

Nachweisgesetz (NachwG):
§ 2 Nachweispflicht
(1) Der Arbeitgeber hat spätestens einen Monat nach dem vereinbarten Beginn des Arbeitsverhältnisses die wesentlichen Vertragsbedingungen schriftlich niederzulegen, die Niederschrift zu unterzeichnen und dem Arbeitnehmer auszuhändigen.

1. Ist der Arbeitgeber an mündliche Vereinbarungen gebunden? Begründen Sie Ihre Antwort.
2. Ein Arbeitsverhältnis wurde mündlich abgeschlossen. Was hat der Arbeitgeber zu beachten?

4.2 Dauer von Arbeitsverträgen

Bezüglich der Dauer der Arbeitsverträge wird zwischen unbefristeten und befristeten Arbeitsverträgen unterschieden

Unbefristeter Arbeitsvertrag

Der unbefristete Arbeitsvertrag ist zeitlich nicht begrenzt.

Befristeter Arbeitsvertrag

Ein befristeter Arbeitsvertrag muss schriftlich abgefasst werden und gilt nur für eine bestimmte Zeit.

Bei einer Neueinstellung kann eine Befristung ohne Angabe von Gründen für die Dauer von bis zu 2 Jahren abgeschlossen werden. Eine Befristung eines Arbeitsvertrages ist außerdem zulässig, wenn sie durch einen sachlichen Grund gerechtfertigt ist. Das ist z. B. der Fall, wenn

- der betriebliche Bedarf an der Arbeitsleistung nur vorübergehend besteht,
- die Befristung im Anschluss an eine Ausbildung oder ein Studium erfolgt,
- der Arbeitnehmer zur Vertretung eines anderen Arbeitnehmers beschäftigt wird.

Die Möglichkeit der Befristung von Arbeitsverhältnissen gibt Arbeitgebern bei der Personalplanung mehr Flexibilität. Arbeitnehmer können über ein befristetes Arbeitsverhältnis ein unbefristetes Arbeitsverhältnis erlangen.

Zusammenfassung

Form und Inhalt eines Arbeitsvertrages sind im Nachweisgesetz (NachwG) geregelt.

Grundsätzlich unterscheidet man zwischen:

- Mündlichen und schriftlichen Arbeitsverträgen (Form)
- Unbefristeten und befristeten Arbeitsverträgen (Dauer)

Wissens-Check

Emil meldet sich auf eine Anzeige bei der Zimmerei Holzhaus GmbH und gibt dem Meister sein Wort, am 1. Oktober mit der Arbeit zu beginnen. Am 2. Oktober ist Emil immer noch nicht in der Zimmerei erschienen. Einen Tag später sieht ihn der Meister bei der Konkurrenzfirma Schönhaus OHG arbeiten.

Erläutern Sie die Rechtslage!

Links

www.arbeitsvertrag.de

www.igmetall.de

Jahrgangsstufe 10

5 Schutzbestimmungen im Arbeitsrecht

Die Bundesrepublik Deutschland ist ein Sozialstaat. Dazu gehört auch der Schutz jedes einzelnen Arbeitnehmers vor grund- und fristloser Kündigung. Eine willkürliche Kündigung durch den Arbeitgeber soll verhindert werden. Die gesetzliche Grundlage dazu bildet das Kündigungsschutzgesetz (KSchG).

5.1 Die ordentliche und die außerordentliche Kündigung

Grafik: R. A: Drude

Klären Sie die rechtliche Situation mit Hilfe des § 622 BGB auf der nächsten Seite.

Ordentliche Kündigung

Bei einer ordentlichen Kündigung wird das Arbeitsverhältnis unter Einhaltung einer bestimmten Kündigungsfrist beendet. Der Arbeitnehmer kann ohne Angabe von Gründen kündigen.

Die gesetzlichen Kündigungsfristen der ordentlichen Kündigung sind im Bürgerlichen Gesetzbuch (§ 622 BGB) festgelegt.

Absatz 1 gilt sowohl für eine Kündigung durch den Arbeitnehmer als auch für eine Kündigung durch den Arbeitgeber. Darüber hinaus bestimmt Absatz 2 verlängerte Fristen für die Arbeitgeberkündigung.

> § 622 BGB
>
> Kündigungsfristen bei Arbeitsverhältnissen
>
> (1) Das Arbeitsverhältnis eines Arbeiters oder eines Angestellten (Arbeitnehmers) kann mit einer Frist von vier Wochen zum Fünfzehnten oder zum Ende eines Kalendermonats gekündigt werden.
>
> (2) Für eine Kündigung durch den Arbeitgeber beträgt die Kündigungsfrist, wenn das Arbeitsverhältnis in dem Betrieb oder Unternehmen
>
> 1. zwei Jahre bestanden hat, einen Monat zum Ende eines Kalendermonats,
> 2. fünf Jahre bestanden hat, zwei Monate zum Ende eines Kalendermonats,
> 3. acht Jahre bestanden hat, drei Monate zum Ende eines Kalendermonats,
> 4. zehn Jahre bestanden hat, vier Monate zum Ende eines Kalendermonats,
> 5. zwölf Jahre bestanden hat, fünf Monate zum Ende eines Kalendermonats,
> 6. 15 Jahre bestanden hat, sechs Monate zum Ende eines Kalendermonats,
> 7. 20 Jahre bestanden hat, sieben Monate zum Ende eines Kalendermonats.
>
> Bei der Berechnung der Beschäftigungsdauer werden Zeiten, die vor der Vollendung des 25. Lebensjahrs des Arbeitnehmers liegen, nicht berücksichtigt.

Tarifliche Kündigungsfristen

Günstigkeitsprinzip:
Die Regelungen eines Arbeitsvertrages dürfen den Arbeitnehmer besser (günstiger) stellen, als es das Gesetz vorsieht.

Wenn Arbeitgeber und Arbeitnehmer organisiert sind (Arbeitgeberverband/Gewerkschaft) und ein gültiger Tarifvertrag existiert, dann gelten die in diesem vereinbarten Kündigungsfristen. Diese dürfen für den Arbeitnehmer nicht schlechter ausfallen als die gesetzlichen Kündigungsfristen (**Günstigkeitsprinzip**).

Einen tarifvertraglichen Bezug im Arbeitsvertrag herzustellen ist auch möglich, wenn der Arbeitgeber keinem Arbeitgeberverband oder der Arbeitnehmer keiner Gewerkschaft angehört.

Außerordentliche Kündigung

Das Arbeitsverhältnis kann auch ohne Beachtung der Kündigungsfristen vorzeitig gelöst werden. Diese außerordentliche oder fristlose Kündigung muss innerhalb von zwei Wochen von dem Zeitpunkt an erfolgen, an dem der Kündigende von dem Anlass erfahren hat. Es müssen wichtige Gründe angegeben werden, die eine Fortsetzung des Dienstverhältnisses bis zum Ablauf der Kündigungsfrist oder bis zu der vereinbarten Beendigung des Dienstverhältnisses unzumutbar machen.

Wichtige Gründe für eine fristlose Kündigung	
Durch den Arbeitgeber	Durch den Arbeitnehmer
▸ Andauernde Arbeitsverweigerung	▸ Vergütungsrückstand
▸ Grobe Verletzung der **Treuepflicht**	▸ Verletzung der Fürsorgepflicht
▸ Diebstahl, Tätlichkeit, Beleidigung	▸ Tätlichkeit, Beleidigung

Treuepflichten:

- Verschwiegenheitspflicht: Der Arbeitnehmer darf keine Auskünfte über Geschäfts- oder Betriebsgeheimnisse geben.
- Wettbewerbsverbot: Ohne Einwilligung des Arbeitgebers darf der Arbeitnehmer keine Geschäfte im gleichen Geschäftszweig wie der Arbeitgeber machen.

Erklären Sie den Unterschied zwischen einer ordentlichen und einer außerordentlichen Kündigung.

5.2 Regelungen nach dem Kündigungsschutzgesetz (KSchG)

Bei der Klärung, ob das KSchG für ein Arbeitsverhältnis gilt, kommt es zum einen auf den Beginn des Arbeitsverhältnisses an und zum anderen auf die Größe des Betriebs. Wurde die Beschäftigung am 1. Januar 2004 oder danach aufgenommen, gilt der Kündigungsschutz unter der Voraussetzung, dass im Betrieb zehn oder mehr Arbeitnehmer angestellt sind. Hat das Arbeitsverhältnis schon vor diesem Termin begonnen, wird das KSchG bereits angewendet, wenn der Betrieb mindestens fünf Arbeitnehmer beschäftigt.

Überlegen Sie, aus welchen Gründen die betrieblichen Voraussetzungen für den gesetzlichen Kündigungsschutz geändert wurden.

Eine Kündigung muss vor allem sozial gerechtfertigt sein. Das heißt, sie muss Gründe anführen, die

- in der Person des Arbeitsnehmers liegen (z. B. andauernde Krankheit),
- im Verhalten des Arbeitnehmers liegen (z. B. andauernde Unpünktlichkeit),
- durch dringende betriebliche Erfordernisse bedingt sind (z. B. anhaltender Auftragsrückgang).

Darüber hinaus muss der Arbeitgeber versuchen, den Arbeitnehmer in demselben Betrieb oder in einem anderen Bereich des Unternehmens weiterzubeschäftigen. Auch zumutbare Umschulungs- oder Fortbildungsmaßnahmen oder eine Weiterbeschäftigung unter geänderten Arbeitsbedingungen müssen in Erwägung gezogen werden. Wird dem Arbeitnehmer ein Weiterbeschäftigungsangebot unter geänderten Arbeitsbedingung gemacht, nennt man dies eine Änderungskündigung.

§ 2 Änderungskündigung (KSchG):

Kündigt der Arbeitgeber das Arbeitsverhältnis und bietet er dem Arbeitnehmer im Zusammenhang mit der Kündigung die Fortsetzung des Arbeitsverhältnisses zu geänderten Arbeitsbedingungen an, so kann der Arbeitnehmer dieses Angebot unter dem Vorbehalt annehmen, dass die Änderung der Arbeitsbedingungen nicht sozial ungerechtfertigt ist. Diesen Vorbehalt muss der Arbeitnehmer dem Arbeitgeber innerhalb der Kündigungsfrist, spätestens jedoch innerhalb von drei Wochen nach Zugang der Kündigung erklären.

Grafik: Dave Vaughan

Konflikte zwischen Arbeitgeber und Arbeitnehmer sollten am besten im direkten Gespräch zwischen den Betroffenen gelöst werden. Ist eine friedliche Einigung über den Streitfall auch nach Einschaltung des Betriebsrats oder der zuständigen Verbände (Gewerkschaften, Arbeitgeberverbände) nicht möglich, kann der Arbeitnehmer Klage beim Arbeitsgericht erheben.

5.3 Besondere Schutzrechte für bestimmte Personengruppen

Für bestimmte Arbeitnehmergruppen ist ein über den allgemeinen Kündigungsschutz hinaus gehender Kündigungsschutz vorgesehen.

Betriebsräte, Jugend- und Auszubildendenvertreter, Auszubildende nach der Probezeit, Personen in der Elternzeit

Ihre Kündigung ist unzulässig, mit Ausnahme der Kündigung aus wichtigem Grund. In diesem Falle muss die vorgeschriebene Kündigungsfrist nicht eingehalten werden.

§ 103 BetrVG Außerordentliche Kündigung und Versetzung in besonderen Fällen

(1) Die außerordentliche Kündigung von Mitgliedern des Betriebsrats, der Jugend- und Auszubildendenvertretung, der Bordvertretung und des Seebetriebsrats, des Wahlvorstands sowie von Wahlbewerbern bedarf der Zustimmung des Betriebsrats.

Überlegen Sie, warum für Betriebsratsmitglieder, Jugend- oder Auszubildendenvertreter ein besonderer Kündigungsschutz besteht.

Einige Personengruppen benötigen aufgrund ihres körperlichen Zustandes besonderen Schutz vom Gesetzgeber.

Mutterschutz

Das Mutterschutzgesetz gilt für alle Arbeitnehmerinnen.

Dieses wichtige Arbeitsschutzgesetz schützt Mutter und Kind vor gesundheitlichen Gefährdungen am Arbeitsplatz, enthält einen umfassenden Kündigungsschutz und sichert das Einkommen während der Beschäftigungsverbote.

Schutzfrist vor und nach der Geburt

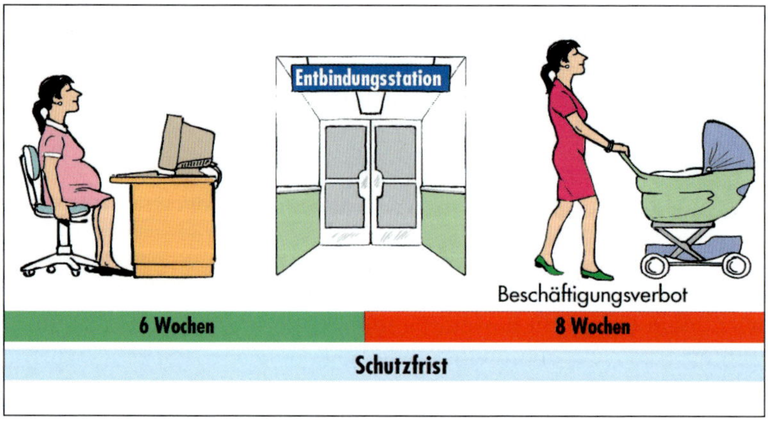

Grafik: Dave Vaughan

Die Schutzfrist beginnt sechs Wochen vor und endet acht Wochen nach der Entbindung. Sechs Wochen vor der Geburt darf die werdende Mutter nur noch auf ihren ausdrücklichen Wunsch beschäftigt werden. Während der Schutzfrist nach der Geburt besteht ein absolutes Beschäftigungsverbot. Mütter sind durch das Mutterschaftsgeld der Krankenkasse sowie einen Zuschuss des Arbeitgebers finanziell abgesichert.

Kündigungsschutz

Vom Beginn der Schwangerschaft an bis zum Ablauf von vier Monaten nach der Entbindung ist die Kündigung des Arbeitsverhältnisses durch den Arbeitgeber von wenigen Ausnahmen abgesehen unzulässig.

Schutz von Mutter und Kind am Arbeitsplatz

Der Arbeitgeber hat eine werdende oder stillende Mutter so zu beschäftigen, dass sie vor Gefahren für Leben und Gesundheit ausreichend geschützt ist.

Nicht zulässig sind z. B.

- starke körperliche Beanspruchung (strecken, hocken, bücken),
- Akkord- und Fließbandarbeit,
- Nachtarbeit zwischen 20 und 6 Uhr,
- Sonn-, Feiertags- und Mehrarbeit.

Rennstuhlfahrer beim 30. Berlinmarathon

Schutz Schwerbehinderter

Arbeitgeber mit 20 oder mehr Arbeitnehmern müssen mindestens 5 Prozent der Arbeitsplätze mit schwerbehinderten Menschen besetzen. Anderenfalls ist eine Ausgleichsabgabe zu zahlen.

Schutz von Wehr- und Zivildienstleistenden

Wehrdienstleistenden darf während des Grundwehrdienstes oder einer Wehrübung nicht ordentlich gekündigt werden. Entsprechend gilt der Kündigungsschutz auch für Zivildienstleistende während ihrer Zivildienstzeit.

5.4 Entgeltfortzahlung

Arbeitnehmer, die unverschuldet arbeitsunfähig werden, haben bis zu sechs Wochen Anspruch auf volle Fortzahlung ihrer Bezüge durch den Arbeitgeber. Dies regelt das Entgeltfortzahlungsgesetz (EFZG). Der Arbeitnehmer hat die Arbeitsunfähigkeit dem Arbeitgeber unverzüglich mitzuteilen. Dauert die Abwesenheit länger als drei Kalendertage, muss der Arbeitnehmer eine ärztliche Bescheinigung im Betrieb vorlegen. Ab der siebenten Krankheitswoche zahlt die Krankenkasse befristet ein so genanntes Krankengeld (maximal 70 Prozent des Bruttogehalts). Das EFZG gilt auch für Teilzeitkräfte, Ferienaushilfen und für Arbeitnehmer mit einem Mini-Job.

Zusammenfassung

Das Kündigungsschutzgesetz soll den Arbeitnehmer vor willkürlicher Kündigung durch den Arbeitgeber schützen. Die Kündigung kann ordentlich (fristgerecht) oder außerordentlich (fristlos) erfolgen.

In Betrieben mit mindestens zehn Mitarbeitern greift der Kündigungsschutz. Schutzbedürftige Personengruppen genießen einen besonderen Kündigungsschutz.

Wissens-Check

1. Ein 30-jähriger Speditionskaufmann arbeitet seit drei Jahren bei der Firma Quick-Trans KG. Er kündigt am 10. April ordentlich.
   a) Muss er einen Kündigungsgrund angeben?
   b) Zu welchem Datum kann er den Betrieb verlassen?
2. Thomas ist Verkäufer in der Computerabteilung eines großen Kaufhauses. Die Kunden stören sich an seiner Kleidung, seinen Tätowierungen und seinem auffälligen Schmuck.
   a) Aus welchem Grund kann ihm gekündigt werden?
   b) Welche Alternativen zur Kündigung muss die Kaufhausleitung in Erwägung ziehen?
   c) Was kann Thomas tun, wenn er mit der Kündigung nicht einverstanden ist?
3. Frau Kunert ist Außendienstmitarbeiterin bei einer großen Versicherung. Sie betreut alleine die Kunden in einem bestimmten Gebiet. Frau Kunert möchte in Mutterschutz gehen.
   a) Hat Sie eine Kündigung zu befürchten? Begründen Sie Ihre Antwort.
   b) Wie lange kann sie im Mutterschutz bleiben?

Links

http://bundesrecht.juris.de/bundesrecht/kschg

www.bmgs.bund.de

6 Arbeitszeit

Grafik: R. A: Drude

1873 wurde noch 82 Stunden verteilt über alle sieben Tage der Woche und bis zu 16 Stunden am Tag gearbeitet. Heute arbeiten wir durchschnittlich weit weniger als 40 Stunden, verteilt über fünf Tage in der Woche.

1. Welche Gründe führten zum Sinken der Arbeitszeit seit 1873?
2. Wie könnte sich die Arbeitszeit künftig entwickeln?

6.1 Das Arbeitszeitgesetz (ArbZG)

Das Arbeitszeitgesetz von 1994 dient dem Gesundheitsschutz der Beschäftigten. Es regelt die Arbeitszeit. Sonn- und Feiertage sind geschützt. Die Einhaltung der Bestimmungen des Arbeitszeitgesetzes überwacht das Gewerbeaufsichtsamt.

Das Arbeitszeitgesetz enthält wichtige Bestimmungen über:

- Die tägliche Arbeitszeit: Sie darf werktäglich im Durchschnitt acht Stunden nicht überschreiten. Die Arbeitszeit kann aber auf zehn Stunden täglich verlängert werden, wenn innerhalb von sechs Kalendermonaten oder 24 Wochen im Durchschnitt acht Stunden werktäglich nicht überschritten werden.

> § 2 ArbZG
>
> Begriffsbestimmungen
>
> (1) Arbeitszeit im Sinne dieses Gesetzes ist die Zeit vom Beginn bis zum Ende der Arbeit ohne die Ruhepausen (...)

- Die **Ruhepausen** während der Arbeitszeit
- Die Ruhezeit zwischen den Arbeitstagen

Ruhepausen:

- 30 Minuten bei einer Arbeitszeit von 6 bis 9 Stunden
- 45 Minuten bei einer Arbeitszeit von mehr als 9 Stunden

Die einzelnen Pausen müssen mindestens 15 Minuten dauern.

> § 5 ArbZG
>
> Ruhezeit
>
> (1) Die Arbeitnehmer müssen nach Beendigung der täglichen Arbeitszeit eine ununterbrochene Ruhezeit von mindestens elf Stunden haben (...)

- Die Nacht- und Schichtarbeit

In der Regel dürfen Arbeitnehmer an Sonn- und Feiertagen nicht beschäftigt werden. Im Arbeitszeitgesetz sind aber gesetzliche **Ausnahmen von der Sonn- und Feiertagsruhe** sowie Ausgleichsregelungen für Sonn- und Feiertagsbeschäftigung vorgesehen.

Ausnahmen vom Arbeitsverbot an Sonn- und Feiertagen:

- Not- und Rettungsdienste
- Krankenhauspersonal
- Landwirte
- Seeleute

Wissenschaftler empfehlen Unternehmen, ihren Arbeitern und Angestellten einen täglichen Mittagsschlaf zu erlauben. Begründung für das Prinzip „Mehr Leistung durch Siesta": Studien haben ergeben, dass die Arbeitsleistung um 35 Prozent steigt, wenn Arbeitnehmer am Nachmittag 45 Minuten schlafen können.

1. Warum sind Pausen während der täglichen Arbeit wichtig?
2. Wie lange darf maximal ohne Ruhepause gearbeitet werden?
3. Vergleichen Sie die Ruhepausen aus dem ArbZG mit den Ruhepausen aus dem Jugendarbeitsschutzgesetz. Was stellen Sie fest? Diskutieren Sie das Ergebnis!

6.2 Das Teilzeitgesetz

Beschäftigte in Betrieben mit mehr als 15 Arbeitnehmern haben einen gesetzlichen Anspruch auf Verkürzung der Arbeitszeit. Die Vergütung verringert sich entsprechend der vereinbarten Arbeitszeit. In bestimmten Fällen kann der Arbeitgeber diesen Wunsch jedoch ablehnen.

Rechtsanspruch auf Teilzeitarbeit

Berlin (dpa) – Vom 1. Januar 2001 an haben Beschäftigte in Betrieben mit mehr als 15 Arbeitnehmern einen gesetzlichen Anspruch auf Verkürzung der Arbeitszeit. Die Bundesregierung erhofft sich davon bis zu eine Million neue Jobs. Auch Männer in qualifizierten Tätigkeiten und leitenden Positionen hätten nun die Chance, „Familie und Beruf besser miteinander in Einklang zu bringen", sagte die Parlamentarische Staatssekretärin im Arbeitsministerium, Ulrike Mascher. Der Bundestag hatte das Gesetz mit Koalitionsmehrheit verabschiedet.

Arbeitgeber können diesen Anspruch nur wegen erheblicher Betriebs-Beeinträchtigung oder wegen unverhältnismäßig hoher Kosten ablehnen (...)

Diskutieren Sie, wie durch den Rechtsanspruch auf Teilzeitarbeit neue Arbeitsplätze entstehen könnten.

Zusammenfassung

Das Arbeitszeitgesetz regelt die Arbeitszeit der Arbeitnehmer.

Beschäftigte in Betrieben mit mehr als 15 Arbeitnehmern haben einen gesetzlichen Anspruch auf Teilzeitarbeit.

Wissens-Check

1. Erklären Sie die Unterschiede zwischen der Ruhepause und der Ruhezeit.
2. Herr Martin arbeitet bei einer großen Bank mit elektronischer Arbeitszeit-Erfassung. Er muss wöchentlich 38,5 Stunden arbeiten. Täglich werden ihm 30 Minuten für Pausen abgezogen.
   a) Sind die vorgesehenen Pausen ausreichend?
   b) Am Dienstag teilt Herr Martin seine Pause in einen 10-minütigen Spaziergang am Vormittag und eine 20-minütige Kaffeepause am Nachmittag auf.

      Ist das zulässig? Begründen Sie Ihre Antwort.

7 Arbeitsgerichtsbarkeit

Sabine arbeitet seit Jahren in einem eleganten Luxushotel als Hotelfachfrau. Eines Tages erscheint sie am Arbeitsplatz in Turnschuhen, Jeans und Top. Nach Bemerkungen von Kunden fordert sie der Arbeitgeber mehrfach auf, in der üblichen Dienstkleidung zu erscheinen. Sabine verweigert dies strikt. Der Arbeitgeber kündigt das Arbeitsverhältnis. Sabine klagt dagegen.

1. Diskutieren Sie, ob die Kündigung gerechtfertigt ist.
2. Auf welches Recht könnte sich Sabine berufen?
3. Was kann die unterlegene Partei tun, wenn sie mit dem Urteil nicht einverstanden ist?

Arbeitsgerichte sind grundsätzlich zuständig bei Streitigkeiten zwischen Arbeitgebern und Arbeitnehmern.

Die Gerichte für Arbeitssachen sind in drei **Instanzen** gegliedert: die Arbeitsgerichte, die Landesarbeitsgerichte und das Bundesarbeitsgericht in Erfurt. Es ist das oberste Gericht in Streitfragen, die das Berufsleben betreffen.

Instanz:
Zuständiges Gericht

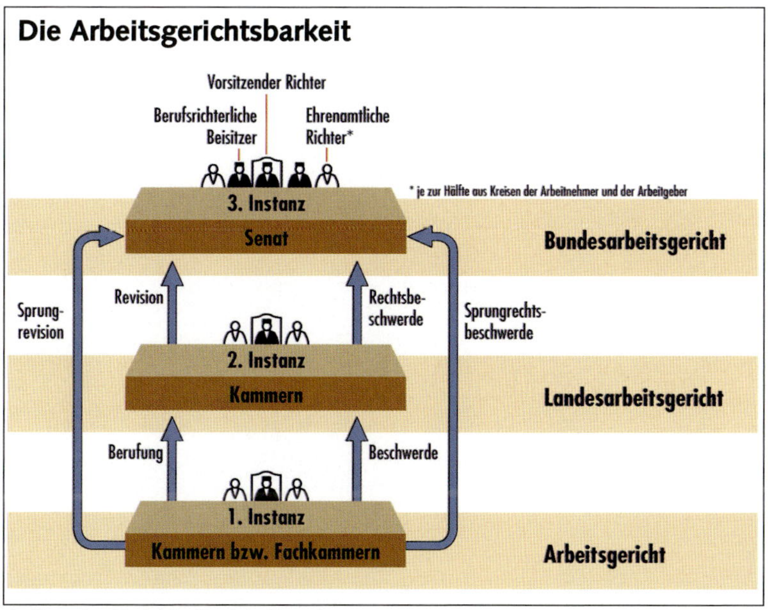

Quelle: Dave Vaughan

Aufbau der Gerichte für Arbeitssachen

Bundesarbeitsgericht in Erfurt

Die Arbeitsgerichte sind mit je einem Berufsrichter und zwei ehrenamtlichen Richtern besetzt.

Kommt es zu einer gerichtlichen Auseinandersetzung, erfolgt die Verhandlung zunächst vor dem Arbeitsgericht, der Eingangsinstanz (1. Instanz). Sind Kläger oder Beklagter mit dem gefällten Urteil nicht einverstanden, haben sie die Möglichkeit, das Urteil vor dem nächsthöheren Gericht überprüfen zu lassen.

Im Verfahren vor dem Arbeitsgericht wird eine einmalige Gebühr erhoben. Sie muss von der unterlegenen Partei bezahlt werden und richtet sich nach dem Streitwert, ist aber auf maximal 500 Euro begrenzt. In der ersten Instanz trägt jede Partei ihre Rechtsanwaltskosten selbst.

Zusammenfassung

Arbeitsgerichte sind zuständig bei Streitigkeiten zwischen Arbeitgebern und Arbeitnehmern. In der ersten Instanz sind die Prozesskosten auf höchstens 500 Euro begrenzt.

Wissens-Check

Ein Mitarbeiter einer Autovermietung erhält eine seiner Meinung nach ungerechtfertigte Lohnkürzung. Er zieht vor das Arbeitsgericht und verliert den Prozess.

a) Wer trägt die Prozesskosten?

b) Wer trägt die Rechtsanwaltskosten?

Interessenvertretung in der Arbeitswelt

8

Die Gesellschaft des 19. Jahrhunderts war eine Klassengesellschaft. Sie bestand aus der Klasse der wohlhabenden Fabrikbesitzer und der Klasse der Lohnarbeiter. Durch das Überangebot an Arbeitskräften in den Städten waren die Lebens- und Arbeitsbedingungen schlecht. Wenig Wohnraum, schlechte hygienische Verhältnisse, niedrige Löhne, lange Arbeitszeiten und unzureichende soziale Absicherung der Arbeiter waren die Folgen. Aus dieser Not heraus schlossen sich Arbeiter zusammen, um ihren Forderungen nach besseren Lebens- und Arbeitsbedingungen Nachdruck zu verleihen. Die Arbeiter erkannten schnell, dass Arbeiterbewegungen in der Lage waren, großen Druck auf die Unternehmer auszuüben. Kampfmittel waren von jeher das Niederlegen der Arbeit und die damit verbundenen finanziellen Einbußen für den Unternehmer. Es entwickelten sich bald organisierte Interessengemeinschaften: die Gewerkschaften. Ende des 19. Jahrhunderts hatten die Gewerkschaften erheblichen wirtschaftlichen und politischen Einfluss.

8.1 Tarif- und Sozialpartner

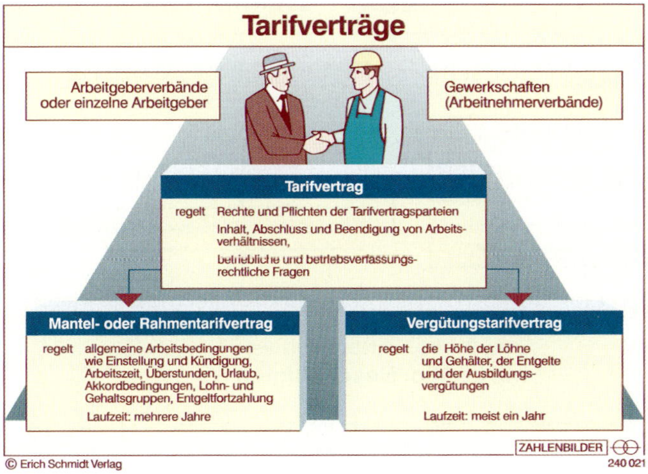

Auch heute noch sind Gewerkschaften Verbände, die die Interessen der Arbeitnehmer gegenüber den Arbeitgebern vertreten. Sie haben die wirtschaftliche und soziale Lage ihrer Mitglieder verbessert. Die Mitgliederzahl der Gewerkschaften wurde so groß, dass sich die Arbeitgeberseite zu Arbeitgeberverbänden zusammengeschlossen hat, um ihrerseits Interessen besser durchsetzen zu können.

Ver.di:

Vereinte Dienstleistungsgewerkschaft

Sie vertritt die Interessen der Arbeitnehmer, die in Dienstleistungsunternehmen beschäftigt sind.

IG-Metall:

Industriegewerkschaft Metall

Sie vertritt die Interessen ihrer Mitglieder aus

- der Metallindustrie,
- dem Metallhandwerk,
- der Textil- und Bekleidungsindustrie sowie
- der Holz- und Kunststoffindustrie.

Der Deutsche Gewerkschaftsbund (DGB) besteht aus acht Einzelgewerkschaften und ist mit ca. 6,4 Millionen Mitgliedern die größte Arbeitnehmerorganisation in Deutschland. **Ver.di** und **IG Metall** bilden die größten Einzelgewerkschaften.

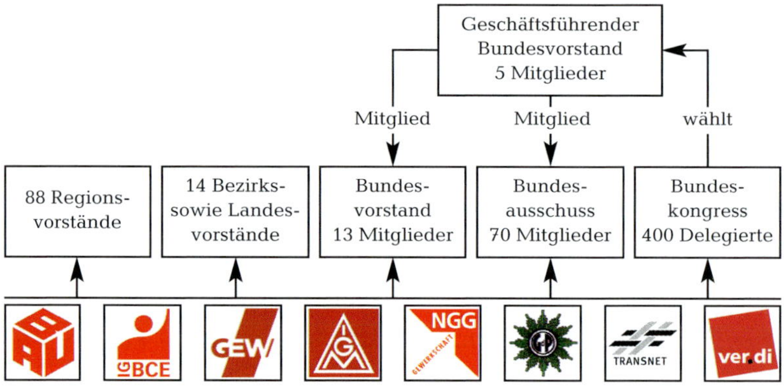

Aufbau des DGB

Die Bundesvereinigung der Deutschen Arbeitgeberverbände (BDA) ist die größte Arbeitgeberorganisation. Sie vertritt bundesweit über 1000 Arbeitgeberverbände aus mehr als 50 unterschiedlichen Branchen. Die Unternehmer versuchen ihre Interessen den Gewerkschaften sowie dem Staat gegenüber durchzusetzen.

Die Einflussnahme auf die sozial- und wirtschaftspolitische Gesetzgebung über die entsprechenden Verbände ist ein wichtiges Ziel sowohl der Arbeitgeber- als auch der Arbeitnehmerverbände.

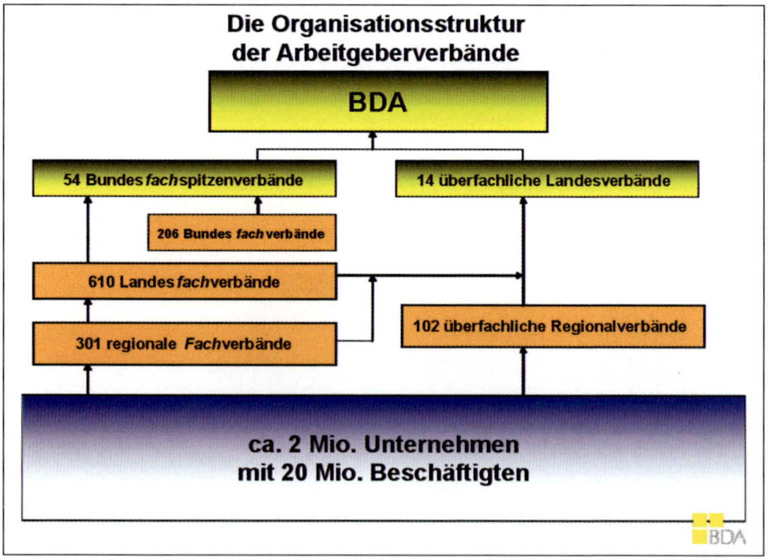

Quelle: BDA

Tarif:

Durch Vertrag festgelegte Höhe von Preisen, Löhnen, Gehältern u. a.

Autonomie:

Selbstständigkeit, Unabhängigkeit

Gewerkschaften und Arbeitgeberverbände handeln als **Tarif-** bzw. Sozialpartner gemeinsam Verträge aus, welche die Arbeitsbedingungen vieler Arbeitnehmer regeln. Die Verhandlungen werden nach dem Grundsatz der Tarif-**Autonomie** selbstständig und ohne Mitwirkung des Staates geführt. Dieses Recht ist im Grundgesetz verankert.

Art. 9 Abs.3 GG

Das Recht, zur Wahrung und Förderung der Arbeits- und Wirtschaftsbedingungen Vereinigungen zu bilden, ist jedermann und für alle Berufe gewährleistet. Abreden, die dieses Recht einschränken oder zu behindern suchen, sind nichtig, hierauf gerichtete Maßnahmen sind rechtswidrig (...)

8.2 Tarifverträge

Tarifverträge gelten für alle in Gewerkschaften organisierten Arbeitnehmer im **Tarifgebiet**, meist in einem bestimmten **Wirtschaftsbereich**. Vertragspartner ist der entsprechende Arbeitgeberverband, dessen Mitglieder die ausgehandelten Veränderungen in ihren Unternehmen umsetzen.

Tarifgebiet:
Von den Tarifpartnern festgelegte Region
Dort gelten die ausgehandelten Arbeitsbedingungen.

Die meisten Arbeitgeber gewähren die vereinbarten Verbesserungen auch jenen Arbeitnehmern, die nicht in der entsprechenden Gewerkschaft organisiert sind.

Der Geltungsbereich eines Tarifvertrages kann auf Antrag eines Sozialpartners beim Bundesministerium für Arbeit und Sozialordnung ausgeweitet werden. Wird der Tarifvertrag für allgemein verbindlich erklärt, gilt er für alle Arbeitnehmer eines bestimmten Tarifgebietes und Wirtschaftsbereiches.

Wirtschaftsbereiche:
zum Beispiel:
- Baugewerbe
- Chemische Industrie
- Einzelhandel

Flächentarifvertrag

Tarifverträge legen Mindestlöhne und -arbeitsbedingungen fest, die im Betrieb nicht unterschritten werden dürfen. Mit den Flächentarifverträgen ist sichergestellt, dass gleiche Mindestarbeitsbedingungen in den verschiedenen Betrieben einer Branche und eines Tarifgebiets gelten. Damit werden für die Betriebe gleiche Ausgangsbedingungen geschaffen. Ohne Flächentarifverträge könnten die Arbeitnehmer sich mit ihren Forderungen gegenseitig unterbieten.

Mantel- oder Rahmentarifvertrag

Mantel- oder Rahmentarifverträge haben längere Zeit Gültigkeit. Sie regeln die Arbeitsbedingungen der Arbeitsverhältnisse, z. B.:

- wöchentliche Arbeitszeit
- Mehrarbeit, Schichtarbeit
- Sonn- und Feiertagsarbeit
- Zuschläge für Überstunden und Schichtarbeit

Lohn-, Gehalts- und Entgelttarifvertrag

Lohn- und **Gehalts**tarifverträge haben in der Regel ein Jahr Gültigkeit. Sie regeln die Höhe

- des Lohnes bzw. des Gehaltes und
- der Ausbildungsvergütung.

Gehalt:
Monatlich gleich bleibendes Arbeitsentgelt

Lohn:
Monatlich schwankendes, auf Stundenbasis berechnetes Arbeitsentgelt

In Tarifverträgen wird festgelegt, wie sich Lohn und Gehalt zusammensetzen und welche Verfahren angewendet werden, um die Anforderungen der Arbeit zu bewerten. Weiterhin beinhalten die Tarifverträge die Grundsätze, nach denen Arbeitnehmer z. B. in eine bestimmte Gehaltsgruppe **eingruppiert** werden.

Eingruppierung:

Erfolgt nach Tätigkeit, nicht nach Qualifikation

Ein Ingenieur, der am Fließband arbeitet, wird als Bandarbeiter eingruppiert und bezahlt.

Überlegen Sie, warum es Tarifverträge mit unterschiedlichen Laufzeiten gibt.

8.3 Arbeitskampf

Die Forderungen der Gewerkschaften und die Vorstellungen der Arbeitgeber stimmen oftmals nicht überein.

Sind alle Möglichkeiten der Verhandlungen zwischen den Tarif- oder Sozialpartnern erfolglos ausgeschöpft, werden die Verhandlungen für gescheitert erklärt. Ein unparteiischer Schlichter kann zwischen den Tarifpartnern vermitteln. Ist er nicht erfolgreich, kann es zu Arbeitskampfmaßnahmen kommen. Der Arbeitskampf, der meist mit einem **Warnstreik** beginnt, ist ein rechtlich zulässiges Mittel. Er gilt als letzte Maßnahme bei unlösbaren tarifpolitischen Gegensätzen.

Warnstreik:

Durch Warnstreiks kann die Arbeitnehmerseite ihren Forderungen weiteren Nachdruck verleihen. Sie sind auf wenige Stunden begrenzt. Warnstreiks sind ein wichtiges Druckmittel, um doch noch auf dem Verhandlungsweg vertretbare Ergebnisse zu erzielen.

Quelle: dpa

Streik des Bodenpersonals der Lufthansa auf dem Frankfurter Flughafen

Die Gewerkschaften haben die Möglichkeit, ihre Mitglieder zum Streik aufzurufen. Dann stellt eine größere Zahl von Arbeitnehmern die Arbeit planmäßig und gemeinsam ein. Ziel ist es, eine Verbesserung der Lohn-, Gehalts- oder Arbeitsbedingungen zu erreichen.

Auch Auszubildende sind berechtigt, sich an kurzen, zeitlich befristeten Streiks zu beteiligen. Voraussetzung ist, dass die Gewerkschaften über deren Angelegenheiten mit der Arbeitgeberseite verhandeln.

Das Streikrecht ist eine der Grundfreiheiten der Demokratie. Es wird durch Art. 9 Abs. 3 GG und internationale Abkommen garantiert **(Streikgarantie)**.

Streikgarantie:
Im Grundgesetz und in der europäischen Sozialcharta ist das Recht zu streiken festgeschrieben (garantiert).

Ohne die Möglichkeit des Streiks wären Tarifverhandlungen ein „kollektives Betteln", da die Gewerkschaften keinerlei Druckmittel hätten.

Ob gestreikt wird oder nicht, entscheiden die Mitglieder einer Gewerkschaft in einem Tarifgebiet durch die Urabstimmung. Darin stimmen sie darüber ab, ob sie bereit sind, ihre Tarifforderungen notfalls mit einem Streik durchzusetzen. Die Gewerkschaft muss das in ihrer Satzung vorgegebene Verfahren einhalten. Wenn die überwiegende Mehrheit (75 Prozent der abstimmenden Mitglieder) sich dafür ausspricht, kommt es zum Streik.

Wilde Streiks werden ohne das Einverständnis und der Beteiligung von Gewerkschaften geführt und sind unzulässig.

Heiße und kalte Aussperrung

Die Gegenmaßnahme der Arbeitgeberseite ist die Aussperrung. Bei der „heißen Aussperrung" schließen die Arbeitgeber ihre Arbeitnehmer von ihrem Arbeitsplatz aus. Sie erhalten während dieser Zeit weder Lohn noch Gehalt. Die Arbeitgeber wollen damit Druck auf die Gewerkschaft und die Arbeitnehmer ausüben und die Bereitschaft zum Streik brechen. Die Gewerkschaft gewährt ihren Mitgliedern bei einer heißen Aussperrung eine finanzielle Unterstützung. Anspruch und Höhe richten sich nach der Satzung der jeweiligen Gewerkschaft.

Bei der „kalten Aussperrung" beruft sich der einzelne Arbeitgeber darauf, dass die Produktion z. B. wegen fehlender Zulieferteile oder fehlender Abnahme nicht möglich ist. Er stellt die Arbeit ein und bezahlt keinen Lohn- bzw. kein Gehalt. Kalt Ausgesperrte erhalten keine finanzielle Unterstützung von der Gewerkschaft. In bestimmten Fällen können kalt ausgesperrte Arbeitnehmer auf Antrag **Kurzarbeitergeld** erhalten.

Kurzarbeitergeld:
Arbeitnehmer erhalten Kurzarbeitergeld, wenn aus konjunkturellen oder wirtschaftlichen Gründen die Arbeit in ihrem Betrieb ausfällt. Es soll den ausfallenden Lohn ersetzen. Kurzarbeitergeld zahlt die Agentur für Arbeit, wenn der Betrieb den Arbeitsausfall vorher schriftlich angezeigt hat.

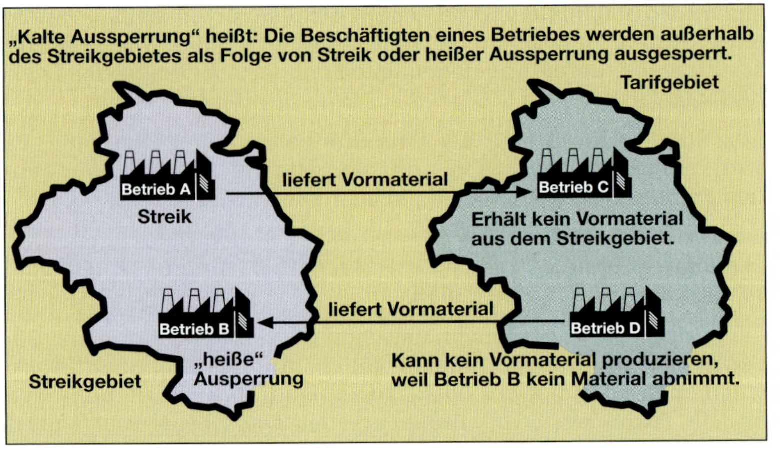

Ein Streik bedeutet für Arbeitgeber und Gewerkschaften einen hohen finanziellen Aufwand. Dies führt dazu, dass die Tarifverhandlungen erneut aufgenommen werden. Falls ein Tarifvertrag zustande kommt, müssen in einer Urabstimmung mindestens 25 Prozent der Gewerkschaftsmitglieder das Ergebnis annehmen.

Während der Laufzeit eines Tarifvertrages herrscht Friedenspflicht. Während dieser Zeit sind Streik und Aussperrung unzulässig. Dadurch ist garantiert, dass der Arbeitsprozess ungestört ablaufen kann.

Zusammenfassung

Gewerkschaften vertreten die Interessen der Arbeitnehmer. Arbeitgeberverbände vertreten die Interessen der Arbeitgeber.

Gewerkschaften und Arbeitgeberverbände werden als Sozial- oder Tarifpartner bezeichnet. Sie können nach dem Grundsatz der Tarifautonomie Tarifverträge vereinbaren.

Kampfmittel im Arbeitskampf sind Streik auf der Arbeitnehmerseite und Aussperrung auf der Arbeitgeberseite.

Wissens-Check

1. Wozu organisieren sich Arbeitgeber und Arbeitnehmer in Verbänden?
2. Was bedeutet der Begriff „Tarifautonomie“?
3. Ein Metall verarbeitender Betrieb wird bestreikt.

   Herr Schober arbeitet in diesem Betrieb, ist aber kein Gewerkschaftsmitglied.

   a) Wie kann er sich während des Streiks verhalten?

   Der Unternehmer sperrt die Arbeitnehmer aus.

   b) Handelt es sich um eine heiße oder um eine kalte Aussperrung?

   c) Was bedeutet dies für Herrn Schober?

Links

www.igmetall.de

www.bda-online.de

www.bmbf.de

Betriebsverfassungsgesetz: Rechte, Wahl, Zusammensetzung des Betriebsrats und der Jugendvertretung

9

Manuela S. (20 J.), seit zwei Jahren in der Marketingabteilung eines großen Unternehmens beschäftigt, erhält von ihrem Arbeitgeber die ***ordentliche Kündigung*** *zum nächstmöglichen Termin. Der Betriebsrat erfährt erst drei Tage später davon und widerspricht der Kündigung unverzüglich. Der Arbeitgeber lässt sich davon jedoch nicht beeindrucken. Der Fall landet vor dem Arbeitsgericht.*

Ordentliche Kündigung:
Fristgerechte Kündigung
4 Wochen zum 15. des Monats oder zum Monatsende

§ 102 BetrVG Mitbestimmung bei Kündigungen

(1) Der Betriebsrat ist vor jeder Kündigung zu hören. Der Arbeitgeber hat ihm die Gründe für die Kündigung mitzuteilen. Eine ohne Anhörung des Betriebsrats ausgesprochene Kündigung ist unwirksam.

BetrVG:
Betriebsverfassungsgesetz

1. Lesen Sie den Inhalt des Gesetzestextes und nehmen Sie zu oben geschildertem Fall Stellung.
2. Wie wird das Arbeitsgericht Ihrer Meinung nach entscheiden?

9.1 Mitbestimmung und Demokratie

Im Laufe der letzten 100 Jahre hat sich die Stellung der Arbeitnehmer in den Unternehmen deutlich verbessert. Durch Arbeitskämpfe und die Bildung von Arbeiterbewegungen haben sich die Arbeitnehmer bessere Arbeitsbedingungen erkämpft. Erste Anzeichen von Mitbestimmung zeigten sich bereits 1905, als Bergbaubetriebe mit mehr als 100 Arbeitnehmern verpflichtet wurden, Arbeiterausschüsse zuzulassen. Mit dem Wechsel des politischen Systems zur **Demokratie** der **Weimarer Republik** wurde 1920 das Betriebsrätegesetz eingeführt. Darin wurde festgelegt, dass in allen Betrieben mit mehr als 20 Arbeitnehmern Betriebsräte einzurichten waren. Sie konnten vor allem bei sozialen Belangen der Arbeitnehmer, aber auch bereits bei Einstellungen und Entlassungen mitwirken.

Demokratie:
Volksherrschaft
Das Volk wird durch Wahlen an der Machtausübung beteiligt.

Weimarer Republik:
Von 1919 bis 1933 dauernde Ära der deutschen Geschichte
Sie wurde nach der Stadt Weimar, dem ersten Tagungsort der Nationalversammlung, benannt.

Nach einer „Zwangspause“ der Mitbestimmung im Dritten Reich wurde sie nach dem Zweiten Weltkrieg nicht nur wieder eingeführt, sondern erheblich ausgebaut. Heute ist die Stellung der Arbeitnehmer durch eine Vielzahl von Schutzgesetzen und Verordnungen gesichert.

Beschreiben Sie stichpunktartig die Entwicklung der Mitbestimmung in Deutschland.

9.2 Das Betriebsverfassungsgesetz

Zusammensetzung des Betriebsrates

Betriebsrat:

Interessenvertretung der Arbeitnehmer innerhalb eines Unternehmens

Die Zahl der Betriebsratsmitglieder richtet sich nach der Zahl der wahlberechtigten Arbeitnehmer eines Betriebes.

Nach § 1 BetrVG können **Betriebsräte** gewählt werden in Unternehmen mit in der Regel mindestens fünf ständigen, wahlberechtigten Arbeitnehmern, von denen drei wählbar sind. Die Wahlen zum Betriebsrat finden alle vier Jahre statt. Wahlberechtigt sind alle Arbeitnehmer, die das 18. Lebensjahr vollendet haben.

Wählbar sind alle Wahlberechtigten, die sechs Monate dem Betrieb angehören (§§ 7, 8 BetrVG).

Damit der Arbeitgeber unbequeme Betriebsräte oder Jugend- und Auszubildendenvertreter nicht so einfach entlassen kann, unterliegen sie einem besonderen **Kündigungsschutz**.

Die Hauptaufgabe des Betriebsrates bzw. **Personalrates** besteht darin, die Interessen der Arbeitnehmer des jeweiligen Unternehmens zu vertreten. Betriebsrat und Arbeitgeber schließen hierzu **Betriebsvereinbarungen**. Die Aufgaben und Rechte des Betriebsrats regelt das Betriebsverfassungsgesetz.

§ 74 BetrVG

Arbeitgeber und Betriebsrat sollen mindestens einmal im Monat zu einer Besprechung zusammentreten. Sie haben über strittige Fragen mit dem ernsten Willen zur Einigung zu verhandeln und Vorschläge für die Beilegung von Meinungsverschiedenheiten zu machen.

Welcher Grundsatz gilt für die Zusammenarbeit zwischen Arbeitgeber und Betriebsrat nach § 74 BetrVG?

Kündigungsschutz nach § 15 KSchG:

„Die Kündigung eines Mitglieds eines Betriebsrats, einer Jugend- und Auszubildendenvertretung (...) ist unzulässig, es sei denn, dass Tatsachen vorliegen, die den Arbeitgeber zur Kündigung aus wichtigem Grund ohne Einhaltung einer Kündigungsfrist berechtigen."

Personalrat:

Arbeitnehmervertretung im öffentlichen Dienst

Betriebsvereinbarung:

Sie wird zwischen Arbeitgeber und Betriebsrat geschlossen und schriftlich niedergelegt. In ihr sind z. B. Entlohnungsverfahren, Rauchverbote sowie spezielle Schutzvorschriften festgeschrieben.

Betriebsvereinbarung

Partnerschaftliches Verhalten am Arbeitsplatz

Gültig ab: 01.01.2xxx

Zwischen der INFOTEC GmbH vertreten durch den Geschäftsführer einerseits und dem Betriebsrat der INFOTEC GmbH andererseits wird aufgrund von wiederholten Mobbing-Vorfällen folgende Betriebsvereinbarung geschlossen:

1. Geltungsbereich

Persönlich: für alle Beschäftigten der INFOTEC GmbH

Räumlich: für die Werke der INFOTEC GmbH

2. Grundsätze

Zu Mobbing-Vorfällen gehört insbesondere das bewusste, gezielte und fahrlässige Herabwürdigen bis hin zur sexuellen Belästigung, wie beispielsweise unerwünschter Körperkontakt, Kommentare und Witze zur Person sowie Andeutungen, dass sexuelles Entgegenkommen berufliche Vorteile bringen könnte.

3. Beschwerderecht

Wenn eine persönliche Zurechtweisung durch die belästigte Person im Einzelfall erfolglos ist oder unangebracht erscheint, können sich die betroffenen Werksangehörigen an den/die betrieblichen Vorgesetzte/n, den Betriebsrat, die Frauenbeauftragte, das Personalwesen wenden.

4. Maßnahmen

Das Unternehmen hat die dem Einzelfall angemessenen betrieblichen Maßnahmen gemäß § 32 der Arbeitsordnung, wie z. B. Belehrung, Verwarnung, Verweis, Geldbuße oder arbeitsrechtliche Maßnahmen, wie z. B. Versetzung, Abmahnung oder Kündigung, zu ergreifen.

7. Schlussbestimmung

Die Betriebsvereinbarung tritt am 01.01.2xxx in Kraft. Sie kann mit einer Frist von 3 Monaten zum Jahresende, erstmals zum 31.12.2xxx, gekündigt werden.

Bad Tölz, den 20.10.2xxx

INFOTEC GmbH

....

Gesamtbetriebsrat Unternehmensleitung

Gekürztes Beispiel einer Betriebsvereinbarung zum Thema „Mobbing"

Mobbing:

Schikanöse Behandlung des Opfers, um dieses zu verunsichern

9.3 Mitbestimmungs- und Mitwirkungsrechte

Der Betriebsrat hat Mitbestimmungs- und Mitwirkungsrechte in

- sozialen,
- personellen und
- wirtschaftlichen Angelegenheiten.

Ferner stehen ihm Informations- und Beratungsrechte zu. Die Rechte sind hinsichtlich ihres Gewichts bei Entscheidungen abgestuft:

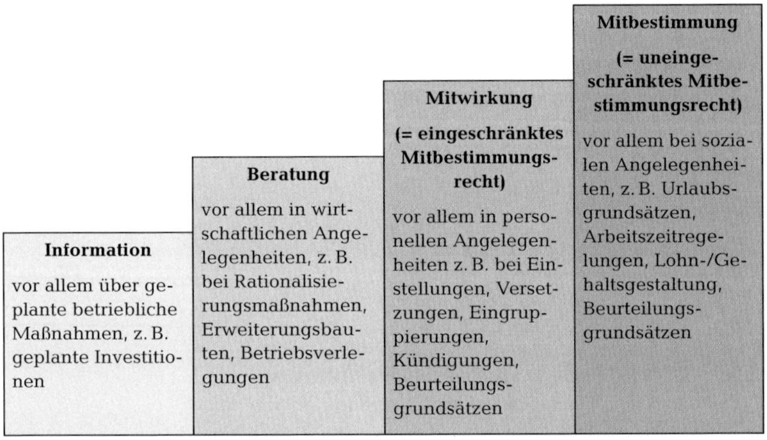

Aufgaben und Rechte des Betriebsrats (§ 80 BetrVG)

Beim Informationsrecht handelt es sich um die schwächste Form der Beteiligungsrechte. Das Beratungsrecht besagt, dass sich der Arbeitgeber mit dem Betriebsrat in bestimmten Angelegenheiten absprechen muss. Wenn der Betriebsrat bestimmten Maßnahmen widersprechen kann, liegt ein eingeschränktes Mitbestimmungsrecht vor. Dadurch werden Entscheidungen des Arbeitgebers jedoch nicht verhindert oder unwirksam. Es entscheidet letztlich das Arbeitsgericht oder die Einigungsstelle.

Konzern:
Zusammenschluss von Unternehmen, die dadurch ihre wirtschaftliche Selbstständigkeit aufgegeben haben

> § 76 BetrVG Einigungsstelle
>
> (1) Zur Beilegung von Meinungsverschiedenheiten zwischen Arbeitgeber und Betriebsrat, Gesamtbetriebsrat oder Konzernbetriebsrat ist bei Bedarf eine Einigungsstelle zu bilden (...)
>
> (2) Die Einigungsstelle besteht aus einer gleichen Anzahl von Beisitzern, die vom Arbeitgeber und Betriebsrat bestellt werden, und einem unparteiischen Vorsitzenden, auf dessen Person sich beide Seiten einigen müssen (...)

Beim uneingeschränkten Mitbestimmungsrecht bedürfen Entscheidungen des Arbeitgebers der Zustimmung des Betriebsrats, d. h. der Arbeitgeber ist von dessen Einverständnis abhängig.

9.4 Die Freistellung von Betriebsräten

In Betrieben ab 100 Mitarbeitern ist ein Betriebsrat für seine Betriebsrattätigkeit freigestellt. So muss in Betrieben ab 200 Mitarbeitern ein Betriebsrat von seiner eigentlichen Tätigkeit entbunden werden. Er hat Anspruch auf Entlastung von allen beruflichen Verpflichtungen, wenn er die Zeit für die Arbeit im und für den Betriebsrat braucht.

> § 37 BetrVG Ehrenamtliche Tätigkeit, Arbeitsversäumnis
>
> (1) Die Mitglieder des Betriebsrats führen ihr Amt unentgeltlich als Ehrenamt.
>
> (2) Mitglieder des Betriebsrats sind von ihrer beruflichen Tätigkeit ohne Minderung des Arbeitsentgelts zu befreien, wenn und soweit es nach Umfang und Art des Betriebs zur ordnungsgemäßen Durchführung ihrer Aufgaben erforderlich ist. (…)

In Abhängigkeit der Zahl der Mitarbeiter steigt auch die Zahl der **freizustellenden Betriebsräte.**

Freizustellende Betriebsratsmitglieder:
Betriebsräte, die von ihrer eigentlichen betrieblichen Tätigkeit im Unternehmen vollkommen bei voller Vergütung befreit sind

freizustellende Betriebsräte	Anzahl der Mitarbeiter
1	200 – 500
2	501 – 900
3	901 – 1.500
4	1.501 – 2.000
5	2.001 – 3.000
6	3.001 – 4.000
7	4.001 – 5.000
8	5.001 – 6.000
9	6.001 – 7.000
10	7.001 – 8.000
11	8.001 – 9.000
12	9.001 – 10.000
+1	je weitere 2.000 Mitarbeiter

9.5 Das BetrVG in der Kritik

Das Betriebsverfassungsgesetz stößt bei den Gewerkschaften auf große Zustimmung. Von Seiten der Arbeitgeber- und Wirtschaftsverbände wird dieses Gesetz jedoch kritisch betrachtet.

Kritik aus Sicht der Arbeitgeberverbände

Die Hauptkritikpunkte der Arbeitgeber liegen vor allem in zwei Bereichen:

Zum einen ist die Umsetzung des Betriebsverfassungsgesetzes mit höheren Kosten verbunden. Dies liegt vor allem an der höheren Zahl der freizustellenden Betriebsratsmitglieder.

Zum anderen sehen die Arbeitgeber in der Novelle „einen unannehmbaren Eingriff in die Entscheidungsfreiheit des Unternehmens".

(Dieter Philipp, Präsident des Deutschen Handwerks)

Umstritten ist der große Aufgabenkatalog der Betriebsräte. In folgenden Bereichen können Betriebsräte und Arbeitgeber Vereinbarungen treffen:

- Bei Fragen des Umweltschutzes
- Bei der Bekämpfung rechtsextremer Tendenzen
- Bei Weiterbildungs- und Qualifizierungsmaßnahmen
- Bei Fragen der Gleichstellung von Frauen im Unternehmen

Als kritisch wird auf Seiten der Arbeitgeber das vereinfachte Verfahren zur Gründung eines Betriebsrats in Kleinbetrieben mit fünf bis 50 Beschäftigten eingestuft. Hierdurch soll es vor allem in den Betrieben der **New Economy** mehr Betriebsräte geben. Der Einfluss der Gewerkschaften in diesen Betrieben war in der Vergangenheit sehr gering. Darüber hinaus sind jetzt auch Leih- und Telearbeiter sowie freie Mitarbeiter wahlberechtigt.

New Economy:
Der Begriff steht für alle Unternehmen, die mit Internet, Handys, Software und neuen Medien zu tun haben.

Bilden Sie zwei Gruppen und diskutieren Sie in Ihrer Klasse die unterschiedlichen Standpunkte der Arbeitgeber und Gewerkschaften bezüglich der Gründung von Betriebsräten in Kleinbetrieben. Wählen Sie aus Ihrer Klasse zwei Moderatoren aus, die die Diskussion leiten.

Ein weiterer strittiger Punkt des Betriebsverfassungsgesetzes ist die **Zahl der freigestellten Betriebsräte.** Bereits ab 200 wahlberechtigten Mitarbeitern muss ein Betriebsratsmitglied von seiner beruflichen Tätigkeit freigestellt werden. Die Zahl der freigestellten Betriebsräte bei bis zu 10 000 Mitarbeitern beträgt zwölf. Pro weitere 2 000 Mitarbeiter kommt ein freigestellter Betriebsrat hinzu.

Zahl der freigestellten Betriebsräte siehe S. 47

Warum ist gerade die Regelung über die Zahl der freigestellten Betriebsräte ein besonderer Streitpunkt?

9.6 Vor- und Nachteile betrieblicher Mitbestimmung

Vorteile:	Nachteile:
Mitbestimmung ist ein Mittel zur Konfliktbewältigung zwischen Arbeitnehmer- und Arbeitgeberinteressen.	Mitbestimmung schränkt den Unternehmer in seiner Entscheidungsfreiheit ein.
Mitbestimmung ermöglicht den Arbeitnehmern eigene Wünsche und Vorstellungen im Unternehmen durchzusetzen.	Mitbestimmung kann betriebliche Entscheidungen verzögern oder verhindern.
Mitbestimmungsmöglichkeiten können sich positiv auf die Arbeitsmotivation der Mitarbeiter auswirken.	Das Unternehmen kann auf den Konkurrenzdruck nicht so rasch reagieren, wie es in bestimmten Situationen vielleicht erforderlich wäre.
Der Unternehmer erhält Anregungen und Impulse für betriebliche Entscheidungen.	Mitbestimmung kann die internationale Wettbewerbsfähigkeit des Unternehmens gefährden.
Die Mitbestimmungs- und Mitwirkungsmöglichkeiten steigern das Interesse der Arbeitnehmer am Unternehmen.	

Diskutieren Sie die Vor- und Nachteile der betrieblichen Mitbestimmung im Klassenverband.

9.7 Europäische Betriebsräte

Eine **EU-Richtlinie** von 1994 schuf die Voraussetzungen dafür, dass die Arbeitnehmer auch auf europäischer Ebene mitwirken können. Sie bezieht sich auf europaweit (EU-weit) tätige Unternehmen, die mindestens 1000 Arbeitnehmer beschäftigen. Die Richtlinie schließt auch Unternehmen mit Sitz in den USA, Japan oder der Schweiz ein. Arbeitnehmer können durch europäische Betriebsräte grenzüberschreitend unterrichtet und angehört werden. Ein solcher Betriebsrat besteht aus mindestens drei Mitgliedern, wobei jedes Land, in dem das Unternehmen einen Standort hat, jeweils durch ein Mitglied vertreten sein muss.

EU-Richtlinie:
Sie gilt nicht direkt, sondern muss vom nationalen Gesetzgeber umgesetzt, d. h. in die entsprechenden Gesetze eingefügt werden.

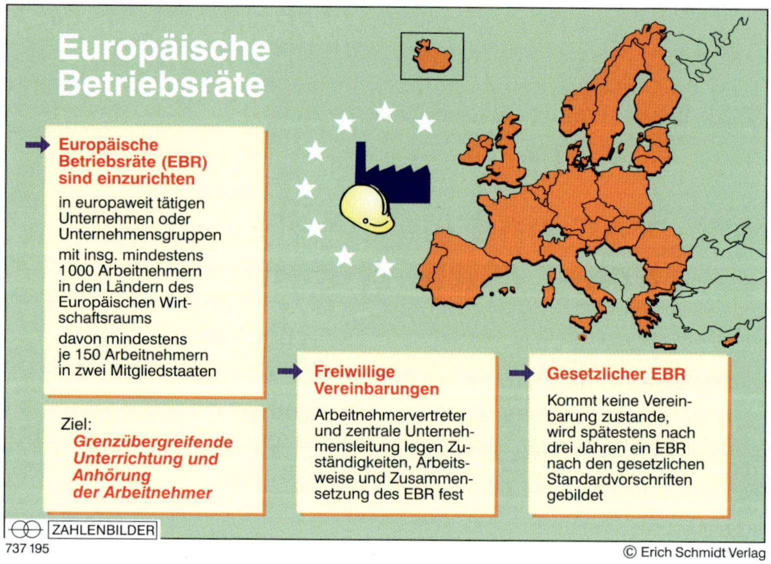

9.8 Die Jugend- und Auszubildendenvertretung

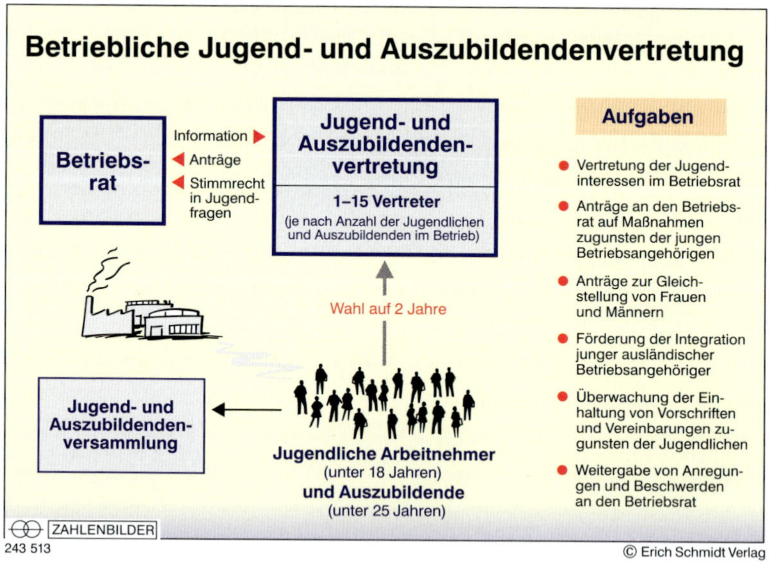

Quelle: Dave Vaughan

Die Jugend- und Auszubildendenvertretung ist im Betriebsverfassungsgesetz geregelt und nimmt die besonderen Belange jugendlicher und in Ausbildung stehender Arbeitnehmer wahr. Sie ist insbesondere Ansprechpartner bei Fragen zur Berufsbildung.

Weiterhin wacht die Jugend- und Auszubildendenvertretung über die Einhaltung der für diese Arbeitnehmer geltenden

- Gesetze,
- **Verordnungen,**
- Unfallverhütungsvorschriften,
- Tarifverträge und
- Betriebsvereinbarungen.

Verordnung:
Wird von Verwaltungen aufgrund von Gesetzen erlassen

Wie in den Betriebsräten auch erhöht sich die Zahl der Jugend- und Auszubildendenvertreter in Abhängigkeit von der Zahl der Beschäftigen im Unternehmen.

§ 60 BetrVG Errichtung und Aufgabe

In Betrieben mit in der Regel mindestens fünf Arbeitnehmern, die das 18. Lebensjahr noch nicht vollendet haben (jugendliche Arbeitnehmer) oder die zu ihrer Berufsausbildung beschäftigt sind und das 25. Lebensjahr noch nicht vollendet haben, werden Jugend- und Auszubildendenvertretungen gewählt
(...)

§ 61 BetrVG Wahlberechtigung und Wählbarkeit

Wahlberechtigt sind alle in § 60 Abs. 1 genannten Arbeitnehmer des Betriebs.

Wählbar sind alle Arbeitnehmer des Betriebs, die das 25. Lebensjahr noch nicht vollendet haben (...)

§ 64 BetrVG Zeitpunkt der Wahlen und Amtszeit

(...)
Die regelmäßige Amtszeit der Jugend- und Auszubildendenvertretung beträgt zwei Jahre.

1. Welche Bedingungen müssen erfüllt sein, um eine Jugend- und Auszubildendenvertretung einrichten zu dürfen?
2. Wer ist wahlberechtigt und wer wählbar?
3. Wie lange dauert die Amtszeit?

Zusammenfassung

Nach dem Zweiten Weltkrieg wurde die Mitbestimmung erheblich ausgebaut.

In Betrieben mit in der Regel mindestens fünf ständigen wahlberechtigten Arbeitnehmern können Betriebsräte gewählt werden.

Die Hauptaufgabe des Betriebsrates liegt in der Vertretung der Interessen der Arbeitnehmer.

Gesetzlich stehen dem Betriebsrat Mitwirkungs- und Mitbestimmungsrechte in sozialen, personellen und wirtschaftlichen Angelegenheiten zu.

Die EU-Richtlinie von 1994 schuf die Voraussetzungen für die Einrichtung europäischer Betriebsräte, die auch grenzüberschreitend unterrichtet und angehört werden.

Die Jugend- und Auszubildendenvertretung kann in Betrieben mit mindestens fünf Arbeitnehmern eingerichtet werden, die das 18. Lebensjahr noch nicht vollendet haben oder die zu ihrer Berufsausbildung dort beschäftigt sind und das 25. Lebensjahr noch nicht vollendet haben.

Die betriebliche Mitbestimmung ist ein Mittel der Konfliktbewältigung bei fehlender Übereinstimmung zwischen Arbeitnehmer- und Arbeitgeberinteressen.

Es besteht die Gefahr, dass durch verstärkte Mitbestimmung betriebliche Entscheidungen verzögert oder verhindert werden.

Wissens-Check

1. Bei einem Zulieferer der INFOTEC GmbH, der die Voraussetzung zur Bildung eines Betriebsrates erfüllt, soll ein Betriebsrat eingerichtet werden. Kann die Geschäftsleitung des Zulieferers dies verhindern?
2. Der Betriebsrat wurde vor der Kündigung eines Mitarbeiters angehört und widerspricht der Kündigung. Welche Folgen hat der Widerspruch des Betriebsrates?
3. Die Geschäftsleitung der INFOTEC GmbH möchte eine neue Arbeitszeitregelung einführen. Der Betriebsrat ist damit nicht einverstanden. Kann die Geschäftsleitung die neue Regelung dennoch einführen?
4. Der Betriebsrat will sich über die Gehaltsstruktur des Unternehmens informieren, um gegebenenfalls im Rahmen einer Betriebsvereinbarung eine neue Arbeitsplatzbewertung vorzuschlagen. Zu diesem Zwecke erfordert er Einsicht in die Lohn- und Gehaltslisten des Unternehmens. Ist der Betriebsrat zu dieser Einsichtnahme befugt?
5. Wegen schlechter Auftragslage ist die INFOTEC GmbH gezwungen, einen Betriebsteil stillzulegen. Dadurch müssen 40 Arbeitnehmer entlassen werden. Welches Recht des Betriebsrates kommt in diesem Fall zum Tragen?
6. Einem Betriebsratsmitglied der INFOTEC GmbH wurde aus wichtigem Grund außerordentlich gekündigt, ohne vorher den Betriebsrat einzuschalten. Das Betriebsratsmitglied klagte. Klären Sie den Sachverhalt.
7. Nennen Sie die wesentlichen Kritikpunkte der Arbeitgeber am novellierten Betriebsverfassungsgesetz.
8. In der INFOTEC GmbH stehen die Wahlen zur Jugend- und Auszubildendenvertretung an. Von insgesamt 319 Mitarbeitern sind sechs Lehrlinge unter 18 sowie eine Mitarbeiterin (Andrea), die vor einer Woche die Ausbildung beendet hat. Außerdem gibt es noch drei Jungarbeiter (ohne Ausbildungsvertrag) mit 16 Jahren. Nehmen Sie zu folgenden Aussagen Stellung und entscheiden Sie, ob diese richtig oder falsch sind.

   „Unser Vertreter muss selbst noch Lehrling sein."

   „Der neue Jugendvertreter muss darauf achten, dass die Jugendschutzbestimmungen bezüglich der Arbeitszeit besser eingehalten werden."

   „Ungelernte haben kein Stimmrecht."

   „Unser neu gewählter Jugendvertreter muss mal ein bisschen Wind machen, damit die Ausbildungsmaßnahmen noch verbessert werden."

   „Der Jugendvertreter muss sich auch für solche Mitarbeiter einsetzen, die nicht in andere Abteilungen versetzt werden wollen."

Links

www.bmwa.bund.de

www.betriebsrat.com

www.bmwi.de

B
Arbeitswelt im Wandel

- Arbeitsverhältnisse
- Arbeitslosigkeit
- Arbeitsmarktpolitische Konzepte
- Anforderungen an den Einzelnen

1 Technologischer Wandel

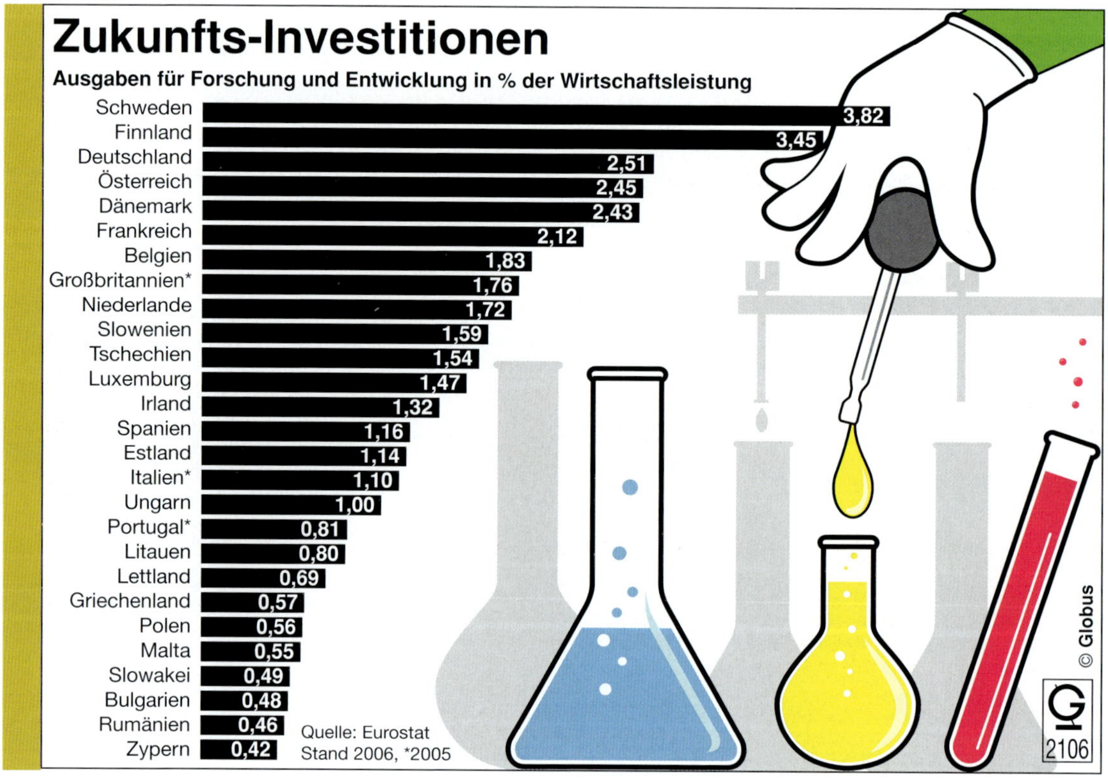

Nennen Sie Gemeinsamkeiten der Länder mit geringen Ausgaben für Forschung und Entwicklung.

Rationalisierung:

Ersatz veralteter Verfahren durch zweckmäßige Vereinheitlichung bzw. Straffung

Technisierung:

Auf Maschinen und technische Mittel gestützte Produktion

Mitte der 70er Jahre hat in hoch entwickelten Industrieländern ein **Rationalisierung**s- und **Technisierung**sschub eingesetzt. Das Angebot der Produzenten und die Nachfrage der Verbraucher ändern sich immer schneller. Die Betriebe müssen in kürzester Zeit auf die veränderte Marktsituation reagieren. Zusätzlich müssen neue und zukunftsträchtige Produkte technisch und qualitativ hochwertig sein und zu günstigen Preisen hergestellt werden, um weltweit im Vergleich mit Produkten anderer Unternehmen konkurrieren zu können.

Der technologische Wandel hat sich in folgenden Bereichen rasch vollzogen:

- Informations- und Kommunikationstechnik
- Mikroelektronik, Prozessortechnik
- Gen- und Bio**technologie**
- **Nanotechologie**

Technisch hoch entwickelte Produkte (z.B. Handys, Computer, Pocket-PCs) ermöglichen einen ständigen Datenaustausch. Sie verschaffen direkten Zugang zum Internet.

Technologie:
Wissen über die Eigenschaften und Einsatzbedingungen der Technik

Nanotechnologie:
Molekulartechnologie

Nanometer:
Millionstel Millimeter; nm

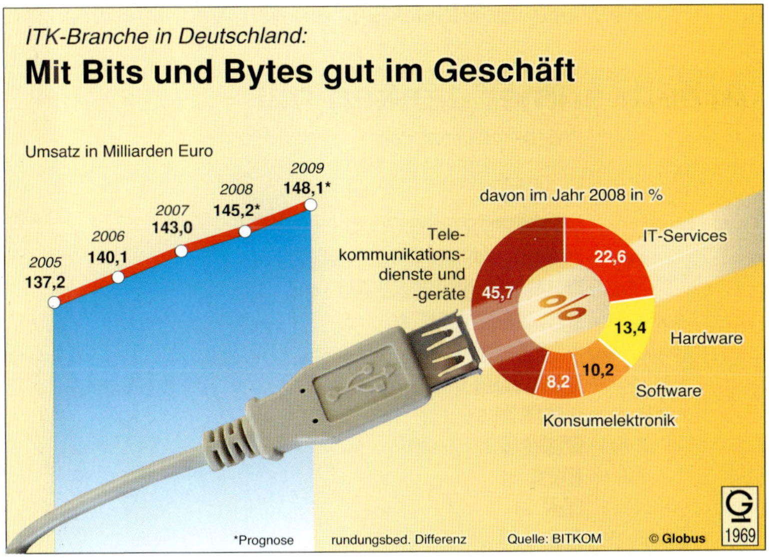

Kettenantrieb aus Silikon in Nanotechnologie.
Kleiner als der Durchmesser eines Haares ist der Abstand der einzelnen Kettenglieder.

Der Austausch von Informationen kann durch das Internet zu jeder Zeit und von jedem Ort der Welt aus in großer Geschwindigkeit erfolgen. Dies hat große Veränderungen in Gesellschaft und Wirtschaft zur Folge. Die Hauptaufgabe der Technik ist nicht mehr ausschließlich die industrielle Produktion von Gütern. Die Technik dient mittlerweile in hohem Maße dem Transport von Informationen. Das Übermitteln von und der Handel mit Informationen werden immer wichtiger.

Weltweit kann man via Internet einkaufen, mit Wertpapieren handeln sowie Konferenzen planen und abhalten. Ärzteteams sind in der Lage, sich während einer Operation von verschiedenen Orten der Erde aus zu unterstützen. Unwetterwarnungen sind präzise und in Sekundenschnelle verfügbar.

Fachleute sprechen bereits von einer dritten **industriellen Revolution**. Die Industriegesellschaft wandelt sich zu einer Informations- und Kommunikationsgesellschaft. Der technologische Wandel erfordert andere berufliche Fähigkeiten und besser qualifizierte Mitarbeiter.

Erste industrielle Revolution:
Durch technische Erfindungen (Dampfmaschine, mechanischer Webstuhl u. a.) im letzten Drittel des 18. Jahrhunderts in England eingeleitete Umwandlung der bisherigen Wirtschafts- und Sozialordnung

Zweite industrielle Revolution:
Durch die zunehmende Verbreitung der Automation, die Entwicklung der Kernenergie und der elektronischen Datenverarbeitung verursachte wirtschaftliche und soziale Veränderungen

2 Betriebsorganisatorischer Wandel

Die rasante Entwicklung der Informations- und Kommunikationstechnologien zwingt Unternehmen, sich auf immer neue Marktanforderungen einzustellen. Die Unternehmensstruktur und -organisation passen sich der Entwicklung auf den Weltmärkten an.

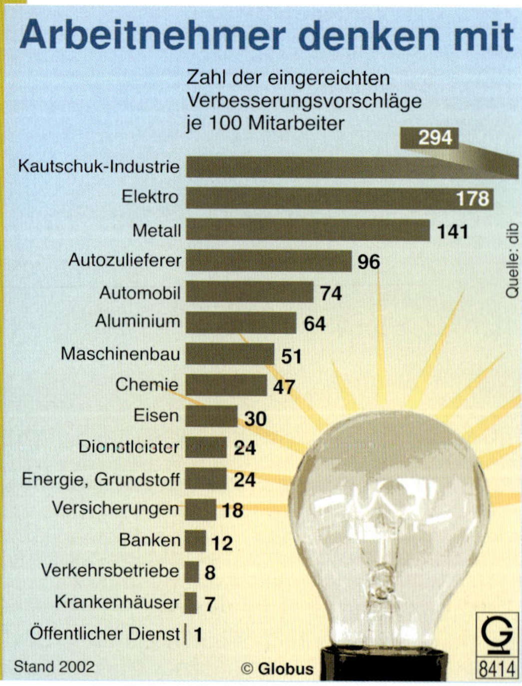

Notieren Sie Gemeinsamkeiten der Branchen, in denen eine hohe Zahl von Verbesserungsvorschlägen eingereicht wurde.

Unser Kopf ist rund, damit das Denken die Richtung wechseln kann.

(Volksweisheit)

Hierarchie: Rangfolge

Auf Dauer wird sich nur die teamorientierte, lernende Organisation behaupten können. Sie begreift Veränderung als permanente Herausforderung und Chance. Kreativität und Eigenverantwortung der Mitarbeiter sind gefordert. Um die Arbeit innerhalb eines Betriebes zu beschleunigen und zu verbessern, müssen **Hierarchien** aufgelöst werden.

Formen veränderter Betriebsorganisation

Outsourcing (Funktionsausgliederung)

Betriebsaufgaben werden aus dem eigenen Betrieb ausgelagert und fremden Betrieben übertragen. Bestimmte Schritte im laufenden Produktionsprozess eines Betriebes werden ganz oder teilweise von Zulieferbetrieben übernommen.

Leanproduction (Schlanke Fabrikation)

Dies ist eine aus Japan stammende Unternehmensphilosophie. Die Arbeitsgänge in der Produktion werden immer wieder hinterfragt und überprüft. Ziel ist, alle überflüssigen Kosten abzubauen und einen optimalen Produktionsablauf zu schaffen. Die Verschlankung der Verwaltung und Unternehmensführung nennt man Leanmanagement.

Just-in-time

Just-in-time (engl.):
„Exakt in der Zeit", „auf Abruf"

Die Grundidee dieses in japanischen Unternehmen entwickelten Verfahrens ist es, die Materialbeschaffung an die Fertigung anzupassen. Zur Produktion benötigtes Material soll genau in dem Moment geliefert werden, in dem es gebraucht wird. Dadurch sollen die Lagerbestände und somit die Kosten reduziert werden. Just-in-time-Verfahren sind vor allem in der Großserienfertigung weit entwickelt, z. B. in der Automobilindustrie.

Vorschlagswesen

Die Mitarbeiter eines Unternehmens können Vorschläge zur Verbesserung von technischen Einrichtungen und des Arbeitsablaufes im Betrieb machen. Wenn Vorschläge umgesetzt werden, erhält der Mitarbeiter eine Prämie oder wird sogar befördert.

Ziel ist es, die Produktivität des Unternehmens zu steigern.

Einerseits erhoffen sich die Menschen, dass der technologische und betriebsorganisatorische Wandel die Arbeitsbedingungen verbessert und das Leben erleichtert. Andererseits besteht die Gefahr, dass immer wirkungsvollere Produktionsverfahren die Arbeitsplätze der Menschen gefährden. Hiervon sind besonders gering qualifizierte Arbeitnehmer betroffen.

Jahrgangsstufe 10

3 Globalisierung – Auswirkungen auf den Arbeitsmarkt

„Globalisierung – da hängt doch die Wirtschaft irgendwie weltweit zusammen und wenn die Löhne hier bei uns zu hoch sind, dann gehe ich mit meinem Unternehmen eben nach Bangladesch, wo die Leute froh sind, für ein paar Euro arbeiten zu können."
Aussage eines Unternehmers in der Textilbranche

3.1 Arbeitsplatzverlagerung

Arbeitsplätze werden in andere Länder verlagert, weil dort

- Steuern und Löhne wesentlich niedriger sind,
- Sozialleistungen meist unbekannt sind,
- Schutzbestimmungen für Arbeitskräfte oder die Umwelt kaum vorhanden sind.

Damit versuchen die Unternehmen, die Kosten der Produktion niedrig zu halten. Ein Beispiel ist die Verlagerung großer Teile der Bekleidungsindustrie aus Deutschland nach Indien. Die Globalisierung führt zu einem Konkurrenzkampf um die Ansiedlung der Produktionsstandorte. Staaten wie die Bundesrepublik Deutschland haben dabei Probleme, mit Ländern mitzuhalten, die unsere Mindeststandards beim Arbeitsschutz unterbieten und deren Lohnniveau deutlich niedriger ist.

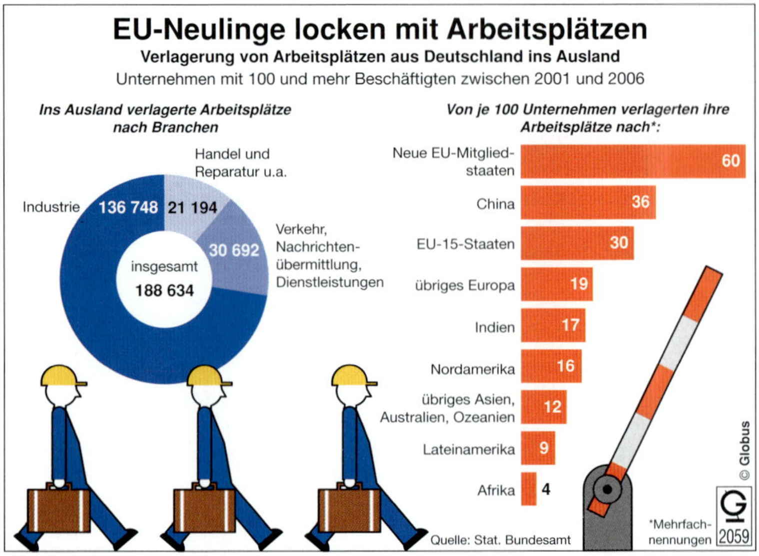

Die Arbeitsplatzverlagerung aus Deutschland führt zu einem geringeren Steueraufkommen und geringeren Volkseinkommen. Dies kann zu Sozialabbau in Deutschland führen.

Nehmen Sie Stellung zu dieser Aussage.

3.2 Arbeitsplatzabbau durch Unternehmenszusammenschlüsse

Unternehmen können sich zu größeren Einheiten zusammenschließen. Sie wollen auf diese Weise Kapital, Know-how und Markteinfluss koppeln, um sich auf den Märkten behaupten zu können. Oft führen solche Zusammenschlüsse zum Abbau von Arbeitsplätzen, weil dadurch bestimmte Arbeitsabläufe zusammengelegt werden können. Bekannte Beispiele für große **Fusionen** sind die Zusammenschlüsse der Automobilfirmen Daimler Benz und Chrysler und der Chemiefirmen Hoechst und Rhône-Poulenc.

Fusion:
Unternehmenszusammenschluss

Erleichtert und vereinfacht werden die Arbeitsplatzverlagerung und der Arbeitsplatzabbau durch Prozesse der Liberalisierung, Deregulierung und Privatisierung.

- Liberalisierung meint in diesem Zusammenhang den möglichst uneingeschränkten und kostenfreien Austausch von Waren, Dienstleistungen und Transaktionen.
- Deregulierung bezeichnet den Abbau von staatlichen Auflagen und Vorschriften.
- Privatisierung liegt vor, wenn Staatsvermögen in private Hände übergeht. Bekannte Beispiele in Deutschland sind die Privatisierung der Deutschen Bundespost (jetzt Telekom bzw. Deutsche Post AG) und der Deutschen Bundesbahn (jetzt Deutsche Bahn AG).

Grafik: Dave Vaughan

4 Veränderung in der Form der Arbeitsverhältnisse

4.1 Häufiger Berufs- und Arbeitsplatzwechsel

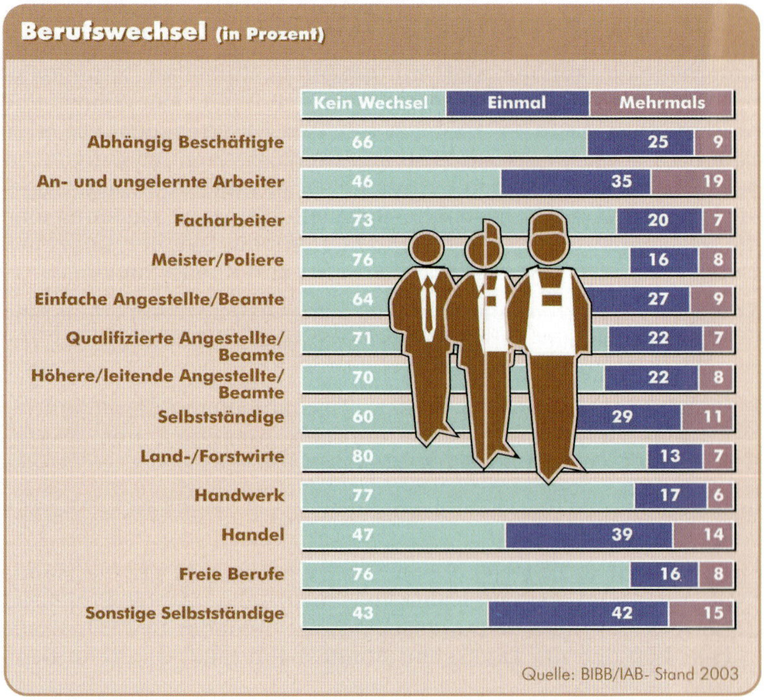

Überlegen Sie, wer in Ihrem Bekanntenkreis noch den Beruf ausübt, den er ursprünglich erlernt hat.

Lifelong Employment (engl.):
Lebenslange Anstellung

Arbeitnehmer werden heutzutage immer häufiger veranlasst, sich einen neuen Arbeitsplatz oder gar Beruf zu suchen. **„Lifelong Employment"** ist eher die Ausnahme als die Regel.

Die Gründe sind unterschiedlich. Arbeitnehmer suchen immer mehr nach anspruchsvollen, erfüllenden Tätigkeiten. Ein weiterer Grund für einen Berufs- oder Arbeitsplatzwechsel kann eine finanzielle Verbesserung sein. Darüber hinaus hat die soziale Anbindung an Familie, Wohnort und Freundeskreise abgenommen, was die Bereitschaft steigen lässt, sich beruflich zu verändern.

Einen besonders hohen Anteil von Berufswechslern gibt es bei Arbeitnehmern ohne Ausbildung.

Facharbeiter und Meister wechseln weniger häufig den Arbeitsplatz oder Beruf. Die gründliche Berufsausbildung und umfangreiche Qualifizierung dieser Fachkräfte sichert den Arbeitsplatz und erleichtert den innerbetrieblichen Aufstieg.

4.2 Geringfügige Beschäftigung – „Mini-Jobs“

Midi-Jobs:
Beschäftigungsverhältnisse mit einem Einkommen zwischen 400,01 € und 800,00 €

Mini-Jobs: Gleitend in die Abgabenpflicht

Beitragssätze in Prozent bei einem monatlichen Bruttoeinkommen von ... in Euro

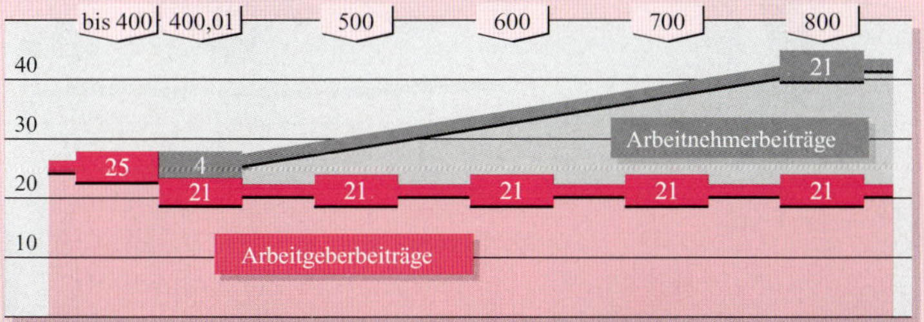

Bruttoeinkommen	Arbeitgeberbeiträge				Arbeitnehmerbeiträge		
	Rentenversicherung	Krankenversicherung	Arbeitslosenversicherung	Pauschalsteuer	Rentenversicherung	Krankenversicherung	Arbeitslosenversicherung
bis 400	12	11		2			
400,01	9,75	8,00	3,25		insgesamt 4,00		
500	9,75	8,00	3,25		insgesamt 8,25		
600	9,75	8,00	3,25		insgesamt 12,50		
700	9,75	8,00	3,25		insgesamt 16,75		
800	9,75	8,00	3,25		9,75	8,00	3,25

Krankenversicherung: inklusive 0,85 Prozent Beitrag zur Pflegeversicherung; Quelle: Institut der deutschen Wirtschaft Köln
Institut der deutschen Wirtschaft Köln

Mini-Jobs bieten für Arbeitnehmer und Arbeitgeber die Möglichkeit begünstigte Beschäftigungsverhältnisse zu schließen. Der Arbeitnehmer muss bis zu einer bestimmten Lohnhöhe keine Steuern und Sozialabgaben zahlen. Der Arbeitgeber hat eine geringere Steuer- und Abgabenbelastung als bei normalen Arbeitsverhältnissen zu tragen.

Die meisten Mini-Jobs sind im Handel, der Gastronomie- und der Tourismusbranche entstanden. In vielen Fällen bewältigt die Industrie Produktionsspitzen mit Mini-Jobbern. Unternehmen werden durch Mini-Jobs in ihrer Personalplanung flexibler. Für die Arbeitnehmer entsteht die Möglichkeit eines zusätzlichen Verdienstes. Wer keine Vollzeitbeschäftigung annehmen kann, dem bieten Mini-Jobs ebenfalls Vorteile.

Worin liegen die Nachteile der Mini-Jobs?

Jahrgangsstufe 10

4.3 Zeitarbeitnehmer und Leiharbeiter

Grafik: Dave Vaughan

1. Was versteht der Chef in der Karikatur unter Zeitarbeit?
2. Fertigen Sie einen Stichwortzettel an, um dem Chef erklären zu können, was Zeitarbeit bedeutet.

Zeitarbeitsfirmen sind Unternehmen, die Arbeitnehmer für eine bestimmte Zeit an andere Unternehmen ausleihen. Die entleihenden Unternehmen können somit flexibler auf Entwicklungen am Markt reagieren.

Zeitarbeit bedeutet nicht, dass die Arbeit in einer bestimmten Zeit erledigt wird, sondern es ist eine zeitlich begrenzte Einsatzdauer beim Kunden gemeint. Der Arbeitnehmer wird durch die Zeitarbeit vor Arbeitslosigkeit geschützt. Er muss jedoch **Mobilität** zeigen. An der Arbeitnehmerüberlassung sind Arbeitnehmer, Verleiher und Entleiher beteiligt. Ständiger Arbeitgeber des Zeitarbeitnehmers ist der Verleiher und nicht der Entleiher, bei dem der Mitarbeiter beschäftigt ist.

Mobilität:
Beweglichkeit, hier: Bereitschaft zum Arbeitseinsatz an verschiedenen Orten

Das Zeitarbeits-Unternehmen hat sämtliche Arbeitgeberpflichten zu erfüllen. Die Arbeitnehmer bekommen Urlaub. Das Unternehmen bezahlt Sozialversicherungsbeiträge und Lohnsteuer und ist an sämtliche bestehenden Arbeits- und Sozialgesetze gebunden. Zeitarbeitsverträge werden zwischen dem Zeitarbeits-Unternehmen und dem Entleiher geschlossen. Im Vertrag sind Dauer und Arbeitsleistung des Zeitarbeitnehmers festgelegt.

Dagegen handelt es sich bei Leiharbeitern um Arbeitnehmer, die ein Unternehmen einem anderen für eine bestimmte Zeit überlässt (Arbeitnehmerüberlassung), weil sie derzeit im eigenen Betrieb nicht benötigt werden.

4.4 Schattenwirtschaft

Mit „Schattenwirtschaft" werden verschiedene wirtschaftliche Tätigkeiten bezeichnet, für die illegalerweise keine Steuern und Sozialabgaben gezahlt werden. Sie werden von keiner Statistik erfasst und bleiben somit im „Schatten". Eine Form der Schattenwirtschaft ist die **Schwarzarbeit**.

Schwarzarbeit:
Illegale Beschäftigungsverhältnisse, für die weder Steuern noch Sozialabgaben gezahlt werden

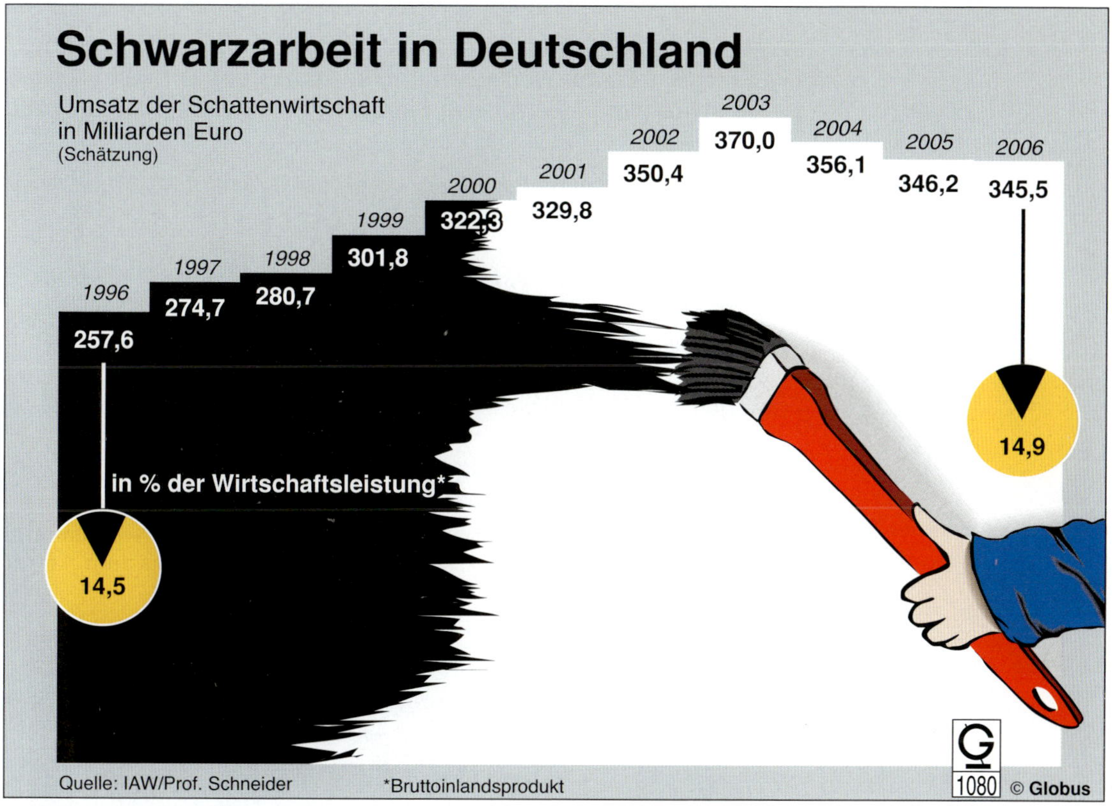

1. Diskutieren Sie mögliche Ursachen für das rasante Ansteigen der Schwarzarbeit bis 2003.
2. Worauf führen Sie die stetige Abnahme ab dem Jahr 2003 zurück?

Illegale Beschäftigung schädigt in erheblichem Maße die Volkswirtschaft. Durch den unfairen Wettbewerb werden viele Unternehmen in ihrer Existenz bedroht. Sie können im Preiskampf gegen die erheblich preiswerteren Anbieter, die illegal Arbeitnehmer beschäftigen, nicht bestehen.

Unternehmer, die gegen das Verbot von illegaler Beschäftigung und Schwarzarbeit verstoßen, können bis zu drei Jahre von der Vergabe öffentlicher Aufträge ausgeschlossen werden. Zudem müssen diese Unternehmen mit Bußgeldern von bis zu 500.000 Euro rechnen.

5 Arbeitslosigkeit

Arbeitslosigkeit kann jeden Arbeitnehmer treffen – vom Firmenmanager bis zum Hilfsarbeiter. Die Arbeitslosigkeit kann schwer wiegende Probleme für den Einzelnen und die Gesellschaft nach sich ziehen.

Arbeitslosigkeit entsteht dann, wenn das Angebot an Arbeitskräften die Nachfrage übersteigt.

Häufige Formen der Arbeitslosigkeit sind:

- Konjunkturelle Arbeitslosigkeit: Zeitweise fehlt die Nachfrage nach Gütern und Dienstleistungen.
- Strukturelle Arbeitslosigkeit: Durch technologische Veränderungen (z.B. bessere Maschinen) bedingt sinkt der Bedarf an Arbeitskräften.
- Saisonale Arbeitslosigkeit: Jahreszeitlich bedingt werden weniger Arbeitskräfte benötigt (Baugewerbe, Gastronomie).
- Friktionelle Arbeitslosigkeit: Sie tritt auf, wenn Arbeitskräfte kündigen oder entlassen werden und kurzfristig bis zum Antritt der neuen Stelle nicht beschäftigt sind.

Grafik: R. A. Drude

1. Welche Form der Arbeitslosigkeit kann sich aus der dargestellten Situation ergeben?
2. In welchen Branchen gab es in der Vergangenheit strukturelle Arbeitslosigkeit?

5.1 Arbeitslosigkeit – Folgen für den Einzelnen

Arbeitslosigkeit ist nicht nur eine Belastung in materieller Hinsicht. Auch gesundheitliche Probleme können die Folge sein. Bei vielen Arbeitslosen treten **psychosoziale** und **psychosomatische** Symptome auf.

Arbeitslose Menschen – besonders Langzeitarbeitslose – zeigen oft

- körperliche Inaktivität,
- geistige Trägheit,
- seelische Instabilität,
- geringe Kontaktfähigkeit und Selbstachtung.

Psychosozial:
Seelische Probleme aufgrund der sozialen Situation

Psychosomatisch:
Unverarbeitete seelische Probleme äußern sich körperlich

5.2 Arbeitslosigkeit – Folgen für die Gesellschaft

Arbeitslosigkeit ist eines der größten gesellschaftlichen Probleme unserer Zeit. Insbesondere ist sie eine Ursache für die folgenden Probleme:

- vermehrte Jugendkriminalität
- Schwierigkeiten bei der Finanzierung der Sozialversicherungssysteme
- zunehmende Kinderarmut
- soziale Spannungen

5.3 Bekämpfung der Arbeitslosigkeit

„Zwei von drei Arbeitslosen sind nicht oder nur gering Qualifizierte.

Gute Ausbildung ist die Vitamin- und Energiezufuhr für die Wirtschafts- und Exportnation Deutschland. Die jungen Menschen müssen bereits in der Schule (...) die Einstellung gewinnen, ständig und selbstständig weiteren Proviant – Wissen und Bildung – aufzunehmen."

Dr. Dieter Hundt, Präsident der Bundesvereinigung der Deutschen Arbeitgeberverbände, 2003

Arbeitslosenquote

Ein Ziel der Wirtschaftspolitik ist Vollbeschäftigung. Sie gilt als erreicht bei einer Arbeitslosenquote von ca. 3–4 Prozent. Im Februar 2004 waren in Deutschland mehr als 4,7 Millionen Menschen arbeitslos gemeldet. Dies ist mit 11,3 Prozent Arbeitslosenquote einer der höchsten Werte seit Bestehen der Bundesrepublik Deutschland.

Arbeitslosenquote:
Prozentanteil der Arbeitslosen an den abhängigen Erwerbspersonen

Sie ist das Maß für die Höhe des Beschäftigungsstandes in einer Volkswirtschaft

Berechnung Arbeitslosenquote:

Arbeitslosenquote

$$= \frac{\text{Arbeitslose} \cdot 100}{\text{Erwerbspersonen}}$$

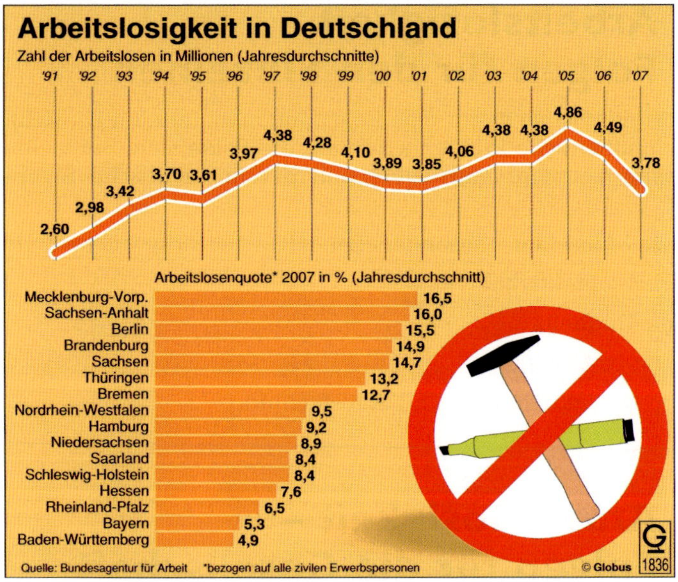

Diskutieren Sie, worauf der starke Rückgang der Arbeitslosigkeit in den letzten Jahren zurückzuführen ist.

Bundesagentur für Arbeit (BA)

Wichtige Aufgaben und Leistungen der BA:

- Arbeitsvermittlung und -beratung
- Förderung beruflicher Wiedereingliederung und der Aufnahme einer selbstständigen Tätigkeit
- Förderung der Berufsausbildung
- Weiterbildung
- berufliche Eingliederung Behinderter
- Mobilitätshilfen
- finanzielle Absicherung (Arbeitslosengeld, Kurzarbeitergeld, Unterhalts- u. Übergangsgeld)

Die Arbeitsmarktpolitik bündelt alle Maßnahmen zur Beeinflussung des Arbeitsmarktes, vor allem zur Bekämpfung der Arbeitslosigkeit. In Deutschland ist die Bundesagentur für Arbeit (Nürnberg) für die Umsetzung der arbeitsmarktpolitischen Maßnahmen zuständig.

Alle Maßnahmen der Arbeitsförderung sind darauf gerichtet,

- einen hohen Beschäftigungsstand zu gewährleisten,
- die Beschäftigungsstruktur laufend zu verbessern,
- die berufliche Eingliederung körperlich oder geistig Behinderter und älterer Arbeitnehmer zu fördern,
- nachteilige Folgen, die sich für die Erwerbstätigen aus der technischen Entwicklung oder aus wirtschaftlichen Strukturwandlungen ergeben, zu vermeiden oder zu beseitigen.

Arbeitsmarktpolitische Konzepte und Maßnahmen

Neben den Maßnahmen der BA zur Arbeitsförderung gibt es weitere Bemühungen, den angespannten Arbeitsmarkt zu entlasten.

Staatliche Subventionen

Direkte Subventionen

Subventionen sind gezielte, direkte finanzielle Hilfen für einzelne Betriebe oder ganze Branchen. Mit den Geldern sollen Arbeitsplätze gesichert und die Wettbewerbsfähigkeit erhöht werden.

Indirekte Subventionen (Steuervergünstigungen)

Steuervergünstigungen sind indirekte finanzielle Hilfen. Unter bestimmten Voraussetzungen werden zu zahlende Steuern ganz oder teilweise erlassen. Dadurch soll die wirtschaftliche Entwicklung positiv beeinflusst werden.

Bund kürzt Subventionen deutlich

Die Subventionen des Bundes gehen (...) um 2 Milliarden auf 21,5 Milliarden Euro zurück. Dies geht aus dem 21. Subventionsbericht des Bundesfinanzministeriums hervor, den das Bundeskabinett an diesem Mittwoch verabschieden will.

So würden Freiräume für eine nachhaltige Finanzpolitik geschaffen, erläuterte das Ministerium. (...)

Erstmals seit den 90er Jahren trägt den Angaben zufoge der Abbau von Steuervergünstigungen den Löwenteil zum Subventionsabbau des Bundes bei. Sie sinken dem Vernehmen nach um 1,6 Milliarden Euro oder 9 Prozent auf dann 15,8 Milliarden Euro, vor allem aufgrund des Abbaus der Eigenheimzulage. (...)

Steinkohle-Beihilfe größter Brocken
Wie weiter zu erfahren war, machen die Subventionen der gewerblichen Wirtschaft unverändert den größten Teil aus. Sie steigen (...) von 11,5 auf 12 Milliarden Euro. Die Subventionen im Bereich Ernährung, Landwirtschaft und Verbraucherschutz würden von 1,3 Milliarden auf 0,9 Milliarden Euro zurückgeführt. Der Verkehrsbereich bleibe in dem Zeitraum etwa konstant bei 1,4 Milliarden Euro. Größter Empfänger bei den Finanzhilfen sei weiterhin der Steinkohlebergbau mit 2,0 Milliarden Euro.

Süddeutsche Zeitung

1. Wer gewährt Subventionen?
2. Welche Vorteile bringt eine Kürzung der Subventionen mit sich?
3. Erklären Sie, warum die Eigenheimzulage als Steuervergünstigung bezeichnet wurde.
4. Sammeln Sie Argumente für und gegen Finanzhilfen im Steinkohlebergbau.

Öffentliche Aufträge

Öffentliche Aufträge sind Aufträge, die von Bund, Ländern oder Gemeinden öffentlich ausgeschrieben werden (z.B. zur Schaffung von **Infrastruktur**). Interessierte Unternehmen können Angebote abgeben. In der Regel erhält der billigste Anbieter den Auftrag.

Die Vergabe kann auch gezielt erfolgen, um die wirtschaftliche Lage bestimmter Branchen zu verbessern oder **regionale Arbeitslosigkeit** zu bekämpfen. Beispielsweise wurde durch Vergabe öffentlicher Aufträge im Rahmen des „Wiederaufbaus-Ost" versucht, die Baubranche zu stabilisieren.

Infrastruktur:
Wirtschaftlicher und organisatorischer Unterbau einer Gesellschaft (z. B. Verkehrsnetz, Schulen, Krankenhäuser)

Regionale Arbeitslosigkeit:
Arbeitslosigkeit durch Arbeitsplatzmangel in einem bestimmten Gebiet

1. Überlegen Sie, welche Betriebe und Branchen möglicherweise vom Wiederaufbau-Ost profitiert haben oder noch profitieren.
2. Notieren Sie aktuelle Beispiele für öffentliche Aufträge aus Ihrer Region.

Qualifizierungsmaßnahmen

Berufliche Qualifizierung:
Alle Maßnahmen, die eine erfolgreiche Berufsausübung ermöglichen

Berufliche Qualifizierung

Grundsätzlich sind Arbeitnehmer offen für neues Wissen, die Bereitschaft zur Weiterbildung steigt sogar mit der Höhe der Qualifikation. Immerhin nehmen jährlich rund 20 Prozent der Erwerbstätigen und Arbeitslosen an einer Weiterbildung teil – Tendenz steigend.

Über die Förderung einer beruflichen Weiterbildung entscheidet die zuständige Arbeitsagentur.

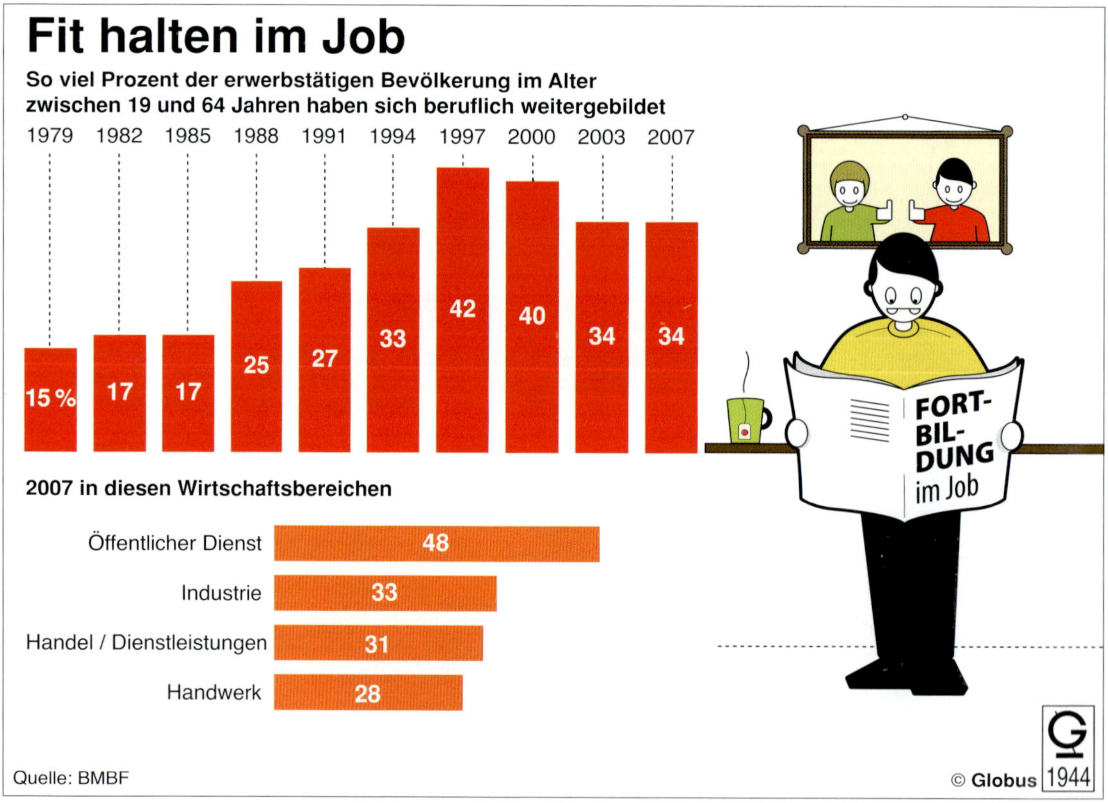

Wer sich beruflich weiterbildet, verdient später bis zu 12 Prozent mehr als Kollegen, die auf eine entsprechende Weiterbildung verzichten. Das belegt eine Studie des Zentrums für Europäische Wirtschaftsforschung.

Umschulung

Umschulungsmaßnahmen müssen je nach Lage des Arbeitsmarktes zweckmäßig sein.

Das bedeutet: Umschulungen für Arbeitslose werden bewilligt, wenn zu erwarten ist, dass nach der Qualifizierungsmaßnahme die

Arbeitslosigkeit endet. Die Teilnehmer erwerben Kenntnisse und Fähigkeiten, die von ihrer bisherigen Ausbildung oder Berufstätigkeit abweichen. Die Umschulung qualifiziert für eine andere geeignete berufliche Tätigkeit (z.B. Umschulung eines Karosserie- und Fahrzeugbaumechanikers mit Ölallergie, Umschulung eines Bäckers mit Mehlstauballergie).

Fortbildung

Sie dient der höheren Qualifizierung im erlernten Beruf (z.B. zum Maurermeister, zum staatlich geprüften Techniker – Fachrichtung Elektrotechnik).

Arbeitsbeschaffungsmaßnahmen (ABM)

ABM werden aus Mitteln der Bundesagentur für Arbeit gefördert. In der Regel werden für ein Jahr Arbeitsplätze für Arbeitslose geschaffen. Bevorzugt werden schwer vermittelbare Arbeitslose in ABM aufgenommen. Ziel ist die Umwandlung in Dauerarbeitsplätze bzw. die Erhaltung der Qualifikation der Beschäftigten.

Arbeitsbeschaffungsmaßnahmen:

Träger:
- Gemeinden
- Verbände
- Vereine
- kirchliche Einrichtungen
- Qualifizierungs- und Beschäftigungsgesellschaften

Finanzierung von beruflichen Qualifizierungsmaßnahmen

Das Angebot an Maßnahmen zur Wiedereingliederung von Arbeitslosen ist je nach Bundesland oder Wirtschaftsregion sehr unterschiedlich. Entsprechend der Arbeitsmarktsituation vor Ort können von der Arbeitsagentur verschiedenste Maßnahmen gefördert werden. Grundsätzlich werden spezielle Programme für Berufsrückkehrer, Arbeitsbeschaffungsmaßnahmen, Umschulung und Kurse zur beruflichen Qualifizierung angeboten. Förderungen zur beruflichen Wiedereingliederung sind keine Pflichtleistungen, sondern Kann-Leistungen. Es gibt keinen Rechtsanspruch auf die Förderung oder die Erstattung von Kosten bzw. Unterhaltsgeld. Die zuständige Arbeitsagentur entscheidet über die Bewilligung der Förderung. Arbeitslosengeld wird während der Fortbildung oder Umschulung nicht gezahlt, da die Teilnehmer an einer solchen längerfristigen Maßnahme dem Arbeitsmarkt nicht zur Verfügung stehen.

Gesetze für moderne Dienstleistungen am Arbeitsmarkt (Hartz-Konzept)

Die Gesetze für moderne Dienstleistungen am Arbeitsmarkt sind am 1. Januar 2003 in Kraft getreten. Darin werden zwei Schwerpunkte gesetzt:

- Arbeitsplatzvermittlung durch Personal-Service-Agenturen
- Förderung von Unternehmensgründungen durch Arbeitslose

Personal-Service-Agenturen (PSA)

Arbeitslose werden direkt von der PSA oder einer Zeitarbeitsfirma angestellt und an Unternehmen ausgeliehen.

Wenn das entleihende Unternehmen den Arbeitnehmer nicht mehr benötigt, ist der Mitarbeiter nicht arbeitslos. Er wechselt zurück in die PSA und wird dort weiterbeschäftigt. Die Arbeitslosen können bundesweit vermittelt werden und sollen Tariflöhne erhalten. Die Arbeitsagentur agiert wie ein Zeitarbeitsunternehmen und ist dazu angehalten, die Arbeitslosen möglichst schnell zu vermitteln.

Wer länger als sechs Monate arbeitslos ist, muss in eine PSA eintreten – andernfalls droht eine Kürzung des Arbeitslosengeldes. Lehnt der Arbeitslose eine angebotene Stelle ab, muss er begründen, warum diese nicht zumutbar ist.

Welchen Nachteil sehen Sie in der bundesweiten Vermittlung von Arbeitlosen für eine begrenzte Zeit?

Förderung von Unternehmensgründungen durch Arbeitslose

Arbeitslose erhalten eine staatliche, finanzielle Unterstützung, wenn sie sich selbstständig machen (z. B. als Hausmeister, Putzhilfe, Kellner oder Gärtner). Auf diese Weise sollen Arbeitslosigkeit und Schwarzarbeit bekämpft werden.

Anforderungen an den Einzelnen

Bereitschaft zum lebenslangen Lernen

Die Bereitschaft zum lebenslangen Lernen ist Grundvoraussetzung für einen erfolgreichen beruflichen Werdegang. Das Bildungsangebot müssen Jugendliche und Erwachsene selbstständig und eigenverantwortlich nutzen.

Von den arbeitssuchenden Jugendlichen ohne berufliche Ausbildung haben:

- 34,9 % keinen Schulabschluss,
- 60,1 % einen Hauptschulabschluss oder einen mittleren Schulabschluss,
- 5 % die Fachhochschul- oder Hochschulreife.

Quelle: BMAS – Stand 2006

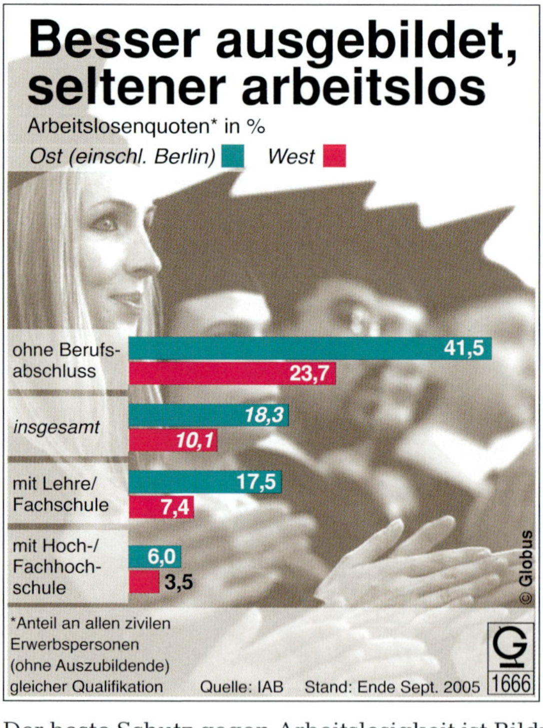

Der beste Schutz gegen Arbeitslosigkeit ist Bildung – je mehr, desto besser. Nur etwa 3 Prozent der Hochschulabgänger in Deutschland sind arbeitslos gemeldet. Facharbeiter und Meister mit einer soliden beruflichen Ausbildung haben beste Chancen einen geeigneten Arbeitsplatz zu finden. Arbeitslosigkeit wird zunehmend ein Problem gering qualifizierter Personen.

Die abgeschlossene Erstausbildung reicht in Zeiten des schnellen technologischen Wandels nicht mehr aus. Ständige Weiterbildung ist nötig, um das fachliche Wissen auf dem aktuellen Stand zu halten. Die **Halbwertszeit** des Wissens nimmt ständig ab. Beispielsweise veralten 50 Prozent des Fachwissens in der Informations- und Telekommunikationsbranche innerhalb von zwei Jahren.

Halbwertszeit:
Begriff aus der Atomphysik

Die wechselnden Anforderungen an den Arbeitnehmer in den Betrieben durch Umstrukturierungsprozesse und Produktwechsel erfordern **berufliche Mobilität.**

Berufliche Mobilität:
Bereitschaft, neue Tätigkeiten auszuführen bzw. sich qualifizieren oder umschulen zu lassen

Unternehmen engagieren sich immer stärker in Nachbarstaaten bzw. weltweit (Global Player). Wesentliche Qualifikationen der Arbeitnehmer sind für viele Firmen deshalb

- Fremdsprachenkenntnisse,
- Toleranz anderen Kulturen gegenüber und
- **regionale Mobilität**.

Regionale Mobilität:
Bereitschaft, auch weiter entfernt vom Wohnort zu arbeiten bzw. den Wohnort zu wechseln

Recherchieren Sie im Internet, welche Qualifizierungsangebote es für Ihren Beruf gibt.

Erwerb von Schlüsselqualifikationen

Soziales Zusammenleben und erfolgreiches, leistungsorientiertes Arbeiten sind ohne bestimmte Eigenschaften der Menschen nicht denkbar. Der erfolgreiche Arbeitnehmer verfügt über Wissen und Können, Fertigkeiten und Fähigkeiten, **personale** und **soziale** Kompetenzen. Diese so genannten Schlüsselqualifikationen sind besonders wichtig, weil man sich durch sie neues Wissen schnell erschließen kann. Schlüsselqualifikationen veralten langsamer als fachliche Qualifikationen. Das sichere Beherrschen der **Kulturtechniken** fördert den Erwerb von Schlüsselqualifikationen.

Personale Kompetenzen:
- Belastbarkeit und Durchhaltevermögen
- Zuverlässigkeit und Selbstdisziplin
- Leistungsbereitschaft und Initiative
- Selbstständigkeit und Verantwortungsbewusstsein

Soziale Kompetenzen:
- Fleiß, Lern- und Leistungsbereitschaft
- Urteils-, Kritik- und Selbstkritikfähigkeit
- Selbstständigkeit und Verantwortungsbewusstsein
- Initiative und Engagement
- Flexibilität des Denkens
- Problemlösungs-, Kommunikations- und Teamfähigkeit
- Ehrlichkeit, Ordnung, Zuverlässigkeit, Gründlichkeit, Pünktlichkeit und Selbstdisziplin
- Mitmenschlichkeit, Hilfsbereitschaft, Verlässlichkeit und Höflichkeit

Kulturtechniken:
Rechnen, Schreiben, Lesen

Lernen im Ausland

Die Europäische Union bietet gemeinschaftliche Aktionsprogramme wie SOKRATES (für die allgemeine Bildung) oder LEONARDO DA VINCI (für die berufliche Bildung) an. Verschiedenste Bildungsprojekte werden auf Antrag finanziell gefördert.

Ziel des Aktionsprogramms SOKRATES ist es, lebenslanges Lernen zu fördern durch

- die Verbesserung der Fremdsprachenkenntnisse,
- die Unterstützung der Mobilität und
- die zunehmende Verwendung neuer Technologien im Bildungsbereich.

Bildung und Kultur

Gemeinsames Logo von Sokrates und Leonardo da Vinci

Das Aktionsprogramm LEONARDO DA VINCI fördert

- grenzüberschreitende Mobilität von Personen, die in Europa eine Berufsausbildung absolvieren,
- Qualitätssteigerung bei der Berufsbildung,
- Sprachenkompetenz,
- das Verständnis für andere Kulturen im Zusammenhang mit der Berufsbildung.

Zusammenfassung

Der Wandel zur Informations- und Kommunikationsgesellschaft wird als dritte industrielle Revolution bezeichnet.

Die veränderte Betriebsorganisation zeigt sich z.B. an Phänomenen wie Outsourcing, Leanproduction und Just-in-Time-Verfahren. Um kostengünstiger produzieren zu können, werden Arbeitsplätze ins Ausland verlagert oder abgebaut.

Schwarzarbeiter sind illegal Beschäftigte, für die keine Steuern und Sozialabgaben gezahlt werden.

Man unterscheidet konjunkturelle, strukturelle, saisonale und friktionelle Arbeitslosigkeit. Der Staat kann durch Subventionen, Steuervergünstigungen und Vergabe öffentlicher Aufträge den Arbeitsmarkt positiv beeinflussen. Berufliche Qualifizierung schützt weitgehend vor Arbeitslosigkeit.

Lebenslanges Lernen sowie berufliche und regionale Mobilität sind Vorraussetzung für einen sicheren Arbeitsplatz. Der erfolgreiche Arbeitnehmer verfügt über Wissen und Können, Fertigkeiten und Fähigkeiten, personale und soziale Kompetenzen.

Wissens-Check

1. Nennen Sie Gründe für den betriebsorganisatorischen Wandel.
2. Erklären Sie den Unterschied zwischen Arbeitsplatz- und Produktionsverlagerung.
3. Erklären Sie den Unterschied zwischen Zeit- und Leiharbeiter.
4. Herr Murr ist Dachdeckergeselle bei einem großen Hochbau-Unternehmen. Geben Sie jeweils die Form der Arbeitslosigkeit an:
   a) Jedes Jahr verliert Herr Murr über die Wintermonate seinen Arbeitsplatz.
   b) Herr Murr wird entlassen, weil das Unternehmen nur noch Fertighäuser mit maschinell eingedeckten Dächern vertreibt.
5. Frau Karg ist Bäckerin. Aufgrund einer Mehlstauballergie kann sie ihren Beruf nicht mehr ausüben. Welche berufliche Qualifizierungsmaßnahme empfehlen Sie Frau Karg, um eine dauerhafte Arbeitslosigkeit zu vermeiden?
6. Welche Möglichkeiten gibt es, um sich vor Arbeitslosigkeit zu schützen?

Links

www.arbeitszeugnis-info.de

www.bma.bund.de

www.arbeitsagentur.de

C Soziale Sicherung

- Sozialversicherung
- Private Vorsorge
- Individuelle Versicherung

1 Geschichtliche Entwicklung und Bedeutung der sozialen Sicherung

Die soziale Sicherheit war in früheren Zeiten durch die Familie garantiert. Die Kinder wurden aufgezogen, ausgebildet. Sie arbeiteten und sorgten dann später für die Alten. Auch bei Krankheit oder einem Unfall musste die Familie einspringen.

1.1 Ursprung der Sozialversicherung

Mitte des 19. Jahrhunders schlossen sich Arbeiter zu Organisationen zusammen. Sie wollten als Gemeinschaft den Arbeitgebern gegenübertreten und ihre Interessen durchsetzen. Vor dem Hintergrund dieser politischen Entwicklung erließ Kaiser Wilhelm I. im Jahr 1881 die „Kaiserliche Botschaft".

Foto: Arne Psille (DHM)

Otto von Bismarck, Reichskanzler 1871–1890

Er forderte darin den deutschen Reichstag auf, Gesetze zum Schutze der Arbeiter im Falle von Krankheit (1883), Unfall (1884), Invalidität und Alter (1889) zu beschließen. Dies wird als die Geburtsstunde der deutschen Sozialversicherung angesehen. Reichskanzler, und damit Regierungschef, war zu dieser Zeit Graf Otto von Bismarck. Unter seiner Regie entstand in Deutschland die damals weltweit vorbildliche Sozialversicherung.

Zu Beginn der Weltwirtschaftskrise mit der hohen Arbeitslosigkeit wurde im Jahre 1927 die Arbeitslosenversicherung eingeführt.

Seit 1995 gilt in Deutschland die Pflichtmitgliedschaft in der Pflegeversicherung.

1.2 Die damaligen Leistungen

Tatsächlich war das deutsche Sozialversicherungssystem damals wegweisend für Europa und die Welt. Die Leistungen waren jedoch verglichen mit der heutigen Zeit eher bescheiden:

- Krankengeld ab dem 3. Tag, 50% des Lohnes bis zu 26 Wochen
- Unfallrente ab der 14. Woche
- Altersrenten ab dem 70. Lebensjahr (bei einer durchschnittlichen Lebenserwartung von etwa 50 Jahren)
- Arbeitslosengeld anfangs 1 Reichsmark pro Tag

1.3 Die Entwicklung in Deutschland seit dem 2. Weltkrieg

Das Grundgesetz von 1949 legt in Artikel 20 fest, dass die Bundesrepublik Deutschland ein „demokratischer und sozialer Bundesstaat" ist. Dieses so genannte „Sozialstaatsgebot" ist gesetzliche Verpflichtung für die Politik. Der Staat sorgt ganz allgemein für einen Ausgleich zwischen den sozial Schwachen und den sozial Starken. Außerdem sichert er die Existenzgrundlage seiner Bürger.

Die Sozialversicherung ist heute eine auf dem **Solidaritätsprinzip** beruhende Pflichtversicherung, die nach dem Grundsatz der Selbstverwaltung aufgebaut ist und unter staatlicher Aufsicht steht. Die Sozialversicherung ist eine Mischform aus Versicherung, Versorgung und Fürsorge.

Solidarität:
Prinzip der gegenseitigen Hilfe
Ohne sie kann die Familie, der Freundeskreis oder eine staatliche Gemeinschaft nicht existieren.

1.4 Die fünf Säulen der gesetzlichen Sozialversicherung

Alle Berufstätigen sind normalerweise in der Sozialversicherung pflichtversichert. Der Arbeitgeber meldet sie dort an und beschafft in der Regel auch den **Sozialversicherungsausweis**. Der Arbeitnehmeranteil zur Sozialversicherung wird gleich vom Lohn abgezogen. Den anderen Teil zahlt der Arbeitgeber, ohne dass dies auf der Gehaltsabrechnung erkennbar ist. Der Gesamtbetrag wird an die Krankenkasse überwiesen, die die Verteilung übernimmt. Die Unfallversicherung wird vom Arbeitgeber alleine bezahlt. Für Beamte, Selbstständige und Freiberufler gelten besondere Regelungen. Leistungen aus der Sozialversicherung erhalten nur deren Mitglieder, teilweise auch deren Ehepartner und Kinder. Sie bekommen die Leistungen aber nur dann, wenn sie **Vorsorge** leisten.

Sozialversicherungsausweis:
Er wird von den Trägern der Rentenversicherung ausgestellt. In bestimmten Branchen wird er mit einem Foto versehen und muss bei der Arbeit mitgeführt werden. Er ist ein wirksames Instrument im Kampf gegen die Schwarzarbeit.

Vorsorge:
Nur wer Vorsorge geleistet hat, also innerhalb der Solidargemeinschaft Beiträge entrichtet hat, kann mit Versicherungsleistungen rechnen.

Grafik: R. A. Drude

Diese fünf Säulen sorgen für eine Grundsicherung eines jeden Bürgers.

2 Krankenversicherung

Die gesetzliche Krankenversicherung sichert in Deutschland den Großteil der Bevölkerung für den Krankheitsfall ab. Niemand muss sich damit um die teilweise sehr hohen Kosten für ärztliche Leistungen, einen Krankenhausaufenthalt und Medikamente Sorgen machen. Dieser wertvolle Krankenversicherungsschutz besteht nicht in allen Industriestaaten. So gibt es in den USA kein vergleichbares Krankenversicherungssystem.

Die gesetzliche Krankenversicherung kommt nicht für Leistungen auf, die nach einem Arbeitsunfall oder als Folge einer Berufskrankheit erforderlich sind. Dann ist man über die Unfallversicherung abgesichert.

Der Patient kann sich aussuchen, wo er sich versichert und behandeln lässt.

Träger der gesetzlichen Krankenversicherung

Die Krankenkassen sorgen für die finanzielle Abwicklung im Krankheitsfall. Jeder kann sich selbst die Krankenkasse aussuchen, bei der er krankenversichert und damit auch pflegeversichert sein will. Wichtige Kriterien für die Wahl der Krankenkasse sind: Höhe des Beitragssatzes, Erreichbarkeit am Wohnort und Umfang der Serviceleistungen. Die gewählte Krankenkasse kann den Versicherten nicht ablehnen. Anders als in einer Privatversicherung darf die Krankenkasse einen Antragsteller auch dann nicht ablehnen, wenn bereits Vorerkrankungen bekannt sind.

1. Stellen Sie in Ihrer Klasse fest, wie hoch der Beitragssatz zur Krankenversicherung ist, den Ihre Mitschüler zahlen.
2. Warum sollte man bei der Wahl der Krankenkasse nicht nur auf den Beitragssatz achten?

2.1 Die Leistungen der gesetzlichen Krankenversicherung

Generell werden alle medizinisch notwendigen Maßnahmen zur Wiederherstellung der Gesundheit bezahlt. Hinzu kommen:

- Krankengeld: Normalerweise zahlt der Arbeitgeber im Krankheitsfall für sechs Wochen das Entgelt weiter. Anschließend zahlt die Krankenkasse 70 Prozent des regelmäßig erzielten Bruttoarbeitsentgelts, für höchstens 78 Wochen innerhalb von drei Jahren.
- Mutterschaftsgeld: Es wird der Arbeitnehmerin für sechs Wochen vor und acht Wochen nach der Geburt gezahlt, maximal 13 Euro je Kalendertag. Der Arbeitgeber zahlt für die Zeit der Schutzfrist den Differenzbetrag zum Nettolohn dazu.

1. Durch Risiko-Sportarten entstehen viele Unfälle. Die Kosten werden durch die gesetzliche Krankenversicherung und damit durch Ihre Beiträge bezahlt. Halten Sie dies für richtig? Oder sollten sich solche Sportler extra versichern?
2. Es ist statistisch nachgewiesen, dass Raucher ein erhöhtes Gesundheitsrisiko haben. Sollten in Zukunft Raucher höhere Krankenkassenbeiträge zahlen? Bisher übernehmen auch Nichtraucher durch ihre Beiträge die Krankheitskosten der Raucher.

Höhere Beiträge zur Krankenversicherung für Extremsportler?

2.2 Wer ist versichert?

Alle Arbeitnehmer sind pflichtversichert. Bei hohem Jahresarbeitsentgelt kann man einer privaten Krankenversicherung beitreten.

In der gesetzlichen Krankenversicherung sind im Rahmen der Familienhilfe Ehepartner (wenn sie nicht selbst arbeiten) und Kinder bis zu bestimmten Alters- und Einkommensgrenzen mitversichert.

2.3 Was kostet die Krankenversicherung?

Der monatliche Beitrag hängt vom Bruttoeinkommen, vom Beitragssatz der gewählten Krankenversicherung sowie vom gewählten Tarif ab. Vom persönlichen Beitrag zahlt der Arbeitnehmer zunächst 0,9 Prozent selbst. Den Rest zahlen Arbeitnehmer und -geber jeweils zur Hälfte bis zur **Beitragsbemessungsgrenze**. Sie wird jährlich angepasst. Wenn das Einkommen über diese Grenze hinausgeht, steigt der Krankenkassenbeitrag nicht mehr. Wer eine „Selbstbeteiligung" mit seiner Kasse vereinbart hat, kann von ihr eine Prämie in Form einer Rückerstattung erhalten.

Beitragsbemessungsgrenze:

Ab dieser Grenze steigen die Beiträge zur Sozialversicherung, auch bei höherem Einkommen, nicht mehr an. Der Betrag wird in der Regel jährlich neu festgelegt.

Er ist für die Kranken- und Rentenversicherung unterschiedlich hoch.

Recherchieren Sie im Internet, wie hoch die diesjährige Beitragsbemessungsgrenze für die Beiträge zur Krankenversicherung ist.

2.4 Die Probleme der Krankenversicherung

Die Gesamtausgaben der Krankenkassen werden immer höher. Das hat verschiedene Ursachen:

- Heute können Kranke geheilt werden, für die es früher keine Behandlungsmöglichkeit gab (Organtransplantation, Krebsbehandlung).
- Die Arzneimittelforschung wird teurer und aufwändiger, was sich in den Preisen für Arzneimittel niederschlägt.
- Die Lebenserwartung unserer Bevölkerung steigt; im Alter braucht man mehr ärztliche Hilfe.

Die Sozialpolitik hat die Aufgabe, die notwendige medizinische Versorgung zu sichern. Allerdings sollen die Beiträge für die Krankenkassen nicht weiter steigen.

1. Welche weiteren Ursachen sehen Sie für die steigenden Ausgaben im Gesundheitswesen?
2. Was kann der Einzelne tun, damit die Ausgaben gesenkt werden?
3. In der Kfz-Versicherung gibt es einen „Schadensfreiheitsrabatt" für unfallfreies Fahren. Wie beurteilen Sie eine ähnliche Lösung in der Krankenversicherung („Wer nicht zum Arzt geht, zahlt weniger")?

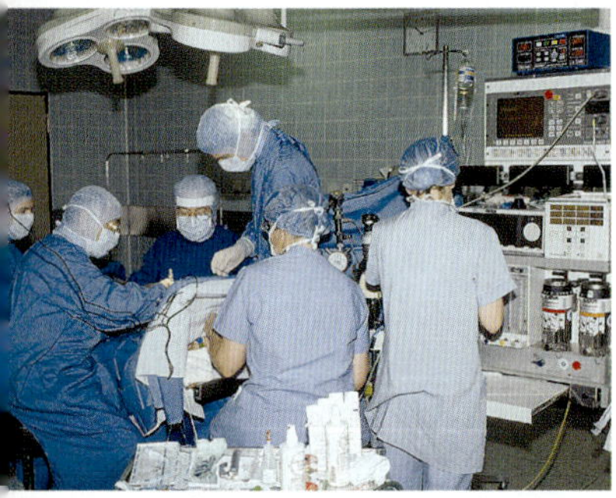

Jeden Patienten optimal zu behandeln, ist teuer.

Grafik: R. A. Drude

Mit jedem Jahr steigen die Ausgaben für die Gesundheit.

3 Rentenversicherung

Soziale Sicherheit ist untrennbar mit der Rentenversicherung verbunden. Sie sorgt seit vielen Jahrzehnten dafür, dass die Versicherten auch im Alter finanziell versorgt sind. Durch die Entwicklung der letzten Jahre steht die gesetzliche Rentenversicherung vor drei großen Herausforderungen:

- *Sie muss dafür sorgen, dass die Beitragshöhe nicht weiter steigt.*
- *Sie muss sich auf die bereits eingetretenen und in Zukunft zu erwartenden **demografischen Veränderungen** einstellen.*
- *Sie muss in der Lage sein, den **Generationenvertrag** der Entwicklung anzupassen.*

Demografische Veränderungen:
Entwicklung der Bevölkerung nach Zahl, Geburten, Alter, Lebenserwartung usw.

Generationenvertrag:
Prinzip, nach dem sich die Generationen unterstützen

Die deutsche Rentenversicherung ist im Umlageverfahren organisiert: Die Beiträge, die vom Bruttolohn einbehalten und an den **Träger der Rentenversicherung** überwiesen werden, werden sofort als Rente an die Rentner ausgezahlt. Wenn die Zahl der Arbeitsplätze zurückgeht, sinken die Einnahmen der Rentenversicherung und damit das Geld, das für die Rentner zur Verfügung steht. Auf der anderen Seite steigen bei einer Lohnerhöhung in einer großen Branche auch die Einnahmen der Rentenversicherung.

Träger der Rentenversicherung: Die Deutsche Rentenversicherung.
Sie entstand aus der Zusammenlegung der Bundesanstalt für Angestelltenversicherung (BfA) in Berlin und der Landesversicherungsanstalten

3.1 Die Leistungen der Rentenversicherung

Alle Arbeitnehmer sind in der gesetzlichen Rentenversicherung pflichtversichert. Für Beamte, Selbstständige, Künstler und Landwirte gelten besondere Bestimmungen.

Um eine Rente zu bekommen, müssen – wie bei jeder anderen Versicherung auch – vorher Beiträge gezahlt worden sein.

Altersrente und Rente wegen Erwerbsminderung

Die Altersrente beginnt im Normalfall mit dem vollendeten 65. Lebensjahr. In den Jahren 2012 bis 2029 wird der Beginn schrittweise auf 67 Jahre erhöht.

Schwerbehinderte, Arbeitslose oder Bergleute können auch früher die Altersrente beziehen.

Auch **teilweise-** oder **volle Erwerbsminderung** kann zu einem vorzeitigen Rentenbezug führen. (Die Begriffe „erwerbsunfähig/ berufsunfähig" werden umgangssprachlich noch verwendet, entsprechen aber nicht der gesetzlichen Definition.)

Teilweise Erwerbsminderung:
Teilweise erwerbsgemindert sind Versicherte, die wegen Krankheit oder Behinderung auf nicht absehbare Zeit außerstande sind, mindestens sechs Stunden täglich erwerbstätig zu sein.

Volle Erwerbsminderung:
Voll erwerbsgemindert ist ein Versicherter, der wegen Krankheit oder Behinderung auf nicht absehbare Zeit nicht in der Lage ist, mindestens drei Stunden täglich erwerbstätig zu sein.

Renten im Todesfall

Durch diese Renten erhalten die Hinterbliebenen eines Rentenberechtigten einen Ersatz für den entgangenen Unterhalt:

Die Rente ihres Mannes wird zum größten Teil an sie weiterbezahlt.

- **Witwen-/Witwerrente**
  Hinterbliebene erhalten nach dem Tod des Ehepartners einen Teil der Rente des/r Verstorbenen.
- **Rentensplitting**
  Ehegatten in einer neu geschlossenen Ehe können sich zu einer eigenständigen Sicherung entscheiden. Die von ihnen in der Ehezeit erworbenen Rentenansprüche werden als gemeinschaftliche Lebensleistung betrachtet. Später fließen die Renten aus dieser Zeit beiden Partnern je zur Hälfte zu.
- **Waisenrente**
  Waisen erhalten einen Anteil der Rente des verstorbenen Elternteils. Die Waisenrente verringert sich bei eigenem Einkommen und wird höchstens bis zum 27. Lebensjahr bezahlt.

Die Rentenberechnung

Wartezeit:

Zeit, die jemand der Versicherung angehören muss, um einen Anspruch auf die Versicherungsleistung zu haben

Grundsätzlich ist man erst nach einer **Wartezeit** von fünf Jahren rentenberechtigt. Die Höhe einer späteren Rente hängt von unterschiedlichen Faktoren ab:

- **Höhe der Beitragszahlungen**

  Wer während seines Arbeitslebens gut verdient und deswegen auch hohe monatliche Beiträge an die Rentenversicherung zahlt, erhält später eine höhere Rente.

- **Dauer der Beitragszahlungen**

  Je länger man in die Rentenversicherung einbezahlt, desto höher ist später die Rente.

- **Zusätzliche rentensteigernde Zeiten**

  Das sind Zeiträume, in denen die Versicherten keine Beiträge entrichten konnten, die aber dennoch rentenwirksam sind. Zu diesen Zeiten gehören z. B.:

  - Kindererziehungszeiten
  - Zeiten der Arbeitslosigkeit
  - Zeiten der schulischen Ausbildung

  Sie werden jedoch nur bis zu bestimmten Höchstgrenzen angerechnet.

Rentenanpassung

Die Renten sollen sich so entwickeln, wie die Bruttolöhne der aktiv Beschäftigten im Vorjahr gestiegen sind.

3.2 Der Beitragssatz zur Rentenversicherung

Der Beitragssatz zur Rentenversicherung wird jährlich festgelegt und richtet sich nach dem Bruttolohn. Der Betrag wird vom Bruttolohn abgezogen. Der Arbeitgeber zahlt die Hälfte der Beiträge, wie bei der Krankenversicherung. Auch in der Rentenversicherung gibt es eine Beitragsbemessungsgrenze.

Ermitteln Sie den aktuellen Beitragssatz und die Beitragsbemessungsgrenze zur Rentenversicherung im Internet.

3.3 Probleme der Rentenversicherung

Die Deutschen werden immer älter und damit steigt die Zahl der Rentner und die Rentenbezugsdauer. Außerdem gehen die Menschen heute früher in Rente und beziehen daher länger Rente. Gleichzeitig ging durch die weiterhin niedrige **Geburtenrate** die Zahl der Personen im erwerbsfähigen Alter zurück und damit auch die Zahl der Beitragszahler. Dadurch ist der Beitragssatz immer mehr angestiegen.

Geburtenrate:
Zahl der lebend Geborenen pro tausend Einwohner

Zusätzlich zahlt der Staat eine **Bundeszuschuss.**

Bundeszuschuss:
Etwa 25 Prozent der Rentenausgaben werden aus Steuermitteln (z.B. Ökosteuer) bezahlt.

Es gibt die Meinung, dass Ehepaare, die keine Kinder bekommen haben, später eine geringere Rente bekommen sollen als Ehepaare, die Kinder erzogen haben.

Wie beurteilen Sie diesen Vorschlag?

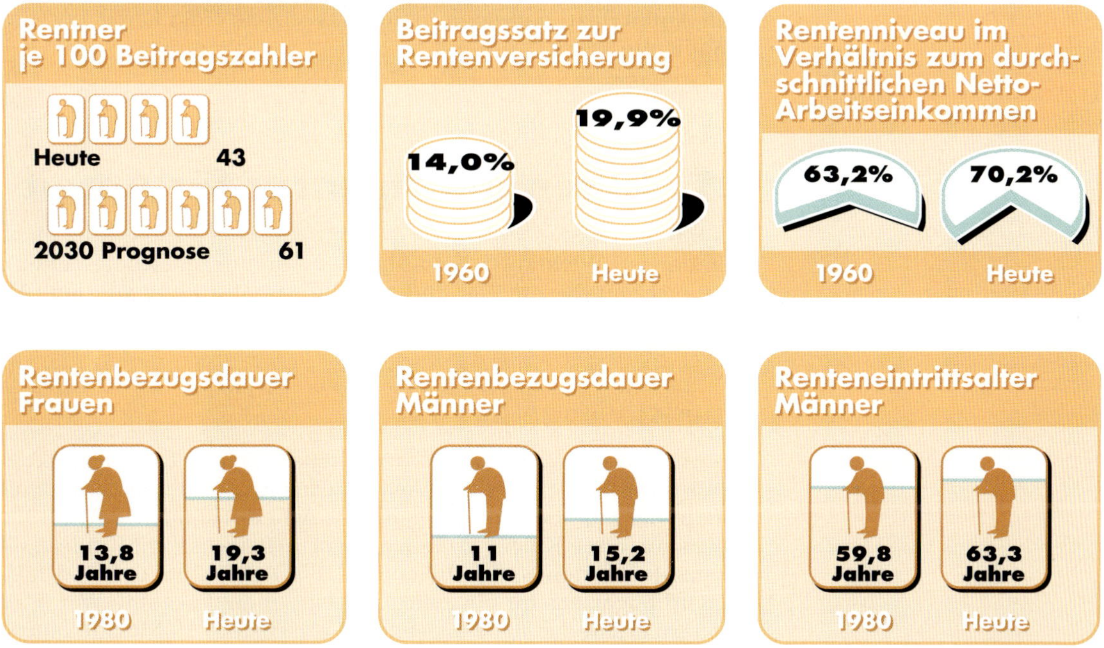

Grafik: R. A. Drude

4 Arbeitsförderung

Arbeitsförderung:

So wird die Arbeitslosenversicherung seit 1998 offiziell bezeichnet. Sie ist ein eigenständiger Zweig der Sozialversicherung. Ihr obliegen speziell die Arbeitsplatzsicherung und finanzielle Leistungen an Arbeitslose. Träger ist die Bundesagentur für Arbeit mit Sitz in Nürnberg. Örtlich zuständige Dienststellen sind die Agenturen für Arbeit.

SGB:

Sozialgesetzbuch

Jeder Bürger hat das Recht auf freie Berufswahl, aber nicht immer findet sich auch ein Arbeitsplatz in dem erlernten Beruf. Hier kann die staatliche ***Arbeitsförderung*** *(früher Arbeitslosenversicherung) Hilfe bieten.*

> § 1 SGB III
>
> Ziele der Arbeitsförderung
>
> (1) Die Leistungen der Arbeitsförderung sollen dazu beitragen, dass ein hoher Beschäftigungsstand erreicht und die Beschäftigungsstruktur ständig verbessert wird.
>
> Sie sind insbesondere darauf auszurichten, das Entstehen von Arbeitslosigkeit zu vermeiden oder die Dauer der Arbeitslosigkeit zu verkürzen.

Aufgabe der Agentur für Arbeit (frühere Bezeichnung: Arbeitsamt) ist es, die Erwerbschancen von Arbeitslosen zu verbessern und durch Beratung die Stellensuche am Arbeitsmarkt zu erleichtern. Diese Maßnahmen sind jedoch vergeblich, wenn der oder die Arbeitslose selbst die gebotenen Chancen nicht nutzt. Diejenigen, die von der Solidarität einer großen Gemeinschaft profitieren, müssen ihren Anteil dazu beitragen, damit das soziale Netz keine „soziale Hängematte" wird.

4.1 Hilfen der Agentur für Arbeit

Was tun, wenn aber trotz aller Bemühungen ein Arbeitsplatz nicht zu finden ist? Wichtig ist: Sofort bei der Agentur für Arbeit melden. Denn erst von diesem Tag an kann die Agentur aktiv werden. Ab dann werden auch die Leistungen frühestens fällig.

Arbeitslosengeld I

Voraussetzung für den Bezug von Arbeitslosengeld I ist, dass in den letzten zwei Jahren vor der Arbeitslosmeldung mindestens zwölf Monate Beiträge bezahlt wurden. Das Arbeitslosengeld beträgt für Arbeitslose ohne Kinder 60 Prozent, für Arbeitslose mit Kindern 67 Prozent des letzten Nettoarbeitslohns. Für Arbeitslose unter 55 Jahren wird höchstens für ein Jahr Arbeitslosengeld bezahlt. Wer älter als 55 ist, erhält das Arbeitslosengeld I höchstens 18 Monate lang.

Arbeitslosengeld II

Wenn kein oder sehr wenig Arbeitslosengeld I gezahlt wird, setzt bei Bedürftigkeit das Arbeitslosengeld II (Grundsicherung für Arbeitssuchende) ein. Das Gleiche gilt für Bezieher geringer Einkommen. Der Regelsatz beträgt für das Arbeitslosengeld II 351 Euro monatlich – die Kosten für eine angemessene Unterkunft und Heizung werden zusätzlich erstattet. Die „Arbeitsgemeinschaft" als ein Zusammenschluss der Agentur für Arbeit und der Landkreise bzw. kreisfreien Städte prüft zunächst, ob der Antragsteller bzw. dessen Ehe- oder Lebenspartner noch andere Einkünfte oder Vermögen haben. Bei vorhandenem Vermögen oberhalb bestimmter **Freigrenzen** entfällt das Arbeitslosengeld II.

Freigrenzen:
150 Euro pro Lebensjahr
Beispielsweise darf ein alleinstehender 50-Jähriger 50 mal 150 Euro Sparvermögen haben (7.500 Euro), ohne dass sein Arbeitslosengeld II entfällt.

Weiterhin sozialversichert

Auch während einer Arbeitslosigkeit geht der Sozialversicherungsschutz nicht verloren: Die Bundesagentur für Arbeit zahlt für den Arbeitslosen Beiträge zur Renten-, Kranken- und Pflegeversicherung. So zählen auch die Zeiten der Arbeitslosigkeit bei der späteren Rente mit, allerdings in vermindertem Umfang.

Der Beitragssatz für die Arbeitsförderung

Wie bei der Kranken- und Rentenversicherung zahlt auch hier der Arbeitgeber die Hälfte der Beiträge. Der Beitragssatz und die Beitragsbemessungsgrenze ändern sich jährlich.

Ermitteln Sie den aktuellen Beitragssatz und die Beitragsbemessungsgrenze für die Arbeitsförderung im Internet.

4.2 Gründe für Arbeitslosigkeit

Je nach politischem Standpunkt werden unterschiedliche Gründe für die hohe Arbeitslosigkeit gesehen.

Lohnnebenkosten

Lohnnebenkosten:
Personalaufwendungen des Arbeitgebers, die nicht auf dem Lohnzettel erscheinen

Für 1.000 Euro Bruttolohn liegen die Lohnnebenkosten je nach Branche des Arbeitgebers bei etwa 800 Euro. Diesen Betrag muss er zusätzlich zum Bruttolohn aufbringen für

- Arbeitgeberanteile zur Sozialversicherung,
- Unfallversicherung,
- Lohnfortzahlung im Krankheitsfall,
- vermögenswirksame Leistungen,
- Mutterschutz,
- Weihnachtsgeld.

Es wird behauptet, dass die Lohnnebenkosten ein Grund dafür seien, warum Arbeitsplätze in Länder mit geringeren Lohnnebenkosten verlagert werden.

Nennen Sie Beispiele, wo deutsche Unternehmen Teile eines Produktes im Ausland fertigen lassen. Das Gesamtprodukt wird dann als deutsches High-Tech-Produkt auf dem Weltmarkt verkauft.

Kündigungsschutz

Bei allen Beteiligten ist die Notwendigkeit des Kündigungsschutzes unbestritten. Ein zu eng gefasster Kündigungsschutz kann aber dazu führen, dass keine neuen Arbeitsplätze entstehen. Hat ein Unternehmen kurzfristig einen höheren Auftragseingang, wird es versuchen, die Arbeit mit Überstunden statt mit Neueinstellungen zu bewältigen.

Nennen Sie Personengruppen, die einen besonderen Kündigungsschutz genießen.

Arbeitszeitverkürzung

Wenn alle Arbeitnehmer 10 Prozent weniger arbeiten würden, müssten rechnerisch 10 Prozent mehr Beschäftigte eingestellt werden. In der Praxis funktioniert dies jedoch nicht so einfach. Es gibt Branchen, in denen ohnehin schon Arbeitskräfte gesucht werden. Außerdem zeigt die Erfahrung früherer Jahre, dass eine Arbeitszeitverkürzung meist durch höhere **Produktivität**, aber kaum durch Neueinstellung von weiteren Mitarbeitern ausgeglichen wurde.

Produktivität:

So bezeichnet man den Wert der Güter und Dienstleistungen, die in einer Arbeitsstunde im Schnitt produziert werden. Die Betriebe ermitteln sie meist, indem sie den Umsatz durch die Arbeitsstunden teilen.

Abbau von Überstunden

Mehr als die Hälfte aller Beschäftigten leisten an ihrer Arbeitsstelle immer wieder Überstunden. Würden diese Überstunden in reguläre Arbeitsplätze verwandelt, wären das rechnerisch etwa 1,1 Millionen neue Beschäftigte.

Überstunden keine Spielmasse für neue Jobs

Im Durchschnitt arbeitete ein Beschäftigter im Laufe des vergangenen Jahres 46,7 Stunden mehr, als er musste. Bei diesen Dimensionen rechnen Kritiker gerne vor, wie viele Arbeitslose beschäftigt werden könnten, wenn Überstunden verboten wären. Rein theoretisch wären das 1,1 Millionen neue Jobs.

Doch so einfach ist die Arbeitslosigkeit leider nicht zu senken.

1. **Arbeit ist nicht gleich Arbeit.** Nicht jeder Arbeitsuchende kann die Aufgaben desjenigen erfüllen, der reichlich Überstunden schiebt. Überdies sind es zumeist die höher qualifizierten Mitarbeiter, die länger als tariflich vorgesehen arbeiten.

   Vorarbeiter und Meister leisten etwa doppelt so viele Überstunden wie Hilfsarbeiter.

2. **Überstunden machen den Betrieb flexibel.** Unerwartete Großaufträge oder Kunden, die kurz vor Feierabend mit dringenden Problemen kommen, machen Überstunden unumgänglich. Extraschichten sind aber in der Regel nicht nur fällig, wenn die Auftragsbücher überquellen. Auch bei Normalgeschäft kann plötzlich ein Kollege erkranken. Ein anderer übernimmt die Arbeit dann für eine Weile mit. Im Jahr 2003 etwa gingen fast 1,9 Milliarden Stunden durch Krankheit verloren.

Iwd: Informationsdienst des Instituts der deutschen Wirtschaft

1. Nennen Sie aus Ihrer betrieblichen Erfahrung Beispiele für Situationen, in denen Überstunden gemacht werden mussten.
2. Hätten die Überstunden gegebenenfalls vermieden werden können?
3. Wäre es sinnvoll und möglich gewesen neue Mitarbeiter einzustellen?

Berufliche Qualifikation

An den Daten der Agentur für Arbeit zeigt sich, dass Personen ohne Berufsausbildung häufiger und länger arbeitslos sind als Personen mit Ausbildung. Darum bemüht sich die Agentur für Arbeit mit Programmen zur Berufsausbildung und Umschulung, die berufliche Qualifikation der Arbeitsuchenden zu verbessern.

1. Welche weiteren Gründe für Arbeitslosigkeit kennen Sie?
2. Welchen Zusammenhang sehen Sie zwischen der Globalisierung unserer Wirtschaft und der Arbeitslosenquote in Deutschland?
3. Welche Lösungsansätze zur Senkung der Arbeitslosenquote halten Sie für sinnvoll?

5 Unfallversicherung

Wegeunfall:

Im Sinne der Unfallversicherung ist dies jeder Unfall, der sich auf dem direkten Weg zur oder von der Arbeit ereignet.

Fahrgemeinschaften sind auch dann versichert, wenn sich dadurch Umwege ergeben.

Berufskrankheit:

Dies ist eine Krankheit, die ausschließlich oder stark überwiegend durch berufliche Tätigkeit oder anlässlich der Ausübung des Berufs durch schädigende Stoffe oder bestimmte Arbeiten verursacht wurde.

*Die gesetzliche Unfallversicherung sichert gegen die Folgen von Arbeitsunfällen, **Wegeunfällen** und **Berufskrankheiten** ab. Jeder, der in einem Arbeits- oder Ausbildungsverhältnis steht, ist über den Arbeitgeber automatisch versichert.*

5.1 Die Kosten der Unfallversicherung

Die Beiträge zur Unfallversicherung werden vom Arbeitgeber alleine übernommen. Sie liegen je nach Unfallhäufigkeit der Branche zwischen 1,3 und 8 Prozent der Lohnsumme des Betriebes. In der Baubranche, z. B. bei Gerüstbauern oder Dachdeckern, ist die Gefahr eines Unfalls höher als in einer Bank oder Versicherung.

Grafik: R. A. Drude

Ausfalltage pro Jahr und Mitarbeiter als Folge von Berufsunfällen

5.2 Die Leistungen der Unfallversicherung

- Heilbehandlung: Kostenübernahme für die ärztliche Behandlung sowie für Aufenthalte im Krankenhaus
- Verletztengeld: während der Arbeitsunfähigkeit 80 Prozent des Bruttoentgelts, aber erst, wenn die Lohnfortzahlung des Arbeitgebers ausgelaufen ist
- Berufsförderung: Leistungen zur Umschulung
- Verletztenrente: wird gezahlt, wenn sich die Erwerbsfähigkeit vermindert
- Hinterbliebenen- und Waisenrente: Sollte ein Ehepartner durch einen Arbeitsunfall oder eine Berufskrankheit sterben, zahlt die Unfallversicherung eine Hinterbliebenenrente. Kinder unter 18 Jahren erhalten eine Waisenrente.

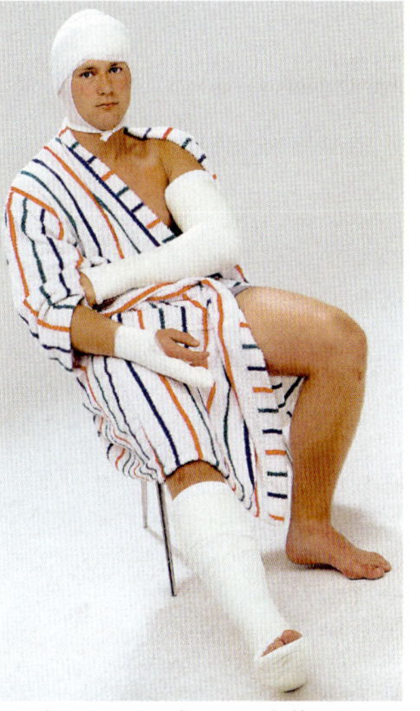

Nach einem Arbeitsunfall ist man ordentlich versichert.

Auf dem Weg zur Arbeit ist jeder unfallversichert

Problematisch wird's, wenn man einen kleinen Umweg einlegt.

Angesichts der erheblichen finanziellen Auswirkungen wird oft gestritten, ob ein Unfall tatsächlich ein Arbeitsunfall ist, oder vielmehr ein „normaler" Unfall, für den die Krankenkasse gerade stehen muss. In der vergangenen Woche beschäftigte sich das Bundessozialgericht in Kassel mit einem entsprechenden Streitfall. Dabei ging es um einen Mopedfahrer, der auf dem Heimweg von der Arbeit Geld bei der Bank abholen wollte. Dafür nahm er einen Umweg von gerade 100 Metern in Kauf. Um diese Distanz lag der Geldautomat vom eigentlichen Arbeitsweg entfernt. Und gerade auf dieser Ministrecke verunglückte der Zweiradfahrer schwer.

Kein Arbeitsunfall, urteilte der Zweite Senat (AZ: B 2 U 40/02 R). Schließlich habe der Mann aus privaten Gründen seinen unmittelbaren Arbeitsweg verlassen.

Also am besten morgens direkt zum Chef und abends ohne Umwege nach Hause.

Frankfurter Allgemeine Sonntagszeitung

1. Ist die Zahl der Arbeitsunfälle in Deutschland steigend oder rückläufig?
2. Warum zahlt die Berufsgenossenschaft auch sehr teure Reha-Maßnahmen?
3. Welches Gericht ist für Streitfälle im Rahmen der Sozialversicherung zuständig?

Träger der Unfallversicherung sind die Berufsgenossenschaften. Es gibt gewerbliche und landwirtschaftliche Berufsgenossenschaften sowie für den öffentlichen Dienst Gemeindeunfallversicherungsverbände. Über 7 Milliarden Euro werden im Jahr an Verletzte oder Hinterbliebene gezahlt.

Da die Berufsgenossenschaften bei Arbeitsunfällen zahlen müssen, sind sie besonders an der Arbeitssicherheit im Betrieb interessiert:

- Sie erlassen Sicherheitsvorschriften.
- Sie führen Schulungen durch.
- Sie kontrollieren in den Betrieben.

Nennen Sie drei Vorschriften zur Arbeitssicherheit, die speziell für die Branche Ihres Ausbildungsbetriebes gelten.

Unfallversichert in der Berufsschule

Alle Schüler sind in der Berufsschule und auf dem Schulweg unfallversichert. Allerdings nicht durch die Berufsgenossenschaft des Betriebes, sondern durch die Versicherung der Schule.

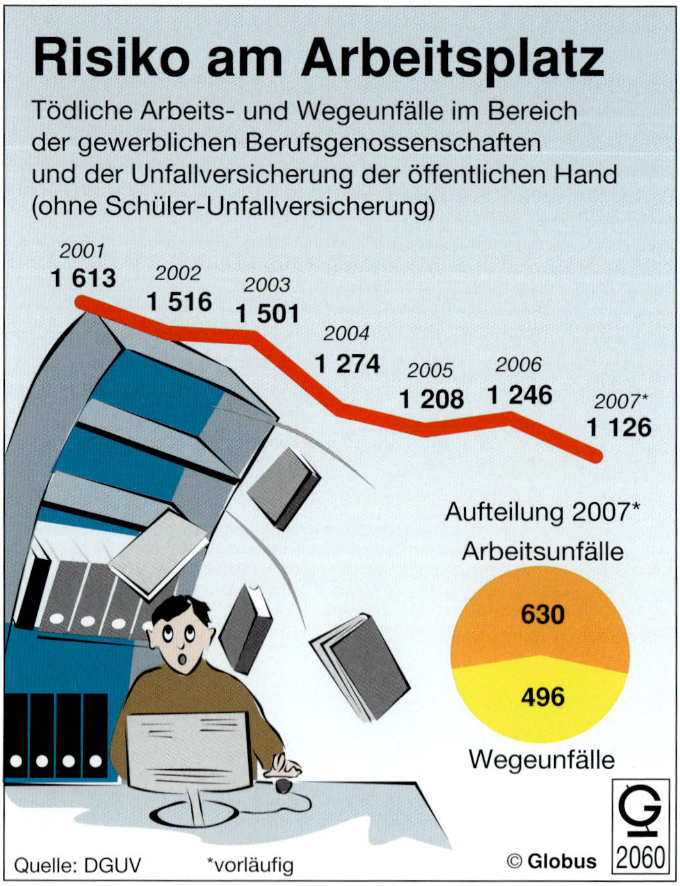

6 Pflegeversicherung

Der medizinische Fortschritt macht es möglich: Die Menschen leben immer länger. Längere Lebenserwartung bedeutet aber auch mehr Pflegefälle. Viele Menschen sind gegen Ende ihres Lebens pflegebedürftig und auf fremde Hilfe angewiesen. Aber Angehörige sind häufig nicht bereit zu pflegen und selbst eine gute Rente reicht nicht immer aus für die Bezahlung der Unterbringung in einem Pflegeheim. Früher mussten dann die Sozialhilfe oder die Kinder mit finanziellen Leistungen einspringen.

6.1 Die Leistungen der Pflegeversicherung

Als fünfte Säule der Sozialversicherung sieht die Pflegeversicherung Leistungen unterschiedlicher Art für Pflegebedürftige vor.

Die Kosten der täglich erforderlichen Hilfeleistungen bei der Körperpflege, der Ernährung oder der Mobilität werden von der Pflegeversicherung nach Pauschalsätzen übernommen.

Manchmal wird die häusliche Pflege auch von nahen Angehörigen übernommen. In diesem Fall kann der Pflegebedürftige ein Pflegegeld beantragen, mit dem die Angehörigen entschädigt werden. Um die Höhe der Leistungen zu bestimmen, werden die pflegebedürftigen Personen nach einem medizinischen Gutachten drei **Pflegestufen** zugeordnet.

Träger der Pflegeversicherung sind die Pflegekassen, die bei den Krankenkassen eingerichtet sind.

Jeder kann in die Situation kommen, pflegebedürftig zu werden.

Pflegestufen:

Stufe I: einmal täglich Hilfe

Stufe II: dreimal täglich Hilfe

Stufe III: Hilfe rund um die Uhr

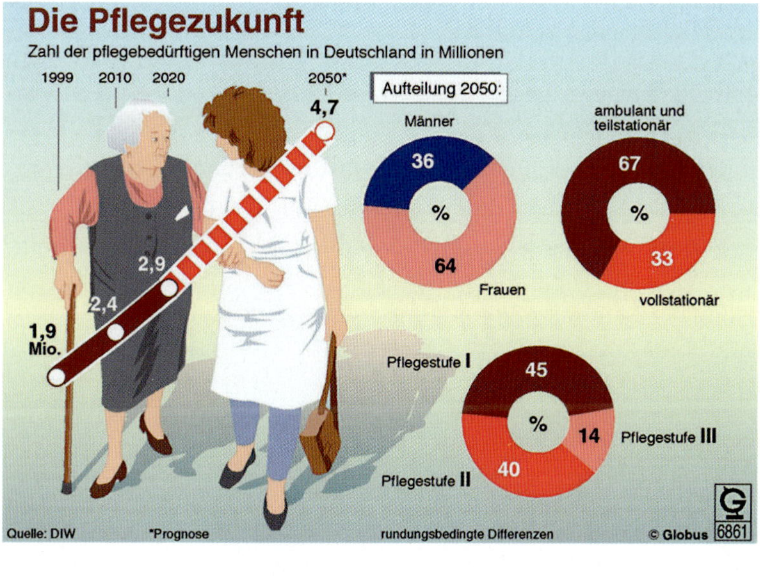

6.2 Der Beitrag zur Pflegeversicherung

Mitglied einer Pflegeversicherung wird man automatisch durch die Mitgliedschaft in einer Krankenversicherung. Das gilt auch für Rentner oder mitversicherte Familienangehörige.

Der Beitrag zur Pflegeversicherung wird vom Bruttolohn abgezogen. Arbeitgeber und Arbeitnehmer zahlen jeweils die Hälfte. Kinderlose zahlen ab dem 23. Lebensjahr zusätzlich 0,25 Prozentpunkte mehr. Die Beitragsbemessungsgrenze ist so hoch wie die der Krankenversicherung.

Zusammenfassung

Jeder Arbeitnehmer wird vom Arbeitgeber bei der Krankenkasse und den Sozialversicherungen angemeldet.

Die Beiträge für die Sozialversicherung werden direkt vom Lohn abgezogen und vom Arbeitgeber an die Krankenkasse überwiesen. Diese übernimmt die Verteilung an die weiteren Versicherungsträger.

Die Beiträge werden vom Arbeitgeber und Arbeitnehmer je zur Hälfte bezahlt. Bei der Krankenkasse zahlt der Arbeitnehmer 0,9 Prozent mehr als der Arbeitgeber. Die Unfallversicherung zahlt der Arbeitgeber alleine.

Die Probleme der Sozialversicherung sind entstanden durch:

- wachsende Kosten des Gesundheitssystems
- steigende Zahl von Rentnern
- höhere Lebenserwartung
- hohe Arbeitslosenquote
- geringe Geburtenrate

In Zukunft werden die Leistungen der Sozialversicherung geringer. Das bedeutet für den Einzelnen, dass er in gewissem Maße selbst vorsorgen muss.

Wissens-Check

1. Nennen Sie fünf Leistungen der gesetzlichen Krankenversicherung.
2. Erklären Sie den Begriff „Beitragsbemessungsgrenze".
3. Nennen Sie drei Gründe für das stetige Ansteigen der Krankenversicherungsbeiträge.
4. Welche Aufgaben haben die Berufsgenossenschaften im Bereich der Arbeitssicherheit?
5. Was versteht man unter dem Begriff „Lohnnebenkosten"? Wie hoch sind sie im Durchschnitt in Prozent vom Bruttolohn?
6. Warum wird eventuell die Höhe der Renten in Zukunft geringer sein als heute?

Transferleistungen des Staates

7

Jahrgangsstufe 10

Neben den fünf Säulen der Sozialversicherung gibt es ein weitgespanntes soziales Netz für alle Bürger. Nahezu jeder kommt im Laufe seines Lebens in den Genuss staatlicher Hilfe.

7.1 Kindergeld

Wer Kinder hat und in Deutschland wohnt, bekommt Kindergeld. Bei der Agentur für Arbeit wird es beantragt und monatlich ausbezahlt.

- Für die ersten drei Kinder erhalten die Eltern jeweils 154 Euro, für jedes weitere Kind 179 Euro.
- Im Normalfall wird das Kindergeld bis zum 18. Lebensjahr bezahlt, bei längerem Schulbesuch oder Studium bis zum 25. Lebensjahr. Zeiten des Zivil- oder Wehrdienstes verlängern den Kindergeldbezug.

Bei Studium und Ausbildung zahlt der Staat bis zum 25. Lebensjahr Kindergeld.

Eine Familie hat drei Kinder.

Wie viel Kindergeld hat der Staat (nach heutigem Stand, ohne Zinsen) für alle drei Kinder bezahlt, bis sie 18 Jahre alt sind? Bevor Sie rechnen, schätzen Sie!

7.2 Elterngeld

Mütter oder Väter können nach der Geburt des Kindes ihre Erwerbstätigkeit unterbrechen. Sie bekommen dann ein Jahr lang ein monatliches Elterngeld in Höhe von 67 % des letzten Nettogehaltes desjenigen, der zu Hause bleibt. Mindestens werden 300 Euro, höchstens 1.800 Euro pro Monat geleistet. Mutterschaftsgeld wird angerechnet.

Wenn der zweite Elternteil zwei weitere Monate zu Hause bleibt, wird es 14 Monate gezahlt.

Elterngeld kann beim Zentrum Bayern Familie und Soziales (ZBFS) beantragt werden.

Bayerisches Landeserziehungsgeld

Wenn das Elterngeld nach 12 bzw. 14 Monaten nicht mehr geleistet wird, unterstützt der Freistaat Bayern die Kindererziehung. Falls nur ein geringes Einkommen vorliegt, wird maximal für ein Jahr Landeserziehungsgeld gezahlt. Allerdings muss der Antragsteller seit einem Jahr in Bayern wohnen und den Nachweis erbringen, dass mit dem Kind die Früherkennungsuntersuchung U6 bzw. U7 durchgeführt wurde.

Das Elterngeld hilft, die ersten Jahre öfter gemeinsam zu verbringen.

Kindergeld plus Elterngeld

Kindergeld und Elterngeld können gleichzeitig und unabhängig voneinander bezogen werden.

Jahrgangsstufe 10

Wie viel Geld erhält ein Elternteil in einem Jahr, wenn man Kindergeld und erhöhtes Erziehungsgeld zusammenzählt?

BAföG:
Abkürzung für Bundesausbildungsförderungsgesetz

7.3 Ausbildungsförderung (BAföG)

Jeder soll die Chance haben, eine Ausbildung zu erhalten, die seinen Neigungen entspricht. Die finanziellen Möglichkeiten der Eltern sollen dabei kein Hindernis sein. So können bereits Schüler ab der 10. Klasse sowie Studenten gefördert werden.

- Der Höchstbetrag liegt bei 643 Euro pro Monat.
- Studierende bekommen die Hälfte als Zuschuss, die andere Hälfte muss nach dem Studium zurückgezahlt werden.
- Je nach Höhe des eigenen Einkommens oder Vermögens oder des Einkommens der Eltern kann sich die Förderung verringern.

Sabine F. hat die BOS erfolgreich abgeschlossen und möchte nun Maschinenbau studieren. Die Eltern von Sabine können das Studium, das acht Semester (vier Jahre) dauert, nicht finanzieren. Wie viel erhält sie insgesamt höchstens an BAföG-Förderung? Wie viel davon muss sie zurückzahlen, wie viel darf sie behalten?

„Meister-BAföG" (umgangssprachlich):
Amtlich: Aufstiegsfortbildungsförderungsgesetz

Meister-BAföG

Nicht nur Studierende, sondern auch Berufstätige mit einer abgeschlossenen Berufsausbildung erhalten staatliche Unterstützung für die Fortbildung. Beispielsweise gehören Handwerker, die eine Meisterprüfung ablegen wollen, zu den Berechtigten. Die Förderung wird sowohl für Teilzeit- als auch für Vollzeitmaßnahmen gewährt.

35 Prozent des gesamten Maßnahmebeitrages werden als rückzahlungsfreier Zuschuss gewährt. In bestimmten Fällen, z. B. bei Gründung eines eigenen Betriebes, werden zusätzlich 75 Prozent des Darlehensbetrages rückzahlungsfrei. Weitere Informationen erhält man bei der Handels- oder Handwerkskammer.

Wenn die Miete zu hoch ist, hilft der Staat.

7.4 Wohngeld

Für manche Bürger ist die Miete für eine angemessene Wohnung einfach zu hoch. Besonders in Großstädten sind die Wohnungspreise meist höher als auf dem Land. Wenn die Mietkosten die Leistungsfähigkeit eines Haushalts übersteigen, hilft ein staatlicher Zuschuss.

Die Höhe des Wohngeldes ist vom Familieneinkommen, der Zahl der Kinder, besonders aber von den örtlichen Mietpreisen abhängig. Natürlich wird nur normaler Wohnraum bezuschusst. Luxusvillen fördert der Staat nicht.

7.5 Vermögensbildung

Oft zahlt der Arbeitgeber aufgrund tarifvertraglicher Vereinbarungen zusätzlich zum Gehalt **vermögenswirksame Leistungen.** Wenn der Arbeitgeber diesen Betrag für den Arbeitnehmer vermögenswirksam anlegt, erhält er eine Arbeitnehmer-Sparzulage von bis zu 18 Prozent. Diese Zulage gilt jedoch nur für mittlere und geringe Einkommen.

Vermögenswirksame Leistungen:
Zusätzlicher Entgeltbestandteil, der aber nicht ausbezahlt wird, sondern angelegt werden muss.

Es gibt viele Möglichkeiten, vermögenswirksam zu sparen. Sie können z. B. einzahlen in

- einen Bausparvertrag,
- einen **Investmentfonds**,
- einen Wertpapier-Sparvertrag.

Investmentfonds:
Sammlung von verschiedenen Aktien, um so das Risiko geringer zu halten

Die Laufzeit solcher Verträge beträgt meist mehrere Jahre. Nach dieser Zeit steht das angesparte Vermögen inklusive Arbeitnehmerzulage zur Verfügung. Dazu kommen die sonst üblichen Zinsen oder Wertsteigerungen.

Wer spart, erhält neben den Zinsen noch staatliche Prämien.

7.6 Sozialhilfe

Wer in Deutschland in Not gerät, soll dennoch ein menschenwürdiges Leben führen können. Dafür sorgt die Sozialhilfe. Dies ist eine **Fürsorge**leistung des Staates.

Fürsorge:
Der Staat leistet Hilfe ohne Vorleistung oder Gegenleistung.

Allerdings sind die Hürden für den Bezug von Sozialhilfe recht hoch. Zunächst muss das eigene Vermögen und das des Ehepartners bis auf einen geringen Betrag verbraucht werden. Eigenes Einkommen wird ganz oder teilweise angerechnet. Wenn Kinder dazu in der Lage sind, müssen sie ihre Eltern unterstützen. Wer Arbeitslosengeld II (Grundsicherung für Arbeitssuchende) beziehen kann, erhält keine Sozialhilfe.

Der Regelsatz für den notwendigen Lebensbedarf beträgt zurzeit 351 Euro für eine alleinstehende Person. Zusätzlich werden die Kosten für Unterkunft und Heizung erstattet.

7.7 Grundsicherung

Grundsicherung erhalten mittellose Personen mit gewöhnlichem Aufenthalt in der Bundesrepublik Deutschland,

- die das 65. Lebensjahr vollendet haben oder
- die das 18. Lebensjahr vollendet und unabhängig von der jeweiligen Lage des Arbeitsmarktes aus medizinischen Gründen dauerhaft voll erwerbsgemindert sind.

§ 19 Sozialgesetzbuch XII

(2) Grundsicherung im Alter und bei Erwerbsminderung ist (...) Personen zu leisten (...), sofern sie ihren notwendigen Lebensunterhalt nicht oder nicht ausreichend aus eigenen Kräften und Mitteln, insbesondere aus ihrem Einkommen und Vermögen, beschaffen können.

Im Durchschnitt erhalten diese Personen, wie Empfänger von Sozialhilfe oder Arbeitslosengeld II, zurzeit 351 Euro pro Monat zuzüglich der Kosten für Unterkunft und Heizung einer angemessenen Wohnung. Bei Behinderung oder Erkrankung sind Zulagen möglich. Es gibt Personen, die nur eine sehr geringe Rente beziehen. Sie können sich diese durch die Grundsicherung im Alter „aufstocken" lassen. Das Sozialamt zahlt dann den Differenzbetrag zwischen dem Rentenbetrag und dem Betrag, der durch die Grundsicherung im Alter maximal geleistet würde.

Wer Grundsicherung beziehen könnte, hat möglicherweise Unterhaltsansprüche gegenüber seinen Kindern oder seinen Eltern. Keine Grundsicherung kann bezogen werden, wenn die Kinder oder Eltern finanzielle Unterstützung leisten können. Der Gesetzgeber sieht dies aber erst ab einem jährlichen Gesamteinkommen von 100.000 Euro vor.

7.8 Versorgungsleistungen des Staates

Versorgung:
Für den Dienst an der Gemeinschaft wird ein finanzieller Ausgleich gewährt.

Bestimmte Personengruppen haben ein Anrecht auf **Versorgung**. Darunter fallen Kriegs- und Wehrdienstopfer oder politisch Verfolgte des Nationalsozialismus. Beamte haben bei Krankheit und im Alter Anspruch auf Versorgung.

Jahrgangsstufe 10

Die Krise des Generationenvertrages aufgrund des demografischen Wandels

8

Unsere Gesellschaft kann nur existieren, wenn die Eltern für ihre Kinder sorgen, materiell und durch ihre Erziehung. Später benötigen die Eltern, wenn sie alt sind und nicht mehr arbeiten können, die Unterstützung ihrer Kinder. Diese Übereinkunft nennt man Generationenvertrag. Dies ist kein Vertrag im rechtlichen Sinne, sondern ein Prinzip, nach dem sich die Generationen unterstützen. Dieses Prinzip, übertragen auf den Sozialstaat, funktionierte bislang in Deutschland für alle Beteiligten zufrieden stellend. Mehr und mehr gerät dieses Prinzip aber nun in die Krise.

Im Generationenvertrag hilft die stärkere der schwächeren Generation.

Die Bevölkerungsentwicklung in Deutschland

Wie bei den meisten europäischen Nachbarn auch sterben in Deutschland mehr Personen als Neugeborene hinzukommen. Nur die Zuwanderung von Ausländern hat bisher verhindert, dass die Bevölkerungszahl in Deutschland zurückgegangen ist. Der Anteil der Jüngeren und der Anteil der Älteren verändert sich merklich.

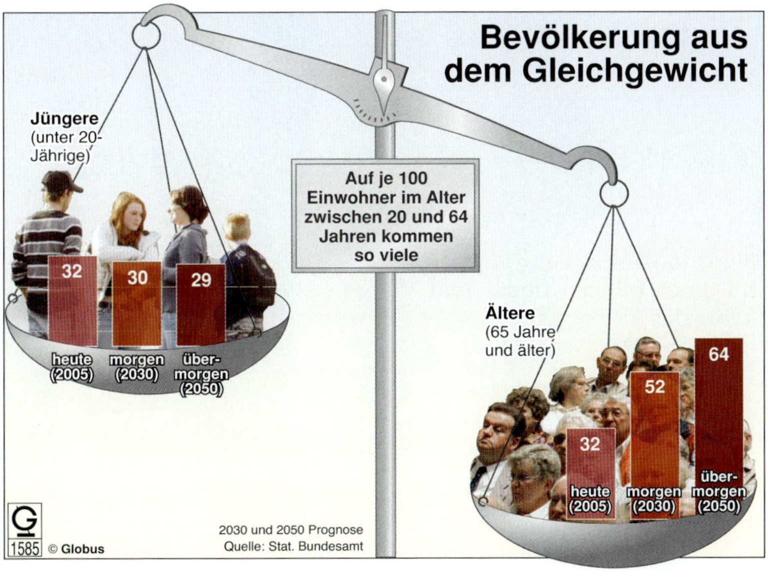

Beim Geburtenrückgang handelt es sich um einen Trend, der seit etwa 100 Jahren zu beobachten ist. Er hat sich allerdings seit Mitte der 60er Jahre erheblich verstärkt. So betrug das **Geburtendefizit** bei der deutschen Bevölkerung Mitte der 80er Jahre über 150.000

Geburtendefizit:
Die Differenz zwischen Geborenen und Sterbefällen

Personen pro Jahr. Bis Anfang der 90er Jahre ist dann wieder ein Anstieg der Geburten zu beobachten, der sich in den letzten Jahren jedoch wieder abgeflacht hat. In den neuen Ländern kamen 1994 aufgrund des Geburtenrückgangs seit der Wende nur noch fünf Geburten auf 1000 Einwohner. Bis zum Jahr 2000 ist der Wert jedoch auf 7,3 angestiegen.

1. Welche Gründe könnten dazu geführt haben, dass die Geburtenzahl in den letzten 30 Jahren so gesunken ist?
2. Diskutieren Sie die Folgen, die eine sinkende Bevölkerungszahl in Deutschland haben kann für Mieten und Grundstückskosten, Schulen und Lehrkräfte, Altenheime und Pflegeberufe.

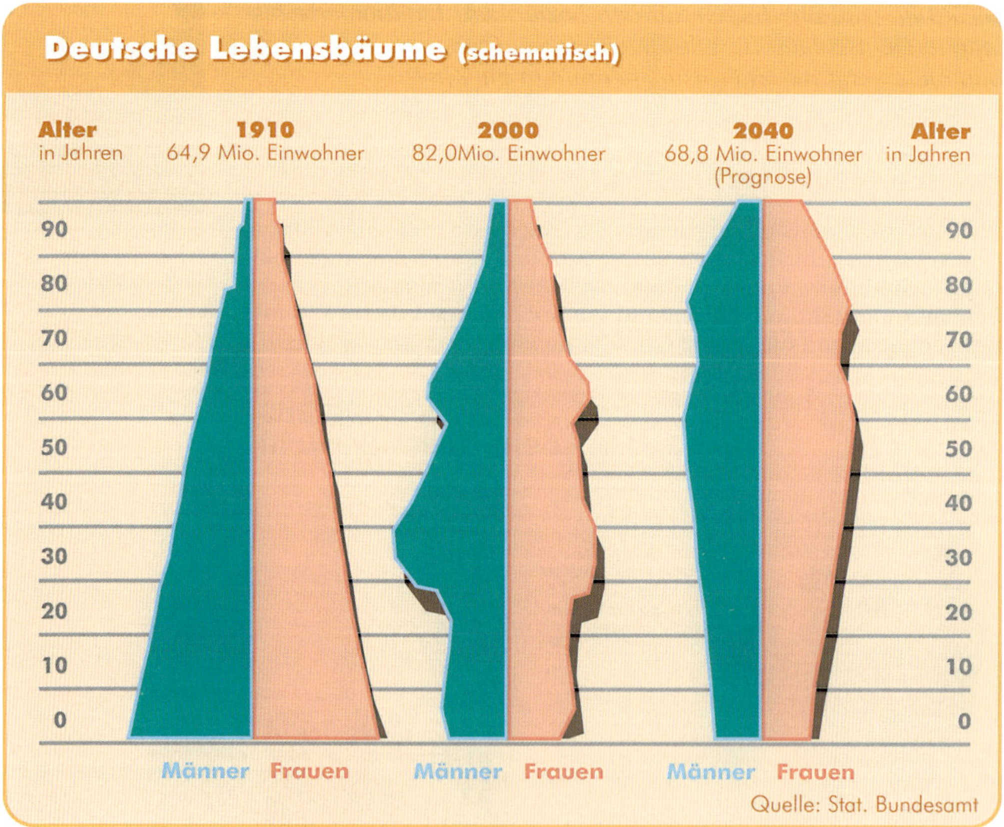

Grafik: R. A. Drude

Die Alterspyramide der Bevölkerung Deutschlands zeigte 1910 einen idealen Aufbau. Die ursprüngliche Pyramidenform hat sich als Folge fallender Geburtenraten und zunehmender Lebenserwartung im Verlauf des 20. Jahrhunderts deutlich verändert. Schätzungen gehen davon aus, dass die Gesamtbevölkerung Deutschlands von 82,4 Mio. (im Jahr 2005) bis 2050 kontinuierlich auf rund 75 Millionen absinken wird. Je nach Höhe der Zuwanderung können es auch nur 68 Millionen sein.

Folgenreicher als die Gesamtzahl der Bevölkerung ist im Hinblick auf die soziale Sicherung deren altersmäßige Zusammensetzung. Die Zahl der aktiv Erwerbstätigen wird geringer werden, die Zahl der Rentenempfänger wird demgegenüber steigen. Ähnlich werden die Auswirkungen für die Krankenkassen sein. Auf der einen Seite wird es zahlreiche Rentner mit hohen Leistungsansprüchen und geringen Beiträgen geben. Auf der anderen Seite wird die Zahl der jungen Menschen mit hohen Beiträgen und geringen Leistungsansprüchen abnehmen, wodurch die Einnahmen der Krankenkassen sinken.

Karikatur: R. A. Drude

Erläutern und bewerten Sie die Aussage der Karikatur.

Jahrgangsstufe 10

9 Lösungsansätze in einer sich wandelnden Gesellschaft

Immigrant:

Person, die in ein Land einwandert

Ein Emigrant wandert aus seinem Land aus.

UN-Experte: Nur Zuwanderung kann Rente sichern

New York (dpa) – Nur massive Zuwanderung kann nach Ansicht des UN-Bevölkerungsexperten Joseph Chamie langfristig das Rentensystem in Deutschland sichern.

„Um zu vermeiden, dass das Heer der Berufstätigen weiter schrumpft, sind mindestens 487 000 Zuwanderer im Jahr erforderlich", sagte er in einem Gespräch mit der Deutschen Presse-Agentur (dpa) zum Weltbevölkerungstag an diesem Freitag.

Solle das Verhältnis zwischen der Zahl der Beschäftigten und der Rentner auf dem Niveau von 1995 (von 4,4 zu 1) gehalten werden, dann müssten sogar 3,6 Millionen Immigranten pro Jahr kommen, sagte Chamie. Die UN räumen ein, dass ein solcher Strom von Einwanderern unrealistisch ist. Theoretisch würde er jedoch vermeiden, dass zu wenige Arbeitnehmer zu viele Rentner miternähren müssen oder letztlich kein Ausweg bleibt, als das Rentenalter zu erhöhen und die Rente zu kürzen. Unter den gegebenen Bedingungen sagen die UN-Experten der Bundesrepublik für das Jahr 2050 ein Verhältnis von statistisch 1,8 Beschäftigten je Rentner voraus.

Mindestens 344 000 Einwanderer pro Jahr seien notwendig, um die deutsche Bevölkerungszahl von jetzt 82,5 Millionen in etwa konstant zu halten. Derzeit liegt der Bevölkerungsanteil von Ausländern in Deutschland laut UN bei 9 Prozent, in Schweden bei 11 Prozent, den USA bei 13 und der Schweiz sogar bei 25 Prozent.

Ohne gleich bleibenden Zustrom von Einwanderern würden 2050 nach UN-Berechnungen nur noch 65 Millionen Menschen in der Bundesrepublik leben.

Süddeutsche Zeitung

1. Wie viele Ausländer leben derzeit in Deutschland?
2. Der Bevölkerungsexperte erklärt, dass mehr Menschen zuwandern müssten, damit sie in die Rentenversicherung einbezahlen. Welche Voraussetzung auf dem Arbeitsmarkt muss dazu aber vorher erfüllt sein?
3. Diskutieren Sie in der Klasse, welche Eigenschaften Zuwanderer haben sollten in Bezug auf:
   - Berufsausbildung
   - Alter
   - Herkunftsland
   - Familienstand
   - Sprachkenntnisse

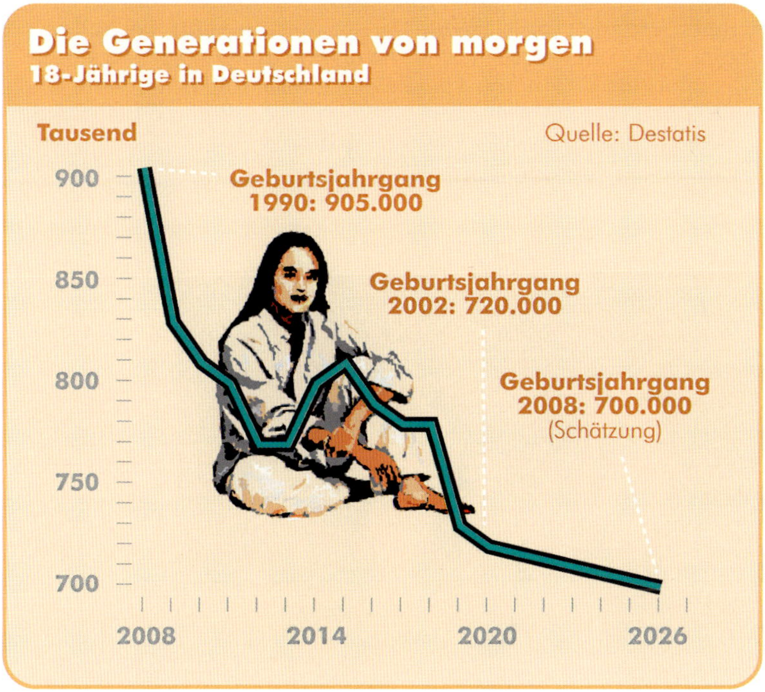

Grafik: R. A. Drude

Jetzt schon steht fest, wie viele Jugendliche in den nächsten Jahren in die Schulen oder auf den Arbeitsmarkt kommen werden.

Deutschland vergreist

Die Senioren sind auf dem Vormarsch. Im Jahr 2050 wird jeder dritte Bundesbürger älter als 60 Jahre sein.

Die Politik muss daher schleunigst die Sozialsysteme demografiefest machen. Wie das gehen könnte, hat das Statistische Bundesamt in seiner jüngsten Bevölkerungsvorausberechnung schon mal skizziert: Die Wiesbadener Statistiker schätzen, dass ein höheres Renteneintrittsalter einigen Druck aus der Sozialversicherung lässt.

Werfen die Deutschen erst mit durchschnittlich 65 Jahren das berufliche Handtuch, kämen auf 100 Personen im Erwerbsalter im Jahr 2050 nur 54 Rentner – statt 78.

Bei einem tatsächlichen Renteneintrittsalter von 67 Jahren müssten 2050 besagte 100 Erwerbsfähige sogar nur für 47 Ruheständler aufkommen. Die Berechnungen bestätigen viele Experten, die schon seit langem ein Ende der großzügigen Frühverrentungspraxis und eine Verlängerung des Arbeitslebens fordern.

Ältere Belegschaften. Auch die Unternehmen sind gefragt. Sie müssen dafür sorgen, dass in die Jahre gekommene Mitarbeiter länger produktiv bleiben. Denn die Alten werden bald die stärkste Fraktion am Arbeitsmarkt sein:

Im Jahr 2020 stellt die Gruppe der 50- bis 64-Jährigen mit fast 20 Millionen Menschen rund 40 Prozent der Menschen im erwerbsfähigen Alter.

Daher schlagen viele Fachleute vor, dass die älteren Kollegen noch stärker in den Blick der Personalplanungen rücken sollten. Beispielsweise könnten spezielle Weiterbildungsangebote und eine altersspezifische Arbeitsumwelt den Senioren die Tätigkeit im Büro oder in der Werkhalle erleichtern.

Frankfurter Allgemeine Zeitung

Familien mit mehreren Kindern werden seltener.

Diskutieren Sie, inwiefern folgende Vorschläge die Probleme der Rentenversicherung lösen könnten:

1. Nicht das Renteneintrittsalter, sondern die Lebensarbeitszeit wird erhöht. Die volle Rente bekommt nur, wer 45 Jahre gearbeitet hat. Wer weniger Jahre gearbeitet hat, muss prozentuale Abzüge hinnehmen.
2. Der Beitrag zur Rentenversicherung wird auf 19 % festgesetzt. Es herrscht das strenge Umlageverfahren: Nur das Geld, das eingeht, kann als Rente ausbezahlt werden.
3. Jeder Deutsche erhält in Zukunft eine geringe Grundrente, die das Überleben sichert. Alles andere muss er sich im Laufe seines Arbeitslebens ersparen.

Private Vorsorge zur sozialen Sicherheit

10

Die Ausgaben des Staates für die soziale Sicherung werden so hoch, dass deswegen andere wichtige Investitionen, z. B. für Bildung, Forschung, Ausbau des Straßennetzes und der Verkehrswege, verringert werden müssen. Die Leistungsfähigkeit des Staates ist begrenzt. Er kann nicht für alle Wechselfälle im Leben des Einzelnen sorgen. Eigeninitiative ist notwenig.

10.1 Riester-Rente

Es ist damit zu rechnen, dass in Zukunft die Rente nicht mehr in der gewohnten Höhe zur Verfügung steht. Unter dem Begriff **„Riester-Rente“** wurde deswegen eine staatlich geförderte, freiwillige, betriebliche und private Altersvorsorge eingeführt. Jeder, der in jungen Jahren Geld spart für eine spätere Rentenaufbesserung, erhält zusätzliche Prämien vom Staat.

Riester-Rente:

Benannt nach einem früheren Bundesminister für Arbeit und Soziales.

Er führte die staatliche Förderung privater Renten ein.

„Riester Rente“ Staatliche Höchstzulagen für jeden Arbeitnehmer pro Jahr

Beginn des jeweiligen Förderabschnitts	2004	2006	2008
Benötigter Eigenbetrag in % des Bruttoeinkommens	2%	3%	4%
Grundzulage	76 €	114 €	154 €
Zulage für jedes Kind	92 €	138 €	185 €
Maximaler Steuerabzug	1.050 €	1.575 €	2.100 €

Grafik: R. A. Drude

Das zusätzliche staatliche Geldgeschenk kann beträchtlich sein.

10.2 Absicherung durch Immobilien

Ein Eigenheim oder eine Eigentumswohnung ist nicht nur im Alter eine solide Absicherung. Auch in jungen Jahren wohnt es sich sehr beruhigend in den eigenen vier Wänden. Keine Kündigungen drohen und an Stelle der Mietzahlungen schafft man sich ein kleines Vermögen.

Das eigene Haus ist die ideale Absicherung für das Alter.

Mit Kind und Kegel in das eigene Häuschen

Bauen ist billig wie nie. Niedrige Zinsen und Bausparvertrag erleichtern die Finanzierung. Doch das lohnt sich nur für den, der die Schulden schnell abbezahlt.

Geschafft! Nicko Berger hat gerade den Kaufvertrag unterschrieben. „Die Kinder sollen einen Garten haben und nicht in der Stadt aufwachsen." Deshalb zieht der 44-jährige Ingenieur nun mit Frau Hanni sowie Kiri und Mike aus der Vier-Zimmer-Wohnung in den Grüngürtel von Regensburg. Hanni fährt nun zwar länger zu ihrer Arbeitsstelle. Doch das zählte für das Doppelverdiener-Paar nicht. „Der kleine, ruhige Ort war entscheidend", sagt Nicko. Alles in allem kostet das 400.000 Euro. Kein Pappenstiel, doch da das Paar 150.000 Euro Eigenkapital mitbringt, einen mit 60 % einbezahlten und zugeteilten Bausparvertrag von 100.000 Euro hat, sind Kredite kein großes Problem. Ein Teil kommt von der Kreditanstalt für Wiederaufbau (KfW), ein anderer Teil von einer örtlichen Bank.

Ihr Ziel ist, die Kredite so schnell wie möglich abzubezahlen. „Wir wollen nicht ewig hoch verschuldet sein", sagt Nicko. Daher sieht der Vertrag jährliche Sondertilgungen von 5.000 Euro vor. Außerdem vereinbarte Familie Berger eine laufende Tilgung von 3,5 Prozent für die ersten zehn Jahre. Standardmäßig sieht die Bank häufig nur ein Prozent Tilgung vor. Das sei „irrsinnig gering", urteilt Stefan Jokl vom Verband der privaten Bausparkassen. Die Gefahr: Wenn der Vertrag so weiterläuft, zahlen die Schuldner auch noch in 30 oder 35 Jahren ihr Darlehen ab, also im Ruhestand. Das sollten Käufer vermeiden. Im Rentenalter sei mit einem Einkommensverlust von 30 bis 40 Prozent zu rechnen. Den könne der Eigenheimbesitzer durch mietfreies Wohnen auffangen. Spätestens bis zur Rente sollte daher das eigene Häuschen abbezahlt sein.

Frankfurter Allgemeine Sonntagszeitung

1. Wie viel Geld muss sich Familie Berger insgesamt leihen?
2. Bis zu welchem Zeitpunkt sollten die Kredite getilgt sein?
3. Informieren Sie sich, wie hoch der Zinssatz für Immobilienkredite derzeit ist.

10.3 Lebensversicherung als Polster für sich und die Angehörigen

Bei der Kapital bildenden Lebensversicherung wird nicht nur das Todesfallrisiko abgesichert, sondern gleichzeitig auch Kapital zur Altersvorsorge angespart. Stirbt der Versicherungsnehmer während der Laufzeit, so erhalten die Hinterbliebenen die vertraglich vereinbarte Versicherungssumme. Erlebt er das Vertragsende, wird das Kapital (also die Versicherungssumme, Zinsen und Überschussanteil) nach Ablauf der Vertragszeit an den Versicherten ausgezahlt. Das kann je nach Vereinbarung einmal in einer Summe erfolgen oder als monatliche Rente bis ans Lebensende oder bis zu einem bestimmten Alter.

Den Abschluss einer Lebensversicherung sollte man sich genau überlegen. Auf jeden Fall sollte man verschiedene Angebote prüfen. Eine Kündigung dieses langfristigen Vertrages ist meist nur mit hohen Verlusten möglich.

Informieren Sie sich in einer Verbraucherschutzzentrale oder im Internet über verschiedene Angebote.

Vor Abschluss einer Lebensversicherung sollte man verschiedene Angebote prüfen.

Lebensversicherung mit dynamischen Beiträgen

In der Regel werden Lebensversicherungen mit festen monatlichen Beiträgen abgeschlossen. Anders die dynamische Lebensversicherung: Beitrag und Versicherungssumme werden in regelmäßigen Abständen erhöht. Maßstab dafür ist meistens die Entwicklung des Höchstbeitrags in der gesetzlichen Rentenversicherung.

Einige Lebensversicherer verwenden für die Dynamisierung auch feste Prozentsätze. So können sich beispielsweise jedes Jahr Beitrag und Versicherungssumme um 7 Prozent erhöhen. Das erscheint zunächst recht gering. Statt 100 Euro pro Monat zahlt man im nächsten Jahr 7 Euro mehr. Im Folgejahr aber 7 Prozent von 107 Euro und so weiter. Da Lebensversicherungen in der Regel langfristige Verträge sind, kommen nach 20 oder 30 Jahren Laufzeit erhebliche monatliche Beiträge zusammen. Allerdings wird die Auszahlungssumme am Ende der Laufzeit entsprechend hoch sein.

Wie hoch ist der monatliche Beitrag im 10./20./30. Jahr bei einer jährlichen Steigerung von 7 Prozent, wenn der anfängliche Beitrag 100 Euro war?

11 Individualversicherung zum Schutz vor allgemeinen Risiken

Der Staat kann unmöglich alle Risiken des Lebens absichern. Darum muss sich jeder selbst kümmern und entscheiden, was ihm wichtig ist.

Die Bundesbürger legen sehr viel Wert auf die Absicherung privater Risiken. Um sich finanziell abzusichern, besitzen über drei Viertel der Haushalte eine Hausratversicherung und mehr als zwei Drittel eine private Haftpflicht. Auch die Alters- und Hinterbliebenenvorsorge wird immer wichtiger. Fast 50 Prozent haben eigenverantwortlich vorgesorgt, um auch nach dem Arbeitsleben den gewohnten Lebensstandard genießen zu können. Die Kosten für juristische Streitereien sind noch bei gut 45 Prozent per Versicherung abgedeckt. Eine Unfallversicherung findet sich in über 40 Prozent der Haushalte, eine private Krankenversicherung dagegen nur etwa in jedem zehnten.

Individualversicherungen werden in die Zweige ***Personenversicherung, Vermögensversicherung*** *und* ***Sachversicherung*** *eingeteilt.*

Personenversicherung:

Deckt die Risiken, die in der Person des Versicherten liegen

Vermögensversicherung:

Schützt den Versicherten vor Vermögenseinbußen bei Schäden, die er zu verantworten hat

Sachversicherung:

Deckt den Schaden bei Verlust oder Beschädigung einer Sache des Versicherten

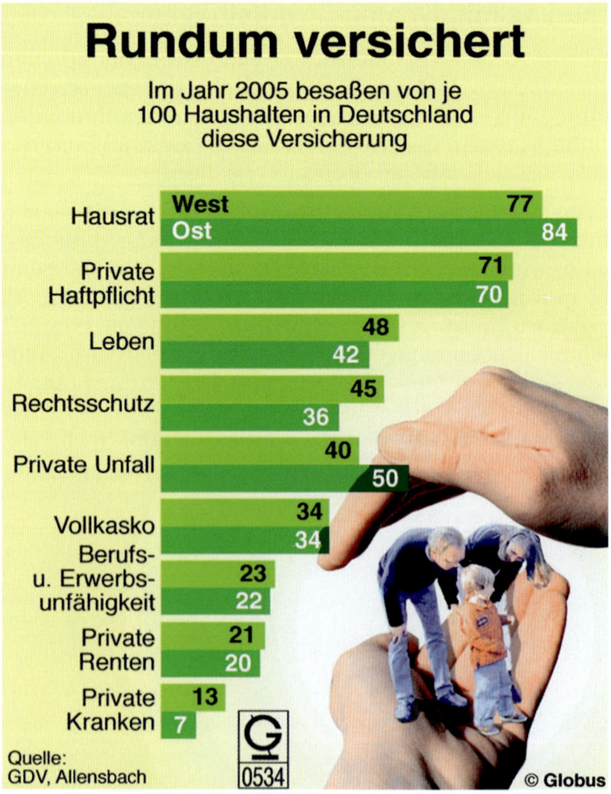

11.1 Berufsunfähigkeitsversicherung

Bei Erkrankungen wird der Lohn noch eine bestimmte Zeit vom Arbeitgeber gezahlt. Ist man dann immer noch arbeitsunfähig, zahlt die Krankenkasse für einen gewissen Zeitraum weiter, aber weniger als den vorherigen Lohn. Bald ist man ohne Einkommen. Wenn dann noch eine Familie zu versorgen ist, steht man schnell vor dem Nichts.

Wie lange und in welcher Höhe zahlen der Arbeitgeber und die Krankenkasse den Lohn bei Arbeitsunfähigkeit durch Krankheit? Recherchieren Sie bei Ihrer Krankenkasse oder im Internet.

© WEDOpress, www.gdv.de

Bei Erwerbsminderung in jungen Jahren ist die staatliche Rente nur gering.

Bei Erwerbsminderung zahlt die gesetzliche Rentenversicherung unter bestimmten Voraussetzungen eine Rente. Deren Höhe richtet sich nach den bisherigen Beitragszahlungen. In jungen Jahren wird man also nur mit einer äußerst geringen Rente rechnen können.

Mit dem Abschluss einer Berufsunfähigkeitsversicherung schützt man sich gegen die finanziellen Folgen einer Berufsunfähigkeit. Im Versicherungsfall wird ohne weitere Beitragszahlungen eine Rente in der vereinbarten Höhe gezahlt.

11.2 Private Unfallversicherung

Die gesetzliche Unfallversicherung tritt in Kraft, sofern einem Arbeitnehmer im beruflichen Bereich etwas zustößt. Dagegen zahlt die private Unfallversicherung unabhängig davon, wo und wann ein Unfall passiert ist. Sie zahlt in der Regel einen einmaligen Betrag aus, dessen Höhe von der vereinbarten Versicherungssumme und vom Grad der Invalidität abhängt. Rund 70 Prozent aller Unfälle ereignen sich in der Freizeit oder zu Hause – hier schützt nur die private Unfallversicherung.

11.3 Risikolebensversicherung

Mit dieser Versicherung werden die Hinterbliebenen abgesichert. Sie dient vor allem der Abtragung finanzieller Verpflichtungen wie z. B. Hypotheken- oder Ratenzahlungen. Stirbt die versicherte Person, zahlt die Versicherung die vertraglich vereinbarte Summe aus. Da bei dieser Form der Lebensversicherung kein Kapital zur späteren Altersvorsorge aufgebaut wird, sind die Beiträge wesentlich günstiger als bei der Kapital bildenden Lebensversicherung.

© WEDOpress, www.gdv.de

Bei Sachbeschädigung an fremdem Eigentum hilft eine private Haftpflichtversicherung.

11.4 Haftpflichtversicherung

Die private Haftpflichtversicherung ist eine der wichtigsten Versicherungen überhaupt. Für den Schaden, den man anderen Menschen zufügt, haftet man mit dem gesamten Vermögen und bis zur Pfändungsgrenze auch mit dem Gehalt – im Extremfall für den Rest des Lebens. Die Haftpflichtversicherung ist daher für jeden ein Muss. Sie deckt die alltäglichen Risiken des Privatlebens ab. Mitversichert ist automatisch die ganze Familie. Der Versicherungsschutz für Kinder in Schul- oder Berufsausbildung gilt maximal bis zum Alter von 26 Jahren. Unverheiratete Partner, die zusammen wohnen, können eine gemeinsame Haftpflichtversicherung abschließen.

11.5 Hausratversicherung

Wer in der eigenen Wohnung lebt, egal ob als Mieter oder Eigentümer, benötigt eine Hausratversicherung. Sie sollte dem Neuwert des **Hausrates** entsprechen. Die Hausratversicherung leistet Ersatz, wenn durch Feuer, Einbruch, Raub, **Vandalismus,** Leitungswasser, Sturm oder Hagel Schäden entstehen.

Hausrat:
Inneneinrichtung (Möbel, Haushaltsgeräte usw.)

Vandalismus:
Mutwillige, sinnlose Verwüstung, z. B. einer Wohnungseinrichtung

Zusammenfassung

Fast alle Deutschen werden im Laufe ihres Lebens in irgendeiner Form durch den Staat finanziell unterstützt, z. B. durch:

- Kindergeld
- Erziehungsgeld
- BAföG, Meister-BAföG
- Wohngeld
- Sparzulagen zur Vermögensbildung (Bausparverträge)
- Sozialhilfe

Die Absicherung der normalen Risiken des Lebens muss jeder selbst übernehmen.

Empfehlenswerte Versicherungen sind:

- Haftpflichtversicherung, um Schadenersatzansprüche abzudecken
- Berufsunfähigkeitsversicherung oder Lebensversicherung, besonders wenn Angehörige zu versorgen sind
- Hausratversicherung, um Verluste am Hausrat durch Diebstahl, Brand, Wasser abzudecken

Wissens-Check

1. Welche Hilfe bietet der Staat an, um die gesetzliche Rente aufzubessern?
2. Nennen Sie vier staatliche Geldleistungen an die Bürger außerhalb der Sozialversicherung.
3. Nennen Sie vier private Versicherungen, die zwar nicht Pflicht, aber empfehlenswert sind.

Links

www.aok.de
www.gdv.de
www.riester-rente.net
www.bausparkassen-vergleich.de
www.sozialpolitik-aktuell.de
www.barmer.de
www.unfallkassen.de
www.versicherungsnetz.de

D Recht

Jahrgangsstufe 10

Gerechtigkeit

Ordnung

Menschenrechte

Gerichte

Mediation

Geschäftsfähigkeit

Strafmündigkeit

Strafverfahren

Jugendstrafe

1 Das Recht im Rechtsstaat

Grafik: Dave Vaughan

Recht ist ein Teil unseres alltäglichen Lebens. Die Werte in einer Gesellschaft, die vorherrschende Religion und die Sitten beeinflussen das Rechtssystem. Es wird anerkannt, wenn es unserem Gerechtigkeitsgefühl entspricht. Ein demokratischer Rechtsstaat bedarf besonderer Rechtsnormen.

1.1 Die Aufgaben des Rechts

Wenn Recht von den Menschen angenommen werden soll, dann muss es vor allem gerecht sein. Jene, die Recht anwenden, müssen unparteiisch und differenziert entscheiden. Den **Gleichbehandlungsgrundsatz** des Grundgesetzes hat das Bundesverfassungsgericht folgendermaßen ausgelegt:

„Wesentlich Gleiches darf nicht willkürlich ungleich behandelt werden; wesentlich Ungleiches darf nicht willkürlich gleich behandelt werden."

Gleichbehandlungsgrundsatz des Grundgesetzes:
Art. 3 Abs. 1 GG: Alle Menschen sind vor dem Gesetz gleich.

1. Warum wäre eine einheitliche Note für unterschiedliche Schülerleistungen ungerecht?
2. Warum ist es gerecht, wenn ein Schüler mit eingeschränkter **Feinmotorik** bei Schulaufgaben eine Arbeitszeitverlängerung bekommt?

Feinmotorik:
Geschicklichkeit der Hände

Vergewaltigung der Schwester blutig gerächt – Haftstrafe

Wegen versuchten Mordes und gefährlicher Körperverletzung ist der 23-jährige Volkan K. zu elf Jahren und drei Monaten Haft verurteilt worden. Volkan K. hatte aus Rache für die Vergewaltigung seiner Schwester dem Cousin Ausuman K. fünf Kugeln in den Unterleib geschossen. Damit sollte offensichtlich die Familienehre wiederhergestellt werden. „Es ging nicht darum, jemandem einen Denkzettel zu verpassen, das war eine Hinrichtung", unterstrich der Vorsitzende Richter des Schwurgerichts, Jürgen Hanreich, die Entscheidung. „Wer aus nächster Nähe fünf Kugeln in das Körperzentrum abgibt, weiß, dass er ihn tötet."

Süddeutsche Zeitung

Warum musste diese Tat mit einem Urteil geahndet werden?

In welchem Zustand befände sich unsere Gesellschaft, wenn der Staat nicht durch das Recht für Ordnung sorgen würde? Das Recht des Stärkeren und die **Anarchie** wären an der Tagesordnung. Recht muss also Ordnung, Sicherheit und Frieden herstellen. Wer mit einem Urteil nicht zufrieden ist, kann **Rechtsmittel** einlegen. Rache ist unzulässig. Nur der Staat hat das **Gewaltmonopol**. Mit Sanktionen wie Geld- und Freiheitsstrafen erzwingt er die Einhaltung des Rechts. Neben dem Recht trägt auch die Erziehung dazu bei, dass die Menschen eine Ordnung respektieren.

In Diktaturen wird dieses Gewaltmonopol des Staates missbraucht, wie es z. B. während des Nationalsozialismus in Deutschland der Fall war.

Die Bürger bzw. bestimmte Gruppen sind in Diktaturen Diskriminierung, Unfreiheit, Folter und sogar dem Tod ausgesetzt.

Anarchie:
Zustand der Gesetzlosigkeit

Rechtsmittel:
Möglichkeit der Prozessparteien, sich gegen eine gerichtliche Entscheidung zu wehren

Dies erfolgt bei einem ranghöheren Gericht. Rechtsmittel sind Berufung, Revision und Beschwerde.

Gewaltmonopol:
Nur der Staat darf zur Durchsetzung des Rechts Gewalt anwenden.

Foto: Ullstein Bild

Mit Boykottaufrufen gegenüber jüdischen Geschäften, Berufsverboten für Juden und der Errichtung von Konzentrationslagern begann die nationalsozialistische Diktatur.

Die Freiheitsrechte des GG als Abwehrrechte

Grafik: Dave Vaughan

In einem demokratischen Rechtsstaat muss das Recht die individuellen Freiheiten und die körperliche Unversehrtheit der Bürger sichern – auch gegenüber staatlichen Organen. Dies geschieht im Rahmen der Gewaltenteilung durch unabhängige Gerichte. Die Freiheitsrechte des Grundgesetzes sind in diesem Rechtsverständnis als Abwehrrechte des Einzelnen gegenüber dem Staat zu betrachten. Neben den Freiheitsrechten sind in der Rechtsordnung der Bundesrepublik Deutschland durch das Prinzip der Sozialstaatlichkeit dem Einzelnen Ansprüche zugesichert.

> Art. 20 GG
>
> (1) Die Bundesrepublik Deutschland ist ein demokratischer und sozialer Bundesstaat.
>
> § 1 Bundeselterngeld- und Elternzeitgesetz
>
> (1) Anspruch auf Elterngeld hat, wer (...)

Freiheitliche und soziale Grundrechte unterscheiden sich in einem wesentlichen Punkt: Freiheitsrechte verbieten es dem Staat, in die persönliche Freiheit einzugreifen. Dagegen verlangt das Sozialstaatsprinzip das Eingreifen des Staates.

Freiheiten und Ansprüchen stehen Begrenzungen und Verpflichtungen gegenüber. Ein **Gemeinwesen** muss seinen Bürgern Einschränkungen und Verpflichtungen abverlangen. Unbeschränkte Freiheitsrechte könnten die Ordnungsaufgabe des Rechts gefährden. Ansprüche ohne Verpflichtungen untergraben das Verantwortungsgefühl.

Gemeinwesen:
Veraltete Bezeichnung für Staat

> Art. 5 GG
>
> (3) Kunst und Wissenschaft, Forschung und Lehre sind frei. Die Freiheit der Lehre entbindet nicht von der Treue zur Verfassung.
>
> Art. 6 GG
>
> (2) Pflege und Erziehung der Kinder sind das natürliche Recht der Eltern und die zuvörderst ihnen obliegende Pflicht. (…)
>
> Art. 12a GG
>
> (1) Männer können vom vollendeten achtzehnten Lebensjahr an zum Dienst in den Streitkräften, im Bundesgrenzschutz oder in einem Zivilschutzverband verpflichtet werden.
>
> § 309 Sozialgesetzbuch III – Arbeitsförderung
>
> (1) Der Arbeitslose hat sich während der Zeit, für die er Anspruch auf Arbeitslosengeld oder Arbeitslosenhilfe erhebt, bei der Agentur für Arbeit oder einer sonstigen Dienststelle der Bundesagentur persönlich zu melden.

Worin erkennen Sie in diesen Rechtsvorschriften Einschränkungen und Verpflichtungen?

1.2 Die Bindung des Staates an das Recht

Vanessa-Mord: Die Hinterbliebenen haben lebenslang

Bei der Urteilsverkündung war es völlig still im Gerichtssaal. Viele, die vorher noch drastische Strafen für Michael Weinhold gefordert hatten, verstanden offenbar, was der Vorsitzende Richter Martin Kramer ihnen klar machen wollte: Nach derzeitigem Gesetz kann eine Jugendstrafe nicht höher als zehn Jahre Haft ausfallen. So sprachen sich die meisten Prozessbeobachter gestern für Gesetzesänderungen aus. Erich Kettner, Großvater der 1996 ermordeten Nathalie aus Epfach, forderte, den Strafrahmen für Heranwachsende auf 15 Jahre zu erhöhen.

Augsburger Allgemeine

Auch wenn das Recht nicht immer als gerecht empfunden wird – die Rechtsprechung ist an das jeweilige Gesetz gebunden. Ein Richter kann keine Strafe über dem gesetzlichen Strafmaß verhängen. Ebenso müssen sich die Behörden als vollziehende Gewalt bei ihrer Verwaltungstätigkeit an das Gesetz halten. Der Grundsatz der Gesetzmäßigkeit verlangt von der Verwaltung für ihr Handeln eine Rechtsgrundlage und verbietet es ihr, gegen das Gesetz zu verstoßen. So darf das Finanzamt nicht mehr Lohnsteuer von den Arbeitnehmern verlangen, als dies gesetzlich geregelt ist, auch wenn der Staat hoch verschuldet ist. Die Gesetze ändern können nur die Parlamente als gesetzgebende Gewalt. Das Jugendgerichtsgesetz könnten nur der Bundestag und der Bundesrat verschärfen. Allerdings dürfen Gesetzesänderungen nie gegen das Grundgesetz verstoßen.

Foto: dpa

Urteilsverkündung

Art. 20 GG

(3) Die Gesetzgebung ist an die verfassungsmäßige Ordnung, die vollziehende Gewalt und die Rechtsprechung sind an Gesetz und Recht gebunden.

1. Welcher Vorteil für den Einzelnen ergibt sich aus der Bindung des Staates an das Recht?
2. Betrachten Sie es als nachteilig, dass Richter keine Urteile über dem gesetzlichen Strafmaß fällen dürfen?

1.3 Die Grundlagen des Rechts

Antike:
griechisch-römisches Altertum bis ca. 600 n. Chr.

Philosoph:
Jemand, der nach dem letzten Sinn, den Ursprüngen des Seins, dem Wesen der Welt und der Stellung des Menschen fragt.

Die Wurzeln unserer Rechtsordnung reichen bis in die **Antike** zurück. Der griechische **Philosoph** Aristoteles vertrat die Meinung, dass es natürliche Rechte gibt, die jedem Menschen von Natur aus eigen sind. Dieses Naturrecht beinhaltet die Freiheit eines jeden Menschen sowie seine persönliche Würde.

> Artikel 1 Allgemeine Erklärung der Menschenrechte der UNO-Kommission für Menschenrechte von 1948
>
> Alle Menschen sind frei und gleich an Würde und Rechten geboren. Sie sind mit Vernunft und Gewissen begabt und sollen einander im Geiste der Brüderlichkeit begegnen.

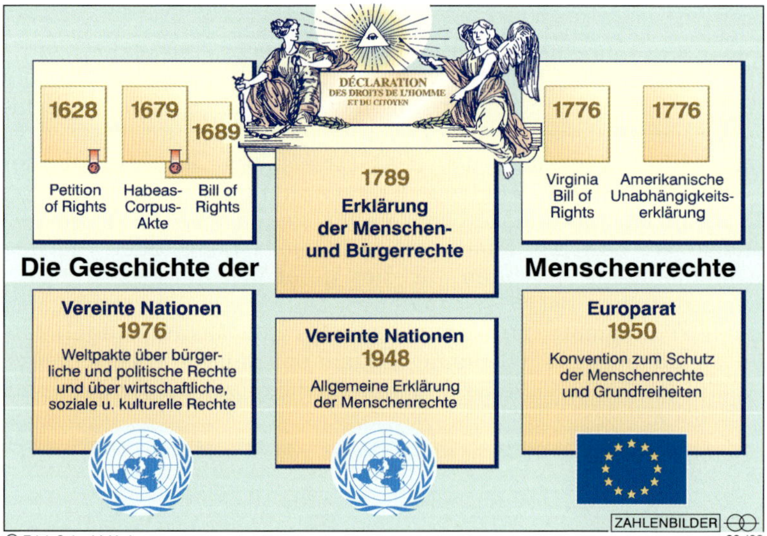

 60 108

Die Entwicklung der Menschenrechte

Absolutismus:
Regierungsform, in der alle Gewalt unumschränkt in der Hand des Monarchen liegt

Als Lehre aus dem **Absolutismus** und den Schrecken des Nationalsozialismus wurde die Naturrechtsidee in Form der Menschenrechte im GG verankert.

In Artikel 1 des Grundgesetzes bekennt sich das deutsche Volk zu den unverletzlichen und unveräußerlichen Menschenrechten. Sie stehen über allen Vorschriften unserer Rechtsordnung. Artikel 1 des Grundgesetzes kann nicht verändert werden.

2 Die Rechtsprechung

Die Rechtsordnung in unserem Land räumt dem Einzelnen eine Vielzahl von Rechtsansprüchen ein. Daneben gewährt ihm unser Rechtsstaat die Möglichkeit, sich gegen Maßnahmen der öffentlichen Gewalt zu wehren. Die technische Entwicklung (z. B. Internet) und gesellschaftliche Veränderungen (z. B. neue Formen der Partnerschaft) bedürfen rechtlicher Regelungen. Die Gerichte müssen sich also mit vielen komplizierten Fragen beschäftigen.

2.1 Die Gerichtsbarkeiten

Unter der Gerichtsbarkeit versteht man die Organe der Rechtsprechung. Es lassen sich die ordentliche und die besondere Gerichtsbarkeit sowie die Verfassungsgerichtsbarkeit unterscheiden.

In der ordentlichen Gerichtsbarkeit werden in den Strafgerichten Strafrechtssachen entschieden. Fahren ohne Fahrerlaubnis, Diebstahl, Verstöße gegen das Betäubungsmittelgesetz und Körperverletzung sind z. B. Gegenstände einer Gerichtsverhandlung. Die ordentliche Gerichtsbarkeit beschäftigt sich darüber hinaus auch mit bürgerlichen Rechtsstreitigkeiten. Dies sind Konflikte wie etwa Nachbarschaftsstreitigkeiten oder Probleme bei der Erfüllung eines Kaufvertrages. Sie werden in Zivilgerichten entschieden. Die ordentliche Gerichtsbarkeit ist in vier Stufen aufgebaut:

Amtsgericht

Amtsgericht	Landgericht	Oberlandesgericht	Bundesgerichtshof in Karlsruhe

Leichte Fälle werden zunächst vor dem Amtsgericht verhandelt, bedeutendere vor höheren **Instanzen**. Der Bundesgerichtshof handelt nur als **Revisionsinstanz.**

Grafik: Dave Vaughan

Instanz:
Zuständiges Gericht

Revision:
Rechtsmittel zur Überprüfung von Rechtsfragen durch ein höheres Gericht

Arbeitsgericht

Unsere komplizierte und umfangreiche Rechtsordnung hat die besondere Gerichtsbarkeit notwendig gemacht. Ihre wichtigsten Zweige sind die

- Arbeitsgerichtsbarkeit für Streitigkeiten zwischen Arbeitnehmer und Arbeitgeber, z. B. Klage gegen eine ungerechtfertigte Kündigung,
- Verwaltungsgerichtsbarkeit für Klagen des Bürgers gegen Maßnahmen der Behörden der öffentlichen Verwaltung, z. B. Klage gegen nicht genehmigten Bauantrag,
- Sozialgerichtsbarkeit für Streitfälle der Sozialversicherungen, z. B. Klage gegen Nichtgewährung von Arbeitslosengeld.
- Finanzgerichtsbarkeit für gerichtliche Auseinandersetzungen zwischen den Finanzbehörden und dem Steuerpflichtigen, z. B. Klage gegen Einkommensteuerbescheid.

Die besondere Gerichtsbarkeit ist mehrstufig aufgebaut:

Arbeitsgericht →	Landesarbeitsgericht →	Bundesarbeitsgericht in Erfurt
Verwaltungsgericht →	Oberverwaltungsgericht →	Bundesverwaltungsgericht in Leipzig
Sozialgericht →	Landessozialgericht →	Bundessozialgericht in Kassel
Finanzgericht →		Bundesfinanzgerichtshof in München

Oberverwaltungsgericht:
In Bayern trägt dieses Gericht die Bezeichnung „Bayerischer Verwaltungsgerichtshof".

Verwaltungsgericht

Die Verfassungsgerichtsbarkeit wird vom Bundesverfassungsgericht mit seinen hervorgehobenen Aufgaben und von den **Verfassungsgerichten der Länder** verkörpert.

Verfassungsgerichte der Länder:
In Bayern trägt das Verfassungsgericht die Bezeichnung „Bayerischer Verfassungsgerichtshof". Er hat auf Landesebene ähnliche Aufgaben wie das Bundesverfassungsgericht auf Bundesebene. Die Grundlage für seine Gerichtsentscheidungen ist die Bayerische Verfassung.

2.2 Außergerichtliche Einigung – Mediation

In der Gerichtsbarkeit in der Bundesrepublik Deutschland werden sachgerechte und angemessene Gerichtsentscheidungen getroffen. Die Gerichte sind in Deutschland allerdings vielfach überlastet. Prozesse kosten häufig viel Zeit und Nervenkraft. Zivilrechtliche Streitigkeiten lassen sich außerhalb eines Gerichtsverfahrens im Rahmen der Schlichtung und **Mediation** lösen.

Mediation:
Ursprünglich Vermittlung eines Staates in einem Streit zwischen anderen Mächten

Mediator:
Vermittler, Schiedsmann

Claus: Herr Rechtsanwalt, welche Streitigkeiten werden in einer Schlichtung behandelt?

Rechtsanwalt A: Da sind zum einen bestimmte nachbarschaftsrechtliche Streitigkeiten wie z. B. der Überwuchs einer Hecke, dann aber auch kleinere vermögensrechtliche Streitigkeiten. Weiterhin Ansprüche aus bestimmten Ehrverletzungen etwa einer Beleidigung. In all diesen Fällen verlangt sogar das Bayerische Schlichtungsgesetz vor der Klageerhebung eine Schlichtung. Schlichtung kann aber auch freiwillig erfolgen.

Claus: Welche Vorteile hat die Schlichtung und wie endet sie?

Rechtsanwalt A: Schlichten ist besser als Prozessieren! Bei der Schlichtung gibt es keine Gewinner oder Verlierer. Wenn sie erfolgreich ist, endet sie mit einem Vergleich. Aus der Schlichtungsvereinbarung einer anerkannten Gütestelle kann **vollstreckt** werden – wie aus einem Gerichtsurteil.

Claus: Wer sind denn z. B. anerkannte Gütestellen?

Rechtsanwalt A: Alle Notare und dann speziell für die Schlichtung zugelassene Rechtsanwälte.

Claus: In welchen Bereichen findet die Mediation statt?

Rechtsanwalt A: Mediation findet vielfach bei familienrechtlichen Streitigkeiten statt, also bei Fragen der Trennung, Betreuungsregelungen für die Kinder, aber auch bei Erbstreitigkeiten. Hier werden neben Juristen auch Psychologen und Sozialpädagogen tätig.

Claus: Welche Chance geben Sie der Schlichtung und Mediation in der Zukunft?

Rechtsanwalt A: Bei allem Respekt vor unserer Justiz, aber nicht alle Spannungen müssen gerichtlich geklärt werden. Durch Schlichtung und Mediation können die Beteiligten unter Hilfestellung ihre Entscheidungen selbst aushandeln anstatt sie einem Gericht zu überlassen.

Vollstreckung:
Durchsetzung eines zivilrechtlichen Anspruchs mit Hilfe des Gerichtsvollziehers oder des Vollstreckungsgerichts

1. In welchen Bereichen ist die Schlichtung zwingend vorgeschrieben?
2. In welchem Bereich findet häufig Mediation statt?
3. Worin liegt der Sinn dieser Konfliktlösungsmöglichkeit?

Zusammenfassung

Recht soll der Gerechtigkeit dienen und die Ordnung in einem Gemeinwesen aufrechterhalten.

In einem demokratischen Rechtsstaat sichert die Rechtsordnung die Freiheitsrechte und Ansprüche des Einzelnen gegenüber dem Staat.

Die Rechtsprechung und die ausführende Gewalt sind an Recht und Gesetz gebunden.

Die Gesetzgebung muss sich an die verfassungsmäßige Ordnung halten.

Jeder Einzelne ist durch das Naturrecht und die Menschenrechte mit Freiheitsrechten und Menschenwürde ausgestattet.

Naturrecht und Menschenrechte stehen über der staatlichen Rechtsordnung.

Die Gerichtsbarkeit wird in die ordentliche und die besondere Gerichtsbarkeit sowie die Verfassungsgerichtsbarkeit unterteilt.

Strafsachen und Streitigkeiten zwischen Bürgern werden in einem Gericht der ordentlichen Gerichtsbarkeit verhandelt.

Die Arbeitsgerichtsbarkeit, die Verwaltungsgerichtsbarkeit, die Sozialgerichtsbarkeit und die Finanzgerichtsbarkeit sind Zweige der besonderen Gerichtsbarkeit.

Schlichtung und Mediation wollen außerhalb des Gerichtes Konflikte durch einen Vergleich lösen.

Wissens-Check

1. Welche Aufgaben muss eine Rechtsordnung erfüllen?
2. Wie wird in der Darstellung der Justitia (siehe Seite 107) die Gerechtigkeit ausgedrückt?
3. Welche Möglichkeiten hat der Einzelne im Rechtsstaat, sich gegen ein Urteil zu wehren?
4. In welchen Regierungssystemen bietet das Recht zwar Ordnung, aber keine individuellen Freiheitsrechte?

Folter in Deutschland?

Die Wogen schlagen hoch – Frankfurts Polizei-Vizepräsident Wolfgang Daschner hat dem mutmaßlichen Entführer Jakob von Metzlers mit „massiven Schmerzen" gedroht, um von ihm das Versteck des Entführten zu erfahren. Zu diesem Zeitpunkt ging der Ermittler davon aus, dass der Junge noch leben könnte.

Hamburger Morgenpost

5. Darf eine Polizeibehörde durch physische Einwirkungen auf einen Kindesentführer erfahren, wo sich das Kind befindet? Wie würden Sie entscheiden?
6. Unter welche Gerichtsbarkeit fallen die folgenden Streitigkeiten?
   - Herr M erhält nicht die gewünschte Baugenehmigung. Er will klagen.
   - Herr M will seinen Rentenbescheid nicht akzeptieren. Er zieht vor Gericht.
   - Frau B wird ertappt, als sie im Kaufhaus eine Bluse stiehlt. Die Polizei erhebt Strafantrag.
   - Die Opposition will ein neues Steuergesetz auf die verfassungsmäßige Übereinstimmung überprüfen lassen.
   - Frau A will mit allen rechtsstaatlichen Mitteln gegen den Verkäufer ihres Autos vorgehen. Er hat sie arglistig getäuscht.
7. Welche Art von Streitigkeiten wird in einer Schlichtung behandelt?
8. Warum hat der Gesetzgeber durch das Bayerische Schlichtungsgesetz diese Art der Konfliktlösung vorgeschrieben?

Links

www2.justiz.bayern.de/

www.juris.de

www.jura.uni-sb.de

Rechtliche Verantwortung und Alter 3

Kinder und Jugendliche können nicht wie die Erwachsenen für ihre Handlungen zur Verantwortung gezogen werden. Unsere Rechtsordnung überträgt jungen Menschen in abgestufter Weise Rechte, Pflichten und Verantwortung.

3.1 Rechtsfähigkeit

Rechtsfähigkeit bedeutet **Rechte** und **Pflichten** zu haben. Die Rechtsfähigkeit beginnt bei **natürlichen Personen** mit Vollendung der Geburt und endet mit dem Tod.

Rechte:
z. B. Eigentumsrecht, Erbrecht

Pflichten:
z. B. Steuerpflicht

Natürliche Personen:
Alle Menschen sind natürliche Personen

§ 1 BGB

Die Rechtsfähigkeit des Menschen beginnt mit der Vollendung der Geburt.

§ 21 BGB

Ein Verein, dessen Zweck nicht auf einen wirtschaftlichen Geschäftsbetrieb gerichtet ist, erlangt Rechtsfähigkeit durch Eintragung in das Vereinsregister des zuständigen Amtsgerichts.

Anmerkung: Vereine gelten als juristische Personen des Privatrechts.

§ 90 BGB

Sachen im Sinne des Gesetzes sind nur körperliche Gegenstände.

§ 90a BGB

Tiere sind keine Sachen. Sie werden durch besondere Gesetze geschützt.

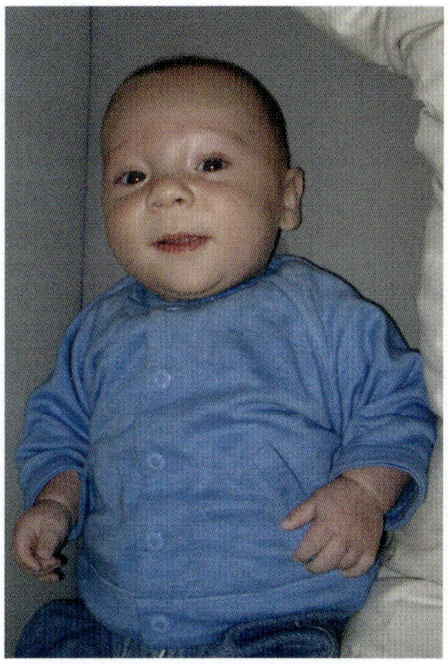

Foto: Manuela Schellenberger

Auch Babys sind rechtsfähig.

Überprüfen Sie folgende Aussagen zur Rechtsfähigkeit und geben Sie an, ob die Aussagen richtig oder falsch sind:

- Ein drei Wochen altes Kind kann nicht steuerpflichtig sein.
- Die Rechtsfähigkeit beginnt bei natürlichen Personen mit Vollendung der Geburt.

3.2 Geschäftsfähigkeit

Grafik: R. A. Drude

Fall: Der Schreinerauszubildende Max (15 Jahre) kauft ohne Wissen seiner Eltern von seinen Ersparnissen einen CD-Player für 150 Euro. Seine Schwester (6 Jahre alt) ist beim Kauf dabei. Sie kauft sich selbst eine Märchen-CD für 5 Euro. Als die Mutter davon erfährt, ist sie entsetzt und bringt die gekauften Sachen zum Händler zurück. Der Händler weigert sich, die Sachen zurückzunehmen.

Prüfen Sie die Rechtslage anhand des folgenden Gesetzesauszugs.

§ 104 BGB
Geschäftsunfähig ist:
1. wer nicht das siebente Lebensjahr vollendet hat;

§ 105 BGB
(1) Die Willenserklärung eines Geschäftsunfähigen ist nichtig.

§ 106 BGB
Ein Minderjähriger, der das siebente Lebensjahr vollendet hat, ist nach Maßgabe der §§ 107 bis 113 in der Geschäftsfähigkeit beschränkt.

§ 107 BGB
Der Minderjährige bedarf zu einer Willenserklärung, durch die er nicht lediglich einen rechtlichen Vorteil erlangt, der Einwilligung seines gesetzlichen Vertreters.

§ 108 BGB
(1) Schließt der Minderjährige einen Vertrag ohne die erforderliche Einwilligung des gesetzlichen Vertreters, so hängt die Wirksamkeit des Vertrags von der Genehmigung des Vertreters ab.

Jugendliche wollen allein entscheiden, was sie sich kaufen, wie sie ihr Geld ausgeben. Das bedeutet aber noch nicht, dass sie über ihr Geld uneingeschränkt verfügen können. Ein Fünfjähriger kann als rechtsfähige Person Eigentümer eines Vermögens sein. Ob er allerdings darüber rechtswirksam verfügen kann, muss im Rahmen der Geschäftsfähigkeit beurteilt werden.

Begriff der Geschäftsfähigkeit

Geschäftsfähig ist eine Person, die ohne fremde Hilfe **Rechtsgeschäfte** wirksam vornehmen kann.

Rechtsgeschäfte:
Dies sind alle Handlungen mit denen eine rechtliche Wirkung erzielt wird (z. B. Abschluss eines Kaufvertrags, Schenkung, Mietvertrag). Rechtsgeschäfte bedürfen einer oder mehrerer Willenserklärungen. Für die Rechtswirksamkeit z. B. eines Vertrages sind zwei übereinstimmende Willenserklärungen erforderlich. Diese können entweder ausdrücklich (schriftlich oder mündlich) oder durch schlüssiges Handeln (z. B. Einsteigen in einen Bus) erfolgen.

Geschäftsunfähigkeit

Nicht geschäftsfähig sind Kinder, die das siebente Lebensjahr noch nicht vollendet haben. Sie können selbst keine wirksamen Rechtsgeschäfte vornehmen, da ihre Willenserklärungen nichtig sind. Für sie handeln im Rechtsverkehr ihre Eltern.

Beschränkte Geschäftsfähigkeit

Die beschränkte Geschäftsfähigkeit beginnt mit vollendetem siebenten Lebensjahr. Beschränkt geschäftsfähige Personen können nur im Rahmen der ihnen zur freien Verfügung überlassenen Mittel (z. B. Taschengeld) Geschäfte tätigen.

*Beispiel: Die 11-jährige Manuela kauft sich mit ihrem Taschengeld drei Dosen Cola und fünf Tüten Chips. Manuela muss nicht die Zustimmung ihrer Eltern einholen, da sie alles mit ihrem Taschengeld bezahlt hat **(§ 110 BGB).***

§ 110 BGB: Taschengeldparagraf
Ein von dem Minderjährigen ohne Zustimmung des gesetzlichen Vertreters geschlossener Vertrag gilt als wirksam (...), wenn der Minderjährige die (...) Leistung mit Mitteln bewirkt hat, die ihm zu diesem Zweck oder zur freien Verfügung von dem Vertreter (...) überlassen worden sind.

Wenn der beschränkt Geschäftsfähige etwas geschenkt bekommt, braucht er die Eltern normalerweise nicht zu fragen. Bei allen anderen Geschäften müssen die Eltern zustimmen. Solange die Eltern sich zum Vertrag nicht äußern, ist er schwebend unwirksam. Wenn die Eltern zustimmen, ist der Vertrag wirksam. Lehnen sie ab, kommt er nicht zustande. Der beschränkt Geschäftsfähige muss dann nichts zahlen. Er genießt damit bei solchen Verträgen einen besonderen Schutz.

Grafik: R. A. Drude

Beschreiben und interpretieren Sie die Karikatur.

Volle Geschäftsfähigkeit

Nach vollendetem 18. Lebensjahr ist man geschäftsfähig und kann voll wirksame Verträge ohne Genehmigung abschließen.

Beispiel: Peter wurde vor zwei Wochen 18 Jahre alt. Jetzt kann er sich endlich sein lang ersehntes schwarzes Cabrio für 20.000,00 Euro kaufen. Seine Eltern waren schon immer gegen dieses Auto. Peter musste für den Kauf bei seiner Hausbank einen Kredit aufnehmen. Peter konnte sowohl den Kauf- als auch den Kreditvertrag ohne Einwilligung der Eltern abschließen, da er volljährig ist.

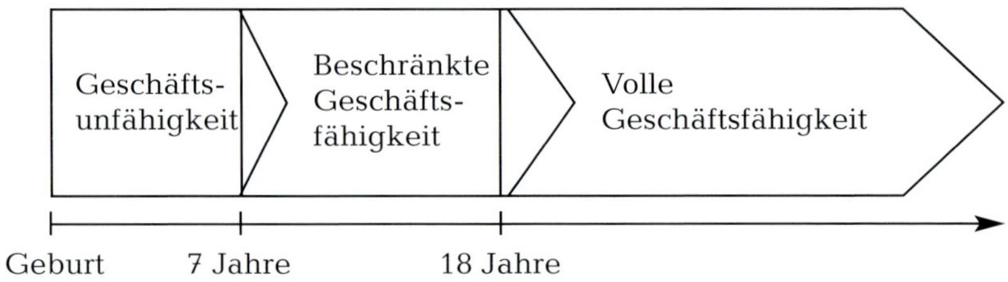

3.3 Deliktsfähigkeit und Strafmündigkeit

Grafik: Dave Vaughan

Fall: Andreas (19 J.), Johannes (17 J.) und Michael (13 J.) betrinken sich. Im leicht alkoholisierten Zustand brechen sie auf dem Heimweg einen Kiosk auf und stehlen Bier und Zigaretten. Die Polizei erwischt sie auf frischer Tat.

Mit welchen rechtlichen Konsequenzen müssen die drei jungen Leute rechnen?

Begriff der Deliktsfähigkeit

Unter „Deliktsfähigkeit" versteht man die Verpflichtung, für einen verursachten Schaden einzustehen. Dieser kann im Zusammenhang mit einer Straftat entstanden sein. Es ist aber auch möglich, dass sich der Schaden durch eine Unachtsamkeit ergeben hat.

Deliktsunfähigkeit

Personen, die das siebente Lebensjahr noch nicht vollendet haben, können für einen Schaden, den sie einem anderen zugefügt haben, rechtlich nicht zur Verantwortung gezogen werden. Wer das zehnte Lebensjahr noch nicht vollendet hat, haftet für den Schaden aus einem Verkehrsunfall nicht. Dies gilt aber nur, wenn der Unfall nicht vorsätzlich herbeigeführt wurde. Schäden, die deliktsunfähige Personen verursacht haben, müssen zumeist deren Eltern wegen unterlassener **Aufsichtspflicht** ersetzen.

Aufsichtspflicht:

Sie beinhaltet, die aufsichtsbedürftige Person zu beobachten, zu belehren, aufzuklären, zu leiten und auf ihr Verhalten Einfluss zu nehmen. Eltern und Lehrer sind aufsichtspflichtige Personen.

Beschränkte Deliktsfähigkeit

Minderjährige zwischen dem siebenten und achtzehnten Lebensjahr tragen die Verantwortung für einen Schaden unter einer bestimmten Voraussetzung: Sie müssen bei Begehung der Tat die nötige Einsicht erlangt haben, dass diese unrecht ist. Liegt sie nicht vor, muss normalerweise die aufsichtspflichtige Person haften.

Wer muss bei dem Einbruch in den Kiosk für den Schaden haften? Nehmen Sie bitte eine normale Entwicklung der jungen Leute an!

Kinder bis zum vollendeten 10. Lebensjahr haften bei Verkehrsunfällen nur, wenn sie vorsätzlich handelten.

Volle Deliktsfähigkeit

Für Personen, die das 18. Lebensjahr vollendet haben, regelt das Bürgerliche Gesetzbuch Folgendes:

§ 823 BGB

(1) Wer vorsätzlich oder fahrlässig das Leben, den Körper, die Gesundheit, die Freiheit, das Eigentum oder ein sonstiges Recht eines anderen widerrechtlich verletzt, ist dem anderen zum Ersatze des daraus entstandenen Schadens verantwortlich.

Vorsatz:

Bewusst und gewollt etwas tun

Fahrlässigkeit:

Es wird die im Verkehr erforderliche Sorgfalt außer Acht gelassen.

Grafik: Dave Vaughan

Wer haftet für den Schaden in der obigen Situation?

Strafmündigkeit

Die Strafmündigkeit legt fest, ab welchem Alter jemand für eine rechtswidrige Handlung eine Strafe erhalten kann.

Strafunmündige Personen

Kinder können nicht strafrechtlich zur Verantwortung gezogen werden.

> § 19 Strafgesetzbuch
>
> Schuldunfähig ist, wer bei Begehung der Tat noch nicht vierzehn Jahre alt ist.

In Bayern stieg von 1995 bis 2005 die Anzahl der tatverdächtigen Kinder (8<14 J.) bei Delikten der Gewaltkriminalität von 371 auf 1218.

1. Diskutieren Sie darüber, ob die Altersgrenze für die Strafunmündigkeit angesichts der Kriminalitätsrate von Kindern angemessen ist!
2. Wer wird bei dem Einbruch in den Kiosk straffrei bleiben?

Bedingt strafmündige Personen

Unter diesen Personenkreis fallen Jugendliche (14<18 Jahre). Sie können nur unter bestimmten Voraussetzungen strafrechtlich belangt werden.

Jugendkriminalität in Bayern von 1995 bis 2005:

Der Anteil der Jugendlichen (14<18 J.) bei den Tatverdächtigen hat sich von 8,9 % auf 10,9 % erhöht. Die Jugendlichen stellten ca. 4,5 % der Gesamtbevölkerung dar.

> § 3 Jugendgerichtsgesetz
>
> Ein Jugendlicher ist strafrechtlich verantwortlich, wenn er zur Zeit der Tat nach seiner sittlichen und geistigen Entwicklung reif genug ist, das Unrecht der Tat einzusehen und nach dieser Einsicht zu handeln.

Ein Richter kann für Heranwachsende (18<21 Jahre) das Jugendstrafrecht anwenden, wenn der Täter in seiner Entwicklung einem Jugendlichen gleichstand. Dasselbe gilt, wenn der Heranwachsende eine typische Jugendverfehlung begangen hat.

Betrachten Sie den Einbruch in einen Kiosk als Jugendverfehlung?

Voll strafmündige Personen

Dies sind Personen, die das 21. Lebensjahr vollendet haben, und Heranwachsende, auf die der Richter nicht das Jugendstrafrecht anwendet.

Zusammenfassung

Bestimmte Rechte erwirbt man erst mit dem Erreichen bestimmter Altersstufen.

Die Rechtsfähigkeit ist die Fähigkeit, Träger von Rechten und Pflichten zu sein.

Die Geschäftsfähigkeit steigert sich stufenweise in Abhängigkeit vom Alter.

Mit Erreichen des 18. Lebensjahres wird die volle Geschäftsfähigkeit erlangt.

Die zunehmende Verantwortung des Einzelnen für unerlaubte Handlungen und Straftaten drückt sich durch die Stufen der Deliktsfähigkeit und Strafmündigkeit aus.

Die Deliktsfähigkeit bezieht sich auf die Ersatzpflicht für verschuldete Schäden.

Die Strafmündigkeit drückt aus, inwieweit eine Person für eine Straftat bestraft werden kann.

Jugendliche – und unter bestimmten Voraussetzungen auch Heranwachsende – werden nach dem Jugendstrafrecht verurteilt.

Wissens-Check

1. Bearbeiten Sie mit Hilfe der Gesetzesauszüge auf den vorigen Seiten die nachfolgenden Fälle:

   a) Martina (6 Jahre) ist auf „Shopping-Tour" im Laden neben dem elterlichen Haus. An einer besonders niedlichen Stoffpuppe kommt sie nicht vorbei und ersteht sie zu einem Sonderpreis von 13,50 Euro. Ihre Mutter ist nicht begeistert und verlangt von der Verkäuferin, die Stoffpuppe zurückzunehmen. Diese ist froh, den Ladenhüter endlich verkauft zu haben und will die Puppe nicht zurückhaben. Wer ist im Recht?

   b) Der fünf Jahre alte Thomas erbt von seiner Großmutter 5.000 Euro. Wird Thomas Eigentümer des Geldes?

   c) Monika (17 Jahre) erhält zum Weihnachtsfest von ihrer Tante eine Katze geschenkt. Die Eltern sind dagegen. Darf Monika die Katze behalten?

   d) Martin (14 Jahre) kauft sich von seinem Taschengeld eine neue Armbanduhr für 29,00 Euro. Handelt es sich um ein wirksames Rechtsgeschäft?

2. Folgenreicher Freinacht-Streich

   Der 13-jährige Moritz, sein 15-jähriger Freund Alfred sowie der 18-jährige Helmut wollen die Freinacht vom 30. April auf den 1. Mai für einen Schabernack nutzen. Sie werfen rohe Eier an die Hauswände. Das Eigelb rinnt in Streifen an der Hausfassade entlang und hinterlässt starke Flecken. Ein Hausbesitzer identifiziert die drei jungen Leute und möchte, dass sie zur Verantwortung gezogen werden. Er schaltet auch die Polizei ein.

   a) Mit welchen Konsequenzen müssen Moritz, Alfred und Helmut jeweils rechnen?

   b) Sehen Sie eine Verletzung der Aufsichtspflicht der Eltern gegeben?

Links

www.ratgeberrecht.de www.polizei.bayern.de

Jahrgangsstufe 10

4 Das Strafverfahren

Grafik: Dave Vaughan

Herr Meier fährt mit seinem Auto in angetrunkenem Zustand vom Biergarten nach Hause. An einer Kreuzung übersieht er das Rotsignal und prallt auf das vor ihm stehende Auto, dessen Fahrer erheblich verletzt wird. Beide Autos haben einen Totalschaden. Nach wenigen Minuten ist ein Notarzt zur Stelle. Unmittelbar danach erscheint die Polizei und nimmt den Unfall auf. Herr Meier war bisher ein unbescholtener Bürger. Was wird nun auf ihn zukommen?

Herr Meier wird in ein Strafverfahren verwickelt, das empfindliche Konsequenzen für ihn haben kann.

4.1 Merkmale einer Straftat

Eine Straftat vereinigt drei Merkmale in sich:

- Erfüllung eines Straftatbestandes.

  Man kann allerdings nur bestraft werden, wenn die Strafbarkeit gesetzlich bestimmt war, bevor die Tat begangen wurde (**Rückwirkungsverbot**).

Rückwirkungsverbot:
Art. 103 Abs. 2 GG

- Die Schuldfähigkeit.

  Der Täter muss vorsätzlich oder fahrlässig gehandelt haben. Kinder sind schuldunfähig.

- Die Rechtswidrigkeit.

  Sie ist nur dann nicht gegeben, wenn ein Rechtfertigungsgrund vorliegt, wie etwa bei Notwehr.

Für Herrn Meier sind alle Merkmale erfüllt. Als Straftatbestände fallen u. a. Sachbeschädigung, Trunkenheit am Steuer und fahrlässige Körperverletzung an. Er handelte fahrlässig und es gibt keinen Rechtfertigungsgrund.

4.2 Das Ermittlungsverfahren

Das Ermittlungsverfahren beginnt **von Amts wegen**. Die Polizei und die **Staatsanwaltschaft** sind verpflichtet, allen ihr durch Strafanzeige oder anderweitig bekannt gewordenen Straftaten nachzugehen. Bei Bagatelldelikten (z. B. Schwarzfahren) kann die Staatsanwaltschaft unter bestimmten Voraussetzungen von einer Strafverfolgung absehen und das Verfahren einstellen. Herr Meier wird mit einer Strafanzeige durch die Polizei rechnen müssen, wodurch ein Ermittlungsverfahren eingeleitet wird.

Von Amts wegen:

Die (Polizei-)Behörde wird selbstständig tätig (Offizialprinzip). Im Gegensatz dazu handelt die Polizei bei Antragsdelikten (Hausfriedensbruch) nur auf Strafantrag.

Staatsanwaltschaft:

Strafverfolgungsbehörde im Strafprozess, die das Ermittlungsverfahren leitet

Die Polizisten sind Hilfsbeamte der Staatsanwaltschaft.

Schüler droht mit Gewalt

Erding – Ein 15-jähriger Schüler hat an seiner Schule mit Gewalttaten gedroht (...) Der Junge schrie Mitschüler und den Rektor an, er werde in die Schule kommen und mit seiner Luftpistole „aufräumen". Der Schulleiter alarmierte aus Angst vor einem Amoklauf die Polizei, die den Jugendlichen am Freitagmorgen vorübergehend festgenommen hat. Gegen ihn läuft zurzeit ein Ermittlungsverfahren, weil er zusammen mit Freunden vor etwa zwei Wochen einen Jugendlichen zusammengeschlagen haben soll.

Süddeutsche Zeitung

1. Welche strafbaren Handlungen beging der 15-jährige Schüler?
2. Wodurch wird erkenntlich, dass gegen den 15-Jährigen bereits die Staatsanwaltschaft tätig wurde?

Im Ermittlungsverfahren werden die Staatsanwaltschaft und die Polizei mit allen **rechtsstaatlichen Mitteln** versuchen, den Sachverhalt zu erforschen. Der Beschuldigte, die Zeugen und evtl. Sachverständige werden vernommen, Spuren werden gesichert. Auch den Verdächtigen entlastende Umstände sind zu ermitteln.

Rechtsstaatliche Mittel:

Festgehaltene Personen dürfen weder seelisch noch körperlich misshandelt werden.

(Art. 104 Abs. 1 GG)

Welche Ermittlungen werden bei Herrn Meier anfallen?

Bei besonders wichtigen Ermittlungshandlungen benötigt die Staatsanwaltschaft eine richterliche Verfügung. Telefonüberwachung, Hausdurchsuchungen und einen **Haftbefehl** kann nur ein Richter anordnen. Sind die Ermittlungen abgeschlossen, entscheidet die Staatsanwaltschaft, ob sie öffentliche Anklage beim zuständigen Gericht erhebt oder das Verfahren einstellt. Das Gericht entscheidet, ob es die Anklage zur Hauptverhandlung zulässt oder nicht. Herr Meier wird mit einer Hauptverhandlung rechnen müssen.

Haftbefehl:

Mit einem schriftlichen Haftbefehl ordnet der Richter die Untersuchungshaft an. Dies ist nur möglich, wenn der Beschuldigte der Tat dringend verdächtig ist und ein Haftgrund vorliegt. Dieser liegt beispielsweise vor, wenn der Beschuldigte flüchtig ist oder sich verborgen hält. Wenn das Verhalten des Beschuldigten erwarten lässt, dass er die Ermittlung der Wahrheit erschwert (Verdunkelungsgefahr), kann auch ein Haftbefehl ausgesprochen werden.

4.3 Die Hauptverhandlung

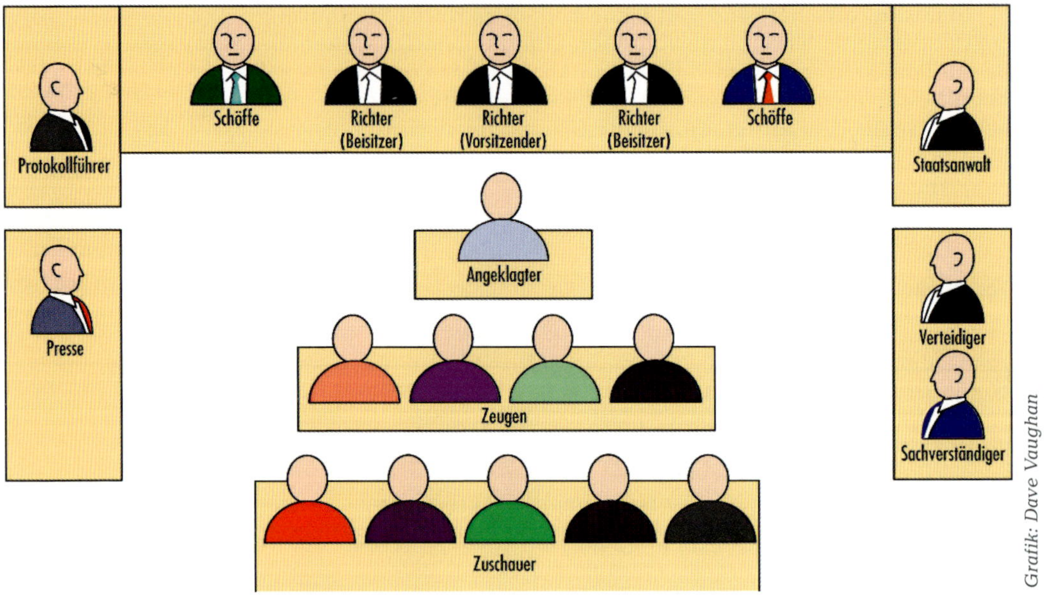

Hauptverhandlung vor der großen Strafkammer des Landgerichts

Schöffen:

Ehrenamtliche Richter, die keine juristische Ausbildung haben

Sie werden auch Laienrichter genannt. Mindestalter: 25 Lebensjahre, Höchstalter: 75 Lebensjahre

Aussageverweigerungsrecht:

Der Angeklagte und nahe Angehörige haben vor Gericht ein Aussageverweigerungsrecht. Zeugen und Sachverständige müssen die Wahrheit sagen.

Die Hauptverhandlung folgt in der Regel einem festen Ablaufschema:

- Aufruf der Sache – der Richter ruft den Fall auf
- Feststellung der Anwesenheit der geladenen Personen
- Vernehmung des Angeklagten zur Person
- Verlesung der Anklageschrift durch den Staatsanwalt
- Vernehmung des Angeklagten zur Sache
- Beweisaufnahme – Zeugen und Sachverständige sagen aus
- Plädoyer des Staatsanwaltes und des Verteidigers
- Möglichkeit des Angeklagten zur Äußerung
- Urteilsberatung, Urteilsverkündigung, evtl. Urteilsbegründung
- Rechtsmittelbelehrung

Der Staatsanwalt vertritt den Staat vor Gericht. Der Angeklagte hat einen Anspruch auf rechtliches Gehör und darf sich verteidigen. Er kann dabei von seinem Verteidiger unterstützt werden. Das Gericht entscheidet unabhängig. Es kann das Verfahren auch einstellen. Für dieselbe Straftat darf niemand mehrmals bestraft werden (Art. 103 Abs. 3 GG).

Versuchen Sie, in einem Rollenspiel die Gerichtsverhandlung zum Fall Meier nachzuspielen!

4.4 Zweck der Strafe

Die Ziele, die man mit der Bestrafung erreichen will, haben sich im Vergleich zu früheren Jahrhunderten erweitert. Strafe soll heutzutage

- abschrecken,
- sühnen,
- Sicherheit vor neuen Straftaten bieten,
- Resozialisierung leisten.

Nehmen wir an, dass Herr Meier eine Bewährungsstrafe auf sechs Monate erhält. Welchen Strafzweck sehen Sie gegeben?

Quelle: JVA Landsberg am Lech

Innenansicht der Justizvollzugsanstalt Landsberg/Lech

Zusammenfassung

Schuldfähigkeit, Rechtswidrigkeit und ein Straftatbestand müssen gegeben sein, damit eine Straftat vorliegt.

Im Ermittlungsverfahren erforschen die Polizei und die Staatsanwaltschaft den Sachverhalt.

Ermittlungshandlungen mit einem schwerwiegenden Eingriff in die Rechte des Einzelnen bedürfen einer richterlichen Genehmigung.

In der Hauptverhandlung wird für eine Straftat eine Gerichtsentscheidung gefällt. Dabei werden der Staatsanwalt, der Angeklagte, der Verteidiger und evtl. Zeugen und Sachverständige gehört.

Die Hauptverhandlung folgt einem Ablaufschema.

Die Strafe hat unterschiedliche Ziele.

Wissens-Check

1. Die 13-jährige Elvira Klug stiehlt im Kaufhaus eine CD. Liegt eine Straftat vor?
2. Helmut verteidigt sich in der Disko gegen den Angriff eines anderen Besuchers und zerreißt ihm dabei das T-Shirt. Liegt eine strafbare Handlung vor?
3. Wer bestimmt den Ablauf des Ermittlungsverfahrens?
4. Womit endet das Ermittlungsverfahren?
5. Wer ist im Regelfall bei einer Hauptverhandlung anwesend?
6. Womit endet die Hauptverhandlung?
7. Welcher Zweck einer Strafe ist für Sie am wichtigsten? Begründen Sie Ihre Meinung!
8. In welchen Elementen des Strafverfahrens in der Bundesrepublik Deutschland drückt sich der Rechtsstaat aus?

Links

www.justiz.nrw.de

www.justiz.bayern.de

Jahrgangsstufe 10

5 Jugendstrafrecht

Jugendarrest für Schuss auf eine Lehrerin

Neubrandenburg (dpa) – Ein 17-jähriger Schüler muss wegen des Schusses aus einer Spielzeugpistole auf seine Lehrerin zwei Wochen in den Jugendarrest. Das Amtsgericht Neubrandenburg verurteilte ihn wegen **Bedrohung** und einiger bereits älterer Drogendelikte. „Der Schüler war voll geständig, das Urteil ist bereits rechtskräftig", sagte der Jugendrichter. Der Berufsschüler hatte im Unterricht mit der täuschend echt aussehenden Pistole aus zehn Metern Entfernung auf die 57-Jährige geschossen.

Augsburger Allgemeine Zeitung

Bedrohung:

Wer einen anderen mit der Begehung eines gegen ihn oder eine ihm nahe stehende Person gerichteten Verbrechens bedroht, wird mit Freiheitsstrafe bis zu einem Jahr oder mit Geldstrafe bestraft. (§ 241 StGB)

1. Welche Begriffe lassen erkennen, dass in diesem Verfahren das Jugendstrafrecht angewendet wurde?
2. Empfinden Sie die Strafe als gerecht?

Das Jugendstrafrecht gilt für Jugendliche und Heranwachsende. Ob eine rechtswidrige Tat als **Verbrechen** oder **Vergehen** anzusehen ist, richtet sich nach dem allgemeinen Strafrecht.

Das Jugendstrafverfahren und die Folgen einer Jugendstraftat unterscheiden sich von den Regelungen für voll strafmündige Personen.

Verbrechen:

Verbrechen sind rechtswidrige Taten, die im Mindestmaß mit Freiheitsstrafe von einem Jahr oder darüber bedroht sind.

Vergehen:

Vergehen sind rechtswidrige Taten, die im Mindestmaß mit einer geringeren Freiheitsstrafe als Verbrechen oder die lediglich mit Geldstrafe bedroht sind.

5.1 Das Jugendstrafverfahren

Im Jugendstrafverfahren wird berücksichtigt, dass der Straftäter seine Persönlichkeitsentwicklung noch nicht abgeschlossen hat. Die Straftat soll im Zusammenhang der Lebensverhältnisse gesehen werden. Aus diesen Gründen enthält das Jugendgerichtsgesetz (JGG) spezielle Regelungen:

- Die Richter, Schöffen und Staatsanwälte bei den Jugendgerichten sollen erzieherisch befähigt und in der Jugenderziehung erfahren sein.
- Vor der Gerichtsverhandlung werden der Lebensweg und die Lebens- und Familienverhältnisse des Beschuldigten ermittelt.
- Die Verhandlung in einem Jugendstrafverfahren ist nicht öffentlich. Heranwachsende müssen dagegen eine öffentliche Verhandlung hinnehmen.

Foto: dpa

Angeklagter in einem Jugendstrafverfahren

- Jugendgerichtshelfer sorgen dafür, dass die erzieherischen, sozialen und fürsorglichen Gesichtspunkte des Straftäters berücksichtigt werden.
- Der Vollzug einer Jugendstrafe findet in einer Jugendstrafanstalt statt und wird jugendspezifisch gestaltet.
- Jugendstrafverfahren können leichter bereits vor der Hauptverhandlung eingestellt werden. Dies gilt insbesondere für kleinere Straftaten.

1. Weshalb wird in einer Gerichtsverhandlung eines Jugendlichen die Öffentlichkeit ausgeschlossen?
2. Weshalb ist es sinnvoll, dass eine Jugendstrafe in einer gesonderten Strafanstalt abgeleistet werden muss?

Wie man in Deutschland kriminell wird

Bei den Jugendlichen ist das Geschlechterphänomen besonders frappant. 95 Prozent aller männlichen Jugendlichen werden mindestens einmal kriminell, sagt die Dunkelforschung. Die wenigsten werden allerdings erwischt, und das ist gut so. Denn Jugendkriminalität ist fast immer eine „Krankheit", die sich selber heilt.

Die Zeit

Jahrgangsstufe 10

5.2 Die Folgen der Jugendstraftat

Jugendlichen begegnet der Staat mit Nachsicht. Erziehung, nicht Vergeltung gilt als Maßregel bei der Bestrafung. Die **Resozialisierung** der Straftäter hat Vorrang.

Das Jugendstrafrecht bietet die Möglichkeit, ein Verfahren einzustellen. Es kommt dann nicht zu einer Verurteilung des Straftäters. Dies geschieht, wenn anzunehmen ist, dass eine erzieherische Maßnahme ausreicht, um den Jugendlichen zu einem straffreien Leben zu bewegen. Das Gericht kann bei einer solchen Einstellung Auflagen erteilen, die von der **Jugendgerichtshilfe** begleitet werden. Diese können gemeinnütziger Sozialdienst oder die Bereitschaft zu einer Therapie sein.

Ergeht ein Urteil, sind Erziehungsmaßregeln, Zuchtmittel oder eine Jugendstrafe als Strafe denkbar.

Resozialisierung:
Schrittweise Wiedereingliederung von Straffälligen in die Gesellschaft

Jugendgerichtshilfe:
Die Jugendgerichtshilfe wird von den Jugendämtern und Vereinigungen der Jugendhilfe ausgeübt (z. B. „Die Brücke"). Zumeist werden Sozialarbeiter tätig.

Arbeitsleistungen im Jugendgerichtsgesetz:
Sie werden bei gemeinnützigen Einrichtungen ohne Entgelt geleistet. Dies kann bei Naturschutzaktionen erfolgen. Die Arbeit kann auch in der Küche von Krankenhäusern und Altenpflegeeinrichtungen, bei Jugendeinrichtungen, in Tierheimen oder beim Roten Kreuz abgeleistet werden.

Erziehungsmaßregeln

Als Erziehungsmaßregeln kommen Weisungen in Betracht. Dem Jugendlichen kann vorgeschrieben werden, bei einer Familie oder in einem Heim zu wohnen. Lokal- und Umgangsverbote sind ebenso möglich. Auch die Erbringung von **Arbeitsleistungen** sowie die Betreuung und Aufsicht durch einen Betreuungshelfer gelten als Erziehungsmaßregeln.

Zuchtmittel

Als Zuchtmittel sieht das Jugendgerichtsgesetz die Verwarnung, die Erteilung von Auflagen und den Jugendarrest vor. Zuchtmittel führen nicht zu einer Vorstrafe. Der Jugendrichter kann dem Straftäter in einer Verwarnung das Unrecht der Tat eindringlich vorhalten. Das Gericht kann dies mit den Auflagen verbinden, den Schaden wieder gutzumachen oder eine Geldzahlung zu leisten. Der Jugendarrest wird als Freizeitarrest (48 Stunden), Kurzarrest (3 – 5 Tage) oder Dauerarrest (1 – 4 Wochen) verhängt.

Jugendstrafe

Foto: dpa

Freiheitsentzug – ein Jugendlicher wird aus dem Gericht geführt.

Die Jugendstrafe bedeutet für den Jugendlichen Freiheitsentzug in einer Jugendstrafanstalt. Der Richter verhängt Jugendstrafe, wenn Erziehungsmaßregeln und Zuchtmittel nicht mehr ausreichen. Die Jugendstrafe kann auch wegen der Schwere der Schuld erforderlich sein. Sie beträgt mindestens sechs Monate, höchstens fünf Jahre. Bei besonders schweren Verbrechen gelten als Höchstmaß zehn Jahre. Der Jugendliche ist dann vorbestraft.

Mörder von Vanessa zu zehn Jahren Jugendhaft verurteilt

Augsburg (dpa) – Urteil im Mordfall Vanessa: Wegen Mordes an der Zwölfjährigen hat das Landgericht Augsburg den angeklagten Metallbau-Lehrling zu zehn Jahren Jugendhaft verurteilt. Die Kammer verhängte gegen den 20-Jährigen damit die im Jugendstrafrecht vorgesehene Höchststrafe. Der Angeklagte war zur Faschingszeit vergangenen Jahres mit einer Totenkopfmaske in Vanessas Elternhaus in Gersthofen bei Augsburg eingedrungen und hatte das im Bett liegende Mädchen mit einem Messer erstochen.

Augsburger Allgemeine

1. Erachten Sie die Höchststrafe im Jugendstrafrecht als gerechte Strafe für einen Mord?
2. Wie muss das Gericht die Persönlichkeit des 20-jährigen Täters eingestuft haben?

Zusammenfassung

Das Jugendstrafverfahren ist geprägt vom Erziehungsgedanken und berücksichtigt das Milieu und den Lebensweg des Täters.

Das Jugendstrafrecht will die Zukunft des Straftäters nicht erschweren und geht von einer Wiedereingliederung in die Gesellschaft aus.

Das Jugendgericht kann im Urteil Erziehungsmaßregeln, Zuchtmittel oder Jugendstrafen aussprechen.

Wissens-Check

1. Welche grundsätzliche Art der Jugendstrafe hat der 17-jährige Berufsschüler (siehe Ausgangsfall) erhalten?
2. Worin lässt sich der Erziehungsgedanke in den Besonderheiten des Jugendgerichtsgesetzes erkennen?
3. Welche grundsätzlichen Arten einer Jugendstrafe kann ein Jugendlicher in einem Gerichtsurteil für eine Straftat erhalten?

E Soziale Beziehungen

Rollen

Gruppe

Familie

Familienrecht

Familienpolitik

1 Persönlichkeitsentwicklung durch soziale Kontakte (Interaktion)

Interaktion:
Aufeinander bezogenes Handeln zweier oder mehrerer Personen

Der Mensch ist ein soziales Wesen: Er lebt in Gesellschaft mit anderen Menschen und ist auf diese angewiesen. Zu diesen Personen kann er persönliche Beziehungen aufbauen. Dabei übt er auf andere Menschen Einfluss aus und wird gleichfalls von diesen beeinflusst.

Durch diese Bindungen entwickelt der Mensch seine Persönlichkeit und sein Wesen weiter. Hier erwirbt er seelische Kräfte und gesellschaftliche Wertvorstellungen. Außerdem werden seine geistigen Fähigkeiten trainiert.

Als Sozialisation bezeichnet man den Prozess, durch den Menschen zu vollwertigen, handlungsfähigen Mitgliedern der Gesellschaft werden. Durch direkte und indirekte Einflüsse lernt der Mensch soziales Verhalten. Er übernimmt verschiedene Rollen und entwickelt seine Persönlichkeit. Die Sozialisation gilt als lebenslanger Prozess.

Das Verhalten des Menschen ist wesentlich geprägt durch sein soziales Umfeld.

Der Mensch in seinem sozialen Umfeld

Soziologen:
Wissenschaftler, deren Untersuchungsgegenstand die Gesellschaft ist

Der Mensch ist in viele verschiedene Umgebungen eingebunden, die alle auf ihn einwirken. Weil dort jeweils mehrere Personen vertreten sein können, sprechen die **Soziologen** von „Sozialen Gruppen".

1. Welchen sozialen Gruppen gehören Sie an?
2. Welche Unterschiede gibt es zwischen diesen Gruppen?

Soziale Gruppen können sich durch verschiedene Merkmale unterscheiden, z. B.:

- Überzeugungen
- Zusammengehörigkeitsgefühl (Wir-Gefühl)
- Regeln (Satzung/Statut)
- Ziele

Nicht immer sind diese Merkmale gleich stark ausgeprägt.

Die Menschen sind nicht immer freiwillig Mitglieder bestimmter Gruppen.

1. Wie stark sind die erwähnten Merkmale in Gruppen, denen Sie angehören, ausgeprägt?
2. Haben diese unterschiedlichen Merkmale für die Gruppen eine Bedeutung? (Welche ?)

1.1 Primärgruppen

Primärgruppen:
Familie, Spielgruppe u. a.

In den meisten Kulturen der Welt wird der Mensch in Familien hineingeboren. Die Familie ist eine Primärgruppe. In der BRD steht die Familie unter dem besonderen Schutz des Staates.

Die Familie hilft ihren Mitgliedern, in die Gesellschaft hineinzuwachsen (Sozialisation). Hier lernen sie die Kultur und die Normen der Gesellschaft kennen, in der die Familie lebt. Weil die Familie eine Primärgruppe ist, heißt diese Form der Sozialisation „Primärsozialisation".

Die Mitglieder von Primärgruppen haben engen Kontakt zueinander, sie kennen sich gut. Deshalb prägen sich die Mitglieder dieser Gruppen gegenseitig stark im Wesen und in der Persönlichkeit. Die Gruppen sind klein, die Bindung an die Gruppe ist intensiv. Für eine Primärgruppe ist gegenseitiges Vertrauen von größter Bedeutung.

Primärgruppe Seilschaft: Das Überleben kann vom Verhalten der Partner abhängig sein.

Primär:
Zuerst vorhanden, ursprünglich; an erster Stelle stehend, vorrangig

Die „Peer-group" oder die „Clique"

Eine besondere Form der Primärgruppe ist die „Peer-group". Sie ist die Bezugsgruppe eines Individuums mit Personen, die ungefähr im gleichen Alter sind. Die Interessen der Mitglieder sind ähnlich gelagert und sie entstammen der gleichen sozialen Schicht. In Bezug auf das eigene Handeln und Urteilen sind die Mitglieder stark von der Gruppe beeinflusst. Ihr Geschmack stimmt überein in Kleidung, Musik und „Outfit". Die Größe dieser Gruppen kann sehr unterschiedlich sein.

1. Nicht in jeder Primärgruppe findet Primärsozialisation statt. Nennen Sie solche Primärgruppen und begründen Sie Ihre Meinung.
2. Welche Peer-group kennen Sie und was sind deren Merkmale und Anliegen?

Sekundär:
An zweiter Stelle stehend, zweitrangig

1.2 Sekundärgruppen

Die Familie ist nicht die einzige Gruppe, die die Sozialisation des Menschen prägt. Ab einem bestimmten Alter gehen Menschen in den Kindergarten, die Schule, in eine Jugendgruppe, einen Sportverein, zur Arbeit oder zur Universität.

Alle diese Gruppen sind Sekundärgruppen. Sie sind gekennzeichnet durch eine große Zahl von Mitgliedern. Die persönlichen Bindungen sind schwächer ausgeprägt.

Schüler im Informatikunterricht

Motorradclub „Munich Riders"

-Satzung-

§ 1: Toleranz
Die Mitglieder verpflichten sich, andere Menschen zu respektieren. Aggressivität zur Durchsetzung eigener Interessen ist ausgeschlossen.

§ 2: Alkoholverbot
Beim Steuern von Kfz aller Art ist jeglicher Alkoholkonsum ausgeschlossen.

§ 3: Hilfsversprechen
„Einer für alle, alle für einen": Die Mitglieder leisten sich gegenseitige Hilfe in allen Lebenslagen.

Sind Ziele und **Satzungen** festgelegt, ebenso wie Verhaltensvorschriften und Normen, so spricht man von „formellen Gruppen". Fehlen diese, handelt es sich um „informelle Gruppen".

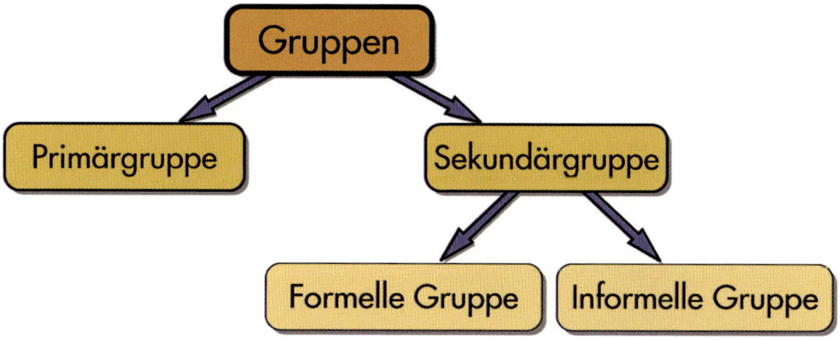

Grafik: Dave Vaughan

1. Nennen Sie Sekundärgruppen, in denen Sie Mitglied sind.
2. Ordnen Sie diese in obiges Schema ein und begründen Sie die Zuordnung.
3. Warum lässt sich zwischen Primär- und Sekundärgruppe nicht immer scharf trennen?

Zusammenfassung

Persönlichkeitsentwicklung findet in sozialen Gruppen statt.

Man unterscheidet zwischen Primärgruppen (z. B. Familie, Spielgruppe) und Sekundärgruppen (z. B. Verein, Partei, Berufsschulklasse).

Sekundärgruppen können formelle Gruppen (mit Regeln, Verhaltensweisen) oder informelle Gruppen (loser Zusammenhalt) sein. Sekundärgruppen haben in der Regel mehr Mitglieder als Primärgruppen.

Wissens-Check

1. Welche Unterschiede bestehen zwischen Primär- und Sekundärgruppen?
2. Was sind formelle Gruppen, was informelle Gruppen? Geben sie Beispiele.

Links

www.sociologicus.de

Jahrgangsstufe 10

2 Rollen und Rollenerwartungen

Katharina gehört mehreren Gruppen an.

Ist Katharinas Verhalten in allen Gruppen gleich? Zeigen Sie Unterschiede auf.

Das Leben wäre eintönig, wenn die Menschen jeweils nur einer Gruppe angehörten. Die Verschiedenartigkeit der Anforderungen an den Einzelnen in den unterschiedlichen Situationen hat ihren besonderen Reiz.

2.1 Rollenvielfalt

Die Menschen sind Mitglieder verschiedener Gruppen. Dort haben sie bestimmte Aufgaben zu erfüllen und es werden unterschiedliche Erwartungen daran geknüpft. Der Sozialwissenschaftler spricht von Rollen, die in den Gruppen übernommen werden. In der Familie, der wichtigsten sozialen Primärgruppe, gibt es unterschiedliche Rollen zu erfüllen. Folgende Rollenausprägungen sind denkbar:

Grafik: Dave Vaughan

Vaterrolle:

- Materielle Sorge für die Familie
- Erziehung der Kinder
- Verpflichtung gegenüber dem Ehepartner
- Pflege der Kinder

Mutterrolle:

- Erziehung der Kinder
- Verpflichtung gegenüber dem Ehepartner
- Emotionelle Stütze für die Kinder
- Pflege der Kinder

Rolle des Kindes:

- Gehorsam gegenüber den Eltern
- Geschwisterrolle

Grafik: Dave Vaughan

§ 1631 BGB

(1) Die Personensorge umfasst insbesondere die Pflicht und das Recht, das Kind zu pflegen, zu erziehen, zu beaufsichtigen und seinen Aufenthalt zu bestimmen.

(2) Kinder haben ein Recht auf gewaltfreie Erziehung. Körperliche Bestrafungen, seelische Verletzungen und andere entwürdigende Maßnahmen sind unzulässig.

§ 1619 BGB

Das Kind ist, solange es dem elterlichen Hausstand angehört und von den Eltern erzogen und unterhalten wird, verpflichtet, in einer seinen Kräften und seiner Lebensstellung entsprechenden Weise den Eltern in ihrem Hauswesen und Geschäfte Dienste zu leisten.

Kinder unterstützen ihren Vater.

Ist die im BGB festgeschriebene Rollenverteilung noch zeitgemäß? Begründen sie Ihre Meinung.

Die Rollen von Vater und Mutter haben sich im Laufe der Zeit immer mehr angeglichen. Das liegt zum großen Teil daran, dass die Rolle des Ernährers immer häufiger auf beide Elternteile übergegangen ist. Hat in früheren Zeiten der Mann die bestimmende Rolle in der Familie gehabt, so ist dies heutzutage einem partnerschaftlichen Rollenverständnis gewichen.

2.2 Rollenerwartungen

Je nach der persönlichen Stellung in einer Gruppe (Gruppenposition) sind die Erwartungen an die Gruppenmitglieder unterschiedlich. Die Aufgaben eines Vereinspräsidenten sind andere als die eines einfachen Mitgliedes. Dementsprechend werden auch andere Erwartungen an die unterschiedlichen Rolleninhaber gestellt.

Je nach Intensität/Stärke der Erwartung unterscheidet man zwischen

- Muss-Erwartungen,
- Soll-Erwartungen,
- Kann-Erwartungen.

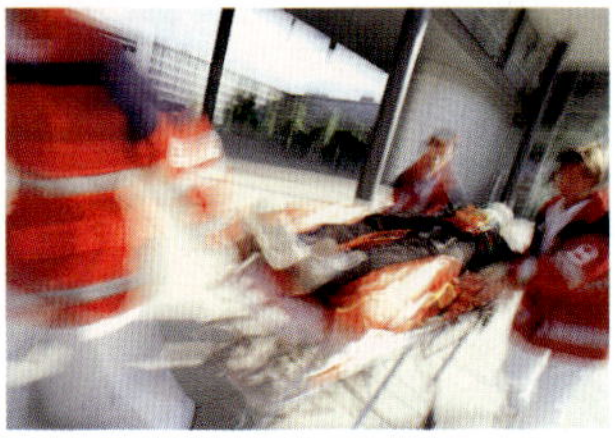

Notarzt im Einsatz: Eile ist geboten.

Muss-Erwartungen sind rechtlich vorgeschrieben. Der Arzt ist verpflichtet Unfallhilfe zu leisten.

Soll-Erwartungen beruhen auf üblichen Verhaltensweisen. Es gibt Ärzte, die in normaler Kleidung ihre Sprechstunden halten. Viele Ärzte tragen aber einen weißen Arzt-Kittel, weil das so üblich ist.

Kann-Erwartungen: Weil ein bekannter Arzt viel Geld verdienen kann, geht man davon aus, dass er in einem luxuriösen Haus wohnt und in seiner Freizeit gut gekleidet ist.

2.3 Rollenkonflikte

Sanktion:
Zwangsmaßnahme

Die Gruppen erwarten von ihren Mitgliedern, dass sie ihren Rollen gerecht werden. Verstößt ein Mitglied dagegen, muss es mit **Sanktionen** rechnen.

Es können Mitglieder aus einer Gruppe ausgeschlossen, Vereinspräsidenten abgesetzt oder Schüler mit einem Verweis bestraft werden.

Da der Mensch mehreren Gruppen angehört, kann es zum „Rollenkonflikt" kommen.

Zwischen zwei Konfliktarten wird unterschieden:

- Interrollenkonflikt und
- Intrarollenkonflikt.

Interrollenkonflikt

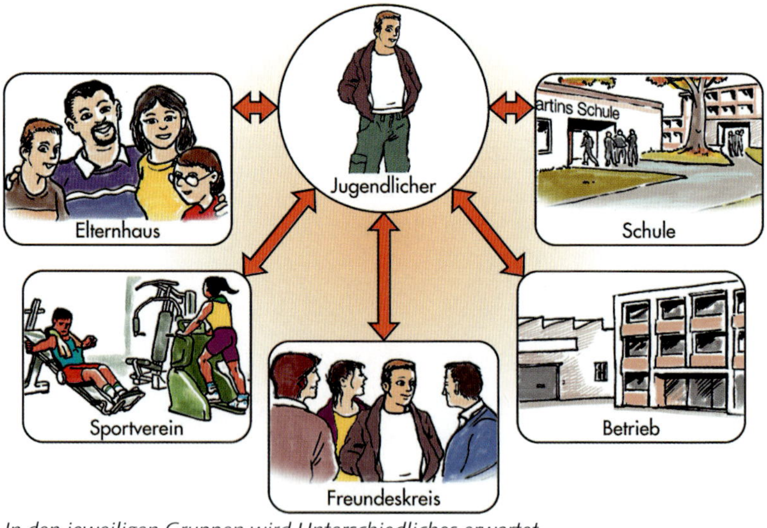

In den jeweiligen Gruppen wird Unterschiedliches erwartet.

Die Erwartungen an ein Gruppenmitglied können sehr unterschiedlich sein. Im Elternhaus wird von dem Jugendlichen erwartet, dass er sich den Eltern unterordnet und gehorcht.

Als Schülersprecher soll er energisch gegenüber der Schulleitung und den Lehrern die Interessen seiner Mitschüler durchsetzen.

Wenn er noch Vorsitzender der örtlichen Parteijugendgruppe ist, muss er dort über anstehende Aktivitäten verantwortlich entscheiden.

Dabei muss er sich gegenüber Minderheitsinteressen durchsetzen.

Diese aus verschiedenen Rollen entstehenden Erwartungen widersprechen sich. Die Soziologen sprechen deshalb von einem Interrollenkonflikt.

Intrarollenkonflikt

Wenn von einem Rolleninhaber unterschiedliches Verhalten in ein und derselben Rolle erwartet wird, kann es ebenfalls zu Konflikten kommen.

Ein Azubi erwartet von seinem Ausbilder etwas anderes als der Geschäftsinhaber. Während der Azubi Hilfe und Verständnis in allen Situationen für sich beansprucht, kann der Geschäftsführer Wert auf äußerste Disziplin legen. Der Ausbilder soll beiden Interessen gerecht werden, was nicht immer möglich ist.

Die Rolle des Schülersprechers birgt ebenfalls Intrarollenkonflikte in sich. Die Erwartungen, die seine Mitschüler an ihn stellen, sind andere als die der Lehrkräfte. Wenn seine Mitschüler während des Unterrichts essen wollen, erwarten sie, dass der Schülersprecher dies beim Lehrer durchsetzt. Der Lehrer kann gleichzeitig erwarten, dass der Schülersprecher seinen Klassenkameraden deutlich macht, dass essen während der Stunden nicht zulässig ist.

Bei unterschiedlichen Erwartungen an seine Rolle muss der Schülersprecher eine Entscheidung treffen, um den Konflikt zu lösen.

Solche Konflikte, die in der Rolle begründet liegen, heißen Intrarollenkonflikte.

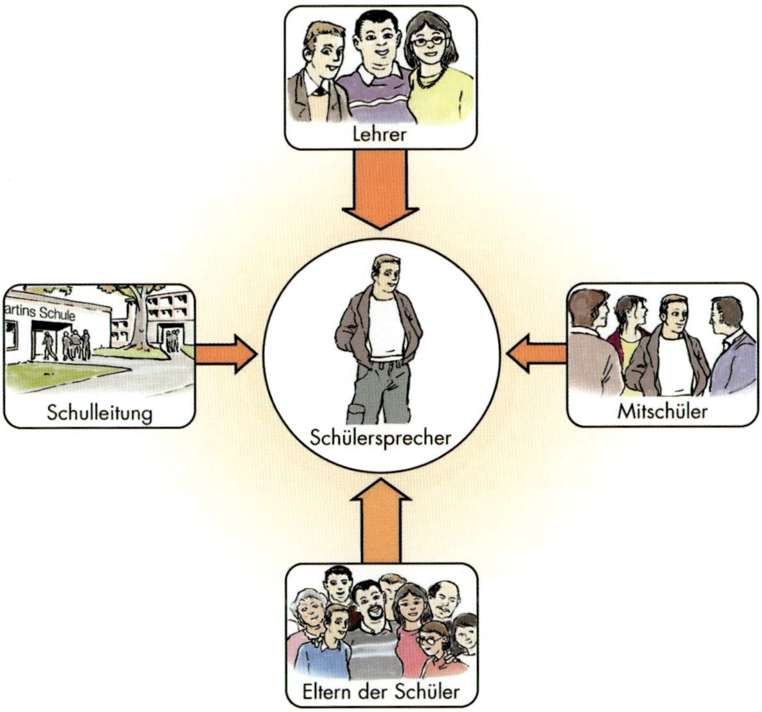

Grafik: Dave Vaughan

Die Erwartungen an den Schülersprecher sind unterschiedlich.

1. In welchen Rollenkonflikten haben Sie sich schon befunden?
2. Waren es Interrollenkonflikte oder Intrarollenkonflikte?
3. Wie haben Sie die Probleme gelöst ?

2.4 Möglichkeiten und Modelle der Konfliktlösung

Eine Gesellschaft ohne Konflikte gibt es nicht. Ohne Konflikte gäbe es weniger Veränderungen in Gesellschaften, sozialer Wandel fände nur bedingt statt. Nicht der Konflikt ist gut oder schlecht, sondern die Form der Konfliktaustragung.

Interessenkonflikt:
Dies kann eine Auseinandersetzung um materielle Dinge, aber auch um Macht und Einfluss sein.

Wertekonflikt:
Dies sind Konflikte über verschieden moralische/religiöse Auffassungen (z. B. ja oder nein zur Todesstrafe).

Ursache für die meisten Konflikte ist die Vielzahl unterschiedlicher Interessen (**Interessenkonflikt**). Konflikte in der am besten bekannten und von den meisten Menschen erlebten Primärgruppe – der Familie – belegen dies.

Auch unterschiedliche Wertvorstellungen können zu Konflikten führen (**Wertekonflikt**). Die viel diskutierte Problematik über den Schwangerschaftsabbruch ist ein Beispiel hierfür. Dabei stehen sich die Positionen der katholischen Kirche und vieler Fraubenbewegungen unversöhnlich gegenüber. Für die katholische Kirche steht das Recht auf Leben im Vordergund („Tötung ungeborenen Lebens"), für die Frauenbewegung die Rechte der Frau („Mein Bauch gehört mir").

Zur Lösung der Konflikte stehen den Parteien mehrere Möglichkeiten offen. Die folgenden Modelle sind nicht immer eindeutig anwendbar. In der Realität kommen häufig Mischformen vor. Die Soziologie kennt eine Vielzahl von Konfliktlösungsmodellen. Diese wurden zum Teil von der Politikwissenschaft und der Psychologie übernommen.

Man kann drei grundlegende Modelle der Konfliktlösung unterscheiden:

- Konfliktregelung durch Macht/Zwang
- Konfliktregelung durch bestimmte Verfahrensweisen (Auslosen, Stimmenmehrheit)
- Konfliktregelung durch Kompromiss/Übereinkunft

Der 16-jährige Willi möchte einen moderneren, schnelleren PC. Dazu braucht er Geld. Sein Vater ist dagegen, weil Willi einen guten PC hat. Willi hat schon 1000 Euro gespart, ihm fehlen noch 300 Euro. Weil Willi bald einen Sparvertrag ausgezahlt bekommt, leiht der Vater ihm bis dahin 200 Euro.

Die Schüler einer Abschlussklasse planen ihre Abschlussfahrt. Fünf Ziele werden immer wieder genannt: Rom, Paris, London, Brüssel und Berlin. Sie lassen das Los entscheiden.

Der Besitzer des Biergartens „Zur letzten Instanz" hat immer Mühe, zur Sperrstunde seine letzten Gäste zum Aufbruch zu bewegen. Da dies die Anwohner in ihrer Ruhe stört, melden sie den Fall dem Ordnungsamt.

Foto. dpa

Fröhlicher Zecher

1. Welchen Konfliktregelungsmodellen würden Sie die Beispiele zuordnen?
2. Welche Möglichkeit schlagen Sie für das zweite Beispiel vor? Warum?
3. Wie könnte man die Probleme anders lösen?
4. Welche Lösungen halten Sie für die besten?

Einige Konflikte ließen sich vermeiden. In vielen Fällen wäre es hilfreich, wenn sich die Konfliktparteien gegenseitig vorurteilsfrei hören würden. Häufig liegt der Grund für Auseinandersetzungen darin, dass man die Argumente der Gegenseite nicht richtig zur Kenntnis genommen hat.

Bei Gegenargumenten sollte man prüfen, ob man sie respektieren und akzeptieren kann. Dabei kann es sehr hilfreich sein, sich in die Lage des anderen zu versetzen. Mit etwas Großzügigkeit und Toleranz lassen sich einige Konflikte vermeiden. Der größte Feind der Toleranz sind Vorurteile. Bei Problemen, die kompliziert zu beurteilen sind, neigen viele Menschen zu einfachen Antworten. Dies führt unweigerlich zu Fehlbeurteilungen und falschen Schlussfolgerungen.

Häufig sind Vorurteile bei Aussagen über bestimmte Volksgruppen und Randgruppen in der Gesellschaft zu hören:

„Die Arbeitslosen sind Drückeberger. Wer Arbeit will, findet immer eine."

„Alle Deutschen sind Rassisten."

Philosoph

Diese Vorurteile sind ebenso falsch wie die heute häufig zu hörende Meinung über die Jugendlichen:

„Die Jugend von heute wird immer dümmer und fauler. Sie will nichts mehr arbeiten und nur Spaß haben. Früher war das alles anders."

Dass dieses Vorurteil fest verwurzelt ist, zeigt der Ausspruch von **Sokrates:**

„Unsere Jugend liebt den Luxus. Sie hat schlechte Manieren, missachtet die Autorität und hat keinen Respekt vor dem Alter."

Sokrates:
Griechischer Philosoph, 470 – 399 v. Christus

Die schlechteste und untauglichste Form der Konfliktlösung ist die Gewaltanwendung.

Sie wird im privaten Bereich und auch in zwischenstaatlichen Auseinandersetzungen (Kriegen) eingesetzt.

Gewalt kann sowohl physisch (körperlich) als auch psychisch (seelisch) ausgeübt werden.

In der Familie kann der Vater sein Kind schlagen oder seelisch unter Druck setzen, um einen (Rollen-)Konflikt zu lösen. Beide Methoden der Gewaltanwendung sind untauglich. Mag es vielleicht auch zum schnellen Ende des Konflikts führen, dem Kind würde Schaden zugefügt.

Gewaltanwendung in der Schule durch die Lehrkräfte ist nicht mehr erlaubt. Die Anwendung körperlicher Gewalt („Prügelstrafe") war in vergangenen Zeiten aber durchaus als „Zuchtmittel" der Lehrer üblich.

In jüngerer Zeit ist es an Schulen zu verheerenden Gewaltanwendungen von Schülerseite gekommen. Schüler haben in Erfurt und Freising wahllos Mitschüler und Lehrkräfte ermordet. Was auch immer die Gründe der Schüler gewesen sein mögen: Sie haben jegliche Hoffnung auf eine Konfliktlösung zunichte gemacht.

Zusammenfassung

Im täglichen Leben übernimmt der mündige Bürger verschiedene Rollen (z. B. Schüler, Spielführer, Parteimitglied).

An diese Rollen werden unterschiedliche Erwartungen geknüpft (Muss-, Kann-, Soll-Erwartungen).

Dabei kann es zu Interrollenkonflikten und Intrarollenkonflikten kommen.

(Rollen-)Konflikte können durch Macht/Zwang, Los/Stimmenmehrheit oder Kompromiss/Übereinkunft gelöst werden.

Wissens-Check

1. Was sind soziale Rollen?
2. Welche Rollenerwartungen kennen Sie?
3. Worin besteht der Unterschied zwischen Interrollenkonflikten und Intrarollenkonflikten?
4. Nennen Sie Möglichkeiten der Konfliktlösung.

3 Die Familie

Foto: Familie Deubele
Bauernfamilie (19. Jhd.)

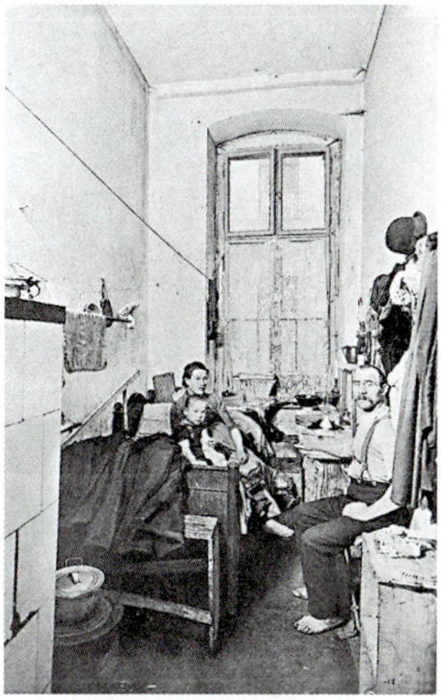
Foto: AKG Berlin
Arbeiterfamilie (19. Jhd.)

Beschreiben Sie die Unterschiede zwischen den Familien auf den Fotos (Zusammensetzung, Größe, Lebensverhältnisse).

Viele Menschen leben in einer Familie. Sie ist die Primärgruppe, in der die Menschen ihre erste Sozialisation erfahren.

Die Familie besteht nach heutigem Verständnis mindestens aus Mutter, Vater und einem Kind.

In der Gesellschaft werden der Familie verschiedene Aufgaben zugedacht. Die folgenden Merkmale sind nicht ausschließlich auf Familien beschränkt. Es gibt auch andere Lebensgemeinschaften, die die gleichen Leistungen erbringen. Wenn diese Merkmale hier Familien zugeschrieben werden, so ist darin keine Wertung zu sehen. Die Familie ist jedoch die am häufigsten praktizierte Lebensgemeinschaft.

Moderne Familie

3.1 Aufgaben der Familie

Familien erfüllen eine Vielzahl wichtiger Aufgaben für ihre Mitglieder und für die Gesellschaft. Diese Aufgaben beziehen sich auf die persönliche, die familiäre und die gesellschaftliche Ebene. Im Verlaufe des familiären Zusammenlebens sind diese Aufgaben verschieden stark ausgeprägt.

Die gesellschaftlichen Aufgaben der Familie lassen sich drei Bereichen zuordnen:

- Sorge für die Erhaltung der Gesellschaft/Reproduktion von Nachkommen
- Erziehung der Kinder (Sozialisation)
- Befriedigung menschlicher Grundbedürfnisse

Heute sind wichtige Aufgaben der Familie auf den Staat übergegangen. Andererseits sind Aufgaben des Staates auf die Familien verlagert worden.

1. Welche Aufgaben der Familie hat der Staat übernommen?
2. Welche Aufgaben hat die Familie vom Staat übernommen?
3. Kann man von einem „Funktionsverlust der Familie" sprechen?

Reproduktion

Eine bedeutende Aufgabe der Familie ist die Reproduktion, das heißt die Zeugung neuer Familien- und Gesellschaftsmitglieder. Auch heute halten ca. 50 Prozent der Bevölkerung Ehen mit Kindern für glücklicher. Dennoch geht die Zahl der Ehen mit Kindern ständig zurück. Das wird in Zukunft Auswirkungen auf den Arbeitsmarkt und die Rentenkassen haben. Schon heute ist absehbar, dass in der Mitte dieses Jahrhunderts die BRD auf Zuwanderer angewiesen sein wird.

Der Verzicht auf Kinder wird von manchen Ehepaaren damit erklärt, dass Kinder Zeit und Geld kosten. Generell nimmt die Größe der Familie mit zunehmender Erwerbstätigkeit der Frauen ab.

Stadtstaaten:
Berlin, Bremen, Hamburg

Die Familiengröße nimmt auch mit zunehmendem Ausbildungsabschluss der Frauen ab. Frauen, die nach dem 26. Lebensjahr heiraten, haben im Durchschnitt weniger Kinder. Die Familiengrößen sind im Freistaat Bayern und in Niedersachsen am höchsten. In den **Stadtstaaten** – insbesondere in Berlin – sind sie am niedrigsten. Familien auf dem Lande haben generell mehr Kinder als solche in der Stadt.

In den vergangenen Jahren ist die Geburtenrate bei ärmeren Familien und denen mit mittlerem Einkommen gesunken. Dennoch sind Familien von Arbeitern und Landwirten im Durchschnitt größer als die von Angestellten und Beamten. Die Kinderzahl von Ausländerfamilien und religiös gesinnten Ehepartnern ist größer als die der Durchschnittsfamilie.

1. Warum hat die Anzahl der Kinder eine wesentliche Bedeutung für die Erhaltung des Staates?
2. Sollten Frauen zu Gunsten von Kindern auf eine Berufstätigkeit verzichten?
   Begründen Sie Ihre Meinung.

Erziehung und Erziehungsstile

Menschliche Neugeborene und kleine Kinder können nicht alleine überleben: Zunächst bedürfen sie der Pflege, später müssen sie erzogen werden.

Unter Erziehung versteht man soziale Handlungen, durch die die Eltern versuchen, die Persönlichkeitsentwicklung ihrer Kinder zu beeinflussen.

Die Erziehung ist immer an bestimmten Zielen, Idealen, Leitbildern und Normen ausgerichtet. War die Erziehung früher an Strenge und Gehorsam ausgerichtet (autoritärer Erziehungsstil), so hat sich dies im Laufe der Zeit zu Toleranz und Verständnis geändert (partnerschaftlicher/demokratischer Stil).

Eltern verfügen über verschiedene Arten von Erziehungsmitteln. Eine nicht repräsentative Umfrage unter Eltern im Freistaat Bayern ergab, dass erzieherische Maßnahmen in folgender Reihenfolge bevorzugt werden:

- Beispiel, Vorbild sein
- verständnisvolle Erziehungsgestaltung
- erklären, argumentieren, beraten
- Konsequenz, Festigkeit, Stetigkeit, Ruhe
- Bestätigung
- Härte, Strenge, Strafe

Grafik: Dave Vaughan

Befriedigung menschlicher Grundbedürfnisse

Eine weitere Aufgabe der Familie ist die Befriedigung grundlegender menschlicher Bedürfnisse.

Die Erhaltung der innerfamiliären Harmonie ist eine weitere wichtige Aufgabe der Familie. Die Familienmitglieder unterstützen sich bei der Verarbeitung von außen kommender Belastungen. Der Abbau von Stress ist in der Familie leichter möglich. Außerdem findet der Mensch hier Unterstützung bei Krankheit und im Alter.

Menschliche Grundbedürfnisse:

Hierzu zählen u.a.
- Nahrung,
- Kleidung,
- Sicherheit,
- Vertrauen,
- Anerkennung,
- Zuwendung.

1. Welche Gründe sprechen für die Gründung einer Familie?
2. Warum hat die Familie Ihrer Meinung nach eine Zukunft?
3. Was spricht für einen toleranten Erziehungsstil?
4. Was spricht für einen autoritären Erziehungsstil?

3.2 Rechtsstellung der Familie

Die Stellung von Ehe und Familie im Grundgesetz

Hochzeitsbrauch in einem schwäbischen Dorf

Obwohl sich durch die gesellschaftliche Entwicklung weitere Formen des Zusammenlebens ergeben haben, bleibt die Ehe und Familie die häufigste Form der **Lebensgemeinschaft.** Sie wird im Grundgesetz und in den Verfassungen der Bundesländer hervorgehoben und unterstützt.

Lebensgemeinschaft:

Laut einer Erhebung des Statistischen Bundesamtes aus dem Jahre 2005 lebten 88 % (1995: 92 %) der Lebensgemeinschaften als Ehepaar. In der Shellstudie 2006 waren 72 % (2002: 70 %) der Jugendlichen der Meinung, dass man eine Familie braucht, um glücklich zu sein.

Art. 6 GG

(1) Ehe und Familie stehen unter dem besonderen Schutz der staatlichen Ordnung.

Art. 124 BV

(1) Ehe und Familie sind die natürliche und sittliche Grundlage menschlicher Gemeinschaft und stehen unter dem besonderen Schutz des Staates.

Der verfassungsmäßige Schutz von Ehe und Familie wird in unterschiedlichen Rechtsbereichen deutlich. Ehepaare genießen unter anderem Vorteile

- im Steuerrecht (z. B. günstigere Lohnsteuerklasse/**Ehegattensplitting**),
- in der gesetzlichen Kranken- und Pflegeversicherung durch die Mitversicherung des nicht berufstätigen Ehegatten und der Kinder,
- in der gesetzlichen Rentenversicherung durch die Witwen-/Witwerrente.

Ehegattensplitting:

Das gesamte Einkommen in einer Ehe wird steuerlich auf den Ehemann und die Ehefrau in gleicher Höhe aufgeteilt. Damit ergibt sich häufig ein geringerer Steuersatz für die beiden Hälften als der Steuersatz für das gesamte Einkommen. Insbesondere bei Ehen mit nur einem berufstätigen Ehegatten wirkt sich das Ehegattensplitting steuermindernd aus. Das Ehegattensplitting begünstigt auch kinderlose Ehen.

1. Aus welchem Grund unterstützt der Staat die Lebensform „Ehe"?
2. Diskutieren Sie darüber, ob andere Lebensformen (z. B. nichteheliche Lebensgemeinschaften, gleichgeschlechtliche Lebenspartnerschaften) ebenso staatliche Unterstützung erhalten sollten!
3. Halten Sie die steuerliche Begünstigung einer kinderlosen Ehe für gerechtfertigt?

Rechtsbeziehungen in Ehe und Familie

Die Eheschließung zieht durch das Familienrecht im Bürgerlichen Gesetzbuch eine Reihe von Wirkungen nach sich.

Wenn z. B. Helmut Treu und Petra Fröhlich heiraten, werden sich die beiden über einen Ehenamen Gedanken machen.

Dic Eheleute sollen einen gemeinsamen Familien- bzw. Ehenamen tragen. Diese Vorschrift ist aber nicht zwingend. Ehemann und Ehefrau können auch ihren Geburtsnamen beibehalten. Alle ihre Kinder erhalten als Geburtsnamen den Namen des Vaters oder der Mutter. Hier müssen sich die Eheleute entscheiden.

Häufig entscheidet sich das Ehepaar dazu, dass als Ehename der Geburtsname des Mannes oder der Frau gelten soll. Die Kinder tragen dann auch diesen Namen.

Ein Ehepartner, dessen Geburtsname nicht Familienname wurde, kann dem gewählten Familiennamen seinen Geburtsnamen voranstellen oder anfügen. Die Kinder aus einer solchen Ehe bekommen den Familiennamen.

Petra Fröhlich und Helmut Treu haben folgende Möglichkeiten:

Petra Fröhlich und Helmut Fröhlich
Petra Fröhlich und Helmut Fröhlich-Treu oder Helmut Treu-Fröhlich
(Kinder: Fröhlich)
Petra Treu und Helmut Treu
Petra Treu-Fröhlich oder Petra Fröhlich-Treu und Helmut Treu
(Kinder: Treu)
Petra Fröhlich und Helmut Treu
(Kinder: entweder alle Treu oder alle Fröhlich)

Heute ist unsere Hochzeit
Petra & Helmut Treu
Kirchl. Trauung: 14:00 Uhr
Stadtpfarrkirche
Feier: Gasthof Ochsen

Wie viele Schüler/-innen möchten im Falle einer Eheschließung ihren Geburtsnamen auf irgendeine Art beibehalten?
Erhebung in der Klasse.

Auch die standesamtliche Ehe wird auf Lebenszeit geschlossen. Die Eheleute sind einander zur ehelichen Lebensgemeinschaft verpflichtet. Sie tragen füreinander Verantwortung.

Die Ehe wird vom Staat unterstützt. Die Eheleute sind jedoch einander verpflichtet, durch ihre Arbeit und mit ihrem Vermögen die Familie angemessen zu unterhalten. Wenn ein Ehepartner den Haushalt führt und die Kindererziehung übernommen hat, dann hat er dadurch die Unterhaltspflicht erfüllt.

Beendigung der Ehe:
Sie kann durch eine Scheidung, eine Aufhebung der Ehe (z. B. bei widerrechtlich erzwungener Eheschließung) oder durch den Tod eines Ehepartners erfolgen.

Persönliche Bedürfnisse des Ehegatten:
Hierunter fällt auch ein Taschengeld für jeden Ehepartner. Die Höhe richtet sich nach dem Vermögen, Einkommen und Lebensstil der Eheleute.

§ 1360a BGB

(1) Der angemessene Unterhalt der Familie umfasst alles, was nach den Verhältnissen der Ehegatten erforderlich ist, um die Kosten des Haushalts zu bestreiten und die persönlichen Bedürfnisse der Ehegatten und den Lebensbedarf der gemeinsam unterhaltsberechtigten Kinder zu befriedigen.

Eheliches Güterrecht

Vertraglicher Güterstand:

Wenn den Eheleuten die Regelungen des gesetzlich vorgeschriebenen Güterstandes nicht gefallen, können sie bei einem Notar einen so genannten Ehevertrag abschließen. In ihm wird der Güterstand festgelegt. Es gibt zwei Typen: Gütergemeinschaft und Gütertrennung.

Die Ehepartner besitzen häufig vor der Eheschließung schon ein Vermögen oder Vermögensgegenstände. Wem dieses Vermögen in der Ehe gehört, richtet sich nach der Art des Güterstandes. Wenn die Eheleute nichts vereinbaren, leben sie im gesetzlichen Güterstand, der so genannten Zugewinngemeinschaft. Während der Ehe ist dieser Güterstand fast identisch mit dem **vertraglichen Güterstand** der Gütertrennung. Das heißt:

- Vermögen, das ein Ehepartner in die Ehe gebracht hat, bleibt sein bzw. ihr Vermögen.
- Vermögen, das ein Ehepartner während der Ehe erwirbt, gehört ihm bzw. ihr.

Wird die Ehe geschieden, muss in der Zugewinngemeinschaft der Vermögenszuwachs, der Zugewinn, zwischen den beiden Eheleuten ausgeglichen werden.

Beispiel: Petra hat in der Ehe einen Vermögenszuwachs von 50 000 Euro, Helmut von 10 000 Euro. Im Falle einer Scheidung hätte Helmut einen Anspruch auf Zugewinnausgleich in Höhe von 20 000 Euro an Petra.

Ist es gerecht, dass bei einer Scheidung jener Ehepartner, der weniger Vermögenszuwachs während der Ehe hatte, einen Zugewinnausgleich vom anderen erhält?
Begründen Sie Ihre Meinung.

Will ein Ehepartner in einer Zugewinngemeinschaft über sein gesamtes Vermögen verfügen, muss der andere Ehepartner einwilligen.

Beispiel: Helmut Treu verwendet sein ganzes Vermögen zum Kauf eines Sportwagens. Hier muss die Ehefrau ihre Zustimmung geben.

Dies gilt auch, wenn ein Ehepartner einen Haushaltsgegenstand, der ihm gehört, verkauft. Häufig müssen solche Haushaltsgegenstände ersetzt werden, weil sie alt und wertlos wurden. Der

Ersatzgegenstand gehört dann auch jenem Ehepartner, der Eigentümer des ehemaligen Haushaltsgegenstandes war.

Beispiel: Petra verkauft ihre Waschmaschine. Zu diesem Geschäft muss ihr Ehemann einwilligen. Wenn Petras Waschmaschine ersetzt werden muss, wird sie auch Eigentümerin der neuen Waschmaschine.

Ist es sinnvoll, dass beim Verkauf von Haushaltsgegenständen der Ehepartner, dem der Gegenstand gehört, den anderen Ehepartner fragen muss? Begründen Sie Ihre Meinung.

Nach kurzer Krankheit verschied am Mittwochmittag mein lieber Ehemann, unser fürsorglicher Vater

Helmut Treu
* 28.03.1964 † 15.12.2008

Augsburg, den 16.12.2008

In tiefer Trauer:
Petra Treu, geb. Fröhlich
Erwin Treu, Sohn
Elvira Treu, Tochter

Der Trauergottesdienst findet am 19.12.2008 um 9:15 Uhr auf dem Westfriedhof statt. Von Beileidsbezeugungen am Grabe bitten wir abzusehen.

Wenn ein Ehepartner stirbt, endet die Ehe. Das Erbrecht im BGB verschafft dem überlebenden Ehepartner einen besonderen Erbanteil. Dieser erhält die Hälfte der Erbschaft, wenn die Eheleute im gesetzlichen Güterstand lebten. Die andere Hälfte fällt zu gleichen Teilen an die **Kinder.** Hatte der verstorbene Ehepartner keine Kinder, bekommt der andere Ehepartner drei Viertel der Erbschaft. Den Rest erhalten die **Eltern** des Verstorbenen.

Kinder in der gesetzlichen Erbfolge:
Sie gelten als Erben der ersten Ordnung. An die Stelle verstorbener Kinder treten deren Kinder.

Eltern in der gesetzlichen Erbfolge:
Sie gelten als Erben der zweiten Ordnung. Anstelle verstorbener Eltern treten deren Kinder, also die Geschwister des Verstorbenen.

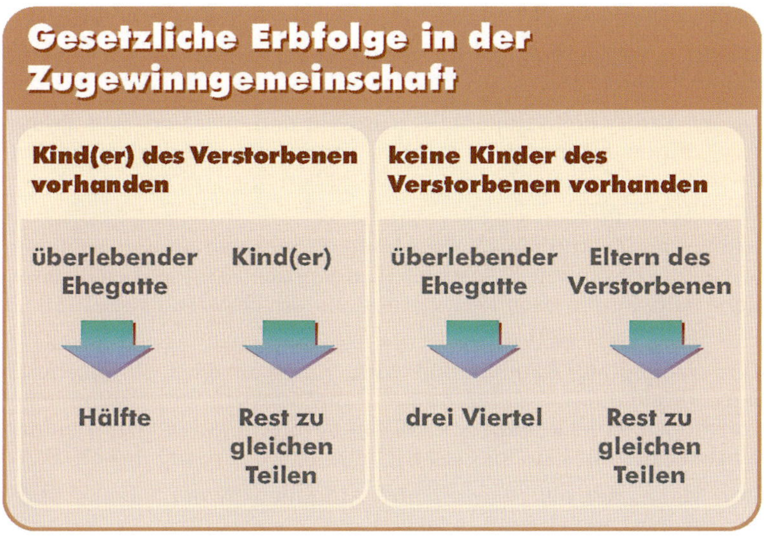

Quelle: R. A. Drude

Testament:

Ein eigenhändiges Testament muss eigenhändig geschrieben und unterschrieben werden, damit es gültig ist. Das öffentliche Testament wird mit Hilfe eines Notars gemacht.

In der Gütertrennung bekommt der überlebende Ehepartner mindestens ein Viertel und höchstens die Hälfte der Erbschaft. Mit einem Testament legen die Ehepartner häufig den überlebenden Ehepartner als Alleinerben fest. Das **Testament** hat Vorrang vor den gesetzlichen Regelungen.

Ist es gerecht, dass in einer Ehe mit Kindern der überlebende Ehegatte weniger erhält als in einer kinderlosen Ehe?

3.3 Herausforderungen an Familie und Gesellschaft

Die Familie steht als Keimzelle im Zentrum der Gesellschaft. Dies hat zur Folge, dass sie von gesellschaftlichen Entwicklungen beeinflusst wird. Dabei kann sich die innere Struktur der Familie verändern.

Veränderte Geschlechterrollen

Die Familienmitglieder übernehmen je nach Alter und Geschlecht bestimmte Rollen in der Familie: Ehepartner, Mutter, Kind, Bruder, Schwester usw. Diesen Rollen sind unterschiedliche Rechte und Pflichten zugeordnet.

In der traditionellen Rollenverteilung war der Frau in erster Linie die Rolle der Ehepartnerin, Hausfrau und Mutter zugedacht. Sie galt als passiv, erduldend, sensibel, emotional und musste offen für alle Familienprobleme sein. Das Umsorgen der anderen Familienmitglieder sollte im Mittelpunkt ihres Lebens stehen.

Der Mann war dagegen der „Herr im Haus". Er wurde überwiegend in seiner Berufsrolle gesehen, als Ernährer der Familie. Eigenschaften wie Leistungsbereitschaft, Tatkraft und Härte wurden ihm zugeschrieben. Vom Mann wurde die Familie nach außen hin verteidigt und vertreten.

Die Männer wurden bei dieser Rollenverteilung als höherwertig eingestuft.

Dieses traditionelle Rollenbild wurde in den 60er und 70er Jahren des vorigen Jahrhunderts kritisch hinterfragt. Die damaligen Studenten- und Frauenbewegungen haben eine Änderung dieses Schemas bewirkt.

Heutzutage werden nur noch wenige Eigenschaften und Fähigkeiten einem bestimmten Geschlecht zugeordnet. Zärtlichkeit, Kinderliebe und Empfindsamkeit werden als gleich wichtig für Männer und Frauen genannt.

Das traditionelle Familienbild wirkt dennoch nach. Es erschwert den Frauen die Entfaltung im Beruf und führt zu unterschiedlichen Aufstiegsmöglichkeiten von Männern und Frauen. Die emanzipierte Frau wird von der Gesellschaft nicht nur positiv gesehen.

Der Mann, der als „Hausmann" Aufgaben in der Familie übernimmt, wird noch häufig belächelt.

1. Welche Vorteile bietet die traditionelle Rollenaufteilung in der Familie?
2. Kann die Kindererziehung bei der modernen Rollenaufteilung leiden?
3. Warum bezeichnen einige Menschen moderne Frauen als „Emanzen" und Hausmänner als „Weicheier"?

Kaum Männer am Bügelbrett
-Rollenbild wenig verändert-
Wiesbaden(dpa)
Wer hätte das anno 2004 gedacht: Männer verbringen ihre Freizeit auf dem Fußballplatz, in der Küche stehen dafür meist die Frauen. Das klingt nach 50er Jahre, ist nach der jüngsten „Zeitbudgeterhebung" des Statistischen Bundesamtes aber in vielen Fällen nach wie vor Realität.
Münchener Merkur

Vereinbarkeit von Beruf und Familie

Bei vielen Mitbürgern herrscht die Meinung vor, dass die Berufstätigkeit beider Elternteile negative Auswirkungen auf die Familie habe.

Beklagt wird, dass die Eltern zu wenig daheim wären: Sie würden an Überarbeitung leiden und hätten zu wenig Zeit für die Familie. Negativ könne sich besonders Nacht-, Schicht- und Feiertagsarbeit auswirken.

Fest steht, dass sich bei gleitender Arbeitszeit die Familienbelange mit dem Beruf am besten vereinbaren lassen.

Dem trägt auch der Gesetzgeber Rechnung:

Art. 10 BayGlG

Soweit dienstliche Belange nicht entgegenstehen, soll im Rahmen der gesetzlichen, tarifvertraglichen und sonstigen Regelungen der Arbeitszeit im Einzelfall Beschäftigten mit Familienpflichten bei Notwendigkeit über die gleitende Arbeitszeit hinaus eine flexible Gestaltung der Arbeitszeit ermöglicht werden.

BayGlG:
Bayerisches Gleichstellungsgesetz

Für das Familienleben ist es von großer Bedeutung, ob die erwerbstätigen Familienmitglieder mit ihrem Beruf zufrieden sind. Negativ ist es, wenn sie erschöpft, verärgert, gestresst oder gereizt nach Hause zurückkommen. Dann erleben sie Kinderbetreuung als zusätzliche Belastung.

Umgekehrt wirkt sich das Familienklima auf das berufliche Engagement aus. Ein gutes Familienklima fördert die berufliche Leistungsfähigkeit.

Kinderreiche Familie

Foto:dpa

1. Nennen Sie Gründe, die gegen die Vereinbarkeit von Beruf und Familie sprechen.
2. Welche Gründe sprechen dafür?
3. Wie würden Sie sich entscheiden? Warum?

Jahrgangsstufe 10

Kinder als Armutsrisiko

Familien mit mehreren Kindern sind häufig finanziell schlechter gestellt als Kleinfamilien. Viele große Familien sind auf die Hilfe des Staates angewiesen.

Der Staat zahlt Kindergeld und unterstützt Familien, die unter dem Existenzminimum leben müssen.

In vielen deutschen Städten und Gemeinden mangelt es an großen, kostengünstigen Wohnungen. Zudem stoßen Mehrkindfamilien bei Vermietern mitunter auf Vorbehalte. Deshalb muss sich ein Teil dieser Familien mit teuren und zu kleinen Wohnungen abfinden. **Sozialwohnungen** sind gerade in großen Gemeinden nicht immer ausreichend vorhanden. Durch die hohe Miete bedingt, fehlt es an Geld für Freizeitaktivitäten, Urlaub und Bildung.

Mehrere Kinder zu betreuen hat häufig zur Folge, dass nur ein Elternteil berufstätig sein kann. Dies bedeutet einen weiteren Verlust an verfügbarem Einkommen und kann zu **Armut** führen.

Sozialwohnungen:
Wohnungen, deren Bau vom Staat gefördert wird und die an Bedürftige preiswert vermietet werden

Armut:
Als arm gilt, wer mit weniger als der Hälfte des durchschnittlichen Pro-Kopf-Einkommens leben muss. Diesen Personen steht in der Regel Sozialhilfe zu.

Sollte der Staat die Großfamilie stärker fördern? Warum? Wie könnte dies geschehen?

Neue Formen der Partnerschaft und des Zusammenlebens

Wohngemeinschaft (WG) in den 70er Jahren

Verhandlungsfamilie:
Die Aufgaben in der Familie werden in bestimmten Zeitabständen neu ausgehandelt.

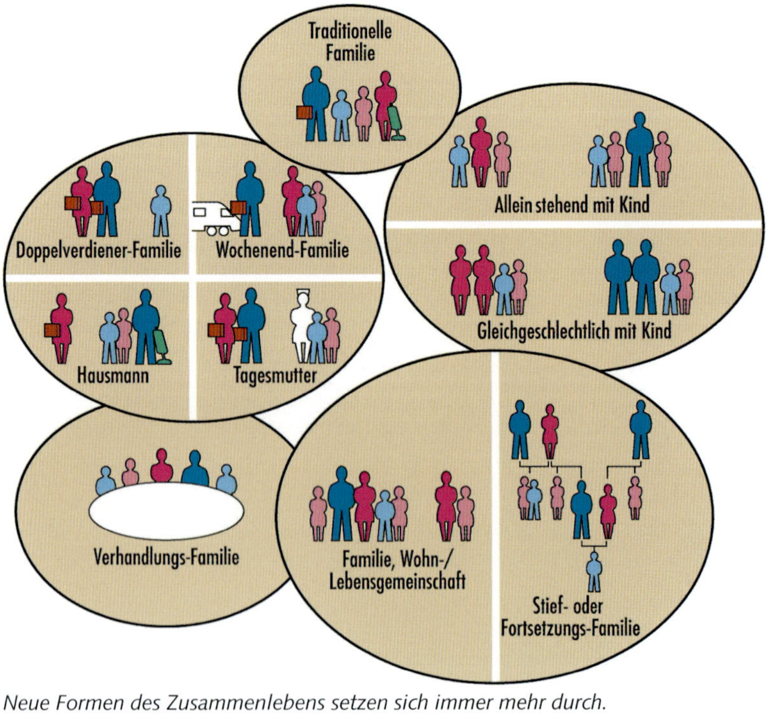

Neue Formen des Zusammenlebens setzen sich immer mehr durch.

Grafik: Dave Vaughan

1. Welche Vor- oder Nachteile sehen Sie in diesen Lebensformen für die Kinder?
2. Welche für die Erwachsenen?

Begründen sie Ihre Meinung.

In den 60er und 70er Jahren des vorigen Jahrhunderts haben sich junge Menschen zuweilen zu Wohngemeinschaften zusammengeschlossen. Hier wollten sie ihre politischen Ideen schmieden und umsetzen. Das „freie Leben“ und die „freie Sexualität“ standen dabei im Vordergrund. Wohngemeinschaften junger Leute gibt es auch heute noch. Dabei steht jetzt aber im Vordergrund, für eine bestimmte Zeit einen preiswerten Wohnraum zu haben. Es sind Zweckgemeinschaften, die innere Bindung dieser Gemeinschaften ist nicht so intensiv ausgeprägt.

Neben der klassischen Ehe gibt es weitere, staatlich anerkannte Möglichkeiten des Zusammenlebens.

Heute ist es gleichgeschlechtlichen Paaren möglich, sich vor dem Notar als „Lebensgemeinschaft“ eintragen zu lassen. Eingetragene Lebensgemeinschaften haben ähnliche Rechte und Pflichten wie Ehepaare.

Eine vollständige Gleichstellung zwischen Ehe und gleichgeschlechtlichen Lebensgemeinschaften ist nicht vorgesehen. Ein wichtiger Grund dafür ist, dass gleichgeschlechtliche Lebensgemeinschaften miteinander keine Kinder bekommen können.

Foto: dpa

Gleichgeschlechtliche Lebensgemeinschaft

1. Welche Gründe sprechen für, welche gegen die staatliche Aufwertung gleichgeschlechtlicher Lebensgemeinschaften?
2. Sollten gleichgeschlechtliche Lebensgemeinschaften Kinder adoptieren dürfen? Begründen Sie Ihre Meinung.
3. Wie beurteilen Sie die zurückhaltende Position vieler Menschen zu dieser Regelung?

3.4 Maßnahmen staatlicher Familienpolitik

Der besondere Schutz von Ehe und Familie im Grundgesetz drückt sich neben der Bevorzugung der Ehe insbesondere in der finanziellen Unterstützung der Familien aus. Die meisten dieser **Transferleistungen** stehen auch allein erziehenden Personen zu.

Transferleistungen:

Zahlungen des Staates in Form von Kindergeld, Erziehungsgeld, Ausbildungsförderung

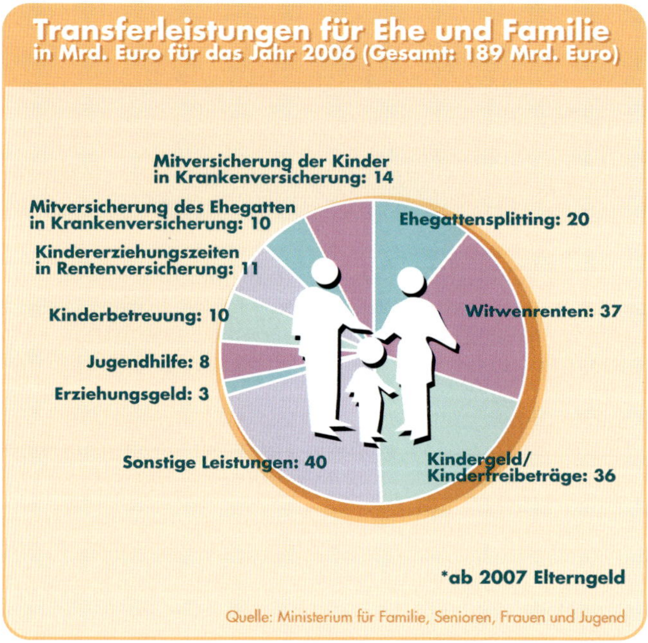

Grafik: R. A. Drude

Sind Ihrer Meinung nach die Leistungen des Staates zum Schutz von Ehe und Familie ausreichend?

Wer betreut Deutschlands Kinder?

Seit Einführung des Rechtsanspruchs auf einen Kindergartenplatz besuchen nahezu alle Kinder ab vier Jahren den Kindergarten. Nur zehn Prozent des Altersjahrgangs der Fünf- bis Sechsjährigen erreicht dieses Angebot nicht. Darunter sind häufiger Kinder aus benachteiligten Familien. Auch Kinder mit Migrationshintergrund sind recht gut in den Kindergarten integriert. Die, die nicht hingehen, kommen aus bildungsfernen Familien. (...) Problematisch sieht es (...) für den Altersbereich der zwei- bis vierjährigen Kinder aus. Eltern wünschen sich mehr Betreuungsangebote, die früher zur Verfügung stehen: Nach der Elterngeldphase, d.h. nach dem ersten Lebensjahr des Kindes steigt der Bedarf nach außerhäuslicher Betreuung. 31 Prozent der befragten Eltern wünschen sich einen Betreuungsplatz für das zweite Lebensjahr und 60 Prozent für das dritte Lebensjahr der Kinder.

Quelle: Deutsches Jugendinstitut e.V.: DJI-Kinderbetreuungsstudie

Viele Ehepaare wünschen sich Kinder und wollen bzw. müssen zugleich langfristig beruflich tätig bleiben. Staatliche Zahlungen an die Eltern reichen hier nicht aus. Der Staat muss sie in der Kindererziehung unterstützen. In der staatlichen Familienpolitik wurden hierfür folgende Maßnahmen entwickelt:

- Elternzeit
- Kinderbetreuung
- Ganztagsschulen

Der frühere Erziehungsurlaub heißt jetzt Elternzeit: Väter und/oder Mütter widmen sich im eigenen Haushalt der Betreuung und Erziehung des Kindes, ohne dass sie zugleich in Vollzeit ihren Beruf ausüben. Die Elternzeit beträgt höchstens drei Jahre und endet grundsätzlich mit der Vollendung des dritten Lebensjahres des Kindes. Während der Gesamtdauer der Elternzeit besteht Kündigungsschutz. Das Arbeitsverhältnis bleibt also erhalten. Die Elternzeit ist im Bundeselterngeld- und Elternzeitgesetz geregelt.

Warum wird den Eltern „unbezahlter Urlaub von der Arbeit" nur in den ersten drei Lebensjahren des Kindes angeboten?

Kindergärten unterstützen die Familien.

Kinderkrippen:

Die Anzahl der Kinderkrippenplätze reicht derzeit nicht aus. Bis zum Jahr 2013 sollen in Bayern 77 400 neue Betreuungsplätze in Kinderkrippen und in der Tagespflege geschaffen werden.

Tagespflege:

Eine vom Jugendamt ausgewählte Person (Tagesmutter, Tagesvater) betreut fremde Kinder.

Wer keine Elternzeit nehmen will oder kann, erhält vom Staat Hilfe bei der Erziehung und Betreuung der eigenen Kinder. Kinder unter drei Jahren können in **Kinderkrippen,** Kindergärten und in der **Tagespflege** betreut werden. Dies erfolgt im Freistaat Bayern im Rahmen der Kinderbetreuung. Die Kinderbetreuung kann sich bis zum 16. Lebensjahr eines Kindes fortsetzen. Die meisten Drei- bis Sechsjährigen gehen heutzutage in einen Kindergarten. Die Gemeinden sind für deren Bau und Betrieb verantwortlich. Für die Betreuung ihrer Kinder von sechs bis zehn Jahren steht den Eltern oft ein Hort zur Verfügung. Viele Grundschulen bieten eine Mittagsbetreuung an. 10- bis 16-jährige Schüler können im Rahmen der Kinderbetreuung Ganztagsbetreuungseinrichtungen besuchen.

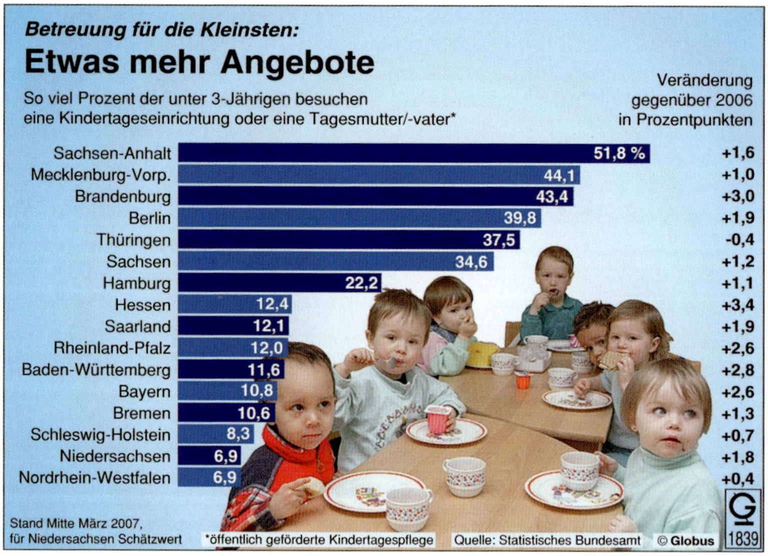

1. Welche Betreuungsmaßnahmen bietet der Staat in Deutschland für Kinder unter drei Jahren?
2. Wie können sich die staatlichen Betreuungsangebote auf die Bevölkerungsentwicklung auswirken? Begründen Sie Ihre Meinung.
3. Diskutieren Sie darüber, welche Faktoren die Geburtenrate beeinflussen!

Angebote der Schulen am Nachmittag entlasten Familien.

Eine obligatorische Ganztagsschule ist in Bayern nicht vorhanden. Es gibt zwei Formen von Ganztagsschulen in Bayern: In der so genannten gebundenen Ganztagsschule wird der Pflichtunterricht auf den Vormittag und den Nachmittag verteilt. Über den ganzen Tag hinweg wechseln Unterrichtsstunden mit Übungs- und Studierzeiten und sportlichen, musischen oder künstlerisch orientierten Fördermaßnahmen. Selbstverständlich werden auch Freizeitaktivitäten angeboten. Schüler und Schülerinnen, die Schwierigkeiten beim Lernen haben, erhalten in dieser Ganztagsschule mehr Lernzeit. Es werden überwiegend Lehrer und Förderlehrer eingesetzt. Hausaufgabenhilfe wird angeboten.

In der offenen Ganztagsschule findet der stundenplanmäßige Unterricht vormittags statt. Im Anschluss daran bietet die Schule an vier bis fünf Tagen ein betreutes Mittagessen und ein Nachmittagsangebot mit Freizeitaktivitäten und Hausaufgabenbetreuung an. Die Angebote am Nachmittag werden in erster Linie von externen Kräften wie z. B. Sozialpädagogen betreut.

In Frankreich haben Ganztagsschulen eine lange Tradition, in Schweden ist dieser Schultyp der Normalfall. In der Bundesrepublik Deutschland ist die Idee der Ganztagsschulen politisch umstritten.

1. Warum ist die Ganztagsschule eine Unterstützung für die Familien?
2. Worin sehen Sie als Schülerin bzw. Schüler Vorteile und Nachteile der Ganztagsschule?
3. Wie stehen Sie zur Ganztagsschule als Pflichtschule?

Zusammenfassung

Die meisten Menschen leben in Familien. Diese helfen den Kindern, in die Gesellschaft hineinzuwachsen (Primärsozialisation).

Im Laufe der Zeit hat sich die Familie von der Großfamilie (Großeltern, Eltern, Kinder, Gesinde) zur Kleinfamilie (Vater, Mutter, ein bis drei Kinder) entwickelt.

Entsprechend haben sich die Aufgaben in der Familie verändert. Ernährer/Verdiener sind häufig Vater und Mutter. Die Aufgaben im Haushalt und die Kindererziehung werden von beiden Elternteilen erfüllt.

Die Erziehungsstile haben sich verändert: Vom strengen, autoritären Erziehungsstil wurde zum vorbildhaften, liberalen Erziehungsstil gewechselt.

Das Grundgesetz und die Bayerische Verfassung schützen ausdrücklich Ehe und Familie.

Das Namensrecht des BGB ermöglicht den Eheleuten mehrere Kombinationsmöglichkeiten.

Durch die Eheschließung sind die Ehepartner zum Unterhalt der Familie verpflichtet.

Die Vermögensverhältnisse in einer Ehe richten sich nach dem Güterstand.

Der gesetzliche Güterstand heißt Zugewinngemeinschaft.

Die vertraglichen Güterstände sind die Gütergemeinschaft und die Gütertrennung.

Im Güterstand der Zugewinngemeinschaft bleibt das Vermögen der einzelnen Ehegatten getrennt.

Wird die Ehe geschieden, so findet in der Zugewinngemeinschaft ein Vermögensausgleich statt.

Das gesetzliche Erbrecht sieht für den überlebenden Ehepartner einen Erbanteil vor.

Die Vereinbarkeit von Beruf und Familie ist weiterhin problematisch. Sie kann sich negativ auf die Kinder auswirken (Stress, Zeitmangel).

Viele Kinder können Armut in die Familie bringen.

Die rechtliche Position gleichgeschlechtlicher Partnerschaften wurde verbessert. Eine Gleichstellung mit der Familie hat nicht stattgefunden.

Der staatliche Schutz von Ehe und Familie erfolgt unter anderem durch Steuererleichterungen, Transferleistungen (z. B. Kindergeld), Elternzeit sowie Einrichtungen, in denen Erziehung und Betreuung der Kinder gewährleistet werden (z. B. Kindergärten).

Wissens-Check

1. Die Aufgaben der Familie haben sich im Laufe der Zeit geändert. Nennen sie Beispiele.
2. Nennen sie Vor- und Nachteile verschiedener Erziehungsstile.
3. Situation: Sigrun Kurz und Johannes Müller heiraten.
   a) Bei der Eheschließung möchte Sigrun die Ehe zunächst für die Dauer von zehn Jahren schließen. Eine Verlängerung könnte sich ja noch anschließen. Was wird der Standesbeamte zu dieser Idee sagen?
   b) Welche Namenskombinationen sind für die beiden Eheleute denkbar?
   c) Die beiden Ehepartner vereinbaren keinen Güterstand. In welchem Güterstand leben sie dann?
   d) Sigrun bringt unter anderem einen Kühlschrank mit in die Ehe. Johannes hat ein Aktiendepot im Wert von 50.000 Euro. Wem gehören die Vermögensgegenstände nach der Eheschließung?
   e) Sigrun möchte ihren Kühlschrank verkaufen. Johannes will sein Aktiendepot auflösen. Was müssen die Eheleute bei ihren Verfügungen beachten?
4. Welche Probleme bei der Vereinbarkeit von Beruf und Familie kennen Sie?
5. Warum können Kinder ein Armutsrisiko sein?
6. Warum sind gleichgeschlechtliche Lebensgemeinschaft und Ehe vor dem Gesetz nicht vollständig gleichgestellt?
7. Mit welchen Maßnahmen schützt der Staat Ehe und Familie?
8. Welche staatlichen Hilfen für Familien wirken sich finanziell aus?
9. Welche Unterstützungen für Familien dienen der Erziehung und Betreuung der Kinder?

Links

www.socioweb.de/seminar/rolle/anwenden

www.bmfsfi.de

www.familienhandbuch.de

www.club-der-toten-soziologen.de

www.stmas.bayern.de

www.km.bayern.de

A Staatsziele und Staatsordnung

- Staatsaufgaben
- Gewaltenteilung – Machtkontrolle
- Grundrechte

- Innere und äußere Sicherheit
- Extremismus – abwehrbereite Demokratie
- Strukturprinzipien
- freiheitlich-demokratische Grundordnung

1 Die Bedeutung des Staates

In Darfur vergewaltigen Soldaten, Milizen und Polizisten

In der Krisenregion im Westen des Sudan sind Frauen sexueller Gewalt selbst durch jene ausgesetzt, die sie schützen sollten. Der Konflikt im Westen des Sudan brach Anfang 2003 aus. Damals, als sich ein Frieden zwischen dem christlichen Süden und der islamistischen Zentralregierung im Norden abzeichnete, griffen in Darfur zwei Rebellenbewegungen zu den Waffen. Khartum setzte darauf eigenes Militär und die Janjawid gegen die Zivilbevölkerung ein. (...) Inzwischen sind die Kämpfe abgeflaut. Doch das Banditentum nimmt zu (...) 1,9 Millionen intern Vertriebene hausen in Lagern oder Notunterkünften in Darfur selbst. Wenn nun Frauen und Mädchen aus solchen Lagern übers Feld gehen, um Holz zu sammeln oder Wasser zu holen, so werden sie häufig brutal überfallen und bis aufs Blut gequält. (...) Im Juli vor einem Jahr hatte die sudanesische Regierung (...) versprochen, dem Treiben unverzüglich einen Riegel vorzuschieben und die Verbrechen zu ahnden. Seither ist wenig bis gar nichts in dieser Richtung geschehen (...).

Tagesanzeiger 04.08.2005

Thomas Hobbes (1588 – 1679):

Englischer Staatsphilosoph, dessen Idee zur Entwicklung eines mächtigen Staates von einem negativen Menschenbild ausgeht. Hobbes sagt: „Der Mensch ist des Menschen Wolf."

Kalter Krieg:

Zeitepoche nach dem Zweiten Weltkrieg bis Ende der 60er Jahre

Westeuropa und die USA standen dem kommunistischen Osteuropa gegenüber. Beide Machtblöcke waren hochgerüstet, eine direkte gewaltsame Auseinandersetzung fand aber nie statt.

Schreckliche Bürgerkriege können aufgrund einer fehlenden staatlichen Ordnung entstehen. Ohne einen Staat herrscht der jeweils Stärkere. **Thomas Hobbes** begründet die Notwendigkeit eines Staates damit, dass ansonsten ein ständiger Krieg jeder gegen jeden drohe. Die Bedeutung einer staatlichen Ordnung wird heutzutage von niemandem in Frage gestellt. Diskutiert wird allenfalls darüber, wie stark der Staat in verschiedene Gesellschaftsbereiche, z. B. in die Marktwirtschaft, eingreifen soll.

1.1 Äußere Sicherheit

Den Menschen eines Landes droht der Verlust des Friedens und der Freiheit nicht nur durch kriminelle Aktivitäten im Inneren, sondern auch durch kriegerische Handlungen von außen. Zur Wahrung der äußeren Sicherheit dienen Armeen und Verteidigungsbündnisse.

Für die Bundesrepublik Deutschland spielte die äußere Sicherheit lange Zeit eine herausragende Rolle. Der Grund dafür war der Ost-West-Konflikt bzw. der **Kalte Krieg**. In dieser Zeit wurde deutlich, dass durch ausreichende Bewaffnung und Bündnisbildung Kriege verhindert werden können.

Um den Missbrauch der Bundeswehr zu Angriffszwecken zu verhindern, wurde im Grundgesetz Artikel 26 verankert.

Foto: dpa

Die Bundeswehr trägt zur äußeren Sicherheit bei.

Art. 26 GG

(1) Handlungen, die geeignet sind und in der Absicht vorgenommen werden, das friedliche Zusammenleben der Völker zu stören, insbesondere die Führung eines Angriffskrieges vorzubereiten, sind verfassungswidrig. Sie sind unter Strafe zu stellen.

1.2 Innere Sicherheit und Ordnung

Der Wunsch der Menschen nach friedvollem Zusammenleben verlangt einen Staat, der die Sicherheit im Inneren gewährleistet. Dies erfolgt durch die Tätigkeit der Polizei und der Gerichte. Die Berechtigung, **physische Gewalt** anzuwenden, liegt dabei grundsätzlich beim Staat. Dies wird als Gewaltmonopol des Staates bezeichnet. Lediglich in Notwehrsituationen darf sich der Einzelne mit Gewalt wehren.

Physische Gewalt:
Körperliche Gewalt

Die Innere Sicherheit ist ein soziales Grundrecht, das zu gewähren der Staat gegenüber den Bürgern in der Pflicht steht. Nach den Terroranschlägen vom 11. September 2001 sind die Herausforderungen für die Sicherheitsbehörden wegen der seither erhöhten abstrakten Gefährdungslage nochmals deutlich gestiegen. Die Innere Verwaltung im Freistaat nimmt diese großen Herausforderungen an.

Bayerisches Staatsministerium des Innern
Pressestelle

Die Polizei trägt zur inneren Sicherheit bei.

1. Inwiefern wird die Freiheit in einer Gesellschaft durch die Gewährleistung der inneren Sicherheit gegeben?
2. Welche staatlichen Institutionen sorgen für die innere Sicherheit?

1.3 Die Wahrung und Entwicklung der Rechtsordnung

Eng verbunden mit der inneren Sicherheit und Ordnung ist die Rechtsordnung eines Staates. In ihr werden das Zusammenleben der Personen und deren Verhältnis zum Staat festgelegt. Das Recht soll Gerechtigkeit stiften. Wichtige Rechtsgrundlagen stellen in Deutschland das **BGB** und das **StGB** dar. Weil sich die Gesellschaft wandelt, muss sich auch die Rechtsordnung weiterentwickeln. So hat sich z. B. das Namensrecht im § 1355 BGB folgendermaßen geändert:

BGB (Bürgerliches Gesetzbuch):
Es regelt die Rechtsbeziehungen der Bürger untereinander.

StGB (Strafgesetzbuch):
Es legt fest, welche Handlungen in der Bundesrepublik strafbar sind.

§ 1355 BGB (Auszug aus der alten Fassung)

(2) Zum Ehenamen können die Ehegatten bei der Eheschließung durch Erklärung gegenüber dem Standesbeamten den Geburtsnamen des Mannes oder den Geburtsnamen der Frau bestimmen. Treffen sie keine Bestimmung, so ist Ehename der Geburtsname des Mannes.

§ 1355 BG (Auszug aus der derzeitigen Fassung)

(1) Die Ehegatten sollen einen gemeinsamen Familiennamen (Ehenamen) bestimmen (...) Bestimmen die Ehegatten keinen Ehenamen, so führen sie ihren zur Zeit der Eheschließung geführten Namen auch nach der Eheschließung.

(2) Zum Ehenamen können die Ehegatten durch Erklärung gegenüber dem Standesbeamten den Geburtsnamen des Mannes oder den Geburtsnamen der Frau bestimmen.

Welche Unterschiede können Sie erkennen?

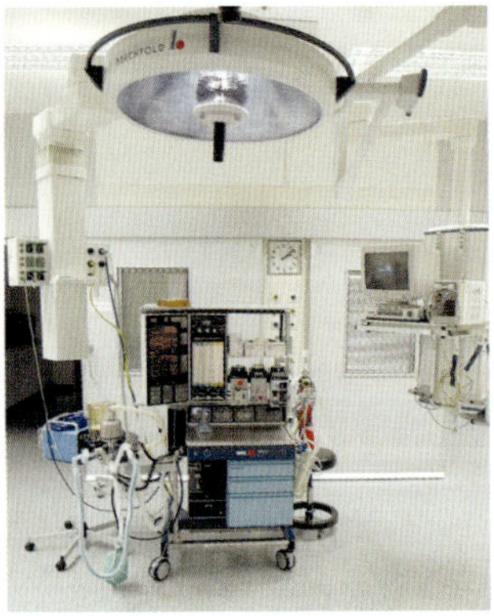

Foto: dpa

Krankenhäuser gehören zur Daseinsvorsorge des Staates.

1.4 Daseinsvorsorge

Hoch entwickelte Staaten bieten ihren Bürgern zur Daseinsvorsorge eine Vielzahl an öffentlichen Einrichtungen. Straßen, die Wasserversorgung und Abwasserentsorgung, Krankenhäuser, Schulen, Kindergärten, Altersheime, Museen, Theater usw. leisten einen wichtigen Beitrag zur Lebensqualität. Die Kosten hierfür werden in der Bundesrepublik Deutschland vielfach von den Gemeinden getragen.

Art. 57 Gemeindeordnung

(1) Im eigenen Wirkungskreis sollen die Gemeinden (...) die öffentlichen Einrichtungen schaffen und erhalten, die (...) für das wirtschaftliche, soziale und kulturelle Wohl (...) ihrer Einwohner erforderlich sind.

Der Sozialstaat gewährt bedürftigen Personen Wohngeld.

Jahrgangsstufe 11

1.5 Die soziale Sicherheit

Die Staatsvorstellung im 19. Jahrhundert wurde von den Kritikern als **Nachtwächterstaat** bezeichnet. Nach einer modernen Staatsvorstellung soll der Staat seinen Bürgern auch ein menschenwürdiges Leben ermöglichen. Wie stark der so genannte Sozialstaat ausgeprägt sein soll, hängt von der jeweiligen Sozialpolitik einer Regierung ab. Mindestansprüche ergeben sich aus dem Grundgesetz.

Nachtwächterstaat:

Seine Aufgaben erschöpften sich darin, die innere und äußere Sicherheit zu gewährleisten und eine Rechtsordnung herzustellen. Die soziale Lage der Bürger hat in dieser Staatsvorstellung den Staat nicht zu interessieren.

Art. 1 GG

(1) Die Würde des Menschen ist unantastbar.

Art. 20 GG

(1) Die Bundesrepublik Deutschland in ein demokratischer und sozialer Bundesstaat.

1.6 Förderung der wirtschaftlichen Entwicklung

Die soziale Situation der Bürger eines Landes ist vielfach von der wirtschaftlichen Entwicklung abhängig. Daher bemüht sich der Staat die Wirtschaft zu fördern. Dies kann z. B. durch Subventionen geschehen oder durch **Konjunkturprogramme**.

Konjunkturprogramme:
Sämtliche staatlichen Ausgaben, um die Wirtschaft „anzukurbeln" (z. B. verstärkte Vergabe öffentlicher Aufträge)

Wachstumspaket ist geschnürt

Bundeskabinett einigt sich auf 25-Milliarden-Programm

Genshagen (dpa/ddp/afp) – Die Bundesregierung hat sich auf ihrer Kabinettsklausur in Genshagen (Brandenburg) auf die Einzelheiten für das geplante 25-Milliarden-Euro-Paket zur Ankurbelung der Wirtschaft verständigt. Das Paket sei geschnürt, hieß es am Montag aus Regierungskreisen am Rande des Treffens.

Augsburger Allgemeine

Mit Müllsammelstellen betreibt der Staat Umweltschutz.

1.7 Schutz der natürlichen Lebensgrundlagen

Die Lebensweise der Menschen in den Industrienationen hat in den vergangenen Jahrzehnten zunehmend Umweltprobleme hervorgerufen. Diese können den Staat nicht unberührt lassen. Daher betreibt er aktive Umweltpolitik. Ihre Bedeutung wird auch durch ihre verfassungsmäßige Verankerung deutlich.

Art. 20a GG:

Der Staat schützt auch in Verantwortung für die künftigen Generationen die natürlichen Lebensgrundlagen und die Tiere im Rahmen der verfassungsmäßigen Ordnung durch die Gesetze und nach Maßgabe von Gesetz und Recht durch die vollziehende Gewalt und die Rechtsprechung.

1.8 Funktionierende Verwaltung

Alle genannten Staatsaufgaben müssen für die Bürger umgesetzt werden. Dies geschieht durch die öffentliche Verwaltung im Bund, den Ländern und Kommunen. Sie handelt als **Leistungsverwaltung**, wenn sie z. B. Sozialhilfe und Wirtschaftsförderung zahlt oder einen Kindergartenplatz bereitstellt. Dagegen handelt es sich um **Eingriffsverwaltung**, wenn die öffentliche Verwaltung beispielsweise Bürgern Bußgelder auferlegt, von ihnen Steuern eintreibt oder eine Fahrerlaubnis entzieht.

Leistungsverwaltung:
Hier gewährt die öffentliche Verwaltung dem Bürger Rechte oder verschafft ihm Vorteile. Sie können sich direkt finanziell auswirken. Es können aber auch Rechte ohne direkte finanzielle Wirkungen eingeräumt werden (z. B. Baugenehmigung).

Eingriffsverwaltung:
Hier greift die öffentliche Verwaltung in die Rechte des Bürgers ein. Er verliert eine Berechtigung oder muss Zahlungen leisten, ohne hierfür eine Gegenleistung zu erhalten.

2 Die wertgebundene Ordnung der Bundesrepublik Deutschland

Präambel:
Feierliche Einleitung einer Verfassung oder eines Staatsvertrages

Grundgesetz:
Bezeichnung für die Verfassung der Bundesrepublik Deutschland

*In der **Präambel** des **Grundgesetzes** haben sich die Väter und Mütter des Grundgesetzes zur Verantwortung vor Gott und den Menschen verpflichtet. Die Verfassung der Bundesrepublik Deutschland beinhaltet eine bewusst festgelegte Werteordnung. Viele Grundrechte entstanden aus Abscheu vor den Verbrechen des Nationalsozialismus. Mit dem Bekenntnis zu einem friedvollen Europa und der Verantwortung für den Erhalt der natürlichen Lebensgrundlagen sind weitere Wertvorstellungen hinzugekommen.*

2.1 Das Menschenbild des Grundgesetzes

Sozialbindung des Eigentums:
Umschreibung des Art. 14 Abs. 2 GG
Damit ist gemeint, dass sich die Nutzung des Privateigentums am Gemeinwohl orientieren soll.

Art. 2 GG

(1) Jeder hat das Recht auf die freie Entfaltung seiner Persönlichkeit, soweit er nicht die Rechte anderer verletzt und nicht gegen die verfassungsmäßige Ordnung oder das Sittengesetz verstößt.

Art. 14 GG

(1) Das Eigentum und das Erbrecht werden gewährleistet, Inhalt und Schranken werden durch Gesetze bestimmt.

(2) Eigentum verpflichtet. Sein Gebrauch soll zum Wohl der Allgemeinheit dienen.

Art. 5 GG

(1) Jeder hat das Recht, seine Meinung in Wort, Schrift und Bild frei zu äußern (...)

(2) Diese Rechte finden ihre Schranken in den Vorschriften der allgemeinen Gesetze, den gesetzlichen Bestimmungen zum Schutz der Jugend und in dem Recht der persönlichen Ehre.

1. Welche der oben genannten Grundgesetzartikel stellen den Einzelnen in den Mittelpunkt?
2. Wie wird in diesen Grundgesetzartikeln der Bezug des Einzelnen zur Gemeinschaft erkenntlich?

„Du bist nichts, dein Volk ist alles!"
Parole im Nationalsozialismus

„Die Partei, die Partei, sie hat immer Recht."
Aus einem alten DDR-Lied. Mit Partei ist die ehemals herrschende Sozialistische Einheitspartei Deutschlands (SED) gemeint.

1. Welches Menschenbild lag dem Nationalsozialismus zugrunde?
2. Welche Rolle spielte der Einzelne im kommunistischen DDR-System?

Indem das Grundgesetz die Grundrechte an seinen Anfang stellt, misst es dem Einzelnen eine hohe Wertschätzung bei. Dem parlamentarischen Rat als verfassunggebender Versammlung erschien es 1949 als wichtig, dass die Achtung der Menschenwürde und die Freiheitsrechte wieder Geltung erlangen sollten. Damit wurde der Idee des **Kollektivismus** im Nationalsozialismus und Kommunismus bewusst entgegengewirkt. Das Grundgesetz verschafft dem Einzelnen allerdings nicht schrankenlose Freiheiten. Die Allgemeinheit, der Staat und die Mitmenschen können die Rechte des Einzelnen beschränken. Daran wird der Gemeinschaftsbezug des Grundgesetzes erkenntlich.

Kollektivismus:
Vorrang der Gesamtheit, der Gesellschaft oder des Volkes vor dem Einzelnen

2.2 Die Grundrechte des Grundgesetzes

Frau muss sich auf Polizeirevier nackt ausziehen

Augsburg (dpa) – Eine 22-jährige Frau aus Augsburg, die bei einer Polizeikontrolle angetroffen wurde, musste sich bei der Überprüfung auf einem Augsburger Polizeirevier nackt ausziehen. Sie wurde von einer Beamtin nach Waffen und Hinweisen auf Rauschgiftsucht untersucht. Die 22-Jährige schleppte in der Augsburger Innenstadt mit ihrem Auto den Wagen eines Bekannten ab, als auf einer Kreuzung das Seil riss. Einer Polizeistreife fiel die Frau auf, bei der Kontrolle stellte sich heraus, dass sie weder Personalausweis noch Führerschein dabeihatte. Die Maßnahme der Polizei, so ein Sprecher am Montag, habe „der Eigensicherung der Frau" gedient. Gleichzeitig räumte er jedoch ein, dass in Augsburg „etwas falsch gelaufen" sei (...) Keinesfalls müsse sich jeder, der zur Personenüberprüfung auf einem Revier sei, nackt ausziehen. Die Polizei, so der Sprecher, habe sich mittlerweile bei der Frau entschuldigt.

Süddeutsche Zeitung

Mit welchen Argumenten würden Sie sich wehren, wenn Sie sich ohne wichtigen Grund bei der Polizei nackt ausziehen müssten?

Grundrechte als Menschenrechte:
Grundrechte, die allen Menschen bzw. jedermann zustehen (z. B. Menschenwürde, Freiheit der Person)

Grundrechte als Bürgerrechte:
Grundrechte, die nur deutschen Staatsangehörigen zustehen (z. B. Versammlungsfreiheit, Vereinigungsfreiheit)

Die Grundrechte und grundrechtsähnliche Vorschriften des Grundgesetzes

Bedeutung der Grundrechte

Die Grundrechte des Grundgesetzes binden alle Behörden der öffentlichen Verwaltung. Die Gerichte und die Parlamente in Deutschland müssen sich an die Grundrechte halten. Sie sind unmittelbar geltendes Recht und stehen über den anderen Rechtsvorschriften unserer Rechtsordnung.

Beispiele: Die öffentliche Verwaltung darf nicht gegen das Grundrecht auf Gleichbehandlung verstoßen. Der Bundestag dürfte kein Gesetz erlassen, das eine Ungleichbehandlung zwischen Männern und Frauen ermöglichen würde.

Die Grundrechte lassen sich gerichtlich einklagen. Wenn ein Bürger z. B. von einer staatlichen Behörde nachweislich **diskriminiert** wurde, kann er sich vor dem Richter auf den Gleichheitsgrundsatz berufen. Wird eine Demonstration ohne ausreichenden Grund verboten, kann gerichtlich die Versammlungsfreiheit eingeklagt werden. Die hohe Bedeutung der Grundrechte für den Einzelnen wird durch die Möglichkeit der Verfassungsbeschwerde beim Bundesverfassungsgericht erkenntlich.

Diskriminierung:
Unterschiedliche Behandlung zum Nachteil von jemandem

Foto: dpa

Studenten demonstrieren gegen Kürzungen im Bildungsbereich.

Welche Grundrechte üben diese Personen aus?

Schutz der Grundrechte

Der Parlamentarische Rat hat das Grundgesetz und besonders die Grundrechte mit einem Schutz versehen. So lässt sich das Grundgesetz nur mit einer Zweidrittelmehrheit im Bundestag und Bundesrat verändern. Darüber hinaus darf der in Art. 1 GG festgeschriebene Schutz der Menschenwürde nie verändert oder gar abgeschafft werden **(Ewigkeitsklausel)**.

Schutz der Menschenwürde:
Die Verletzung der Menschenwürde liegt beispielsweise vor bei Folter, Verschleppung, Menschenversuchen sowie unmenschlichen und erniedrigenden Strafen.

Ewigkeitsklausel:
Art. 79 Absatz 3 GG schützt einzelne Regelungen des Grundgesetzes für immer.

Art. 1 GG

(1) Die Würde des Menschen ist unantastbar.

Art. 79 GG

(3) Eine Änderung dieses Grundgesetzes, durch welche (...) die in den Artikeln 1 und 20 niedergelegten Grundsätze berührt werden, ist unzulässig.

Weil verschiedene Grundrechte mit einem Gesetz eingeschränkt werden können, wurde zum Schutz der Grundrechte ihr Wesensgehalt für unantastbar erklärt. Der Kern eines Grundrechtes muss also unberührt bleiben. So wäre die körperliche Unversehrtheit vor gesetzlich festgelegten Foltermethoden auf jeden Fall geschützt.

Art. 2 GG

(2) Jeder hat das Recht auf Leben und körperliche Unversehrtheit. Die Freiheit der Person ist unverletzlich. In diese Rechte darf nur auf Grund eines Gesetzes eingegriffen werden.

Anmerkung: *Eine polizeiliche Festnahme wäre ein zulässiger Eingriff in die Freiheit der Person.*

Jahrgangsstufe 11

Auch die Bürger können sich für den Schutz der Grundrechte einsetzen. Gewaltlose Demonstrationen gegen rechtsradikale Gruppen und Aktionen richten sich gegen Diskriminierung und setzen sich für die Achtung der Menschenwürde ein. Für deren Einhaltung in der ganzen Welt kämpfen z. B. die Menschenrechtsorganisationen **amnesty international** und **Human Rights Watch**.

amnesty international:
amnesty international (ai) wurde 1961 gegründet und ist eine weltweite, unabhängige Mitgliederorganisation. Auf der Grundlage der Allgemeinen Erklärung der Menschenrechte wendet sich ai gegen schwer wiegende Verletzungen der Rechte eines jeden Menschen auf Meinungsfreiheit, auf Freiheit von Diskriminierung sowie auf körperliche und geistige Unversehrtheit.

Human Rights Watch:

Human Rights Watch ist die größte Menschenrechtsorganisation mit Sitz in den USA. Sie untersucht Menschenrechtsverletzungen in allen Regionen der Welt. Der Schwerpunkt der Arbeit liegt auf Themen wie außergerichtlichen Hinrichtungen, dem „Verschwinden“ von Menschen, Folter, politischen Inhaftierungen, Diskriminierung, ungerechten Gerichtsverfahren und Verletzungen der Meinungsfreiheit, Vereinigungsfreiheit und Religionsfreiheit. Außerdem geht Human Rights Watch Fragen des Frauenrechts sowie Kinderrechtsfragen nach und verfolgt Rüstungslieferungen an Regierungen, die Menschenrechte missachten.

Als sie die Kommunisten holten,
sagte ich nichts, ich war ja kein Kommunist.
Als sie die Studenten holten,
sagte ich nichts, ich war ja kein Student.
Als sie die Katholiken holten,
sagte ich nichts, ich war ja kein Katholik.
Als sie die Gewerkschafter holten,
sagte ich nichts, ich war ja kein Gewerkschafter.
Als sie mich holten, war niemand mehr da,
der etwas sagen konnte.

(angelehnt an) Gedicht von Martin Niemöller

1. Welches Grundrecht soll der Leser des Gedichtes ausüben?
2. Welches Grundrecht wurde den verhafteten Personen genommen?

Einteilung der Grundrechte

Die Grundrechte lassen sich ihrem Inhalt nach unterscheiden in:

- Freiheitsrechte (z. B. Glaubensfreiheit, Meinungsfreiheit, Pressefreiheit, freie Berufswahl),
- Gleichheitsrechte (z. B. staatsbürgerliche Gleichheit aller Deutschen, Diskriminierungsverbot, Wahlstimmengleichheit),
- Verfahrensrechte (z. B. Anspruch auf rechtliches Gehör, Garantie des gesetzlichen Richters),
- institutionelle Garantien (z. B. Schutz von Ehe und Familie, Schutz des Eigentums).

1. Versetzen Sie sich in die Lebenssituation eines Bürgers der ehemaligen DDR oder des Dritten Reiches. Welche Grundrechte des Grundgesetzes wären Ihnen in dieser Lebenslage verwehrt gewesen? Finden Sie jeweils drei Beispiele.

2. Welche Grundrechte werden in den nachfolgenden Fällen berührt?
   a) Einer muslimischen Lehrerin wird verboten, im Unterricht ein Kopftuch zu tragen.
   b) Einem Schüler wird ein Verweis erteilt. Er erhält keinerlei Möglichkeit sich zu rechtfertigen.
   c) Ein Landwirt soll für einen Radweg gegen seinen Willen einen Streifen seines Grundstückes hergeben.
   d) Die Sicherheitsbehörde verbietet ohne ausreichenden Grund eine Demonstration.
   e) Ein Lehrer erteilt vermehrt Verweise an Schüler, weil der der Meinung ist, dass junge Männer streng erzogen werden müssen.

Zusammenfassung

Eine wichtige Aufgabe eines Staates ist die Sicherung des äußeren und inneren Friedens.

Moderne Staaten bemühen sich um die Entwicklung ihrer Rechtsordnung, schaffen ein Mindestmaß an sozialer Sicherheit und schützen die natürlichen Lebensgrundlagen.

Das Menschenbild des Grundgesetzes stellt den Einzelnen in den Mittelpunkt. Die Rechte des einzelnen Menschen sind aber beschränkt.

Die Menschenrechte des Grundgesetzes gelten für jedermann, die Bürgerrechte für alle Deutschen.

Für alle staatlichen Organe sind die Grundrechte verbindlich und können gerichtlich eingeklagt werden.

Nur mit einer Zweidrittelmehrheit des Bundestages und des Bundesrates kann das Grundgesetz geändert werden.

Der Schutz der Menschenwürde ist unveränderbar.

Gesetzlich vorgesehene Einschränkungen der Grundrechte dürfen nicht deren Wesensgehalt antasten.

Das Grundgesetz enthält Freiheitsrechte, Gleichheitsrechte, Verfahrensrechte und institutionelle Garantien.

Wissens-Check

Merkels Programm findet Anklang in der CSU

München – Die CDU-Parteivorsitzende Angela Merkel hat eine stärkere Rolle des Staates in der inneren und äußeren Sicherheit gefordert. Das geht aus einem zwölfseitigen Brief hervor, den Merkel den Bundestagsabgeordneten der Union zukommen ließ. In dem Papier mit dem Titel „Das Verhältnis von Bürger und Staat neu austarieren" skizziert sie die Schwerpunkte der politischen Arbeit (...) Die CDU-Chefin greift in dem Brief ihre Forderung einer „Weiterentwicklung der sozialen Marktwirtschaft" auf. Dazu gehöre, dass der Freiheit des Einzelnen wieder breiterer Raum gegeben werde und staatliche Allmachtsvorstellungen zurückgedrängt würden. Im wirtschaftlichen wie im sozialen Bereich müsse die Rolle des Staates zurückgenommen werden. Allerdings werde dabei dem Staat „an anderer Stelle", nämlich bei der inneren und äußeren Sicherheit, eine wachsende Rolle zukommen.

Süddeutsche Zeitung

1. In welchen Bereichen wünscht die Politikerin einen starken Einfluss des Staates?
2. In welchen Bereichen sollte nach Meinung von Angela Merkel der Staat seinen Einfluss zurücknehmen?
3. In welchen Bereichen wünschen Sie sich einen „starken Staat"? Diskutieren Sie in der Klasse!

„Nach einer Zeit fortgesetzter Bedrückung und schwerster Missachtung der Menschenwürde musste es als unerlässlich erscheinen, die Achtung vor der Menschenwürde und – als eine der notwendigsten Grundlagen dafür – die alten Freiheitsrechte zuzusichern."

Bericht des Parlamentarischen Rates zum Grundgesetz 1949

4. Vor welchem geschichtlichen Hintergrund wurde diese Aussage formuliert?
5. Warum ist diese Forderung mit dem Kollektivismus nicht vereinbar?
6. Für wen gelten die Grundrechte unmittelbar?
7. Dürfte ein Gastwirt von den Gästen unterschiedliche Preise verlangen oder ist er an den Gleichbehandlungsgrundsatz gebunden?
8. Wie können die Bürger sich ihre Grundrechte einfordern?
9. Wie sind die Grundrechte geschützt?
10. Nennen Sie jeweils zwei Freiheits- und Gleichheitsrechte aus dem Grundgesetz.

Links

www.polizei.de
www.sozialministerium.bayern.de
www.terre-des-femmes.de
www.bundeswehr.de
www.amnesty.de

Die freiheitlich-demokratische Grundordnung in der Bundesrepublik Deutschland

3

3.1 Die Gewaltenteilung

Gericht: Elefanten dürfen importiert werden

Köln (dpa) – Vier für die Zoos von Dresden und Erfurt bestimmte Elefanten aus Südafrika können nach Deutschland kommen. Das hat das Verwaltungsgericht Köln entschieden. Die Tiergärten wehrten sich mit Erfolg gegen die Rücknahme der Einfuhrgenehmigung für die Jungelefanten (...) Das Bundesamt für Naturschutz hatte (...) die Einfuhr der Tiere genehmigt. Nach Protesten von Naturschützern hatte der Bundesumweltminister (...) die Einfuhr per Erlass gestoppt. Die Zoos setzten sich dagegen mit Eilanträgen zur Wehr. Das Gericht teilte mit, die Vorwürfe der Tierquälerei in den Elefantenstationen in Südafrika hätten sich nach neuerlicher Prüfung durch die deutsche Botschaft „weitgehend als haltlos" erwiesen.

Süddeutsche Zeitung

1. Wer sind die Streitparteien im obigen Fall?
2. Wieso kann ein Gericht den Erlass eines Bundesministers aufheben?

Die unumschränkte Machtfülle der Herrscher im **Absolutismus** hat dazu geführt, dass Philosophen der **Aufklärung** eine Kontrolle und Begrenzung der Macht gefordert haben. **John Locke** forderte, dass die Staatsgewalt von den Bürgern kontrolliert werden sollte. **Charles de Montesquieu** gilt als Begründer der klassischen bzw. **horizontalen** Gewaltenteilung. Er teilt die Staatsgewalt auf in:

- Legislative – gesetzgebende Gewalt (Parlament)
- Exekutive – ausführende Gewalt (z. B. Polizei)
- Judikative – Recht sprechende Gewalt (Gerichte)

Im Grundgesetz wird die Gewaltenteilung im Artikel 20 festgelegt und über die Ewigkeitsklausel des Artikels 79 jeder Veränderung entzogen.

Absolutismus:

Zeitepoche von Mitte des 17. Jahrhunderts bis Ende des 18. Jahrhunderts, in der den Monarchen in den europäischen Staaten alle politische Macht zukam.

Aufklärung:

(Philosophische) Gegenbewegung zum Absolutismus

John Locke (1632 – 1704):

Berater des englischen Parlaments in Verfassungsfragen

Charles de Montesquieu (1689 – 1755):

Französischer Staatsphilosoph

Horizontal:

Waagerecht

Grafik: Dave Vaughan

> Art. 20 GG
>
> (2) Alle Staatsgewalt geht vom Volke aus. Sie wird vom Volk in Wahlen und Abstimmungen und durch besondere Organe der Gesetzgebung, der vollziehenden Gewalt und der Rechtsprechung ausgeübt.

Oberste Bundesorgane:

- Bundestag
- Bundespräsident
- Bundesversammlung
- Bundesrat
- Bundesregierung
- Bundesverfassungsgericht

In einer parlamentarischen Demokratie müssen die Aufgaben der einzelnen Gewalten auf Staatsorgane übertragen werden. In der Bundesrepublik Deutschland sind dies die **obersten Bundesorgane**. Sie sind für unterschiedliche Aufgaben zuständig, hinsichtlich der Gewaltenverteilung gilt im Wesentlichen Folgendes:

- **Legislative:** Bundestag und Bundesrat
- **Exekutive:** Bundesregierung und ihr untergeordnete Behörden (z. B. Bundesamt für Wehrtechnik, Bundeskriminalamt) sowie der Bundespräsident
- **Judikative:** Bundesverfassungsgericht

3.2 Machtkontrolle

Opposition:

Diejenigen im Parlament vertretenen Parteien, die nicht die Regierung stellen

Die Gewaltenteilung regelt nicht nur Zuständigkeiten, sondern dient auch der Machtkontrolle. Die Bundesregierung verkörpert das Machtzentrum in der BRD. Sie wird im Bundestag durch die jeweilige **Opposition** kontrolliert. Nur in einem Mehrparteiensystem, wie in der BRD, kann eine wirkungsvolle parlamentarische Opposition entstehen. Sie kann beim Bundesverfassungsgericht einen Antrag auf Normenkontrolle stellen. Dabei werden umstrittene Gesetze, welche die Bundesregierung durch den Bundestag gebracht hat, von der Justiz überprüft. Auch nachgeordnete Gerichte können Entscheidungen der Bundesregierung und ihrer Behörden aufheben.

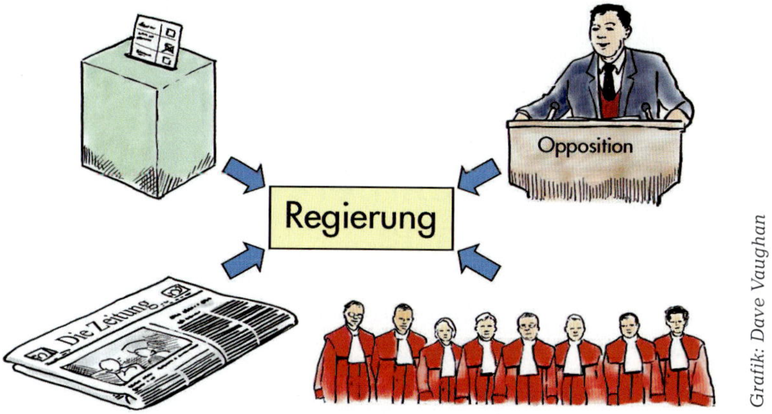

Regierung und Machtkontrolle

Neben den drei Gewalten Legislative, Exekutive und Judikative spricht man von den **Medien** als der vierten Gewalt im Staat. Sie informieren die Bürger, kommentieren politische Entscheidungen und beeinflussen stark die öffentliche Meinung. Diese wird von der Bundesregierung in ihrer Politik berücksichtigt, da jede Regierung eine Wiederwahl anstrebt.

Medien:

Presse, Rundfunk, Fernsehen, Internet

Sie haben einen großen Einfluss auf die Gesellschaft.

Iran verbietet die letzten kritischen Zeitungen

Paris – Die iranische Reformpolitik ist derzeit stimmlos. Alle 16 Zeitungen, die entscheidend zur Herausbildung einer kritischen öffentlichen Meinung beigetragen hatten, sind verboten (...)

Süddeutsche Zeitung

Gericht in Iran verbietet größte Oppositionspartei

Teheran (AP) – Das iranische Revolutionsgericht hat die größte Oppositionspartei des Landes verboten und führende Funktionäre der reformorientierten Freiheitsbewegung zu Haftstrafen bis zu zehn Jahren verurteilt (...)

Süddeutsche Zeitung

Beurteilen Sie die beiden Vorgänge im Zusammenhang mit der Gewaltenteilung und Machtkontrolle der freiheitlich-demokratischen Ordnung!

Durch die Bundesstaatlichkeit (Art. 20 GG) wird Machtkonzentration verhindert. Zum einen muss der Bundesrat bestimmten Gesetzen zustimmen. Zum anderen haben in bestimmten Bereichen (z. B. Unterricht) nur die Bundesländer das Recht, Gesetze zu erlassen. Man spricht dabei auch von der Länderhoheit. Den Gemeinden wurde im Grundgesetz das Recht gewährt, alle **Angelegenheiten der örtlichen Gemeinschaft** im Rahmen der Gesetze in eigener Ver-

Angelegenheiten der örtlichen Gemeinschaft:

Hierzu zählen in Bayern z. B. der Bau von Kindergärten, Turnhallen, Jugendheimen, Krankenhäusern sowie der Erlass von Gemeindesatzungen.

Vertikal:
Senkrecht

antwortung zu regeln. Dies wird als kommunale Selbstverwaltung bezeichnet. Die Aufteilung der Macht auf Bund, Länder und Gemeinden nennt man die **vertikale** Gewaltenteilung.

3.3 Die abwehrbereite Demokratie

Holocaust:
Bezeichnung für den Völkermord an 6 Mio. Juden in der Zeit des Nationalsozialismus

„Sammelbecken organisierter Holocaustleugner" verboten

Bundesinnenminister Wolfgang Schäuble hat zwei rechtsextreme Organisationen aus Nordrhein-Westfalen verboten. (...) Die Vereine seien Sammelbecken organisierter Holocaustleugner. „Die Vereinstätigkeit besteht aus antisemitischer Propaganda und der Verherrlichung der nationalsozialistischen Gewaltherrschaft", erklärte das Ministerium weiter.

Dieses rechtsextremistische Gedankengut sei im Internet, in Druckerzeugnissen sowie in einer vereinseigenen Liegenschaft (...) verbreitet worden. Dort hätten sich Holocaustleugner aus dem gesamten Bundesgebiet getroffen.

Quelle: Tagesschau, 07.05.2008

Welche Grundrechte des Grundgesetzes sehen Sie durch das Verbot betroffen?

Liberal:
Freiheitlich, für die Rechte des Einzelnen eintretend

Der deutsche Staat ist einerseits **liberal**, kann sich andererseits aber gegen Verfassungsfeinde wehren. Es wird daher von einer wehrhaften oder abwehrbereiten Demokratie gesprochen. Das Grundgesetz sieht mehrere Abwehrmöglichkeiten gegen Verfassungsfeinde vor.

Art. 9 GG

(2) Vereinigungen, deren Zweck oder deren Tätigkeit den Strafgesetzen zuwiderlaufen oder die sich gegen die verfassungsmäßige Ordnung oder gegen den Gedanken der Völkerverständigung richten, sind verboten.

Art. 21 GG

(2) Parteien, die nach ihren Zielen oder nach dem Verhalten ihrer Anhänger darauf ausgehen, die freiheitliche demokratische Grundordnung zu beeinträchtigen oder zu beseitigen oder den Bestand der Bundesrepublik Deutschland zu gefährden, sind verfassungswidrig. Über die Frage der Verfassungswidrigkeit entscheidet das Bundesverfassungsgericht.

1. Welche Regelung des Grundgesetzes lag dem Verbot der islamistischen Vereinigung zu Grunde?
2. Warum kann die Bundesregierung keine Partei verbieten?
3. Warum dient die Ewigkeitsklausel (Art. 79 Abs. 3) des Grundgesetzes der abwehrbereiten Demokratie?

Die Erkenntnisse über verfassungswidrige Vereinigungen und Parteien beschaffen die Behörden des Verfassungsschutzes der einzelnen Bundesländer und des Bundes.

Verfassungsschutzbericht:
Das Bundesministerium des Inneren sowie die Innenminister der Länder geben jedes Jahr einen Verfassungsschutzbericht heraus. Er zeigt die Aktivitäten der extremistischen Vereinigungen und Parteien auf.

Als das Bundesverfassungsgericht die Sozialistische Reichspartei 1952 verboten hat, musste es festlegen, was unter der freiheitlich-demokratischen Grundordnung zu verstehen ist. Die damals festgelegten Prinzipien haben bis heute Geltung.

Grafik: Dave Vaughan

Insbesondere die **Volkssouveränität,** die Gewaltenteilung, das Mehrparteiensystem und das Recht auf Ausübung und Bildung einer verfassungsmäßigen Opposition sind Elemente der Machtkontrolle. Für Beamte stellt die freiheitlich-demokratische Grundordnung eine besondere Verpflichtung dar. Sie müssen dem Staat die so genannte Verfassungstreue halten. Beamte, die gegen die freiheitlich-demokratische Grundordnung eintreten, können aus dem Dienst entlassen werden.

Volkssouveränität:
Alle Staatsgewalt geht vom Volke aus.

4 Strukturprinzipien des Grundgesetzes

Frau Elvira Klug wohnt seit vier Monaten in Augsburg und hat dort ihr drittes Kind geboren. Ihre vier- und ihre sechsjährige Tochter besuchen einen städtischen Kindergarten. Frau Klug möchte sich ganz der Erziehung ihres Sohnes widmen und nimmt daher keine Beschäftigung auf. Sie erhält Elterngeld nach dem Bundeselterngeldgesetz. Frau Klug erfährt, dass sie auch unter Umständen Landeserziehungsgeld des Freistaates Bayern bekommen kann. Ihr Antrag wird jedoch abgelehnt, weil sie erst vor kurzem zugezogen ist und ihr Kind zu jung ist. Frau Klug erhebt gegen den Bescheid Klage beim Sozialgericht. Sie hofft, dass ein unabhängiges Gericht ihr Recht gibt. In einem Leserbrief in der Zeitung kritisiert sie die Regelungen des Landeserziehungsgesetzes. Bei der nächsten Wahl will sie auf jeden Fall ihren Ärger in die Entscheidung einfließen lassen.

1. Welche Sozialleistungen bekommt Familie Klug?
2. Wodurch wird in dem Fall erkenntlich, dass Frau Klug in einem Bundesstaat lebt?
3. Welche demokratischen Handlungsmöglichkeiten hat Frau Klug?
4. Inwieweit wird in diesem Fall deutlich, dass Frau Klug sich auf die Gewaltenteilung verlassen will?

Art. 20 GG

(1) Die Bundesrepublik Deutschland ist ein demokratischer und sozialer Bundesstaat.

Art. 28 GG

(1) Die verfassungsmäßige Ordnung in den Ländern muss den Grundsätzen des republikanischen, demokratischen und sozialen Rechtsstaates im Sinne dieses Grundgesetzes entsprechen (...)

Jahrgangsstufe 11

Im Grundgesetz wird die Struktur der Bundesrepublik Deutschland mit wenigen Regelungen festgelegt.

Als Strukturprinzipien des Grundgesetzes gelten

- die Republik,
- der Sozialstaat,
- der Bundesstaat,
- die Demokratie,
- der Rechtsstaat.

Die große Bedeutung dieser Grundsätze drückt sich im **Homogenitätsprinzip** des Art. 28 Abs.1 Satz 1 GG aus. Es verlangt, dass die staatliche Ordnung in den Bundesländern jener der Bundesrepublik entspricht.

Homogen:
Gleichartig, gleichmäßig aufgebaut, einheitlich

4.1 Die Republik

Eine Republik ist eine Staatsform, in der niemals ein Monarch Staatsoberhaupt sein kann. Die Bundes*republik* Deutschland schützt sich somit vor einer Besetzung des Staatsoberhaupts durch Erbfolge, wie es in einer Monarchie üblich ist.
Das Staatsoberhaupt kann nur durch einen Staatspräsidenten verkörpert werden. Für die Bundesrepublik ist dies der Bundespräsident. Für den Freistaat Bayern ist der Ministerpräsident das Staatsoberhaupt.

Monarch:
König, Fürst

4.2 Der Sozialstaat

Der Sozialstaat bietet den Bürgern unterschiedliche Sozialleistungen, z. B. jene der Sozialversicherungen. Der Umfang der Sozialleistungen ist von den wirtschaftlichen und den finanziellen Bedingungen des Staates abhängig. Sozial schwache Bürger können bei Bedarf Leistungen beziehen, z. B. Wohngeld. Im Grundgesetz unterstreichen folgende Artikel den Sozialstaatsgedanken:

- Schutz von Ehe und Familie (Art. 6 GG)
- Gleichheitsgrundsatz (Art. 3 GG)
- **Sozialpflichtigkeit des Eigentums** (Art. 14 Abs. 2 GG)
- **Schutz der Menschenwürde** (Art. 1 GG)

Sozialpflichtigkeit des Eigentums:
Dieser Grundsatz hat eine besondere Bedeutung im Mietrecht. Mieten können z. B. nicht beliebig erhöht werden.

Grafik: Dave Vaughan

Schutz der Menschenwürde:
Ein Leben, das der Würde des Menschen entspricht, sollen die Sozialhilfe und das Arbeitslosengeld II ermöglichen. Der notwendige Lebensunterhalt umfasst insbesondere Ernährung, Unterkunft, Kleidung, Körperpflege, Hausrat, Heizung und persönliche Bedürfnisse des täglichen Lebens. Der Umfang wird vom kulturellen Standard in Deutschland bestimmt.

4.3 Der Bundesstaat

1. Wie heißen die südlichen Bundesländer?
2. Welches Bundesland liegt am nördlichsten?
3. Welche Bundesländer grenzen an Polen?

Die sechzehn Länder der Bundesrepublik Deutschland bilden einen Bundesstaat. Ein derartiger Staatsaufbau wird als **Föderalismus** bezeichnet. Die Bundesrepublik ist ein föderalistischer Staat, weil den Bundesländern (Gliedstaaten) eigene politische Gestaltungsmöglichkeiten zustehen (z. B. Kulturhoheit). Der Bundesstaat hat in der deutschen Geschichte eine lange Tradition. Auch das **Kaiserreich** und die **Weimarer Republik** kannten eigenständige Länder. Die Vorteile des Bundesstaates sind u. a.

- Problem- und Bürgernähe sowie
- mehr Demokratie, weil es Wahlen zu den Landtagen gibt.

Föderalismus:

Staatsprinzip, bei dem sich mehr oder weniger selbstständige Gliedstaaten politisch und organisatorisch zu einem Gesamtstaat zusammenschließen. Ein enger Zusammenschluss ergibt den Bundesstaat, ein lockerer den Staatenbund.

Kaiserreich:

Bezeichnung für die Monarchie in Deutschland (1871 – 1918) mit dem Kaiser als Staatsoberhaupt

Weimarer Republik:

Deutschland von 1919 bis zur Übernahme der Staatsgewalt durch Adolf Hitler im Jahre 1933

Als Nachteile des Bundesstaates gelten

- höhere Kosten, da Landtage, Landesregierungen vorhanden sind,
- Uneinheitlichkeit, z. B. im Schulwesen.

Der Bundesrat ist das Organ der Länder bei der Gesetzgebung und Verwaltung des Bundes (Art. 50 GG). Darüber hinaus räumt das Grundgesetz den Ländern das Recht zur eigenen Gesetzgebung ein (Art. 70 GG). Eine besondere Bedeutung haben die Länder, weil ihre Behörden die Bundesgesetze ausführen (Art. 83 GG). So wird in Bayern das Bundesnaturschutzgesetz in vielen Fällen vom Landratsamt durchgeführt.

Die Gliederung des Bundes in Länder und deren Mitwirkung bei der Gesetzgebung sind durch die Ewigkeitsklausel des Grundgesetzes unveränderbar.

4.4 Die Demokratie

> Art. 20 GG
>
> (2) Alle Staatsgewalt geht vom Volke aus. Sie wird vom Volke in Wahlen und Abstimmungen (...) ausgeübt.

Mit dieser Festlegung hat sich der Parlamentarische Rat 1949 für eine **repräsentative** bzw. mittelbare Demokratie entschieden. Das Volk ist der **Souverän.** Es trifft aber nicht unmittelbar die politischen Entscheidungen, sondern bestimmt dazu in Wahlen seine Vertreter im Parlament, dem Bundestag. Diese sind an keine Aufträge und Weisungen gebunden, müssen sich aber an die verfassungsmäßige Ordnung halten. Die Möglichkeit des Volkes durch Abstimmungen mitzuwirken ist bislang nur sehr beschränkt gegeben. Bei Bundesgesetzen gibt es keine direkte Beteiligungsmöglichkeit der Bürger.

Repräsentative Demokratie:
Form der Demokratie, in der die Staatsbürger politische Entscheidungen nicht direkt selbst treffen, sondern sie gewählten Vertretern überlassen.

Souverän:
Herrscher

Als weitere Grundgesetzartikel, die den demokratischen Gedanken im Grundgesetz ausdrücken, sind zu nennen:

- Allgemeine, unmittelbare, freie, gleiche und geheime Wahlen (Art. 38 Abs. 1 GG)
- Meinungsfreiheit und Freiheit der Berichterstattung (Art. 5 GG)
- Freie Betätigung und Entfaltung politischer Parteien (Art. 21 Abs. 1 GG)
- Gleichheitsgrundsatz (Art. 3 GG)
- Mitwirkungsmöglichkeiten für die **Interessenvereinigungen** (Art. 9 GG)

Interessenvereinigungen:
Vereine (z. B. Sportvereine, Musikvereine) und Verbände (z. B. Gewerkschaften, Arbeitgeberverbände, ADAC, Bauernverband, Sportverbände)

Wenn Du Dich nicht entscheidest,
verlasse ich Dich!
Deine Demokratie

Auf welches Kernelement unserer Demokratie bezieht sich die Aussage?

4.5 Der Rechtsstaat

Die Gewaltenteilung und die besondere Bedeutung der Grundrechte stellen Grundpfeiler des Rechtsstaates dar. Wenn Bürger Freiheitsrechte ausüben können und sie vor dem Gesetz gleich behandelt werden, verdanken sie dies der Verwirklichung des Rechtsstaatsgedankens. Die Verwaltungsbehörden müssen sich in ihrer Tätigkeit an Recht und Gesetz halten. Auch die folgenden Grundgesetzartikel, die im Rahmen eines Gerichtsverfahrens wichtig sind, zählen zum Rechtsstaatsgedanken:

- Unabhängigkeit der Richter (Art. 97 GG)
- Garantie des Rechtsweges, also die Möglichkeit zur Klage (Art. 19 Abs. 4 GG)
- Anspruch auf rechtliches Gehör vor Gericht (Art. 103 Abs. 1 GG)
- Verbot einer Doppelbestrafung (Art. 103 Ab. 3 GG)
- Verbot einer Strafe ohne entsprechendes Gesetz (Art. 103 Abs. 2 GG)
- Verbot der körperlichen und seelischen Misshandlung festgehaltener Personen (Art. 104 Abs. 1 GG)

Beispiel: Ein Hundehalter erhält von der Gemeindeverwaltung einen Bußgeldbescheid, weil er seinen Schäferhund im Stadtpark frei umherlaufen ließ. Die Gemeinde begründet ihre Entscheidung mit einer Regelung, die seit dem 1. Juli gilt und eine Geldbuße erlaubt. Wenn der Hundehalter den Bußgeldbescheid nicht akzeptieren will, kann er klagen. Vor Gericht hat er die Möglichkeit, sich zu dem Vorgang zu äußern. Falls er vor dem Stichtag seinen Hund frei im Stadtpark umherlaufen ließ, darf er deswegen nicht zu einer Geldbuße verpflichtet werden.

Grafik: Dave Vaughan

Was soll durch die Darstellung ausgedrückt werden?

Gefahren für die Demokratie

5

Grafik: Dave Vaughan

88:
Code für rechtsextremistische Einstellung
Es soll mit dem Bezug zum achten Buchstaben im Alphabet „Heil Hitler" ausgedrückt werden.

Die Meinungsfreiheit ist ein Merkmal der freiheitlich-demokratischen Grundordnung. Kritik an der Demokratie ist erlaubt. Die Idee der abwehrbereiten Demokratie sieht aber vor, dass sich der demokratische Staat von seinen Gegnern nicht abschaffen lassen darf.

Die Widersacher der Demokratie kommen als extreme Gruppierungen und Parteien vom rechten und vom linken Meinungsrand. Probleme bereiten auch religiös motivierte Extremisten sowie einige Sekten.

Extrem:
hier: besonders radikal

Jahrgangsstufe 11

5.1 Rechtsextremismus

Foto: AP

Rechtsextremistische Jugendliche bei einer verbotenen Demonstration

Ideologie:
Weltanschauung, Grundeinstellung

Die Rechtsextremisten haben zwar keine einheitliche **Ideologie**, bestimmte Grundhaltungen stimmen aber überein Sie lehnen die Demokratie ab. Ein Führerstaat soll an ihre Stelle treten. Besondere Merkmale des Rechtsextremismus sind

- ein übersteigerter, aggressiver Nationalismus,
- Überbewertung einer so genannten Volksgemeinschaft zu Lasten des Einzelnen,
- offener oder verdeckter **Rassismus** und damit verbundene Missachtung der Menschenwürde und des Gleichheitsgrundsatzes,
- Hervorhebung angeblich positiver Leistungen des Dritten Reiches,
- Überbetonung militärischer und soldatischer Werte.

Rassismus:
Form der Fremdenfeindlichkeit, die sich auf tatsächliche oder behauptete Rassenunterschiede stützt
Die eigene Rasse wird dabei als höherwertig eingestuft

Äußerst rechte Parteien sind die NPD (Nationaldemokratische Partei Deutschlands), die DVU (Deutsche Volksunion) und die Republikaner (REP). Außerhalb dieser Parteien haben sich häufig unter Jugendlichen neonazistische Organisationen entwickelt. Rechtsextremistische **Skinheads** sind durch brutale Gewalt aufgefallen.

Skinheads:
Ursprünglich unpolitische Bewegung arbeitsloser oder sozial benachteiligter Jugendlicher
Sie lebten in den großen Industriestädten Großbritanniens während der 70er Jahre des letzten Jahrhunderts. Den Stolz auf ihre Herkunft drückten ihre Mitglieder mit typischer Arbeiterkleidung und der Glatze aus.

Als in der Nacht (...) sieben Rechtsradikale zwei Vietnamesen durch die mecklenburgische Stadt Eggesin jagten, da sangen sie ein Lied. Und während sie den beiden Männern mit ihren Springerstiefeln die Schädel eintraten, da sangen sie noch immer, vor allem die Liedzeile „Fidschi, Fidschi – gute Reise". Immer wieder. Und im Takt traten sie auf die Köpfe der Vietnamesen ein. Das Lied, das sie da sangen, stammte von der rechtsradikalen Band ...., gegen die nun Generalbundesanwalt Kay Nehm Anklage erhoben hat.

Süddeutsche Zeitung

Rechtsextremistische Bands versuchen, junge Menschen durch ihre Songtexte zu beeinflussen.

Da kommt der Paul mit seinem Rollstuhl an,
Ich stech ihm beide Reifen platt.
Da schreit er laut: „Mensch was soll das, Mann?"
Jetzt tret ich zu, jetzt ist er platt.
Deutsches Blut darf nie vergehn auf dieser Welt,
Deutschland muss zusammenstehn,
Ganz egal was auch geschieht,
Deutschland kommt und sieht und siegt.

aus: Politischer Radikalismus bei Jugendlichen, Handreichungen für Schulen in Bayern, herausgegeben vom Bayerischen Staatsministerium für Unterricht, Kultus, Wissenschaft und Kunst, 1996

Welche Gedanken der Rechtsextremisten werden in den Texten ausgedrückt?

5.2 Linksextremismus

Auch die Linksextremisten haben keine einheitliche Ideologie. Es gibt Parteien wie die DKP (Deutsche Kommunistische Partei), die sich auf den **wissenschaftlichen Sozialismus bzw. Kommunismus** beziehen. Er war die Grundlage für die kommunistischen Diktaturen in Osteuropa bis Anfang der 90er Jahre des 20. Jahrhunderts.

Die **Sozialrevolutionäre** im Linksextremismus wenden sich gegen eine angebliche Ausbeutung der Arbeiter. Jede staatliche Ordnung wird von den Anarchisten verworfen. Gemeinsam ist diesen Gruppen die Ablehnung der bestehenden Staats- und Gesellschaftsordnung. Die Linksextremisten behaupten, die Bundesrepublik Deutschland sei

- kapitalistisch, weil die Macht in den Händen von Reichen läge,
- rassistisch, weil sie **ethnische** Minderheiten verfolge,
- imperialistisch, weil sie weltweit für die kapitalistischen Interessen arbeite.

Einige linksextremistische Gruppen missachten demokratische Mehrheitsentscheidungen und das Gewaltmonopol des Staates. Die Linksextremisten üben Gewalt aus, um ihre politischen Ziele zu erreichen. Einen Höhepunkt hat dies in den 70er Jahren mit den Aktionen der sogenannten Roten-Armee-Fraktion (RAF) gefunden, einer terroristischen Organisation.

Wissenschaftlicher Sozialismus/Kommunismus:
Ideologie, die sich auf das Gedankengut von K. Marx, F. Engels und W. Lenin bezieht

Sozialrevolutionäre:
Personen, die eine revolutionäre Veränderung der Gesellschaft anstreben
Dabei sollen die Besitzenden zu Gunsten der sozial Schwachen enteignet werden.

Ethnisch:
Volksgruppen betreffend

Autonome:
Sie stellen den weit aus größten Anteil des gesamten gewaltbereiten linksextremistischen Potenzials. Ihr Ziel ist die Überwindung des kapitalistischen Systems.

Foto: dpa

***Autonome** bei einer gewaltsamen Ausschreitung in Berlin-Kreuzberg*

5.3 Religiös motivierter Extremismus

Der Anschlag auf das World Trade Center am 11. September 2001 gilt als religiös-fundamentalistischer Terror der Al-Qaida. Die Behörden des Verfassungsschutzes sehen islamisch-**fundamentalistische** Gruppierungen in Deutschland in einem Netzwerk von Al-Qaida. Ihr Ziel ist es, in Deutschland einen islamischen Gottesstaat zu errichten. Der islamische Fundamentalismus ist geprägt von

Fundamentalismus:
Kompromissloses Festhalten an politischen, ideologischen und religiösen Werten

Muslime:
Anhänger des Islam

Koran:
Glaubenswerk des Islam

Scharia:
Islamische Rechtsordnung

Intoleranz gegenüber Andersgläubigen. Nur **Muslime** sollen gleiche Rechte haben. Menschenrechte nach westlichem Verständnis werden nur teilweise anerkannt. Die Demokratie wird abgelehnt, wenn sie nicht im Einklang mit der extremen Auslegung des **Koran** und der **Scharia** steht.

Hassrede eines Predigers der islamischen Gemeinschaft Milli Görüs e. V.

„Amerika ist ein großer Teufel, Großbritannien ein kleiner, Israel ein Blut saugender Vampir. Einst waren die Europäer unsere Sklaven, heute sind es die Muslime. Dies muss sich ändern. Heute sind wir abhängig von den Ungläubigen. Sie wollen unsere Religion verbieten ..... Wir müssen die Ungläubigen bis in die tiefste Hölle treiben. Wir müssen zusammenhalten und uns ruhig verhalten, bis es so weit ist. Ihr könnt jetzt noch nichts sehen, aber es ist alles in Vorbereitung. Es läuft im Verborgenen. Ihr müsst euch bereithalten für den richtigen Zeitpunkt. Wir müssen die Demokratie für unsere Sache nutzen. Wir müssen ganz Europa mit Moscheen und Schulen überziehen."

Verfassungsschutzbericht 2002 des Bayerischen Staatsministeriums des Innern, S. 161f

1. Welche extremistischen Aussagen enthält der Text?
2. Welcher Zweck wird der Demokratie zugeschrieben?

Jahrgangsstufe 11

5.4 Demokratiefeindliche Sekten

Hierarchisch:
Einer Rangordnung folgend, Über- und Unterordnung

Als kleinere religiöse Gruppen, die von der Lehrmeinung der Großkirchen abweichen, geben Sekten ihren Anhängern ein hohes Maß an Halt und Orientierung. Sekten sind streng **hierarchisch** gegliedert und verlangen von ihren Mitgliedern oft eine spezielle Lebensführung. Hieraus können sich Unfreiheit und Demokratiefeindlichkeit ergeben. In ihrem missionarischen Auftreten gegenüber der Außenwelt geben Sekten vor, im Besitz der einzigen Wahrheit zu sein. Diese Intoleranz steht im Gegensatz zur freiheitlich-demokratischen Grundordnung der Bundesrepublik Deutschland.

Scientology:
Im Jahre 1950 veröffentlichte der Science-Fiction-Autor L. Ron Hubbard seine Technologie zur Heilung psychosomatischer Krankheiten und geistiger Störungen. Die SO erklärte er zur Religion und gründete eine Kirche.

Besondere Beachtung hat bei den Behörden des Verfassungsschutzes die **Scientology-Organisation** (SO) gefunden. In ihrem Gesellschaftssystem soll es keine Menschen- und Grundrechte als Abwehrrechte des Bürgers gegenüber dem Staat geben. Im scientologischen Rechtssystem sind keine unabhängigen Gerichte vorgesehen.

5.5 Extremistische Gruppen: Ursachen und Gemeinsamkeiten

Die Ideen aller Extremisten finden besonders in schwierigen Zeiten einen großen Anklang. So lassen die Wahlergebnisse der NSDAP als rechtsextremistischer Partei und der KPD als linksextremistischer Partei der Weimarer Republik einen Zusammenhang mit dem wirtschaftlichen Niedergang erkennen.

Jahr	1924	1928	1930	1932
KPD-Mandate	45	54	77	100
NSDAP-Mandate	14	12	107	196

In den so genannten „goldenen Zwanzigerjahren" von 1923 bis 1929 erlebten die Deutschen in der Weimarer Republik einen wirtschaftlichen und sozialen Aufschwung. Am „schwarzen Freitag", dem 25. Oktober 1929, begann mit einem **Börsencrash** eine wirtschaftliche Talfahrt, die für mehrere Jahre in Massenarbeitslosigkeit mündete. Auch in der Gegenwart stützen sich Extremisten in ihrer **Propaganda** auf wirtschafts- und sozialpolitische Themen. So versuchen Rechts- und Linksextremisten die Unsicherheit in der Bevölkerung gegenüber den Auswirkungen der Globalisierung für ihre Zwecke auszunützen. Die **Agitation** erfolgt dabei auch im Internet. Aufrufe zur Gewalt und der Kampf gegen die freiheitlich-demokratische Grundordnung sind Merkmale jeglicher Art von Extremismus.

Börsencrash:
Schlagartiger und massiver Rückgang der Börsenkurse

Propaganda:
Verbreitung politischer Ideen und Meinungen

Agitation:
Aggressive Tätigkeit zur Beeinflussung anderer, vor allem in politischer Hinsicht

Jahrgangsstufe 11

Zusammenfassung

Die Macht wird in der horizontalen Gewaltenteilung auf die Exekutive, Legislative und Judikative aufgeteilt.

Diese Gewaltenteilung vermeidet Machtmissbrauch und führt zur Kontrolle der Machtausübung.

Die vertikale Gewaltenteilung ist die Verteilung von Zuständigkeiten auf Bund, Länder und Gemeinden.

Die Bundesregierung als Machtzentrum in der Bundesrepublik Deutschland wird vom Bundesverfassungsgericht, von den Medien und der Opposition kontrolliert.

Verfassungswidrige Vereinigungen und Parteien können verboten werden.

Die Demokratie, der Sozial-, Bundes-, und Rechtsstaat sowie die Republik gelten als Strukturprinzipien des Grundgesetzes. Sie gehören zum Wesenskern der Verfassung und dürfen nicht verändert werden.

Extremismus wendet sich auch mit Gewalt gegen die Werte der freiheitlich-demokratischen Grundordnung.

Formen des politischen Extremismus sind der

- Rechtsextremismus, geprägt durch Rassismus und Nationalismus, und der
- Linksextremismus mit dem Antikapitalismus als Hauptziel.

Islamischer Fundamentalismus will einen Gottesstaat an die Stelle der Demokratie setzen.

Sekten haben im Inneren antidemokratische Strukturen.

Extremismus entwickelt sich häufig in Zeiten wirtschaftspolitischer Krisen.

Wissens-Check

„Leider ist es eine ewige Erfahrung, dass jeder Mensch, der Gewalt hat, versucht, diese zu missbrauchen. Er geht so weit, bis er Grenzen findet. Damit man Gewalt nicht missbrauchen kann, ist es notwendig, dass durch die Regelung der Dinge eine Gewalt die andere anhalte (...) Alles wäre verloren, wenn derselbe Mann oder dieselbe Körperschaft von Führern oder des Adels oder des Volkes diese drei Gewalten ausübe: die Gewalt, Gesetze zu geben, die Gewalt, die öffentlichen Beschlüsse auszuführen, und die Gewalt, die Verbrechen und die bürgerlichen Streitigkeiten abzuurteilen." (Charles de Montesquieu)

1. Welches Merkmal einer freiheitlich-demokratischen Grundordnung können Sie dem Text entnehmen? Begründen Sie Ihre Antwort!

Im Jahre 1996 wurden die „Skinheads Allgäu 88" verboten. Die Mitglieder des Vereines zeichneten sich durch rechtsextremistische und rassistische Handlungsweisen aus.

2. Welche Vorstellung einer Demokratie erlaubt das Verbot von Vereinen dieser Richtung?

Angenommene Situation:

In einem Staat übernimmt eine radikale Partei die Macht. Der Parteiführer legt fest, dass er und seine Nachkommen als Fürsten des Landes zukünftig Staatsoberhaupt sein sollen. Die regierende Partei beseitigt nach kurzer Zeit alle Regionalparlamente. Die Macht soll zentral ausgeübt werden. Wahlen finden alle drei Jahre statt. Mitglieder der herrschenden Partei besitzen dabei das doppelte Stimmrecht. Eine Oppositionspartei lässt das Staatsoberhaupt durch ein Gericht verbieten. Die Richter dieses Gerichts hat das Staatsoberhaupt selbst eingesetzt. Wegen der finanziellen Lage des Landes wird die bisherige Unterstützung für sozial Schwache gestrichen.

3. Warum würden die geschilderten Maßnahmen gegen die Strukturprinzipien des Grundgesetzes verstoßen? Begründen Sie im Einzelnen.
4. Welche Freiheiten des Grundgesetzes sind für Extremisten nützlich?
5. Welchen Extremisten ordnen Sie die nachfolgenden Parolen zu? Wie stehen Sie zu diesen Aussagen?

   „Deutschland den Deutschen!"

   „Gegen den alltäglichen Rassismus in der BRD!"
6. Worin sehen Sie den hauptsächlichen Gegensatz des islamischen Fundamentalismus und extremer Sekten zur freiheitlich-demokratischen Grundordnung?
7. Warum können sozialstaatliche Maßnahmen ein Mittel gegen Links- und Rechtsextremismus sein?
8. Welche Freiheitsrechte würden Sie verlieren, wenn Extremisten in der Bundesrepublik die Macht erlangten?

Links

www.verfassungsschutz.de/

www.verfassungsschutz.bayern.de/

www.bpb.de/

www.kommunalweb.de

B
Der politische Entscheidungsprozess

- Stadtrat/Gemeinderat – Bürgermeister
- Bürgerbegehren
- Föderalismus
- Bundesgesetze – Landesgesetze
- Bundestag
- Bundesrat

Foto: dpa

- Bundesregierung
- Bundespräsident
- Bundesverfassungsgericht
- Gesetzgebung
- Verbände

1 Die Gemeinde – Grundlage des demokratischen Staates

Der Bürger kann politische Entscheidungen in seiner Gemeinde miterleben und mitgestalten. Das Selbstverwaltungsrecht der Gemeinden ermöglicht praxisgerechte Lösungen. Die ***Infrastruktur*** *in einem Wohnort betrifft jeden tagtäglich. Keiner kann auf die Dienstleistungen der kommunalen Verwaltung verzichten.*

Infrastruktur:
Hier: Öffentliche Bauten, Einrichtungen wie Straßen und Schulen

Kleinaitingen bekommt einen Kindergarten
Einstimmig hat gestern die CSU-Mehrheit im Gemeinderat der Lechfeldgemeinde Kleinaitingen den Bau des Kindergartens beschlossen.

Überstunden in der Stadtverwaltung
Die Auszählung für die Landtagswahlen zog sich am Sonntagabend bis in die Nachtstunden (...)

Hitzige Diskussionen in der Bürgerversammlung
Mit einem Bürgerbegehren will die Bürgerinitiative „Rettet das Stadttheater" die Absichten des Stadtrates durchkreuzen.

Lechfeld Kurier

1.1 Die Aufgaben der Gemeinden

Art. 28 GG

(2) Den Gemeinden muss das Recht gewährleistet sein, alle Angelegenheiten der örtlichen Gemeinschaft im Rahmen der Gesetze in eigener Verantwortung zu regeln.

Aus dem Recht, die örtlichen Angelegenheiten selbst zu regeln, ergeben sich die Aufgaben der Gemeinden. Diese sind beispielsweise der Bau von Sportanlagen, Theatern und Museen. Die Erfüllung dieser Aufgaben ist freiwillig. Daneben gibt es Pflichtaufgaben, die jede Gemeinde erfüllen muss (z. B. Bau von Kindergärten und Gemeindestraßen). Alle diese Aufgabenbereiche gehören zum „eigenen Wirkungskreis" der Gemeinden.

Jede Gemeinde muss eine Feuerwehr haben.

1. Welche Einzelaufgaben des eigenen Wirkungskreises werden in Ihrer Heimatstadt bzw. -gemeinde erfüllt?
2. Wovon hängt es ab, ob eine Gemeinde die freiwilligen Aufgaben übernehmen kann?

Daneben werden den Gemeinden viele Verwaltungsaufgaben übertragen. Hier haben die Gemeinden keine Entscheidungsfreiheit. Zu den Aufgaben gehören unter anderem die Ausstellung von Personalausweisen und Lohnsteuerkarten, die **Wehrerfassung,** das Einwohnermeldewesen, Angelegenheiten des Standesamtes und die Abwicklung von Wahlen. Diese Aufgaben gehören zum „übertragenen Wirkungskreis" der Gemeinden.

Wehrerfassung:
Mit Vollendung des 18. Lebensjahres werden alle männlichen Deutschen für die Ableistung der Wehrpflicht erfasst.

Welche der Zeitungsmeldungen im Lechfeld Kurier beziehen sich auf eine Aufgabe der Gemeinden im übertragenen Wirkungskreis?

1.2 Der politische Aufbau der Gemeinde – Entscheidungsprozesse

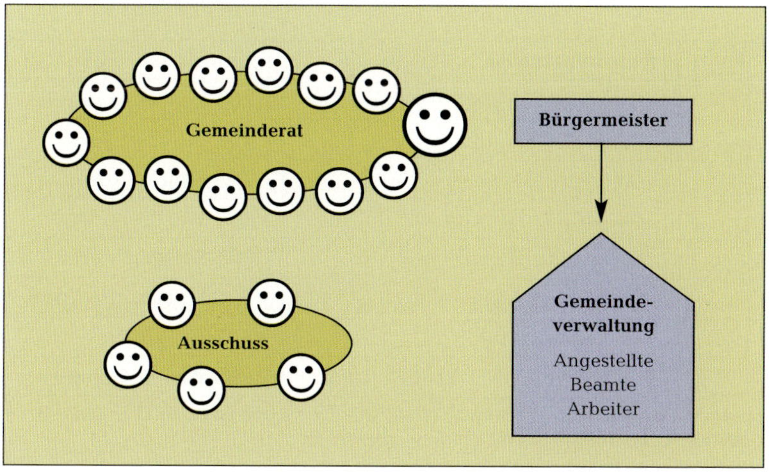

Anzahl der Gemeinderatsmitglieder:
Abhängig von der Anzahl der Einwohner einer Gemeinde

Die wichtigen Projekte einer Gemeinde, wie z. B. der Bau eines Hallenbades, werden vom Stadtrat bzw. Gemeinderat beraten. Er tagt zumeist in öffentlicher Sitzung. Der Gemeinderat setzt sich aus den Gemeinderatsmitgliedern und dem Bürgermeister zusammen. Sie werden von den Bürgern auf sechs Jahre gewählt und sind häufig Mitglieder einer der politischen Parteien der Bundesrepublik Deutschland. Der Gemeinderat ist zuständig für

- Grundsatzentscheidungen,
- Erlass von **Satzungen,**
- Bildung von Ausschüssen.

Entscheidungen mit geringer Tragweite werden in vielen Gemeinden von den Ausschüssen getroffen. Sie verkörpern einen verkleinerten Gemeinderat und sind für unterschiedliche Bereiche zuständig (z. B. Sport, Finanzen, Personal).

Satzungen:
Rechtsvorschriften, die im Gemeindegebiet gelten
Mit der Haushaltssatzung werden die Einnahmen und Ausgaben der Gemeinde eines Jahres rechtlich festgelegt.

Jahrgangsstufe 11

Kreisfreie Gemeinden:

Gemeinden, die keinem Landkreis angehören

Dies sind die größeren Städte Bayerns, z. B. München, Augsburg, Nürnberg, Würzburg, Kempten, Bayreuth.

Dem Bürgermeister, in **kreisfreien** Gemeinden dem Oberbürgermeister, weist die Gemeindeordnung folgende Aufgaben zu:

- Vorsitz im Gemeinderat
- Leitung der Gemeindeverwaltung
- Erledigung der laufenden Angelegenheiten (z. B. Kauf von Büromaterial)
- Zuständigkeit für dringliche Anordnungen und unaufschiebbare Geschäfte (z. B. Reparaturauftrag für defekte Telefonanlage im Rathaus)
- Vertretung der Gemeinde nach außen

Stimmzettel zur Wahl des Gemeinderats in Mittelaitingen am 02. März 2008

Jeder Wähler und jede Wählerin hat 8 Stimmen. Kein Bewerber oder keine Bewerberin darf mehr als 3 Stimmen erhalten, auch dann nicht, wenn sie mehrfach aufgeführt sind.

Wahlvorschlag Nr. 1 | Wahlvorschlag Nr. 2

	◯			**Kennwort: CSU**
				101 Sporer Franz
				102 Kistler Hannelore
				103 Sailer Markus
				104 Müller Helmut
				105 Wacher Erwin
				106 Fischer Max
				107 Klug Anita
				108 Kirchner Maria

	◯			**Kennwort: SPD**
				201 Schäfer Hubert
				202 Seifried Anita
				203 Heider Josef
				204 Wagner Jürgen
				205 Schmid Peter
				206 Hoffmann Anna
				207 Heller Inge
				208 Weiß Michaela

Stimmzettel zu den Kommunalwahlen in einer Gemeinde unter 1000 Einwohnern und zwei Listen (Berufsangabe der Bewerber fehlt)

Gemeindebürger:

Wahlberechtigte Einwohner der Gemeinde

Bürgerbegehren:

Antrag der Gemeindebürger auf einen Bürgerentscheid

Notwendige Unterschriften:

bis 10 000 Einwohner:	10 %
bis 20 000 Einwohner:	9 %
bis 30 000 Einwohner:	8 %
bis 50 000 Einwohner:	7 %
bis 100 000 Einwohner:	6 %
bis 500 000 Einwohner:	5 %
mehr als 500 000 EW:	3 %

Bürgerentscheid:

Für die gestellte Frage muss mindestens folgende Mehrheit der Stimmberechtigten gestimmt haben:

bis 50 000 EW:	20 %
bis 100 000 EW:	15 %
mehr als 100 000 EW:	10 %

Volljährige Bürger, auch EU-Bürger, sind bei den Kommunalwahlen wahlberechtigt und können kandidieren. Auch junge Bürger haben Chancen, sich im Gemeinderat zu engagieren. Bei den alljährlichen Bürgerversammlungen in den Gemeinden besteht die Möglichkeit, sich in die Kommunalpolitik einzumischen. Alle **Gemeindebürger** dürfen sich hier zu Wort melden. Darüber hinaus können sie in Angelegenheiten des eigenen Wirkungskreises durch ein erfolgreiches **Bürgerbegehren** einen **Bürgerentscheid** herbeiführen. Nicht mehr die „Volksvertreter", sondern die Bürger einer Gemeinde entscheiden dann über eine bestimmte Frage. Statt repräsentativer Demokratie handelt es sich um direkte Demokratie. Mit einem Bürgerantrag können die Gemeindebürger beantragen, dass der Gemeinderat bzw. der Stadtrat eine gemeindliche Angelegenheit behandelt. Der Bürgerantrag muss von mindestens einem Prozent der Gemeindeeinwohner unterschrieben werden. Unterschriftsberechtigt sind die wahlberechtigten Gemeindeeinwohner.

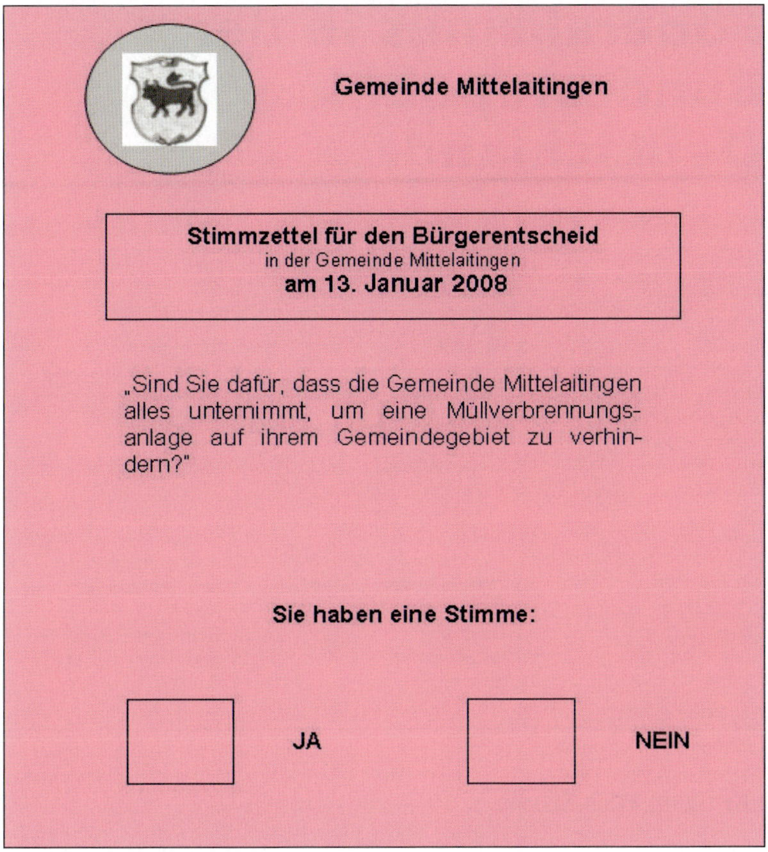

Gemeinde Mittelaitingen

Stimmzettel für den Bürgerentscheid
in der Gemeinde Mittelaitingen
am 13. Januar 2008

„Sind Sie dafür, dass die Gemeinde Mittelaitingen alles unternimmt, um eine Müllverbrennungsanlage auf ihrem Gemeindegebiet zu verhindern?"

Sie haben eine Stimme:

☐ JA ☐ NEIN

1. Welche Formen der Bürgerbeteiligung in der Gemeinde sind in den eingangs angeführten Zeitungsmeldungen erkenntlich?
2. Wie viele Unterschriften müssten Sie sammeln, so dass Sie in Ihrer Heimatgemeinde durch ein erfolgreiches Bürgerbegehren einen Bürgerentscheid erwirken könnten?
3. Wie viele Stimmen müssten Sie in Ihrer Heimatgemeinde für einen erfolgreichen Bürgerentscheid mindestens bekommen?

2 Föderalismus in der Bundesrepublik Deutschland

Im Fach Lesen, Textverständnis	Im Fach Problemlösen	Im Fach Naturwissenschaften	Im Fach Mathe
1 Bayern 2 Baden-Württemberg 3 Sachsen 4 Thüringen 5 Schleswig-Holstein 6 Rheinland-Pfalz 7 Hessen 8 Saarland* 9 Sachsen-Anhalt 10/11 Niedersachsen, Berlin 12 Nordrhein-Westfalen 13/14 Hamburg, Brandenburg 15 Mecklenburg-Vorp. 16 Bremen	1 Bayern 2 Sachsen 3 Baden-Württemberg 4 Thüringen 5 Schleswig-Holstein 6 Rheinland-Pfalz 7/8 Berlin, Hessen 9 Niedersachsen 10 Hamburg 11 Brandenburg 12 Mecklenburg-Vorp. 13 Sachsen-Anhalt 14/15 Nordrhein-Westfalen, Saarland 16 Bremen	1 Bayern 2 Sachsen 3 Baden-Württemberg 4 Thüringen 5 Saarland 6 Sachsen-Anhalt 7 Niedersachsen 8/9 Schleswig-Holstein, Rheinland-Pfalz 10 Berlin 11 Mecklenburg-Vorp. 12/13 Hessen, Nordrhein-Westfalen 14 Hamburg 15 Brandenburg 16 Bremen	1 Bayern 2 Sachsen 3 Baden-Württemberg 4 Thüringen 5 Sachsen-Anhalt 6 Saarland 7/8 Schleswig-Holstein, Hessen 9 Niedersachsen 10/11 Mecklenburg-Vorp., Rheinland-Pfalz 12 Brandenburg 13 Berlin 14 Nordrhein-Westfalen 15 Hamburg 16 Bremen

* aus statistischen Gründen tiefer eingestuft

Pisa-Rangfolge der Bundesländer nach Fächern

Pisa-Studie:
Wissenschaftlicher weltweiter Ländervergleich, in dem die Fähigkeiten der Schüler untersucht wurden.

Kritik an PISA-Studie

Deutsche Schüler belegten nur Platz 20! Insgesamt wurden die Fähigkeiten 15-Jähriger aus 32 Nationen miteinander verglichen. Besonders gut schnitten dagegen Finnland, aber auch Japan und Korea ab. Das schlechte Abschneiden deutscher Schüler im internationalen Vergleich „PISA" ist für Erziehungswissenschaftler Peter Struck nicht sehr aussagekräftig. Schulsysteme verschiedener Länder und Kulturkreise könnten nicht miteinander verglichen werden, betont der Professor der Universität Hamburg. „Man vergleicht Äpfel mit Birnen".

Problematisch in NRW ist der sehr hohe Anteil von Schülern mit Migrationshintergrund. Fast ein Viertel der Schüler haben Eltern, die beide im Ausland geboren wurden. Schüler mit diesem Hintergrund schnitten bei PISA besonders schlecht ab. In Bayern sind es hingegen fast zehn Prozent weniger.

wdr.de

1. Welche Probleme können sich für deutsche Schüler und Schülerinnen ergeben, wenn ihre Eltern innerhalb der Bundesrepublik umziehen?
2. „In Deutschlands Schulen werden die Schüler ungleich behandelt!" Wie stehen Sie zu dieser Behauptung?
3. Welche Chancen sehen Sie darin, dass die Schulpolitik in der Bundesrepublik nicht einheitlich ist?

2.1 Der Sinn einer bundesstaatlichen Ordnung

Die Bundesrepublik Deutschland wird durch die sechzehn deutschen Länder gebildet. Die bundesstaatliche Ordnung bewahrt Vielfalt und erzeugt zugleich Einheit. Auf regionale Unterschiede kann die Politik besser eingehen. Daneben gibt es viele Gemeinsamkeiten wie die verfassungsmäßige Ordnung und die gemeinsame deutsche Geschichte ab **1871.** Der Bundesstaat bietet somit ein gemeinsames Dach der Einheit und ermöglicht den einzelnen Ländern dennoch Verschiedenartigkeit.

1871:

Nach dem deutsch-französischen Krieg schlossen sich unter Kaiser Wilhelm I die deutschen Einzelstaaten zum Deutschen Reich zusammen. Als Gründer des Deutschen Reiches gilt Otto Bismarck.

Foto: ddp

Foto: dpa

Fasnacht in Baden – Karneval im Rheinland

Durch die Unterschiedlichkeit zwischen den Ländern eines Bundesstaates entstehen Wettbewerb und Experimentierfreudigkeit. Einzelne Länder können sich in ihrem Zuständigkeitsbereich etwa bei der Ganztagsschule oder der Drogenbekämpfung eigene Ziele setzen.

Ministerin hält an Fixerstuben fest

Münster – Vor dem Hintergrund des ersten Toten in einem nordrhein-westfälischen Drogenkonsumraum am Mittwoch in Münster hat Sozialministerin Birgit Fischer (...) die Notwendigkeit der Einrichtungen unterstrichen. Ein 35 Jahre alter Mann war am Mittwoch in der Fixerstube am Münsteraner Bahnhof tot zusammengebrochen. Ohne die sieben Drogenkonsumräume in NRW würden aber deutlich mehr Menschen an der Sucht sterben, meinte die Ministerin.

Süddeutsche Zeitung

NRW:

Nordrhein-Westfalen

1. Warum werden „Fixerstuben" eingerichtet?
2. Würden Sie „Fixerstuben" bundesweit einführen? Begründen Sie Ihre Antwort.

Foto: dpa

Franz-Josef Strauß (links) und Helmut Schmidt

Ministerpräsidenten der Länder treten immer wieder als Kanzlerkandidaten bei Bundestagswahlen an. Der Vorteil für das politische System besteht darin, dass sie schon in ihren Ländern Regierungserfahrung sammeln konnten.

Jahr	amtierender Kanzler	Kanzlerkandidat
2002	Gerhard Schröder	E. Stoiber (Ministerpräsident von Bayern)
1998	Helmut Kohl	G. Schröder (Ministerpräsident von Niedersachsen)
1980	Helmut Schmidt	Franz-Josef Strauß (Ministerpräsident von Bayern)

Verordnung:

Rechtliche Regelung aufgrund eines Gesetzes

Mit Verordnungen sollen Detailprobleme gelöst werden. In Bayern können Gemeinden z. B. Verordnungen für die Benutzung von Campingplätzen erlassen.

Massentourismus in den Alpen hinterlässt Spuren

Bayerische Staatsregierung will Gegenmaßnahmen ergreifen. Gemeinden sollen Verordnungen erlassen können.

Hochwasserschäden sollen sich nicht mehr wiederholen

Sachsen will das Bauen an Flüssen verbieten.

Worin liegt der Vorteil, wenn die oben genannten Probleme durch das betroffene Bundesland gelöst werden?

Subsidiarität:

Der Staat wird nur unterstützend tätig. Die Verantwortung soll bei kleineren Gemeinschaften liegen.

Probleme lassen sich häufig vor Ort besser lösen. Die betroffenen Bürger haben ein starkes Interesse an einem Ergebnis. Ihre Kenntnisse und Erfahrungen sind dabei wertvoll. Wenn staatliche Entscheidungen auf unteren bzw. untersten Ebenen getroffen werden, spricht man von **Subsidiarität.** In einem Bundesstaat können bestimmte Aufgaben durch die Länder besser gelöst werden.

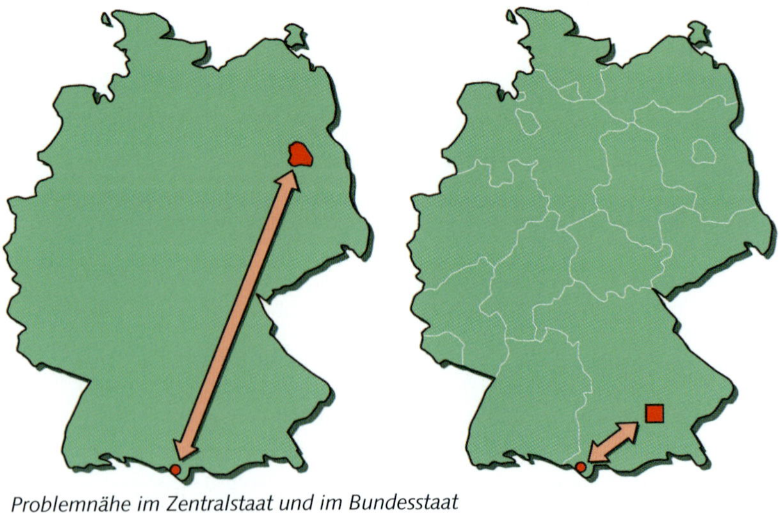

Problemnähe im Zentralstaat und im Bundesstaat

Die Entscheidungen sind den örtlichen Gegebenheiten angepasst. So verlangt der Massentourismus im Gebirge Bayerns andere Maßnahmen als jener in Berlin.

Indem bestimmte Entscheidungen im föderalistischen Staat auf untere Ebenen, also die Länder, verlagert werden, kommt es zu einer zusätzlichen Gewaltenteilung, die von oben nach unten wirkt. Sie wird als vertikale Gewaltenteilung bezeichnet.

2.2 Strukturen und Aufgaben

Bayerischer Landtag und Bayerische Staatsregierung

Der Föderalismus der Bundesrepublik Deutschland macht es möglich, dass es ein Landesparlament wie den Bayerischen Landtag und eine Landesregierung wie die Bayerische **Staatsregierung** gibt. Das Gleiche gilt für die Gerichtsbarkeiten (z. B. Bayerischer Verwaltungsgerichtshof). Die Bundesländer haben eigene Länderverfassungen wie die **Bayerische Verfassung**.

Staatsregierung:
Die Staatsregierung ist die oberste leitende und vollziehende Behörde in Bayern. Sie besteht aus dem Ministerpräsidenten und bis zu 17 Staatsministern und Staatssekretären.

Bayerische Verfassung:
Sie wurde 1946 verkündet. Gemäß Art. 188 Bayerische Verfassung erhält jeder Schüler vor Beendigung der Schulpflicht einen Abdruck der Verfassung.

Staatsgewalt auf verschiedenen Ebenen – vertikale Gewaltenteilung

Bundesregierung mit ihrer Verwaltung (z. B. Bundesamt für Statistik, Bundeskriminalamt)	**Bundestag und Bundesrat**	**Bundesgerichte** (z. B. Bundesverfassungsgericht, Bundesgerichtshof)
Bayerische Staatsregierung mit ihrer Verwaltung (z. B. Landesamt für Denkmalschutz, Landratsämter)	**Bayerischer Landtag**	**Landesgerichte** (z. B. Bayerischer Verwaltungsgerichtshof)

Ordnen Sie den Bayerischen Landtag, die Bayerische Staatsregierung und den Bayerischen Verwaltungsgerichtshof den klassischen Staatsgewalten zu!

Jahrgangsstufe 11

Die einzelnen Bundesländer haben vielfältige Aufgaben zu erfüllen. Die Gesetzgebung wird von den Landesparlamenten übernommen. In welchen Bereichen die Bundesländer Gesetze erlassen können, wird durch das Grundgesetz geregelt.

Ausschließliche Gesetzgebung des Bundes	Konkurrierende Gesetzgebung	Gesetzgebungsrecht der Länder
Nur der Bund erlässt Gesetze. **Artikel 71 GG**	Die Länder dürfen nur dann Gesetze erlassen, wenn nicht schon der Bund dies getan hat. **Artikel 72 GG**	Die Länder dürfen Gesetze erlassen. **Art. 70 Abs. 1 GG**
Beispiele: auswärtige Angelegenheiten, Verteidigung, Passwesen, Ein- und Auswanderung **Artikel 73 GG**	**Beispiele:** bürgerliches Recht, Strafrecht, Vereinsrecht, Sozialhilferecht, Sozialversicherungsrecht, Arbeitsrecht **Artikel 74 GG**	**Beispiele:** Schulwesen, Kommunalrecht (Recht der Gemeinden, Landkreise, Bezirke), Polizeirecht, Strafvollzug, Ladenschlussregelungen

für die Länder gilt **für die Länder gilt**

Die Gesetzgebungszuständigkeit zwischen Bund und Ländern

Der Bund hat in der konkurrierenden Gesetzgebung sehr viel geregelt. Den Ländern verbleiben damit nur noch wenige Bereiche, in denen sie Regelungen aufstellen können. Sollte es zu entgegengesetzten Rechtsvorschriften kommen, gilt: „Bundesrecht bricht Landesrecht" (Art. 31 GG).

Konsens:
Übereinstimmung

Kultusministerkonferenz:
Die Kultusminister der einzelnen Bundesländer stimmen sich z. B. hinsichtlich der Anforderungen in den Schulen ab.

Verschiedentlich wollen die Länder einen **Konsens** untereinander erreichen. Dies erfolgt in **Konferenzen** der Ministerpräsidenten oder Fachminister der einzelnen Bundesländer. Bei der Gesetzgebung der Bundesgesetze sind die Bundesländer nicht ohne Einfluss. Durch den Bundesrat wirken die Länder bei der Gesetzgebung des Bundes mit.

> Art. 30 GG
> Die Ausübung der staatlichen Befugnisse und die Erfüllung der staatlichen Aufgaben ist Sache der Länder, soweit dieses Grundgesetz keine andere Regelung trifft oder zulässt.

Gesetzesvollzug durch die Länder:
Beispiel: Ausbildungsförderung nach dem Bundesausbildungsförderungsgesetz wird von den Bundesländern erledigt.

Die Ausführung der Länder- und Bundesgesetze erfolgt weitgehend durch die Verwaltung der Länder. Im Freistaat Bayern übernehmen diesen **Gesetzesvollzug** vielfach die Landratsämter. Nur vereinzelte Bundesgesetze werden von den Behörden der Bundesrepublik Deutschland ausgeführt.

Worin liegt der Sinn, dass viele Bundesgesetze durch bereits vorhandene Behörden der Bundesländer vollzogen werden?

Die Staatsgewalt verteilt sich im Föderalismus auf den Bund und die Länder. Die Steuereinnamen müssen sich dementsprechend auch auf die beiden Ebenen verteilen. Dem Bund stehen u. a. Zölle, die Tabak- und Mineralölsteuer zu. Die Länder erhalten die Erbschafts- und Schenkungssteuer. Die Einnahmen der Einkommens-, Körperschafts- und Umsatzsteuer fließen dem Bund und den Ländern gemeinsam zu. Länder mit hoher Finanzkraft (z. B. Baden-Württemberg, NRW, Bayern) müssen einen **Finanzausgleich** an finanziell schwächere Länder (z. B. Berlin) leisten.

Finanzausgleich:
Er wird immer wieder von den Geberländern kritisiert, weil sie nicht für Nehmerländer zahlen wollen.

2.3 Bayerns Stellung im Bund

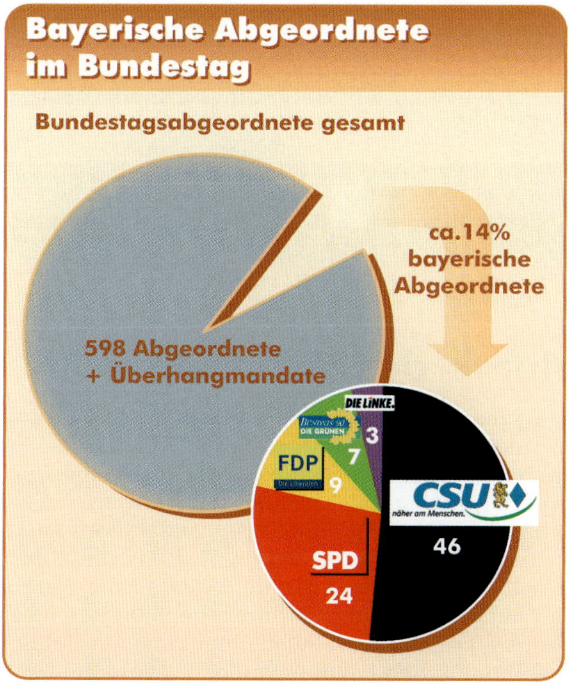

Anteil der bayerischen Bundestagsabgeordneten im Verhältnis zu den Bundestagsmandaten insgesamt

Bayerische Vertretung in Berlin

Claus:
Herr Dr. Ruck, Sie sind Bundestagsabgeordneter für den Wahlkreis Augsburg. Was kann ein bayerischer Bundestagsabgeordneter für Bayern in Berlin bewegen?

Dr. Chr. Ruck:
Wie allen anderen Abgeordneten stehen auch den Bayern im Bundestag eine Fülle von Möglichkeiten für parlamentarische Initiativen zur Verfügung. Aus der Sicht eines CSU-Abgeordneten sind die Einflussmöglichkeiten in den letzten Jahrzehnten besonders groß gewesen, weil die (...) kopfstarke CSU-Landesgruppe traditionell sehr gut und effizient organisiert war und sich auf die Geschlossenheit und Rückendeckung der Bayerischen Staatsregierung verlassen konnte.

Dr. Chr. Ruck, Mitglied des Deutschen Bundestages

CSU-Landesgruppe:

Die CSU stellt nur in Bayern Kandidaten bei Wahlen auf. Ihre Bundestagsabgeordneten haben sich zur CSU-Landesgruppe zusammengeschlossen. Die CSU ist im Bundestag eine Fraktionsgemeinschaft mit der CDU eingegangen.

Claus:
Bayern ist der größte Flächenstaat in der Bundesrepublik Deutschland und hat nach NRW die meisten Einwohner. Wie wirkt sich dies in der Bundespolitik aus?

Dr. Chr. Ruck:
Durch die bayernspezifische Parteien-Konstellation hatte der Freistaat besonders in unionsgeführten Regierungen in den letzten Jahrzehnten einen überproportional starken Einfluss in der Bundespolitik. Aufgrund von Größe und Einwohnerzahl war Bayern auch besonders repräsentativ von allen politischen Problemen und Themen der Bundesrepublik betroffen und hat sich deshalb in einem besonders breiten Ansatz in die Bundespolitik eingebracht – vom Thema Landwirtschaft über Kommunalpolitik und Einwanderungspolitik bis hin zu einer modernen Wirtschafts- und Technologiepolitik.

Claus:
Welche politischen Gewichte bringt Bayern in die Bundespolitik ein?

Dr. Chr. Ruck:
Die besonderen Gewichte Bayerns für die Bundespolitik lagen insbesondere in der traditionell aktiven Rolle einer starken bayerischen Staatsregierung im Bundesrat.

2.4 Probleme des Föderalismus

Der Föderalismus der Bundesrepublik Deutschland ist nicht unumstritten. Kritik entzündete sich am zu starken Einfluss der Länder an der Bundesgesetzgebung durch den Bundesrat. Weiterhin entstand Kritik an der geringen Möglichkeit der Länder, selbst Gesetze zu erlassen. Die konkurrierende Gesetzgebung lasse den Ländern kaum noch Gelegenheit, eigene Gesetze zu verabschieden. Diese Kritikpunkte wurden mit den Bestimmungen der Föderalismusreform zur Neuordnung der bundesstaatlichen Ordnung gemildert. In einer weiteren Föderalismusreform soll das Geflecht der Finanzbeziehungen zwischen dem Bund und den Ländern verändert werden.

Föderalismusreform II

(...) Der Kommission gehören je 16 stimmberechtigte Mitglieder von Bund und Ländern an. Zu den Projekten, die die Kommission in Angriff nehmen will, gehört ein Frühwarnsystem zur Erkennung und Bekämpfung von Haushaltsrisiken. Außerdem gibt es die Forderung nach Einführung einer Schuldenbremse, die die Verschuldung der Länder eindämmen soll. (...) Auf den Prüfstand kommen dürfte auch die Verteilung der einzelnen Steuerarten. Manche Einnahmen kommen dem Bund, andere den Ländern, wieder andere beiden zugute: Neben dem vertikalen Finanzausgleich zwischen Bund und Ländern gibt es auch den horizontalen zwischen den einzelnen Bundesländern. Den fünf Geberländern Bayern, Baden-Württemberg, Hessen, Nordrhein-Westfalen und Hamburg stehen elf Nehmerländer gegenüber.

Augsburger Allgemeine

Wenn die Bundesländer in vermehrtem Umfang wieder Gesetze selbst verabschieden können, kann sich eine Uneinheitlichkeit ergeben. Sehen Sie darin einen Nachteil oder Vorteil?

Die Bundesrepublik Deutschland mit drei Bundesländern – theoretisch möglich

Die Bundesstaatlichkeit ermöglicht Vielfalt. Der Preis dafür sind die Kosten, die sich aus sechzehn Länderregierungen und Länderparlamenten ergeben. Ein weiteres Problem des Bundesstaates liegt darin, dass sich die Wirtschaftskraft in den Bundesländern unterscheidet. Die Lebensverhältnisse der Bundesbürger hängen somit auch davon ab, ob der Einzelne in einem wirtschaftlich schwachen oder starken Bundesland wohnt. Um die Leistungsfähigkeit zu steigern, erlaubt das Grundgesetz einen Zusammenschluss von Bundesländern.

Art. 29 GG

Das Bundesgebiet kann neu gegliedert werden, um zu gewährleisten, dass die Länder nach Größe und Leistungsfähigkeit die ihnen obliegenden Aufgaben wirksam erfüllen können.

Neugliederung im Südwesten:
1952 entstand aus einem Zusammenschluss von drei Ländern das Bundesland Baden-Württemberg.

Eine **Neugliederung** des Bundesgebietes verlangt in den betroffenen Bundesländern einen Volksentscheid. Im Jahre 1996 scheiterte eine Fusion der Bundesländer Brandenburg und Berlin.

1. Halten Sie eine Neugliederung der Bundesländer für sinnvoll?
2. Ordnen Sie die Landkarte Deutschlands neu! Welche Bundesländer würden Sie verschmelzen? Begründen Sie Ihre Veränderungen.

Jahrgangsstufe 11

Zusammenfassung

Gemeinden haben laut Grundgesetz das Recht, ihre Angelegenheiten selbst zu regeln.

Der Gemeinderat und der Bürgermeister sind die Hauptorgane der Gemeinden.

Mit dem Bürgerentscheid haben die Gemeindebürger die Möglichkeit, einzelne Entscheidungen der Gemeinden mitzugestalten.

Die Bundesrepublik Deutschland ist ein Bundesstaat.

Der Bundesstaat ermöglicht seinen Ländern Vielfalt und Wettbewerb untereinander.

Der Föderalismus begünstigt die Subsidiarität und schafft Problembewusstsein sowie Bürgernähe.

In den Ländern der Bundesrepublik Deutschland gibt es Landesregierungen, Landesparlamente und Landesgerichte.

Die Gesetzgebung in der Bundesrepublik Deutschland wird weitgehend vom Bund ausgeübt.

Die Bundesländer übernehmen in der Bundesrepublik Deutschland oft den Gesetzesvollzug.

Es gibt Steuern, die entweder dem Bund oder den Ländern zustehen. Gewisse Steuern sind Gemeinschaftssteuern.

Wissens-Check

1. Eine kleinere Gemeinde baut eine Sporthalle. Wer entscheidet in der Gemeinde über den Bau?
2. In Art. 11 Abs. 3 Bayerische Verfassung heißt es:

   „Die Selbstverwaltung der Gemeinden dient dem Aufbau der Demokratie in Bayern von unten nach oben."

   Erklären Sie diese Aussage! Wie können Sie auf die Selbstverwaltung Einfluss nehmen?
3. Können Sie an der Landkarte Deutschlands erkennen, dass die Bundesrepublik Deutschland ein Bundesstaat ist? Begründen Sie Ihre Antwort.
4. Ein Weg zum Abitur führt in Bayern über das Gymnasium. In anderen Bundesländern machen die Schüler das Abitur auch in Gesamtschulen. Welches Merkmal eines Bundesstaates erkennen Sie darin?
5. Warum bietet ein föderalistischer Staat mehr Bürgernähe als ein Zentralstaat?
6. Wer beschließt Gesetze, die nur in Bayern gelten?
7. Wie heißt die Landesregierung im Freistaat Bayern?
8. Nennen Sie zwei Bereiche, in denen die Bundesländer selbst Gesetze erlassen können.
9. Nennen Sie zwei Bereiche, in denen die Bundesländer in keinem Fall Gesetze erlassen können.
10. Wer ist in der Aufgabenverteilung zwischen Bund und Ländern für den Gesetzesvollzug in der Regel zuständig?
11. Nennen Sie Kritikpunkte am Föderalismus in der Bundesrepublik Deutschland.

Links

www.bayern.de

www.kommunalweb.de

www.foederalismus.de

Oberste Bundesorgane 3

Jeder Staat benötigt Staatsorgane, die seine Aufgaben ausführen. In freiheitlichen Staaten werden Staatsorgane durch demokratische Wahlen legitimiert. Das Grundgesetz sieht als Staatsorgane die obersten Bundesorgane vor.

3.1 Der Bundestag

Reichstag in Berlin

Koalitionsfraktionen:
Jene Parteien, welche die Regierung unterstützen; zumeist identisch mit Mehrheitsfraktionen

Oppositionsfraktionen:
Jene im Parlament vertretenen Parteien, die nicht die Regierung unterstützen

Wenn vom Parlament der Bundesrepublik Deutschland gesprochen wird, ist der Bundestag gemeint. Er stellt die Volksvertretung Deutschlands dar und wird vom Volk auf vier Jahre gewählt. Der Deutsche Bundestag hat mindestens 598 Abgeordnete.

Die Hauptaufgaben des Bundestages sind die

- **Wahl** des Bundeskanzlers,
- Gesetzgebung,
- Zustimmung zu Staatsverträgen,
- Diskussion wichtiger Fragen der Nation (z. B. Chancen und Risiken der Gentechnik).

Mit der Entscheidungsgewalt über die Entsendung von Bundeswehrsoldaten in Krisenregionen erhielt der Bundestag eine weitere bedeutsame Aufgabe.

Wahlfunktion des Bundestages:
Der Bundestag ist an der Wahl des Bundespräsidenten und der Verfassungsrichter beteiligt. Der Bundestag wählt zu Beginn einer Wahlperiode einen Bundestagspräsidenten.

Jahrgangsstufe 11

Ein Jahr länger in Afghanistan

Berlin – Der Bundestag hat am Freitag dem weiteren Einsatz der Bundeswehr in Afghanistan im Rahmen der Internationalen Schutztruppe Isaf zugestimmt. Das um ein weiteres Jahr verlängerte Mandat schließt nun auch die sechs Aufklärungstornados ein, die bislang unter einem eigenen Mandat eingesetzt waren. Damit können insgesamt maximal 3.500 deutsche Soldaten gleichzeitig in Afghanistan stationiert sein. (...)

Süddeutsche Zeitung, 05.10.2007

Halten Sie es für nötig, dass der Bundestag die Entsendung von Bundeswehrsoldaten beschließen muss?

Eine wichtige Aufgabe des Parlaments ist es, Kritik an der Regierung zu üben und sie zu kontrollieren. Dies erfolgt im Bundestag hauptsächlich durch die Oppositionsfraktionen. Sie können im Bundestag beispielsweise

- beantragen, einen **Untersuchungsausschuss** einzuberufen, der Missstände aufdecken soll,
- in den Lesungen des Gesetzgebungsverfahrens ihre eigene Position vertreten,
- Anfragen stellen, die die Bundesregierung zwingen, Auskunft zu geben.

Untersuchungsausschuss:
Die Einsetzung eines Untersuchungsausschusses muss von einem Viertel der Mitglieder des Bundestages beantragt werden. In Zeiten einer Großen Koalition ist dies für eine einzelne Oppositionsfraktion kaum möglich.

Grafik: Dave Vaughan

Wodurch werden in der Karikatur die Regierung und die Opposition erkenntlich?

3.2 Der Bundesrat

Der Bundesrat ist die Vertretung der Bundesländer. Über den Bundesrat beeinflussen die Länder den Inhalt der Bundesgesetze. Bei **Zustimmungsgesetzen** kann der Bundesrat ein Bundesgesetz verhindern. Der Bundesrat hat auch das Recht zur Gesetzesinitiative.

Zustimmungsgesetze im Bundesrat:

Der Bundesrat versagt die Zustimmung nur selten:
1994–1998: 22 Gesetze bei 328 verkündeten Zustimmungsgesetzen
1998–2002: 19 Gesetze bei 299 verkündeten Zustimmungsgesetzen
2002–2005: 21 Gesetze bei 195 verkündeten Zustimmungsgesetzen

Foto: dpa

Plenarsaal des Bundesrates

Der Bundesrat besteht aus den Mitgliedern der Regierungen der Bundesländer. Die **Stimmenanzahl** eines Bundeslandes hängt von seiner Einwohnerzahl ab. Insgesamt gibt es 69 Stimmen. Eine Stimmenthaltung wirkt im Bundesrat wie eine Ablehnung. Die Bundesländer werden im Bundesrat zumeist durch ihre Ministerpräsidenten oder Fachminister vertreten. Die Stimmen eines Landes können nur einheitlich abgegeben werden.

Stimmenanzahl im Bundesrat:

Mindestens 3 Stimmen pro Land;
bei mehr als 2 Mio. Einwohnern: 4 Stimmen,
bei mehr als 6 Mio. Einwohnern: 5 Stimmen,
bei mehr als 7 Mio. Einwohnern: 6 Stimmen

Jahrgangsstufe 11

1. Finden Sie ein Bundesland, das drei Stimmen im Bundesrat hat.
2. Wie viele Stimmen hat Bayern im Bundesrat?
3. Wer entscheidet, von wem ein Land im Bundesrat vertreten wird?

Die traditionellen Parteien der Bundesrepublik Deutschland sind meist auch mit Abgeordneten in den Parlamenten der Bundesländer vertreten. Ist die Mehrheit der Abgeordneten von einer Partei, so stellt diese alleine die Landesregierung. Meist müssen die Parteien Bündnisse (Koalitionen) eingehen, um die Mehrheit der Abgeordneten zu erreichen. Die übrigen im Landtag vertretenen Parteien bilden die **Opposition**.

Opposition:

Diejenigen im Parlament vertretenen Parteien, die nicht an der Regierung beteiligt sind

Stellen Sie fest, von welchen Parteien in den Bundesländern Bayern, Nordrhein-Westfalen und Hessen die Regierung gestellt wird und welche Parteien sich dort in der Opposition befinden.

Die Mehrheitsverhältnisse im Bundestag können anders sein als im Bundesrat. So wurde von 1998 bis 2005 die Mehrheit im Bundestag von der SPD und Bündnis 90/Die Grünen gebildet und die Mehrheit im Bundesrat von der CDU, CSU bzw. einer Koalition aus CDU/CSU und der FDP gestellt. Bei Zustimmungsgesetzen kam es daher zu Blockaden durch den Bundesrat.

In den Jahren 1994 bis 1998 waren die Mehrheitsverhältnisse umgekehrt.

Grafik: Dave Vaughan

Jahrgangsstufe 11

3.3 Der Bundespräsident

Foto: dpa

Schloss Bellevue – Amtssitz des Bundespräsidenten in Berlin

Bundespräsident Horst Köhler

Der Bundespräsident ist das Staatsoberhaupt der Bundesrepublik Deutschland. Insofern ist der Bundespräsident mit dem König in einer **Monarchie** zu vergleichen.

Jeder Deutsche, der das Wahlrecht zum Deutschen Bundestag besitzt und das 40. Lebensjahr vollendet hat, kann für fünf Jahre zum Bundespräsidenten gewählt werden. Eine anschließende Wiederwahl ist nur einmal möglich. Der Bundespräsident wird von einem besonderen Wahlorgan, der Bundesversammlung, gewählt. In ihr sind alle Mitglieder des Bundestages vertreten. Mit gleicher Anzahl sitzen Vertreter der Bundesländer in der Bundesversammlung. Diese Personen werden von den **Landtagen** gewählt. Verschiedentlich sind dies Personen des öffentlichen Lebens, die nicht Mitglied einer Partei sein müssen.

Das Grundgesetz verleiht dem Bundespräsidenten nur geringe Macht. Er hat folgende Aufgaben und Befugnisse:

- Vorschlagsrecht bei der Kanzlerwahl, Ernennung und Entlassung der Bundesminister und des Bundeskanzlers
- Auflösung des Bundestages unter bestimmten Bedingungen
- **Ausfertigung** und **Verkündung** der Bundesgesetze
- Völkerrechtliche Vertretung der Bundesrepublik Deutschland nach außen

Die Hauptaufgabe des Staatsoberhauptes der Bundesrepublik liegt in der Repräsentation unseres Staates. Die bisherigen Bundespräsidenten haben versucht, **integrativ** zu wirken. Sie haben sich nicht in den Parteienstreit eingemischt. Ihre Reden haben Denkanstöße in grundlegenden Fragen gegeben. Die Persönlichkeit eines Bundespräsidenten muss Würde ausstrahlen können.

Monarchie:
Staatsform, in der ein König oder Kaiser Staatsoberhaupt ist (z. B. Spanien, Schweden, Großbritannien). Die Übernahme des Throns erfolgt durch Erbfolge.

Landtag:
Parlament in einem Bundesland, z. B. Bayerischer Landtag

Ausfertigung:
Unterzeichnung der Originalurkunde des Gesetzes
Damit wird bestätigt, dass das Gesetzgebungsverfahren ordnungsgemäß verlaufen ist (formelle Prüfung). Der Bundespräsident bestätigt mit der Unterschrift außerdem, dass das Gesetz mit dem Grundgesetz übereinstimmt (inhaltliche Prüfung).

Verkündung:
Amtliche Bekanntgabe des Gesetzes im Bundesgesetzblatt

Integration:
Verbindung einer Vielheit zu einer Einheit

Wir sollten nicht mit Angst oder gar zitternd vor dem demografischen Wandel stehen. Wir müssen ihn, glaube ich, in aller Ernsthaftigkeit als große Herausforderung nehmen, aber ohne ihn zu dramatisieren, ohne Schockwellen durch die Bevölkerung zu treiben, denn das würde die Menschen nur zusätzlich verängstigen. Es geht darum, (...) das Bewusstsein zu schaffen, dass das Thema jeden angeht, wirklich jeden.

Schlusswort von Bundespräsident Horst Köhler bei der Konferenz „Demographischer Wandel" in Berlin (Süddeutsche Zeitung)

Welche Aufgabe erfüllte der Bundespräsident mit der obigen Aussage?

3.4 Die Bundesregierung

Das Bundeskanzleramt als Zentrum der Macht

Die politische Bedeutung der Bundesregierung

Koalition:
Zusammenschluss von mindestens zwei im Parlament vertretenen Parteien zum Zwecke der Regierungsbildung

Legislaturperiode:
Amtsdauer einer Volksvertretung

Koalitionsfraktionen:
Jene Parteien, welche die Regierung unterstützen; zumeist identisch mit den Mehrheitsfraktionen

Die Bundesregierung stellt das Machtzentrum in der Bundesrepublik Deutschland dar. Das Ziel der Parteien besteht letztendlich darin, die Regierungsverantwortung zu übernehmen bzw. zu behalten. Wer sie besitzt, hat Chancen die eigenen politischen Ziele durchzusetzen. Um die Regierung bilden zu können, entwickelten sich in der Geschichte der Bundesrepublik Deutschland zumeist **Koalitionen.**

Die Bundesregierung wird formal der Exekutive (vollziehenden Gewalt) zugeordnet. Der Bundesregierung obliegt im Wesentlichen die Staatsleitung der Bundesrepublik Deutschland. Für eine **Legislaturperiode** bestimmt die Bundesregierung die politischen Ziele. Diese werden in der Regierungserklärung niedergeschrieben. Die Umsetzung erfolgt mit konkreten Gesetzesinitiativen, die von den **Koalitionsfraktionen** im Deutschen Bundestag unterstützt werden.

Konsens über neue Mitglieder der NATO herstellen

Die Bundesregierung soll bereits vor dem kommenden NATO-Gipfel einen breiten europäisch-amerikanischen **Konsens** zur Frage neuer Allianzmitglieder anstreben.

Mittelschwäbische Zeitung

Konsens:
Übereinstimmung

Die Bundesregierung vertritt die Bundesrepublik in den Organen der EU, der NATO und der UNO. Bei internationalen Konferenzen, wie z. B. zum Umweltschutz, handeln für Deutschland der Bundeskanzler oder der jeweilige Bundesminister. Die Vorbereitung von Verträgen mit anderen Staaten obliegt ebenfalls der Bundesregierung.

Foto: dpa

Bundeskanzlerin Merkel vertritt Deutschland auf dem EU-Sondergipfel in Brüssel.

Der Bundeskanzler und die Bundesminister

Art. 62 GG

Die Bundesregierung besteht aus dem Bundeskanzler und den Bundesministern.

Schon durch den Wortlaut des Artikels 62 GG wird die herausragende Stellung des Bundeskanzlers deutlich. „Auf den Kanzler kommt es an“, so lautete ein Wahlslogan der CDU/CSU in den 60er Jahren.

Die wahlberechtigten Bürger können den Bundeskanzler aber nicht direkt wählen.

Wenn ein neu gewählter Bundestag zusammentritt, ist die Wahl des Kanzlers eine seiner ersten Handlungen. Das Vorschlagsrecht liegt beim Bundespräsidenten. Er wird dem Bundestag jenen Kandidaten vorschlagen, der die besten Chancen hat, gewählt zu werden.

Die Parteien werben mit ihren Kanzlerkandidaten.

Die Parteizugehörigkeit des Bundespräsidenten spielt für den Vorschlag keine Rolle.

Der Bundeskanzler muss selbst nicht Abgeordneter des Bundestages sein. Für die Wahl ist die **absolute Mehrheit des Bundestages** notwendig. Der gewählte Kanzler wird vom Bundespräsidenten ernannt.

Absolute Mehrheit des Bundestages:

Die Mehrheit der gesetzlichen Mitgliederzahl des Bundestages

Diese Mehrheit wird auch als Kanzlermehrheit bezeichnet.

Wahl zur Bundeskanzlerin

Deutschland wird zum ersten Mal von einer Frau regiert. Mit deutlicher Mehrheit wählte das Parlament heute Angela Merkel zur neuen Kanzlerin. Sie erhielt 397 Stimmen – 51 Stimmen weniger als die große Koalition Mandate hat. Die Spitzen des neuen Regierungs-Bündnisses zeigten sich dennoch zufrieden und werteten das Ergebnis als solide Basis.

Norbert Lammert, Bundestagspräsident: „Liebe Frau Dr. Merkel. Sie sind damit die erste, demokratisch gewählte Regierungschefin in Deutschland. Das ist ein starkes Signal für unser Land und für manche Männer sicherlich auch."

Die ersten, voran der nun Ex-Kanzler, gratulieren schon, da hat sie die Wahl noch gar nicht angenommen. Merkel dabei dann sichtlich bewegt.

Angela Merkel, CDU, Bundeskanzlerin: „Herr Präsident, ich nehme die Wahl an."

Tagesschau

Jahrgangsstufe 11

Bundestagspräsident:

Vorsitzender der Bundestagssitzungen

Er übt das Hausrecht im Bundestag aus.

Die Amtszeit des Kanzlers ist im Regelfall an die Legislaturperiode des Bundestages gekoppelt (vier Jahre). Allerdings gibt es mehrere Möglichkeiten, einen Kanzlerwechsel während der Legislaturperiode herbeizuführen. Dies ist möglich durch ein **konstruktives** Misstrauensvotum. Dabei wählt die absolute Mehrheit des Bundestages einen neuen Kanzler (Art. 67 GG). Außerdem findet ein Kanzlerwechsel statt, wenn der amtierende Kanzler zurücktritt und der Bundestag einen neuen wählt.

Konstruktiv:

Aufbauend, helfend; hier: Ein Nachfolger wird gewählt.

Darüber hinaus kann der Bundeskanzler im Bundestag die Vertrauensfrage (Art. 68 GG) stellen. Spricht ihm die Mehrheit des Bundestags nicht das Vertrauen aus, kann der Kanzler dem Bundespräsidenten vorschlagen, den Bundestag aufzulösen und Neuwahlen durchzuführen. Der Bundestag kann dies verhindern, indem er einen neuen Kanzler wählt.

Die Amtszeit des Bundeskanzlers endet erst dann, wenn ein Nachfolger gewählt ist. Damit soll eine „kanzlerlose" Zeit verhindert werden.

Mit der Beendigung der Amtszeit eines Bundeskanzlers verlieren auch die amtierenden Bundesminister ihre Position.

Foto: dpa

1982 – Helmut Schmidt (rechts) gratuliert Helmut Kohl zur Wahl als Kanzlernachfolger.

Aus der Geschichte der Bundesrepublik Deutschland

1966: Die Koalition aus CDU/CSU und FDP unter Ludwig Erhard (CDU) bricht auseinander. Ludwig Erhard tritt zurück. CDU/CSU und SPD wählen Kurt Georg Kiesinger (CDU) zum Nachfolger in einer **Großen Koalition**.

1972: Die Fraktion der CDU/CSU beantragt gegen Willy Brandt als Kanzler der **sozialliberalen Koalition** ein konstruktives Misstrauensvotum. Als Nachfolger soll Rainer Barzel (CDU) gewählt werden. Der Antrag scheitert.

1974: Willy Brandt tritt als Kanzler zurück. Die sozialliberale Koalition wählt Helmut Schmidt (SPD) zum Nachfolger.

1982: Die sozialliberale Koalition zerbricht. Die Mehrheit im Deutschen Bundestag spricht Helmut Schmidt das Misstrauen aus. Helmut Kohl (CDU) wird zum Nachfolger in einer neuen Koalition aus CDU/CSU und FDP gewählt.

2005: Nach der Niederlage der SPD bei den Landtagswahlen in Nordrhein-Westfalen kündigt Bundeskanzler Gerhard Schröder Neuwahlen für den Herbst an. Als er die Vertrauensfrage stellt, erhält er nicht die erforderliche Mehrheit. Der Bundespräsident löst den Bundestag auf. Aus den Neuwahlen ergibt sich eine Große Koalition.

Große Koalition:
Koalition bestehend aus SPD und CDU/CSU

Sozialliberale Koalition:
Koalition bestehend aus SPD und FDP

Die Bundesminister können nicht vom Bundestag „gestürzt" werden. Ihre Entlassung wird auf Vorschlag des Bundeskanzlers vom Bundespräsidenten ausgesprochen. Ein freiwilliger Rücktritt eines Bundesministers ist ebenso möglich.

Das Grundgesetz verleiht dem Bundeskanzler eine hervorgehobene Stellung. Er hat das Vorschlagsrecht für die Bundesminister, die vom Bundespräsidenten ernannt werden. Der Bundeskanzler ernennt ferner einen Bundesminister zu seinem Stellvertreter. Das Vorschlagsrecht wird in der politischen Wirklichkeit beeinträchtigt. Jeder Bundeskanzler, der nur mit einer Koalition regieren kann, muss dem Koalitionspartner Ministerämter einräumen. Auch die Wünsche der eigenen Partei hat der zukünftige Regierungschef zu berücksichtigen.

Die dominierende Position des Bundeskanzlers innerhalb der Bundesregierung wird auch durch die Prinzipien des Art. 65 GG deutlich:

- **Kanzlerprinzip:** Der Kanzler bestimmt die Richtlinien der Politik und trägt dem Bundestag gegenüber die Verantwortung.
- **Ressortprinzip:** Jeder Minister leitet im Rahmen der Richtlinien des Bundeskanzlers seinen Geschäftsbereich selbstständig und ist für sein Ministerium verantwortlich.
- **Kollegialprinzip:** Bei Meinungsverschiedenheiten zwischen den Ministern entscheidet die Bundesregierung als Kollegium. Das Kollegialprinzip gilt auch, wenn im Grundgesetz oder in Bundesgesetzen die Bundesregierung genannt wird (z. B. bei der Gesetzesinitiative).

Kanzlerprinzip:
Dieses Prinzip wird auch als Richtlinienkompetenz bezeichnet.

Ressort:
Amtsbereich, Aufgabengebiet

Kollegium:
Gruppe von Personen mit gleichem Amt

Die Persönlichkeit des Kanzlers prägt die jeweilige Bundesregierung. Wenn er seinen Machtspielraum stark ausnützt, spricht man von einer Kanzlerdemokratie.

3.5 Das Bundesverfassungsgericht

Foto: AP

Urteilsverkündung beim Bundesverfassungsgericht

Verfassungsrechtliche Stellung und Zusammensetzung

§ 1 Bundesverfassungsgerichtsgesetz

Das Bundesverfassungsgericht ist ein allen übrigen Verfassungsorganen gegenüber selbstständiger und unabhängiger Gerichtshof des Bundes. Der Sitz des Bundesverfassungsgerichts ist Karlsruhe.

Das Bundesverfassungsgericht wird häufig als Hüter der Verfassung bezeichnet. Seine Entscheidungen binden die Verfassungsorgane des Bundes und der Länder sowie alle Gerichte und Behörden. Die Entscheidungen haben eine politische Wirkung. „Karlsruhe" kann den **Gesetzgeber** auch beauftragen, neue Gesetze auszuarbeiten.

Gesetzgebungsauftrag:

Im April 2001 hat das Bundesverfassungsgericht entschieden, dass der Gesetzgeber bis 2004 das Beitragssystem der Pflegeversicherung so reformieren muss, dass Eltern geringere Beiträge einzahlen müssen.

Das Bundesverfassungsgericht besteht aus zwei **Senaten.** In jeden Senat werden acht Richter gewählt. Die Vorsitzenden der beiden Senate sind zugleich Präsident bzw. Vizepräsident des Bundesverfassungsgerichtes.

Senat:

Eigentlich: Rat der Alten; hier: Richterkollegium

Wahl des Bundesverfassungsgerichtes

Seine Richter werden je zur Hälfte vom Bundesrat und vom Bundestag gewählt. Die Wahl erfolgt mit Zweidrittelmehrheit. Zwölf Jahre dauert die Amtszeit der Richter; sie können danach nicht wiedergewählt werden. Sie sind häufig Mitglieder der großen Parteien gewesen. Die lange Wahlzeit und die Unmöglichkeit einer Wiederwahl schützen die Richter vor parteipolitischer Beeinflussung.

Die Aufgaben des Bundesverfassungsgerichtes

Die größte Anzahl aller Verfahren beim Bundesverfassungsgericht stellen die **Verfassungsbeschwerden** dar.

Verfassungsbeschwerde kann jedermann mit der Behauptung erheben, dass die öffentliche Gewalt (z. B. Behörden, Gerichte) ihn in einem seiner Grundrechte verletzt hat. Bevor eine Verfassungsbeschwerde beim Bundesverfassungsgericht eingereicht werden kann, muss der Kläger allerdings den Rechtsweg einhalten. Das heißt, der Betroffene muss zunächst vor den unteren Gerichten (z. B. dem Amtsgericht) klagen.

Verfassungsbeschwerden:

Von der Gründung des Bundesverfassungsgerichtes im Jahre 1951 bis zum Jahre 2008 gingen 169 502 Klagen ein, davon 163 347 Verfassungsbeschwerden, von denen etwa 2,5% erfolgreich waren.

Karlsruhe – Nach einem so genannten Freispruch zweiter Klasse können personenbezogene Daten des Betroffenen weiterhin gespeichert werden. Das entschied das Bundesverfassungsgericht auf die Verfassungsbeschwerde eines Mannes, der wegen sexuellen Missbrauchs von Kindern angeklagt war. Die Unschuldsvermutung stehe einer Datenspeicherung nicht entgegen, wenn Verdachtsmomente gegen den Beschuldigten geblieben seien, hieß es. Dies gelte bei einem Freispruch mangels Beweisen sowie bei der Einstellung eines Strafverfahrens ohne Urteil.

Süddeutsche Zeitung

Im Grundgesetz wird den Parteien eine hervorgehobene Stellung eingeräumt. Sie können aber auch verboten werden. Ein **Parteienverbot** kann allerdings nur das Bundesverfassungsgericht aussprechen. Man spricht daher vom Parteienprivileg.

Parteienverbot:

1952 verbot das Bundesverfassungsgericht die neonazistische Sozialistische Reichspartei (SRP) und 1956 die Kommunistische Partei Deutschlands (KPD).

Eine politische Wirkung ergibt sich häufig bei Entscheidungen des Bundesverfassungsgerichtes auf Grund einer so genannten **Normenkontrolle** oder einer **Organklage**.

Normenkontrolle:

Gerichtliche Überprüfung einer Rechtsnorm auf ihre Vereinbarkeit mit höherrangigem Recht. Wird die Rechtsnorm als unvereinbar mit dem höherrangigen Recht, z. B. dem Grundgesetz, eingestuft, dann wird die Rechtsnorm für nichtig erklärt.

Organklage:

Gerichtliche Überprüfung der Rechte und Pflichten eines Verfassungsorgans

Das Bundesverfassungsgericht überprüft bei einem Normenkontrollverfahren, ob ein Gesetz im Widerspruch zum Grundgesetz steht. So dürfte ein Gesetz nicht eine unbegründete Ungleichbehandlung zwischen Mann und Frau enthalten, weil es damit dem Gleichheitsgrundsatz widersprechen würde. Auch die Art des Zustandekommens eines Gesetzes kann in einer Normenkontrolle geprüft werden. Den Antrag auf Normenkontrolle können die Bundesregierung, eine Landesregierung oder ein Drittel der Mitglieder des Bundestages stellen. Man spricht hier von der abstrakten Normenkontrolle, weil sie unabhängig von einem Rechtsstreit ist.

Hält ein Gericht ein Gesetz für verfassungswidrig, so kann es auch eine Entscheidung des Bundesverfassungsgerichts einholen. In diesem Fall liegt eine konkrete Normenkontrolle vor.

Karlsruhe stärkt Rechte des Bundestages

Karlsruhe – Bundestag und Bundesverfassungsgericht können bewaffnete Einsätze der Bundeswehr wesentlich stärker als bisher kontrollieren. Das folgt aus einem Grundsatz-Urteil zum Einsatz deutscher Soldaten in Awacs-Aufklärungsflugzeugen der Nato zu Beginn des Irak-Krieges im Frühjahr 2003. Dafür hätte die Bundesregierung die Zustimmung des Bundestages einholen müssen, entschied Karlsruhe. Das Verfassungsgericht präzisierte auf eine Klage der FDP-Bundestagsfraktion sein Urteil vom Juli 1994, in dem es die Bundeswehr als „Parlamentsheer" bezeichnet hatte.

Süddeutsche Zeitung, 08.05.2008

Im Rahmen der Organklage muss „Karlsruhe" bei Streitigkeiten über die Zuständigkeit oberster Bundesorgane wie z. B. der Bundesregierung oder des Bundestages entscheiden.

Ein knapper Ausgang der Bundestagswahlen hat die unterlegenen Parteien verschiedentlich veranlasst, eine Wahlprüfung zu beantragen. Diese Prüfung ist Sache des Bundestages. Gegen dessen Entscheidung kann Beschwerde beim Bundesverfassungsgericht eingereicht werden.

Überhangmandate zulässig

Karlsruhe – Die Überhangmandate bei den vergangenen Bundestagswahlen sind rechtmäßig. Das Bundesverfassungsgericht hat in einer äußerst knappen Entscheidung (vier zu vier) festgelegt, dass Überhangmandate zulässig sind. Es müssen keine Ausgleichsmandate geschaffen werden. Der Gesetzgeber wurde beauftragt, dafür Sorge zu tragen, dass sich die Zahl der Überhangmandate in Grenzen hält.

Mittelschwäbische Zeitung

Zusammenfassung

Der Bundestag ist die Volksvertretung in der Bundesrepublik Deutschland.

Die Gesetzgebung und die Wahl des Bundeskanzlers sind die wichtigsten Aufgaben des Bundestages.

Die Kontrolle der Bundesregierung findet im Bundestag hauptsächlich durch die Oppositionsfraktionen statt.

Über den Bundesrat wirken die Länder an der Gesetzgebung des Bundes mit.

Die Bundesländer werden im Bundesrat durch die Landesregierung vertreten.

Im Bundesrat können sich parteipolitische Interessen auf die Entscheidungen auswirken. Damit wird der Gesetzgebungsvorgang langwierig und kompliziert.

Der Bundespräsident ist das Staatsoberhaupt der Bundesrepublik Deutschland. Er hat nur eingeschränkte Macht.

Die Bundesversammlung wählt den Bundespräsidenten für fünf Jahre.

Repräsentation und Integration sind die Hauptaufgaben des Bundespräsidenten.

Die Bundesregierung stellt das politische Machtzentrum in der Bundesrepublik dar.

Ihre Aufgabe zur politischen Führung erfüllt die Bundesregierung durch Gesetzesvorhaben, die sie mit den Mehrheitsfraktionen im Deutschen Bundestag verwirklicht.

Die auswärtigen Angelegenheiten der Bundesrepublik Deutschland werden durch die Bundesregierung wahrgenommen.

Der Bundeskanzler wird auf Vorschlag des Bundespräsidenten von der absoluten Mehrheit des Bundestages gewählt und anschließend vom Bundespräsidenten ernannt.

Mit dem konstruktiven Misstrauensvotum kann ein Kanzler aus dem Amt entfernt werden, indem zugleich ein neuer Kanzler gewählt wird.

Der Bundeskanzler hat das Vorschlagsrecht für die Bundesminister.

Die Bundesminister leiten ihr Ministerium auf der Grundlage des Ressortprinzips.

Das Bundesverfassungsgericht mit Sitz in Karlsruhe ist das oberste deutsche Gericht. Es gilt als Hüter der Verfassung.

Die Entscheidungen des Bundesverfassungsgerichtes sind für den gesamten Staat bindend.

Die Richter des Bundesverfassungsgerichtes werden vom Bundesrat und von Vertretern des Bundestages mit Zweidrittelmehrheit gewählt.

Die Hauptaufgaben des Bundesverfassungsgerichtes sind Entscheidungen zu Verfassungsbeschwerden und Normenkontrollverfahren.

Nur das Bundesverfassungsgericht kann eine Partei verbieten.

Wissens-Check

1. Inwieweit hängt der Bundeskanzler vom Bundestag ab?
2. Welche Gruppe im Bundestag übt die Kontrollfunktion aus?
3. Nennen Sie zwei Hauptaufgaben des Deutschen Bundestages.
4. Mit welchem parlamentarischen Instrument kann die Opposition Missstände untersuchen lassen?
5. Wer wird durch den Bundesrat vertreten?
6. Wovon hängt die Stimmenanzahl im Bundesrat ab?
7. Auf welche Art und Weise kann der Bundesrat als Instrument für die Oppositionspartei im Bundestag benützt werden?
8. Warum wird schon bei der Wahl zum Deutschen Bundestag die zukünftige Regierung indirekt festgelegt?
9. Wie kann die Opposition im Deutschen Bundestag versuchen, vor Ablauf der Legislaturperiode einen Regierungswechsel herbeizuführen?
10. Wo lassen sich die politischen Schwerpunkte der derzeitigen Regierung nachlesen?
11. Wie bemüht sich jede Bundesregierung, dass ihre Ziele in konkrete Gesetze umgesetzt werden?
12. Welche Regelungen bei der Wahl der Verfassungsrichter tragen zu deren politischer Unabhängigkeit bei?
13. Ein Bürger fühlt sich durch eine Maßnahme einer Behörde in seinen Grundrechten eingeschränkt. Welche rechtliche Möglichkeit bleibt dem Bürger, nachdem er von allen zuständigen Gerichten abgewiesen wurde?
14. Was versteht man unter dem Parteienprivileg?
15. Welche Art der Entscheidung hat „Karlsruhe" in dem nachfolgenden Fall getroffen?

    Homo-Ehe rechtmäßig
    Augsburg – Das Bundesverfassungsgericht hat eine Klage der Länder Bayern, Sachsen und Thüringen gegen das seit 1. August 2001 geltende Lebenspartnerschaftsgesetz zurückgewiesen und die Homo-Ehe als verfassungsmäßig anerkannt.
16. „Die Bundesrepublik ist eine Bundesverfassungsgerichtsrepublik." Diskutieren Sie vor dem Hintergrund dieser Aussage die Rolle des Bundesverfassungsgerichts hinsichtlich seines politischen Einflusses!

Links

www.bundestag.de
www.bundesrat.de
www.bundespraesident.de
www.bundesregierung.de
www.bundesverfassungsgericht.de

Die Entstehung eines Gesetzes

4

Wir erleben Veränderungen in der Gesellschaft, Wirtschaft und Politik. In einem Rechtsstaat wirkt sich dies auf die Rechtsordnung aus: Es entstehen neue Gesetze oder bestehende Gesetze werden reformiert. Dies geschieht in der Bundesrepublik Deutschland in einem vorgegebenen Gesetzgebungsverfahren. An ihm werden die obersten Bundesorgane beteiligt. Interessenverbände, Parteien und die Medien beeinflussen und kommentieren die Entstehung eines Gesetzes.

Gesetzgebung im Bund:
Vom Bundestag beschlossene Gesetze:
1990 – 1994: 507 Gesetze
1994 – 1998: 565 Gesetze
1998 – 2002: 558 Gesetze
2002 – 2005: 401 Gesetze

Bundesgesetzblatt Jahrgang 2008 Teil 1 Nr. 76, ausgegeben zu Bonn am 30. Dezember 2008

Gesetz zur .... vom 22. Dezember 2008

Der Bundestag hat mit Zustimmung des Bundesrates das folgende Gesetz beschlossen:

....

Das vorstehende Gesetz wird hiermit ausgefertigt. Es ist im Bundesgesetzblatt zu verkünden.

Berlin, den 22. Dezember 2008

Der Bundespräsident	Die Bundeskanzlerin	Der Bundesminister für Arbeit und Soziales
Horst Köhler	Dr. Angela Merkel	Olaf Scholz

Auszug aus dem Bundesgesetzblatt

Jahrgangsstufe 11

4.1 Warum ein Gesetz entsteht – Beispiel Zuwanderung

Einwanderung wird auf unterschiedliche Art deutlich (links Unterkunft für Asylbewerber).

Einwanderung für die Rentenversicherung:

UN: Deutschland braucht 17 Millionen Einwanderer

New York (AFP) – Das gegenwärtige Rentenniveau in Deutschland kann nur durch massive Einwanderung oder die Erhöhung des Rentenalters und der Beiträge gehalten werden. Zu diesem Schluss kommt eine Untersuchung der Vereinten Nationen (...) Um die Bevölkerung bis zum Jahr 2050 stabil zu halten, müsste Deutschland 17 Millionen Einwanderer ins Land lassen.

Süddeutsche Zeitung

Für den wirtschaftlichen Aufschwung in der Bundesrepublik Deutschland während der 50er und 60er Jahre wurden ausländische Arbeitskräfte aus Südeuropa und der Türkei angeworben. Ihre Integration ist leider nur teilweise gelungen. In den 90er Jahren baten Hunderttausende politisch Verfolgter und Armutsflüchtlinge um Asyl in Deutschland. Vielen von ihnen wurde nur ein vorläufiges Bleiberecht gewährt. Nach der Öffnung der Grenzen in Osteuropa konnten Aussiedler in die Bundesrepublik Deutschland ziehen. Aufgrund der demografischen Entwicklung wird für Deutschland ein Arbeitskräftebedarf vorhergesagt, der durch Einwanderung gedeckt werden könnte. Wie viele Einwanderer und welche Einwanderer kommen sollen, ist in der Bevölkerung und unter den Parteien stark umstritten. Damit ergeben sich in einem Gesetzgebungsverfahren zu einem Zuwanderungsgesetz von Anfang an viele Streitpunkte.

4.2 Ziele und Vorstellungen der Parteien

Parteien versuchen im Gesetzgebungsverfahren, ihre Vorstellung zu einem Problem einzubringen. Ob dies gelingt, hängt stark davon ab, über welchen Einfluss die jeweilige Partei im Bundestag und Bundesrat verfügt. Wenn sich die Ziele einzelner Parteien zu einem Thema decken, steigt die Chance für diese Parteien, ihre Vorstellung durchzusetzen.

CDU

CDU/CSU

Deutschland muss Zuwanderung stärker steuern und begrenzen als bisher. Zuwanderung kann kein Ausweg aus den demografischen Veränderungen in Deutschland sein (...) Verstärkte Zuwanderung würde den inneren Frieden gefährden und radikalen Kräften Vorschub leisten (...) Bei einer Arbeitslosigkeit von insgesamt fast sechs Millionen Menschen gibt es für **Arbeitsmigration** nach Deutschland nur in Ausnahmefällen eine Rechtfertigung (...) Die Qualifizierung einheimischer Arbeitskräfte hat Vorrang vor Zuwanderung. Wir müssen in Zukunft nicht nur in Sport und Kultur, sondern auch zur Sicherung wissenschaftlicher Spitzenleistungen (...) für ausländische Spitzenkräfte verstärkt offen sein. Wir wollen Zuwanderungsanreize für nicht anerkennungsfähige Asylbewerber weiter einschränken. Nur staatliche Verfolgung darf einen Anspruch auf Asyl und Aufenthalt auslösen.

Regierungsprogramm 2002/2006, Mai 2002

Arbeitsmigration:

Einwanderung auf den Arbeitsmarkt

1. Wie steht die CDU/CSU zur Zuwanderung?
2. In welchem Bereich sieht die CDU/CSU Zuwanderungsmöglichkeiten?

SPD

Deutschland ist ein weltoffenes und ausländerfreundliches Land (…) Etwa zwei Drittel der hier lebenden ausländischen Kinder und Jugendlichen sind in Deutschland geboren. Das bisherige Ausländerrecht wird den neuen Herausforderungen nicht mehr gerecht. Steuerung der (qualifizierten) Zuwanderung und Integrationsverpflichtungen fehlen (…) Eine erfolgreiche Integration braucht den Erfolgswillen beider Seiten. Sie braucht die Zustimmung der Deutschen, und sie setzt bei den Zuwanderern den ernsthaften Willen zur Integration in die deutsche Gesellschaft voraus. Eine vernünftige Arbeitsmigration begrenzt die Zuwanderung auf das volkswirtschaftlich Sinnvolle und für den Arbeitsmarkt Notwendige, ohne die Aufnahmefähigkeit des Landes zu überfordern. Wir stehen uneingeschränkt zum Grundrecht auf Asyl.

Regierungsprogramm 2002, Juni 2002

Wie steht die SPD zur Zuwanderung?

Bündnis 90/Die Grünen

Europa kann sich nicht als Wohlstandsinsel gegen die übrige Welt abschotten. Nicht zuletzt aus demografischen Gründen sind die europäischen Gesellschaften auf Zuwanderung angewiesen. Aus historischen und humanitären Gründen verteidigen wir gleichzeitig das individuelle Grundrecht auf Asyl. Einwanderung ist eine produktive Kraft. Unser Land, früher Jahrhunderte lang ein Auswanderungsland, ist faktisch längst zum Einwanderungsland geworden (...) Der Umgang mit Neuankömmlingen und Fremden ist ein Gradmesser für die Offenheit unserer Gesellschaft. Unser Leitbild ist das gleichberechtigte Zusammenleben von Menschen unterschiedlicher Herkunft bei Anerkennung ihrer kulturellen Vielfalt.

Grundsatzprogramm 17. März 2002

1. Wie steht die Partei Bündnis 90/Die Grünen zur Zuwanderung?

FDP

Die Bundesrepublik Deutschland ist seit Jahren faktisch ein Einwanderungsland (…) Unter Fachleuten ist unstreitig, dass Deutschland auch in Zukunft im eigenen Interesse Zuwanderung braucht. (…) Der Gesetzentwurf der FDP sieht vor, durch die Schaffung eines Gesetzes zur Steuerung der Zuwanderung Regeln für den Umfang, für die Voraussetzungen (z. B. Qualifikationen) und die Art und Weise des Zuzugs sowie für die Integration von Ausländern zu begründen. Die Steuerung der Zuwanderung ist eine herausragende Zukunftsaufgabe, der verantwortungsvolle Politik nicht ausweichen darf.

Programm zur Bundestagswahl 2002

1. Wie steht die FDP zur Zuwanderung?
2. In welchem Parteiprogramm wird von den Einwanderern eine Anpassung an die Kultur Deutschlands verlangt?
3. Zwischen welchen Parteien sehen Sie die Möglichkeiten, einen Kompromiss im Gesetzgebungsverfahren zu finden?

Jahrgangsstufe 11

4.3 Verbandsinteressen im Gesetzgebungsverfahren

Interessenverbände:

z. B. Gewerkschaften, Arbeitgeberverbände, ADAC, Bauernverband, Sportverbände

Lobby (engl. Vorhalle):

Ursprünglich die Wandelhalle im englischen Parlament, in der sich Abgeordnete mit Wirtschaftsvertretern trafen

Die Bürger und Unternehmen können ihre Vorstellungen bei der Entstehung eines Gesetzes besser zur Geltung bringen, wenn sie durch **Interessenverbände** unterstützt werden.

Interessenverbände kommentieren Gesetzesvorschläge in der Öffentlichkeit und werden beim Gesetzgebungsverfahren im Bundestag angehört. Wenn Interessenverbände ihre Vorstellungen im Parlament und gegenüber der Regierung durchsetzen wollen, spricht man von **Lobbyismus.**

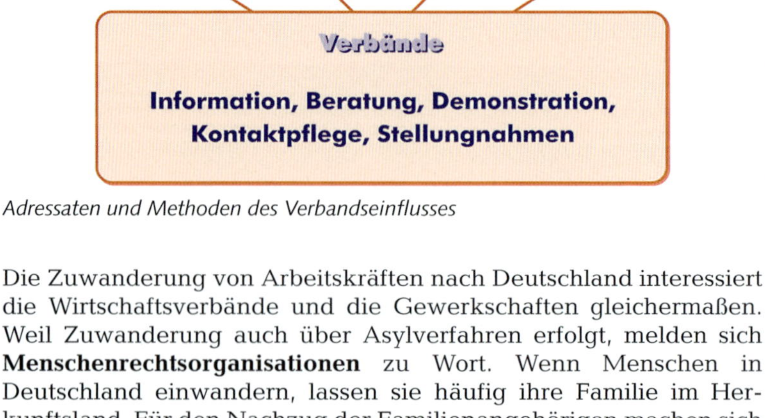

Grafik: R. A. Drude

Adressaten und Methoden des Verbandseinflusses

Menschenrechtsorganisationen:

z. B. amnesty International, Human Rights Watch und Pro Asyl

Sie setzen sich für die Aufnahme von politisch Verfolgten ein und kämpfen für ein faires Asylverfahren.

Die Zuwanderung von Arbeitskräften nach Deutschland interessiert die Wirtschaftsverbände und die Gewerkschaften gleichermaßen. Weil Zuwanderung auch über Asylverfahren erfolgt, melden sich **Menschenrechtsorganisationen** zu Wort. Wenn Menschen in Deutschland einwandern, lassen sie häufig ihre Familie im Herkunftsland. Für den Nachzug der Familienangehörigen machen sich die Kirchen bei der Gesetzgebung zum Zuwanderungsgesetz stark.

Der Bedarf ist da

Das deutsche Bildungs- und Beschäftigungssystem ist zumindest mittelfristig nicht in der Lage, den Bedarf an Fachkräften wie Informatikern zu decken (...) In der Anwerbung ausländischer Fachkräfte und Hochschulabsolventen sehen daher viele Unternehmen eine Chance, den Fachkräftemangel aufzufangen. Ein entsprechendes Zuwanderungsgesetz könnte sich bei der Frage, wie groß der Arbeitskräftebedarf tatsächlich ist, auf eine unlängst vom Institut der deutschen Wirtschaft Köln entwickelte Engpassdiagnose stützen.

Direkt, Publikation des Instituts der deutschen Wirtschaft, Köln

1. Warum wünscht sich die Wirtschaft Zuwanderung?
2. Welche Methode des Verbandseinflusses wird hier ausgeübt?

Ein Perspektivenwechsel in der Einwanderungspolitik ist nötig

Der DGB fordert:

ein umfassendes und transparentes Einwanderungs- und Integrationsgesetz zur Gestaltung der Einwanderung aus arbeitsmarktpolitischen und wirtschaftlichen Gründen.

Im Zusammenhang mit der EU-Erweiterung fordert der DGB, dass Branchen mit hoher Arbeitslosigkeit länger verschlossen, Branchen mit hohem Arbeitskräftebedarf früher geöffnet werden.

Die Auswahl der Arbeitnehmer soll durch ein Punktesystem mit folgenden Kriterien geregelt werden: Alter, Qualifikationen, Sprachkenntnisse, Berufserfahrung, integrationsfördernde Kriterien wie familiäre Bindungen in Deutschland.

Positionen des DGB für die Regelung der Einwanderung, Zusammenfassung von Beschlüssen

DGB:

Deutscher Gewerkschaftsbund

Zusammenschluss von 13 Einzelgewerkschaften mit ca. 8 Millionen Mitgliedern

1. Welches Alter und welche Qualifikation würden Sie bei der Auswahl eines Einwanderers fordern?
2. Bei welcher Partei kann der DGB bei der Entstehung eines Zuwanderungsgesetzes seine Positionen mit Aussicht auf Erfolg einbringen?

4.4 Öffentliche Meinung und Medien

Gesetze entstehen nicht hinter verschlossenen Türen. Die Parteien stellen ihre Gesetzesvorhaben der Öffentlichkeit vor. Dies geschieht insbesondere vor Bundestagswahlen. Die Wähler sollen die Absichten der Parteien kennen. **Meinungsforschungsinstitute** befragen die Bevölkerung, wie sie zu einem Thema stehen, das mit einem Gesetz geregelt werden soll. Die Parteien und ihre Politiker vermeiden es, Entscheidungen gegen eine große Mehrheit der Bevölkerung zu treffen. Die Einstellung der Bürger fließt somit indirekt in das Gesetzgebungsverfahren ein.

Meinungsforschungsinstitute:
z. B. Politbarometer des ZDF, Forschungsgruppe Wahlen, Institut für Demoskopie Allensbach

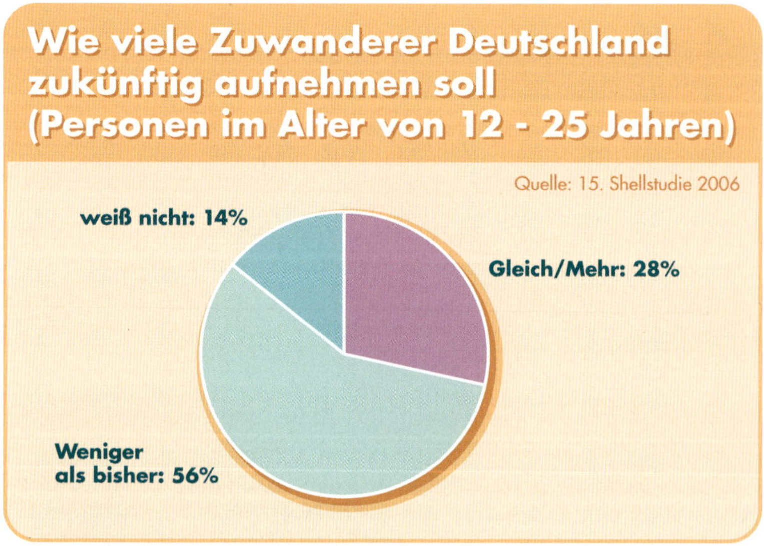

Grafik: R. A. Drude

*Die **Demoskopie** erfasst die öffentliche Meinung.*

Demoskopie:
Meinungsforschung

Zeitungen, Fernsehen, Rundfunk und das Internet beeinflussen die Meinung zu politischen Themen. Aus den Medien können die Politiker zustimmende und ablehnende Reaktionen auf ihre Entscheidungen im Gesetzgebungsverfahren entnehmen. Insbesondere überregionale Zeitungen, Politikmagazine und die **Boulevardpresse** besitzen einen großen Einfluss auf die politische Willensbildung.

Boulevardpresse:
Sensationell aufgemachte, in großen Auflagen erscheinende und daher billige Zeitung, die überwiegend im Straßenverkauf angeboten wird (z. B. Bildzeitung, Bild am Sonntag)

Politik mit der Brechstange

Der Kanzler ist aufs Ganze gegangen – und hat die Oberhand behalten. Das rot-grüne Zuwanderungsgesetz ist mit harten Bandagen durch den Bundesrat gepeitscht worden – mit einer Stimme Mehrheit.

Augsburger Allgemeine

Streitthema Zuwanderung: Seit 1954 kamen 31 Millionen

Berlin (dpa) – Jahrzehntelang galt Deutschland nicht als Einwanderungsland. Doch Zuwanderung gibt es seit Bestehen der Bundesrepublik. Seit 1954 zogen 31 Millionen Deutsche und Ausländer nach Deutschland, 22 Millionen Menschen zogen wieder weg. Gegenwärtig leben etwa 7,3 Millionen Ausländer in Deutschland. Das entspricht knapp 9 Prozent der Gesamtbevölkerung.

Hamburger Morgenpost

Welche Absicht verfolgen die Verfasser der Texte zum Thema Zuwanderung?

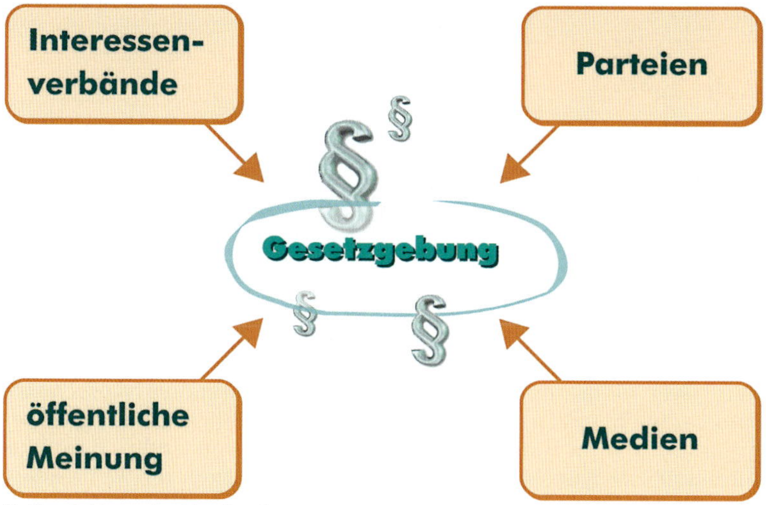

Grafik: R. A. Drude

Einflussfaktoren im Gesetzgebungsprozess

4.5 Der Gesetzgebungsweg

Den Weg eines Gesetzes von der Gesetzesinitiative bis zur Verkündung schreibt das Grundgesetz vor. Bei bedeutsamen Gesetzesvorhaben werden im Vorfeld der Gesetzgebung **Kommissionen** mit Experten gebildet.

Kommissionen:

Für das Zuwanderungsgesetz wurde die „Zuwanderungskommission" gebildet.

Ideen zur Bekämpfung der Arbeitslosigkeit entstanden in der Hartz-Kommission. Lösungsvorschläge für das Rentenproblem sollte die Rürup-Kommission entwickeln. Diese beiden Kommissionen erhielten ihren Namen vom jeweiligen Kommissionsvorsitzenden.

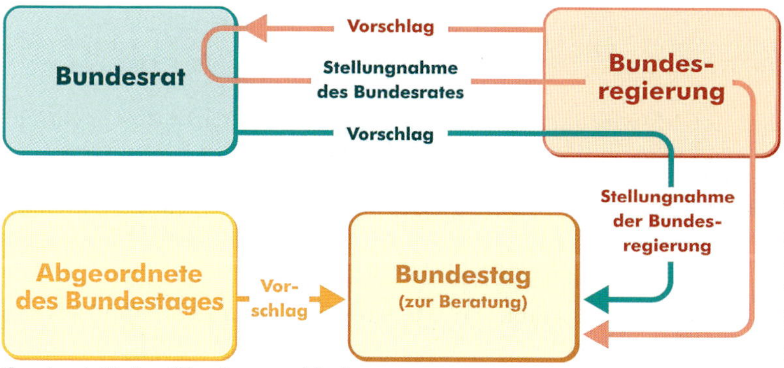

Grafik: R. A. Drude

Gesetzesinitiative (Gesetzesvorschlag)

Fraktion:

Zusammenschluss von Abgeordneten im Bundestag, die der gleichen Partei angehören

Im Bundestag sind mindestens fünf Prozent der Gesamtanzahl der Abgeordneten nötig, um den Fraktionsstatus gewährt zu bekommen.

Regierungsvorlagen:

Um die Stellungnahme des Bundesrates zu umgehen, leitet die Bundesregierung ihre Vorschläge meist an die sie stützende Fraktion weiter. Diese bringt sie dann direkt in den Bundestag ein. Damit kann der Gesetzgebungsweg beschleunigt werden.

Bundesregierung, Bundesrat und eine Gruppe von mindestens fünf Prozent der Abgeordneten des Bundestages haben das Recht zur Gesetzesinitiative. Bei Gesetzesvorschlägen der Bundesregierung muss der Bundesrat Stellung nehmen. **Regierungsvorlagen** sind Gesetzesvorschläge der Bundesregierung, die einer Regierungs**fraktion** übergeben werden. Schlägt der Bundesrat ein Gesetz vor, dann läuft dies über die Bundesregierung, die zum Gesetzesvorschlag Stellung nimmt und den Gesetzentwurf an den Bundestag weiterleitet. Abgeordnete des Bundestages können ihre Gesetzesvorschläge direkt in den Bundestag einbringen.

Gesetzentwurf der Bundesregierung

Entwurf eines Gesetzes zur Steuerung und Begrenzung der Zuwanderung .... (Zuwanderungsgesetz)

Drucksache 15/420 des Bundestages vom 07.02.03

1. Wessen Gesetzesvorschläge gelangen am schnellsten zur Beratung?
2. Von wem stammt die Gesetzesinitiative zum Zuwanderungsgesetz?

Plenum des Deutschen Bundestages:

Versammlung aller Bundestagsabgeordneten

Lesung:

Beratung eines Gesetzes

Ausschüsse des Deutschen Bundestages:

z. B. Innenausschuss,
Finanzausschuss,
Verteidigungsausschuss,
Sportausschuss,
Ausschuss für Wirtschaft und Technologie

Jeder Gesetzentwurf durchläuft im **Plenum** des Bundestages drei **Lesungen.** Nach der ersten Lesung wird jeder Gesetzentwurf in einem oder mehreren Ausschüssen vertieft behandelt. Ausschüsse sind fachlich spezialisierte Arbeitsgruppen von Bundestagsabgeordneten. Die im Bundestag vertretenen Parteien sind in den Ausschüssen im gleichen Verhältnis vertreten wie im Bundestag. Während der Ausschussberatung werden die betroffenen Verbände zum Gesetzentwurf angehört (Hearing).

Findet ein Gesetzentwurf im Bundestag nicht die Mehrheit der anwesenden Abgeordneten, so ist er gescheitert. Liegt die Mehrheit vor, wird der Gesetzentwurf an den Bundesrat weitergeleitet.

Berlin – Der Bundesrat beschäftigt sich heute erneut mit dem Zuwanderungsgesetz. Der Bundestag hatte das Gesetz am 9. Mai mit seiner rot-grünen Mehrheit verabschiedet. Der von der Union dominierte Bundesrat will das rot-grüne Reformprojekt ablehnen.

Hamburger Morgenpost

Einfaches Gesetz:

Es wird auch Einspruchsgesetz bezeichnet und stellt jenes Gesetz dar, zu dem keine Zustimmung des Bundesrates nötig ist.

Bei der Mitwirkung des Bundesrates beim Gesetzgebungsverfahren ist es von Bedeutung, ob das Bundesgesetz der Zustimmung des Bundesrates bedarf, oder ob es sich um ein so genanntes **einfaches Gesetz** handelt. Das Grundgesetz legt fest, welche Gesetze Zustimmungsgesetze sind:

- Gesetze, die das Grundgesetz ändern
- Gesetze, die das Steueraufkommen zwischen Bund und Ländern regeln
- Gesetze, die von der Verwaltung der Länder ausgeführt werden

Beim Zuwanderungsgesetz handelt es sich um ein **Zustimmungsgesetz**. Wenn der Bundesrat einem Zustimmungsgesetz nie zustimmt, ist es gescheitert. Bei einem einfachen Gesetz kann der Bundesrat zwar seinen Einspruch einlegen. Er kann aber vom Bundestag überstimmt werden.

Zustimmungsgesetz:
Der Anteil der Zustimmungsgesetze von allen beschlossenen Bundesgesetzen beträgt 30 bis 40 Prozent

Berlin – Die Bundesregierung hat wegen des vom Bundesrat gestoppten Zuwanderungsgesetzes den Vermittlungsausschuss angerufen. Die von der Union dominierte Länderkammer hatte die zum zweiten Mal eingebrachte rot-grüne Reform (...) abgelehnt.

Hamburger Morgenpost

Wenn ein vom Bundestag beschlossenes Zustimmungsgesetz vom Bundesrat abgelehnt wird, kann der Vermittlungsausschuss angerufen werden. Dieser Ausschuss setzt sich aus jeweils 16 Mitgliedern des Bundestages und Bundesrates zusammen. Er versucht in geheimer Sitzung einen Kompromiss zu finden. Der Kompromissvorschlag benötigt erneut den Beschluss des Bundestages. Auch der Bundesrat muss dem Kompromiss zustimmen, damit das Gesetz nicht scheitert.

Die Mitwirkung des Bundesrates bei Zustimmungsgesetzen

Jahrgangsstufe 11

1. Was passiert mit dem Zuwanderungsgesetz als Zustimmungsgesetz, wenn der Bundesrat es stets ablehnt?
2. Warum setzt sich der Vermittlungsausschuss aus zweimal 16 Mitgliedern zusammen?

Ausfertigung:

Unterzeichnung der Originalurkunde des Gesetzes

Damit wird bestätigt, dass das Gesetzgebungsverfahren ordnungsgemäß verlaufen ist (formelle Prüfung).

Der Bundespräsident bestätigt mit der Unterschrift auch, dass das Gesetz mit dem Grundgesetz übereinstimmt (inhaltliche Prüfung).

Verkündung:

Amtliche Bekanntgabe des Gesetzes im Bundesgesetzblatt

Salomonisch:

weise, klug

Die nach den Vorschriften des Grundgesetzes entstandenen Gesetze werden vom Bundeskanzler und den Fachministern gegengezeichnet. Die **Ausfertigung** und **Verkündung** des Gesetzes ist Aufgabe des Bundespräsidenten.

Der im Jahr 2002 erstmalig eingebrachte Entwurf eines Zuwanderungsgesetzes wurde vom Bundesrat nur mit einer hauchdünnen Mehrheit angenommen. Dabei wurden die Stimmen des Bundeslandes Brandenburg nicht einheitlich abgegeben. Dieses Abstimmungsverhalten stellte sich nachträglich als verfassungswidrig heraus. Der Bundespräsident hätte die Verkündung dieses Gesetzes verweigern können. Damit wäre das Gesetz gescheitert gewesen.

Raus salomonische Entscheidung

Johannes Rau hat sich gut aus der Affäre gezogen. Der Bundespräsident unterschreibt das unter fragwürdigen Umständen zustande gekommene rotgrüne Zuwanderungsgesetz – und empfiehlt zugleich die Einschaltung des Bundesverfassungsgerichtes, um die heikle Frage klären zu lassen. Damit kommt Rau auch der Union entgegen, die den Gang nach Karlsruhe nun sozusagen mit dem Segen des Präsidenten antritt.

Süddeutsche Zeitung

Verstößt ein Gesetz in seinem Inhalt gegen das Grundgesetz oder kam es in einer Art zustande, die nicht dem Gesetzgebungsverfahren des Grundgesetzes entspricht, kann das Bundesverfassungsgericht das Gesetz für nichtig erklären. Die Entscheidung des Bundesverfassungsgerichtes muss beantragt werden.

Zuwanderungsgesetz gestoppt

Das Zuwanderungsgesetz, eines der wichtigsten Reformprojekte der Koalition, ist gestoppt. Das Bundesverfassungsgericht erklärte heute das Abstimmungsverfahren im Bundesrat für nicht rechtmäßig. Das geteilte Votum des Landes Brandenburg, so das Urteil, hätte nicht als Zustimmung zu dem Gesetz gewertet werden dürfen. Recht erhielten damit die sechs unionsgeführten Länder, die nach dem Eklat im Bundesrat Klage eingereicht hatten.

Tagesschau

Wurde das Zustimmungsgesetz 2002 aus inhaltlichen Gründen oder aus formellen Gründen für nichtig erklärt?

4.6 Gesetzgebung durch Kompromiss

Im Jahr 2004 berieten Vertreter des Bundes und der Länder über mehrere Monate hinweg das Zuwanderungsgesetz. Dies geschah in einer speziellen Arbeitsgruppe des Vermittlungsausschusses.

Einigung auf Zuwanderungsgesetz

Drei Jahre hartes Ringen liegen hinter ihnen: Ende Mai konnten die Verhandlungsführer von Regierung und Opposition auch die letzten Streitpunkte im Bereich Anti-Terror-Maßnahmen, Integration, Arbeitsmigration und Flüchtlingsschutz klären. Nach der Absegnung durch den Bundesrat wird das Zuwanderungsgesetz endgültig am 1. Januar 2005 in Kraft treten (...)

Tagesschau

Gesetze stellen häufig einen Kompromiss aus verschiedenen politischen Ansichten dar. Die Bundesregierung besteht zumeist aus einer Koalition zweier oder mehrerer Parteien. Diese Regierungsparteien vertreten oft unterschiedliche Meinungen zu bestimmten polititschen Themen. Um jedoch einen gemeinsamen Vorschlag für ein neues Gesetz erarbeiten zu können, muss eine Einigung erzielt werden. Bei Zustimmungsgesetzen muss oft außerdem noch ein Kompromiss mit dem Bundesrat gefunden werden. Nur dann kann das Gesetz verabschiedet werden.

Kompromiss:
Übereinkunft auf der Grundlage gegenseitiger Zugeständnisse

Der Zuwanderungskompromiss

ARBEITSMIGRATION: Die Zuwanderung von Arbeitskräften soll flexibel entsprechend den Bedürfnissen des Arbeitsmarktes gesteuert werden. Ausländer außerhalb der EU dürfen sich nur dann in Deutschland niederlassen, wenn es für die zu besetzende Stelle weder deutsche noch EU-Arbeitnehmer gibt (...) Ebenso bleibt es grundsätzlich beim Anwerbestopp, der ursprünglich wegfallen sollte (...)

HUMANITÄRES RECHT: Der Aufenthaltsstatus von Opfern nichtstaatlicher und geschlechtsspezifischer Verfolgung wird verbessert. Bisher nur geduldete Bürgerkriegsflüchtlinge erhalten eine begrenzte Aufenthaltserlaubnis (...) Die Altersgrenze für den Kindernachzug wird nicht von 16 auf 12 Jahre abgesenkt (...)

INTEGRATION: Die Kosten für Integrationskurse übernimmt der Bund. Wer sich nicht beteiligt, muss mit Sanktionen und Verschlechterungen seines Aufenthaltsstatus rechnen.

SPÄTAUSSIEDLER: Auch mitreisende Familienangehörige müssen ausreichende Sprachkenntnisse nachweisen.

SICHERHEIT: Gefährliche Ausländer können aufgrund einer von Tatsachen gestützten Gefahrenprognose abgeschoben werden (...)

Tagesspiegel

Nichtstaatliche Verfolgung:
Verfolgung, die nicht von staatlichen Stellen ausgeübt wird, sondern z. B. durch andere Volksgruppen in einem Land

Zusammenfassung

Die Parteien entwickeln zu den Gesetzesvorhaben ihre Vorstellungen.

Interessenverbände versuchen, auf die Gesetzgebung Einfluss zu nehmen.

Die öffentliche Meinung und die Medien wirken ebenfalls auf die Gesetzgebung ein.

Bundestag, Bundesrat und Bundesregierung können Gesetze vorschlagen.

Gesetzesentwürfe werden im Bundestag beraten und nach drei Lesungen beschlossen.

Hinsichtlich des Einflusses des Bundesrates beim Gesetzgebungsverfahren ist zwischen Zustimmungsgesetzen und einfachen Gesetzen zu unterscheiden.

Wenn der Bundesrat bei einem Zustimmungsgesetz die Zustimmung endgültig verweigert, ist es gescheitert.

Der Bundespräsident fertigt Gesetze aus und verkündet sie.

Gesetze, die nicht dem Grundgesetz entsprechen, kann das Bundesverfassungsgericht auf Antrag für nichtig erklären.

Wissens-Check

1. Welche Faktoren und Gruppen wirken indirekt auf den Gang der Gesetzgebung?
2. An wen wenden sich die Interessenverbände, um ihren Einfluss auszuüben?
3. Wer kann die Meinung der Bevölkerung zu einem Gesetzesvorhaben ermitteln und veröffentlichen?
4. Welchen Einfluss haben die Medien bei der Gesetzgebung?
5. Wer kann Gesetze vorschlagen?
6. Wer beschließt die Gesetze?
7. Was versteht man unter einer Lesung?
8. Wo findet im Gesetzgebungsverfahren eine vertiefte Behandlung durch Spezialisten statt?
9. In welchen Fällen liegt ein Zustimmungsgesetz vor?
10. Welche Aufgabe hat der Vermittlungsausschuss?
11. Was versteht man unter der Ausfertigung eines Gesetzes?
12. Wer kann Bundesgesetze für nichtig erklären?

Links

www.spd.de

www.csu.de

www.liberale.de

www.iwkoeln.de

www.cdu.de

www.gruene.de

www.dgb.de

www.ifd-allensbach.de

C Repräsentation und Wahl

dpa

Jahrgangsstufe 11

- Wahlen
- Abgeordnete
- Parteien
- Medien

1 Demokratie und Wahlen

Ein wesentliches Merkmal jeder Demokratie ist das Recht der Bürger, selbst oder durch gewählte Vertreter am politischen Willensbildungs- und Entscheidungsprozess teilzunehmen. Wahlen sind Ausdruck dieser Volkssouveränität.

Art. 20 GG

(2) Alle Staatsgewalt geht vom Volke aus, sie wird vom Volk in Wahlen und Abstimmungen (...) ausgeübt.

Welchen Vorteil oder Nachteil hätte es, wenn bei jeder politischen Frage (Erhöhung der Tabaksteuer oder Herabsetzung des Führerscheinalters auf 17 Jahre) das ganze deutsche Volk abstimmen würde?

1.1 Direkte und repräsentative Demokratie

Die direkte Beteiligung der Bürger an der Politik

Foto: dpa

In Appenzell (Schweiz) entscheidet die „Landsgemeinde" (alle Wahlberechtigten) über politische Fragen.

In kleinen Kantonen in der Schweiz ist es heute noch üblich, dass alle Wahlberechtigten zu politischen Entscheidungen befragt werden. Diese Form der direkten Demokratie ist umständlich und bringt auch Gefahren mit sich. Es gibt unbeliebte Vorhaben, die aber für das Gemeinwohl notwendig sein können, wie z. B. Steuererhöhungen. Da kann es möglich sein, dass Pläne abgelehnt werden, obwohl sie für den Staat unbedingt notwendig sind. Ein anderes Beispiel sind Ausgaben für die Bildung oder Forschung.

Durch Volksbegehren oder Bürgerbegehren ist aber auch in Bayern auf Landes- oder Kommunalebene eine direkte Beteiligung möglich.

Repräsentation durch Abgeordnete

In allen großen Demokratien werden durch Wahlen Repräsentanten (Abgeordnete) gewählt. Nicht mehr der einzelne Bürger, sondern diese Abgeordneten entscheiden dann über neue Gesetze.

Die Abgeordneten halten sich meist an die Programme ihrer Partei und deren politische Ziele. Durch die Wahl kann jeder wahlberechtigte Bürger Einfluss darauf nehmen, welche Partei und welcher Abgeordnete in den entsprechenden Gremien vertreten ist.

Wie bei allen demokratischen Entscheidungen setzt sich auch hier die Mehrheit durch. Oftmals ist die **Opposition** mit den Ergebnissen und der Politik der Regierungsparteien nicht einverstanden.

Opposition (wörtlich: Widerstand):
Im Parlament ist damit der politische Gegner gemeint, der nicht an der Regierung beteiligt und in der Minderheit ist.

Welche Parteien sind im Bayerischen Landtag vertreten?

1.2 Wahl als Machtübertragung auf Zeit

Durch Wahlen wird die Macht im Staat auf Zeit an die Volksvertreter, die Repräsentanten vergeben (Repräsentationsfunktion). Wahlen sind die wichtigste Möglichkeit des Bürgers, politisch mitzuwirken (Partizipationsfunktion). Für Politiker und die Regierung sind Wahlen die Legitimation, anstelle der Bürger Entscheidungen für diese zu treffen (Legitimationsfunktion). Der Bürger kann durch Wahlen die Regierenden bestätigen oder abwählen (Kontrollfunktion). Wahlen führen zumeist dazu, dass sich die Bevölkerung vermehrt mit Politik auseinandersetzt (Integrationsfunktion).

Partizipation:
Teilhabe

Legitimation:
Berechtigung

Es gibt Überlegungen, die **Wahlperiode** im Bundestag auf fünf Jahre zu verlängern. Die Befürworter argumentieren: Kaum hat sich eine neue Regierung eingearbeitet, muss sie wieder an den nächsten Wahlkampf denken. Die Gegner dieser Idee sehen die Beteiligung des Bürgers in Gefahr, weil er nur alle fünf Jahre durch eine Wahl politisch mitwirken kann.

Wie würden Sie entscheiden?

Wahlperioden (in Jahren):

Europäisches Parlament	5
Deutscher Bundestag	4
Bayerischer Landtag	5
Gemeinde-/Stadtrat in Bayern	6

1.3 Grundsätze und Merkmale demokratischer Wahlen und Wahlsysteme

Wahlgrundsätze

In vielen Ländern der Erde finden Wahlen statt. Nicht alle sind demokratisch. Die folgenden fünf Grundsätze des Wahlrechts sind ein Prüfstein dafür, ob Wahlen demokratisch ablaufen oder nicht.

> Art. 38 GG
>
> (1) Die Abgeordneten des Deutschen Bundestages werden in allgemeiner, unmittelbarer, freier, gleicher und geheimer Wahl gewählt. Sie sind Vertreter des ganzen Volkes, an Aufträge und Weisungen nicht gebunden und nur ihrem Gewissen unterworfen.

- Allgemein: Alle Staatsbürger ab 18 Jahren dürfen wählen, unabhängig von Herkunft, Geschlecht u. Ä.
- Unmittelbar: Die Abgeordneten werden direkt, d. h. ohne Zwischenpersonen (Wahlmänner) gewählt.
- Frei: Jeder darf frei entscheiden, wen er wählt.
- Gleich: Jede Stimme hat das gleiche Gewicht.
- Geheim: Es muss sichergestellt sein, dass jeder Wähler seine Stimme unbeobachtet abgeben kann und später nicht erkennbar ist, wie er abgestimmt hat.

Erst wenn diese Bedingungen erfüllt sind, spricht man von einer demokratischen Wahl.

Darüber hinaus muss sichergestellt sein, dass der Wähler tatsächlich unter verschiedenen Parteien bzw. Personen auswählen kann. Es gilt: „Keine Wahl ohne Auswahl."

> Welche dieser Grundsätze finden bei der Wahl des Klassensprechers Anwendung?

Aktives und passives Wahlrecht

Wer nicht zur Wahl geht – also sein aktives Wahlrecht nicht nutzt – verschenkt seine wichtigste Möglichkeit, Einfluss auf die Politik zu nehmen. Er darf sich dann nicht beklagen, wenn Politiker nicht nach seinen Vorstellungen handeln.

Die **Wahlbeteiligung** bei den Bundestagswahlen (in Prozent)

1949: 78,5	1976: 90,7
1953: 86,0	1980: 88,6
1957: 87,8	1983: 89,1
1961: 87,7	1987: 84,3
1965: 86,8	1990: 77,8
1969: 86,7	1994: 79,0
1972: 91,1	1998: 82,2
	2002: 79,1
	2005: 77,7

Hinsichtlich der **Wahlbeteiligung** liegt die Bundesrepublik von allen Demokratien, die keine Wahlpflicht kennen, mit an der Spitze. So lag die Wahlbeteiligung bei den Wahlen zum englischen Unterhaus 1997 bei 71,4 Prozent, bei den Wahlen zur französischen Nationalversammlung 1997 bei 71,07 Prozent und bei den amerikanischen Kongresswahlen 1996 nur bei 49,08 Prozent.

Passives Wahlrecht ist das Recht, sich bei politischen Wahlen um ein Amt zu bewerben und sich wählen zu lassen.

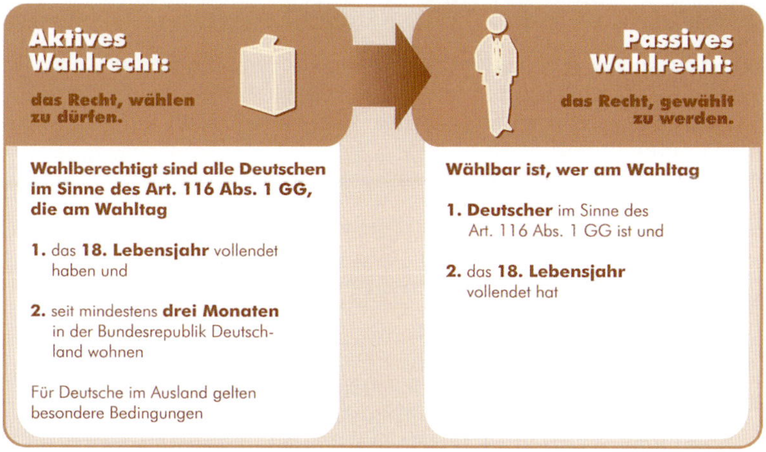

Grafik: R. A. Drude

Kandidatenaufstellung

Die Parteien stellen auf einem **Parteitag** aus der Gruppe ihrer Mitglieder in geheimer Wahl **Kandidaten** auf. Die Kandidaten machen damit von ihrem passiven Wahlrecht Gebrauch. Alle Bürger können in eine Partei eintreten und sich dann um ein politisches Amt in Partei und Staat bemühen.

Wahlkampf

Einige Wochen vor der Wahl stellen die Parteien ihre Kandidaten und ihr Programm für die nächste Amtszeit (Wahlperiode) vor. Plakate werben mit Kandidaten und/oder schlagkräftigen Parolen. Viele Aussagen werden vereinfacht dargestellt, damit sie jeder versteht und sie sich einprägen. Im Fernsehen bekommt jede Partei Sendezeit für Werbespots. Durch den Wahlkampf sollen die Wähler dazu bewegt werden, zur Wahl zu gehen und für eine bestimmte Partei zu stimmen.

Jede Partei versucht die Wähler davon zu überzeugen, dass sie ihre Interessen am besten vertritt. Die Appelle richten sich in erster Linie an **Wechselwähler** und **Nichtwähler,** da die **Stammwähler** in der Regel nicht mehr überzeugt werden müssen.

1. Wie lässt sich die Zahl der Nichtwähler ermitteln?
2. Auf welche Wähler konzentrieren sich die Wahlkampfbemühungen der Parteien hauptsächlich?

Parteitag:
Versammlung der Delegierten einer Partei

Kandidaten:
Hier: Personen, die sich bei Wahlen um ein politisches Amt bemühen

Wechselwähler:
Entscheiden sich vor jeder Wahl neu und wechseln dabei auch die Partei

Nichtwähler:
Sind entweder politisch nicht interessiert, von der Politik enttäuscht oder unentschlossen

Stammwähler:
Wählen aus Tradition und Überzeugung stets die gleiche Partei

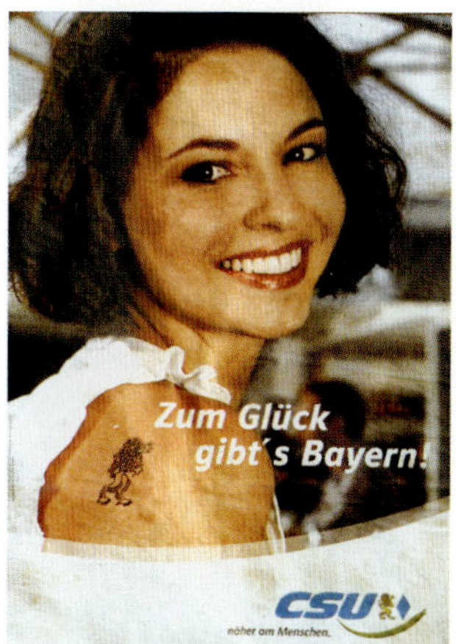

Original Wahlplakat

Jahrgangsstufe 11

Wahlauszählung – Hochrechnung

Die Anzahl der abgegebenen Stimmzettel muss mit der Zahl der Personen, die gewählt haben, übereinstimmen. Die Auszählung der Stimmzettel ist öffentlich – jeder kann zuschauen, wenn er die Arbeiten nicht behindert.

Original Wahlplakat

Die Hochrechnung im Fernsehen

Jede Fernsehanstalt beauftragt ein eigenes Meinungsforschungsinstitut, das die Hochrechnungen machen soll. Die ARD z. B. vertraut dabei auf die Erhebungen der Infrastest dimap aus Berlin, das ZDF dagegen der Forschungsgruppe Wahlen e.V. aus Mannheim. So erhalten die Sender zum Teil abweichende Zahlen. Welches Institut am Ende näher am tatsächlichen Ergebnis liegt, zeigt sich erst, wenn am Montagmorgen das amtliche Endergebnis feststeht.

Prognose und Hochrechnung des ZDF

Die Forschungsgruppe Wahlen e.V. befragt in ganz Deutschland 30.000 Wähler, die in ihren Wahlkreisen gerade ihre Stimmen abgegeben haben. Rund 500 Mitarbeiter des Institutes stehen vor den Wahllokalen und machen mit den zufällig ausgesuchten Wählern Kurzinterviews zu ihren Stimmabgaben. Durch die hohe Anzahl von 30.000 Befragten kann das Institut auch Aussagen über die Altersgruppen und sozialen Schichten und ihre Stimmabgabe geben. Also: Ob besonders Erstwähler eine Vorliebe für eine bestimmte Partei haben. Oder ob berufstätige Frauen ab 35 Jahren eine andere Partei vorziehen. Ob vor allem Menschen ab 65 Jahren zum Wählen gegangen sind und so weiter.

Die Prognose

Die Daten werden dann an weitere Mitarbeiter geschickt, die sie ständig neu auswerten. So kann um 18.00 Uhr die erste Prognose abgegeben werden, obwohl die Stimmen noch gar nicht ausgezählt sind. Die Prognose beruht also nur auf den Befragungen, nicht auf tatsächlichen Wahlergebnissen.

Die Berechnungen

Dann folgen die ersten Hochrechnungen. In diese Berechnungen fließen dann schon Ergebnisse der ersten ausgezählten Wahlgebiete mit ein. So werden die Zahlen bis 19.30 Uhr immer genauer. Während die Hochrechnungen ständig mit neuen Daten von immer mehr ausgezählten Wahlkreisen verfeinert werden, zählen Wahlhelfer überall in Deutschland die Stimmen weiter aus.

www.zdf.de

1.4 Wahlsysteme

In demokratischen Ländern gibt es je nach Tradition unterschiedliche Wahlsysteme. Großbritannien z. B. hat ein reines Mehrheitswahlsystem. Die Wahl zum EU-Parlament erfolgt im Verhältniswahlsystem. Deutschland hat für die Wahlen im Bundestag und in den Länderparlamenten eine Mischung aus beiden Systemen.

Großbritannien hat ein reines Mehrheitswahlsystem.

Mehrheitswahl

Bei der Mehrheitswahl wird das Land in so viele Wahlkreise eingeteilt, wie Sitze im Parlament zu vergeben sind. Die Person, die im Wahlkreis die meisten Stimmen erhält, bekommt das Mandat. Die für die anderen Kandidaten abgegebenen Stimmen gehen verloren.

Bei der relativen Mehrheitswahl (z. B. in England) erhält der Kandidat den Sitz, der die meisten Stimmen hat.

Bei der absoluten Mehrheitswahl ist der Kandidat gewählt, der die absolute Mehrheit der Stimmen – also mehr als 50 Prozent der abgegebenen Stimmen – erhalten hat, z. B. bei Bürgermeisterwahlen in Bayern. Erreicht keiner der Kandidaten die absolute Mehrheit, gibt es eine Stichwahl zwischen den beiden Kandidaten mit den meisten Stimmen.

Verhältniswahl

Bei der Verhältniswahl stellt jede Partei entsprechend ihrem prozentualen Anteil an den abgegebenen Wählerstimmen Abgeordnete. Damit sind auch kleine Parteien in den Parlamenten vertreten. Ihre Zusammensetzung entspricht exakt der Verteilung der Stimmen auf die Parteien, die zur Wahl standen.

Dieses Wahlrecht galt in der **Weimarer Republik.** Die Folge war, dass viele zum Teil sehr kleine Parteien im Reichstag vertreten waren. Die Regierungsbildung war dadurch schwierig; die Kanzler wechselten oft, weil sie keine stabile Mehrheit hatten.

Weimarer Republik:

Zeit zwischen Ende des Kaiserreichs 1918 und Beginn der Hitler-Diktatur 1933

In Weimar wurde die damals geltende Verfassung erarbeitet.

Personalisierte Verhältniswahl

Die Wahlen zum Deutschen Bundestag finden in einer personalisierten Verhältniswahl statt. Das ist ein Wahlsystem, das Elemente der Verhältnis- und der Mehrheitswahl vereinigt. Die Vor- und Nachteile der beiden Systeme sollen dadurch ausgenutzt bzw. abgeschwächt werden. Das ist der Grund, warum der Wähler bei der Bundestagswahl zwei Stimmen abgibt.

Von den vorgesehenen 598 Abgeordneten des Bundestages wird die Hälfte über die Erststimme direkt gewählt. Von jedem der 299 Wahlkreise zieht der so genannte Direktkandidat einer Partei, der die meisten Stimmen erhalten hat, in den Deutschen Bundestag ein; hier handelt es sich um eine Mehrheitswahl. Von diesem Politiker wird erwartet, dass er im Bundestag die Interessen seines Wahlkreises vertritt. Über die Zweitstimme werden weitere 299 Sitze über **Landeslisten** der Parteien vergeben; hier gilt das Prinzip der Verhältniswahl. Die Zweitstimme ist die wichtigere der beiden Stimmen, da über sie die Sitzverteilung im Parlament ermittelt wird. Erhält beispielsweise eine Partei 30 Prozent der Zweitstimmen, erhält sie auch 30 Prozent der Sitze im Parlament. Die Zahl der gewählten Direktkandidaten wird von dieser Summe abgezogen. Die verblei-

Landesliste:

Alle Parteien stellen auf der Länderebene Kandidaten in einer bestimmten Reihenfolge auf einer Landesliste zusammen. Der Listenplatz eines Kandidaten entscheidet über die Wahrscheinlichkeit seines Einzugs ins Parlament über den Zweitstimmenanteil.

benden Mandate sind die Listenmandate der Partei. Sie werden in der Reihenfolge auf die Kandidaten verteilt, in der diese auf der vor der Wahl aufgestellten Liste platziert sind.

Gewinnt eine Partei mehr Direktmandate als ihr nach den Zweitstimmen zustehen, darf sie diese Mandate behalten. Über die Landeslisten werden dann keine Mandate mehr vergeben. Die Zahl der Abgeordneten des Bundestages erhöht sich entsprechend. Es entstehen dann so genannte Überhangmandate.

Die Zweitstimme hat besonderes Gewicht.

Sperrklausel

Im Bundestag erhalten nur die Parteien über die Zweitstimmen Sitze, die eine bestimmte Prozentzahl der abgegebenen Stimmen bekommen haben. Erringt eine Partei weniger als 5 Prozent der Zweitstimmen, kann sie nur in den Bundestag einziehen, falls sie drei Direktmandate erhalten hat. Ist dies nicht der Fall, bleibt die Partei außen vor. Errungene Direktmandate verbleiben aber bei den Kandidaten.

Bei der Bundestagswahl 1994 scheiterte die PDS an der 5-Prozent-Klausel, konnte jedoch über die in Berlin errungenen drei Direktmandate trotzdem in den Bundestag einziehen.

Bei der Bundestagswahl 2002 erhielt die PDS nur zwei Direktmandate und erreichte weniger als 5% der Zweitstimmen. Die Partei war somit nicht mehr im Parlament vertreten. Die zwei Direktkandidatinnen wurden aber selbstverständlich Abgeordnete.

1. Diskutieren Sie die Vor- und Nachteile der Wahlsysteme!
2. Warum gibt es in Großbritannien im Parlament keine Partei, die den Grünen in Deutschland entspricht?

Zusammenfassung

Es ist Kennzeichen jeder Demokratie, dass die Staatsgewalt vom Volk ausgeht. Wahlen sind Ausdruck dieser Volkssouveränität.

Als demokratisch gelten Wahlen, wenn der Bürger zwischen verschiedenen Personen oder Parteien auswählen kann und wenn die Wahlgrundsätze eingehalten werden. Wahlen müssen frei, allgemein, unmittelbar, gleich und geheim sein.

Die gewählten Volksvertreter erhalten durch die Wahl die Legitimation, politische Entscheidungen zu treffen.

Jeder Bürger kann von seinem aktiven und passiven Wahlrecht Gebrauch machen.

Grundsätzlich kann nach zwei Verfahren gewählt werden: Mehrheitswahl und Verhältniswahl.

Der Deutsche Bundestag wird nach der personalisierten Verhältniswahl – einer Kombination beider Wahlverfahren – gewählt. Jeder Wähler hat zwei Stimmen zu vergeben. Mit der Erststimme wählt er einen Direktkandidaten nach dem Mehrheitswahlsystem. Die Hälfte der Sitze im Parlament wird mit diesen Direktkandidaten besetzt. Mit der Zweitstimme wird eine Partei gewählt. Nach dem Verhältniswahlrecht erreicht eine Partei so viele Sitze, wie es ihrem Anteil an den abgegebenen Stimmen entspricht. Die Zweitstimme bestimmt somit die Zusammensetzung des Parlaments.

Damit eine Partei in den Bundestag einziehen kann, muss sie mindestens 5 Prozent der abgegebenen Zweitstimmen (5-Prozent-Klausel) oder drei Direktmandate erreichen.

Wissens-Check

1. Welche Bedeutung haben Wahlen?
2. Erklären Sie den Begriff „Repräsentative Demokratie".
3. Wer besitzt das aktive Wahlrecht zur Bundestagswahl?
4. In wie viele Wahlkreise ist Deutschland aufgeteilt?
5. Formulieren Sie Beispiele für Verstöße gegen die Wahlgrundsätze.
6. Stellen Sie die Unterschiede zwischen Mehrheits- und Verhältniswahl dar.
7. Beschreiben Sie die personalisierte Verhältniswahl am Beispiel der Wahl zum Deutschen Bundestag und beurteilen Sie die Stärken und Schwächen dieses Systems.
8. Charakterisieren Sie verschiedene Wählertypen.
9. Erläutern Sie die 5-Prozent-Hürde und zeigen Sie Vor- und Nachteile auf.
10. Nennen Sie bekannte Politiker auf Bundes-, Landes- und kommunaler Ebene.

Links

www.direkte-demokratie.de
www.bayern.landtag.de
www.bundestag.de
www.bundeswahlleiter.de
www.election.de

2 Die Stellung des Abgeordneten

Abgeordnete:
Von den Bürgern gewählte Mitglieder eines Parlaments

Foto: dpa

Die Sitzungen des Bundestages sind öffentlich.

2.1 Freies und imperatives Mandat

Mandat:
Auftrag

Durch die Wahl erhalten die Abgeordneten ihr Mandat. Die Mandatsträger, die durch die Stimmen der Bürger in das Parlament gewählt wurden, sind Beauftragte des Volkes.

> Art. 38 GG
>
> (1) Die Abgeordneten des Deutschen Bundestages (...) sind Vertreter des ganzen Volkes, an Aufträge und Weisungen nicht gebunden und nur ihrem Gewissen unterworfen.

Imperatives Mandat:
Die Stimmabgabe des Abgeordneten wird von der Partei vorgegeben.

Dieser Artikel ist Ausdruck des freien Mandates. Das Gegenteil ist das **imperative Mandat.** Es ist in den Verfassungen nicht vorgesehen. Oft stehen aber die Abgeordneten unter dem Druck ihrer Partei, in deren Sinne abzustimmen.

Grafik: R. A. Drude

Interpretieren Sie die Karikatur!

2.2 Ausgewählte Rechte des Abgeordneten

- **Immunität:** Sie schützt den Abgeordneten vor Strafverfolgung und anderen gerichtlichen Einschränkungen seiner persönlichen Freiheit. Dies gilt nicht, wenn er auf frischer Tat oder im Laufe des folgenden Tages festgenommen wird. Der Bundestag kann die Immunität aufheben. Die vermutete Straftat darf aber in keinem Zusammenhang mit der parlamentarischen Tätigkeit des Abgeordneten stehen. Die Immunität entstammt aus monarchistischen Zeiten, als unliebsame Abgeordnete nicht selten von der Obrigkeit durch Strafverfolgung eingeschüchtert oder mundtot gemacht werden sollten.
- **Zeugnisverweigerungsrecht:** Es gestattet dem Abgeordneten, über Sachverhalte und deren Herkunft die Aussage zu verweigern, wenn sie ihm in seiner Rolle als Abgeordneter mitgeteilt wurden.
- **Indemnität:** Der Abgeordnete darf wegen seiner Aussagen und seines Abstimmungsverhaltens im Parlament nicht strafrechtlich verfolgt werden.
- **Kündigungsschutz:** Eine Kündigung oder Entlassung ist unzulässig, wenn jemand das Amt eines Abgeordneten übernimmt.
- **Urlaubsanspruch:** Zur Vorbereitung seiner Wahl hat jeder, der sich um einen Sitz im Bundestag bewirbt, Anspruch auf Urlaub.

3 Die Parteien

Parteienprivileg:

Parteien können nur vom Bundesverfassungsgericht verboten werden.

(Art. 21 Abs. 2 GG)

Eine Partei ist der Zusammenschluss von Personen mit gemeinsamen politischen Zielvorstellungen. Durch die Beteiligung an Wahlen versuchen sie, politische Macht zu erlangen, um ihre Ideen zu verwirklichen.

3.1 Aufgaben und Stellung

Art. 21 GG

(1) Die Parteien wirken bei der politischen Willensbildung des Volkes mit. Ihre Gründung ist frei. Ihre innere Ordnung muss demokratischen Grundsätzen entsprechen. Sie müssen über die Herkunft und Verwendung ihrer Mittel sowie über ihr Vermögen öffentlich Rechenschaft geben.

Die politischen Parteien machen politische Bildungsarbeit – hier die Tagungsstätte der CSU in Wildbad Kreuth

Parteien wirken bei der politischen Willensbildung mit, indem sie

- die unterschiedlichen politischen Vorstellungen und Interessen in der Gesellschaft in den jeweiligen Parteiprogrammen zusammenfassen und Lösungsansätze anbieten,
- versuchen, die Bürger von ihrer Politik zu überzeugen,
- den Bürgerinnen und Bürgern Gelegenheit bieten, sich aktiv politisch zu betätigen,
- Kandidaten für die Wahlen bereitstellen,
- als Regierungsparteien die politische Führung unterstützen,
- als Oppositionsparteien die Regierung kontrollieren, kritisieren und politische Alternativen entwickeln,
- die politische Bildung anregen und vertiefen,
- für eine lebendige Verbindung zwischen Volk und Staatsorganen sorgen.

Welche Parteien sind derzeit im Bundestag vertreten?

3.2 Finanzierung

Für ihre Arbeit benötigen die Parteien erhebliche finanzielle Mittel. Sie erhalten staatliche Mittel, nehmen Beiträge ihrer Mitglieder ein und sammeln Spenden. Die Einnahmen und Ausgaben müssen in einem Rechenschaftsbericht jährlich angegeben werden.

Die Höhe der staatlichen Parteienfinanzierung hängt von der Verwurzelung einer Partei in der Gesellschaft ab. Dies wird anhand der Wählerstimmen, der Mitgliedsbeiträge und der Spenden der Bürger berechnet. Für eine Bezuschussung benötigt eine Partei bei den Bundestags- und Europawahlen mindestens 0,5 Prozent der Stimmen oder bei Landtagswahlen mindestens 1 Prozent der Stimmen. Pro Wählerstimme erhalten die Parteien bis zu einer Gesamtzahl von 4 Millionen 0,85 Euro, darüber hinausgehende Stimmen bringen 0,70 Euro. Mit dieser Regelung bekommen auch extreme Parteien staatliche Mittel, auch wenn diese Parteien aufgrund der 5-Prozent-Klausel nicht im Parlament vertreten sind.

NPD muss zahlen

Berlin – Die NPD muss nach einem Urteil des Verwaltungsgerichts Berlin Gelder aus der staatlichen Parteienfinanzierung zurückzahlen. Für die ohnehin finanziell unter Druck stehende Partei ist das Urteil ein herber Rückschlag. Die Bundestagsverwaltung hatte wegen unwahrer Angaben in den Rechenschaftsberichten der NPD-Bundespartei für die Jahre 1997 bis 1999 insgesamt 870.000 Euro zurückverlangt.

In dem Verfahren am Dienstag ging es um gefälschte Spendenquittungen, die der damalige NPD-Landesvorsitzende Frank Golkowski (…) ausgestellt hatte. Das Spendenaufkommen wurde auf diese Weise in die Höhe getrieben. Golkowski wurde deswegen im Jahr 2006 vom Amtsgericht Erfurt wegen Steuerhinterziehung in 135 Fällen zu einer Bewährungsstrafe von zwei Jahren verurteilt. Die NPD übernahm die damaligen Angaben aus Thüringen in ihren Rechenschaftsberichten.

Süddeutsche Zeitung, 21.05.2008

Zusammenfassung

Die Abgeordneten der deutschen Parlamente sind Vertreter des ganzen Volkes, an Aufträge und Weisungen nicht gebunden und nur ihrem Gewissen unterworfen.

Eine Partei ist der Zusammenschluss von Personen mit gemeinsamen politischen Zielvorstellungen. Durch die Beteiligung an Wahlen versuchen sie, politische Macht zu erlangen, um ihre Ideen durchzusetzen.

Jeder Bürger kann Mitglied einer Partei werden und sich so an der politischen Willensbildung beteiligen.

Wissens-Check

1. Nennen Sie die besonderen Rechte, die ein Abgeordneter hat.
2. Beschreiben Sie, wie man Abgeordneter in einem deutschen Parlament werden kann.
3. Woher bekommen Parteien die finanziellen Mittel für ihre Arbeit und für Wahlkämpfe?

Links

www.csu.de
www.spd.de
www.gruene-partei.de
www.cdu.de
www.liberale.de
www.die-linke.de

4 Entwicklung zur Medien- und Stimmungsdemokratie

1. Welche politische Aussage machen diese Plakate?
2. Welches Ziel soll mit diesen Plakaten erreicht werden?

4.1 Personalisierung in der Politik

Personalisierung:

Hier: Eine Partei wirbt mit der Persönlichkeit ihres Kandidaten und stellt diesen in den Vordergrund.

Poltische Beobachter behaupten, dass die **Personalisierung** in der Politikvermittlung immer wichtiger wird. Insbesondere im Wahlkampf werden Personen und Kandidaten an Stelle von Inhalten hervorgehoben.

Das Bild der Politik und wie es in den Medien vermittelt wird, hat sich in den vergangenen Jahren stark verändert. Den politischen Alltag prägen heute:

- politische Talkshows
- TV-Duelle
- Online-Wahlkämpfe über die Homepages der Parteien
- Inszenierung von politischen Ereignissen durch die Medien (Vorstellung eines Kanzlerkandidaten)
- **Infotainment**

Infotainment:

Kunstwort; Mischung aus Information und Entertainment (Unterhaltung)

Politiker tritt in Unterhaltungssendung auf, z. B. Schröder bei Gottschalk

Politiker beschäftigen professionelle Berater, die dazu die passenden Strategien und das Erscheinungsbild (z. B. Frisur und Kleidung) entwerfen. Politiker müssen heute **telegen** sein.

Telegen:
Positives Erscheinungsbild im Fernsehen (Äußeres, Mimik/Gestik, Sprache)

Konrad Adenauer stellte sich 1961 im Alter von 85 Jahren als Kanzler zur Wiederwahl. Damals gab es keine Farb- und nur wenig Schwarz-Weiß-Fernsehgeräte und auch nur ein Fernsehprogramm. Heute, sagen Medienberater, sei ein so alter Politiker dem Volk nicht mehr „vermittelbar".

Foto: dpa

Adenauer stellte sich mit 85 Jahren zur Wiederwahl.

Während des Wahlkampfes 2002 klagte Bundeskanzler Schröder, damals 57 Jahre alt, vor Gericht auf die Unterlassung der Behauptung, seine Haare seien gefärbt. Niemand durfte daraufhin behaupten, Schröder hätte (schwarz) gefärbte Haare.

Kanzlerhaare

Nachrichtenagentur scheitert
Verstoß gegen Sorgfaltspflicht

Karlsruhe – Im Rechtsstreit um einen Bericht über die Haarfarbe von Bundeskanzler Gerhard Schröder ist die Nachrichtenagentur ddp endgültig gescheitert. Das Bundesverfassungsgericht hat die Verfassungsbeschwerde der Agentur nicht zur Entscheidung angenommen. Die erste Kammer des Ersten Senats wies am Freitag darauf hin, dass die Äußerung einer Imageberaterin, wonach Schröder gefärbte Haare habe, nicht ungeprüft verbreitet werden durfte.

Süddeutsche Zeitung

1. Welche Gründe könnten Gerhard Schröder zu diesem Rechtsstreit veranlasst haben?
2. Welche Vor- und Nachteile können solche rechtlichen Auseinandersetzungen mit sich bringen?

4.2 Populismus in der Politik

Politische Systeme und Regierungen können auch in der aufgeklärten Demokratie auf Dauer nur bestehen, wenn sie auch gefühlsmäßig die Wünsche und Erwartungen der Bevölkerung erfüllen. „Wir kümmern uns darum" lautet oft die Parole, was aber konkret geschieht, wird nicht immer klar gesagt.

Oft werden verborgene Ängste geschürt, indem eine mögliche Bedrohung übertrieben dargestellt wird.

Diese Methode kann von der amtierenden Regierung, aber auch von der Opposition angewandt werden.

Beispielsweise behaupten Oppositionspolitiker, das Rentenniveau würde auf die Armutsgrenze sinken. Von den Experten im Regierungslager wird dies sofort bestritten. Zur Beruhigung wird eine Rentenerhöhung angekündigt.

Bestimmte Interessengruppen schüren Ängste beispielsweise mit der Behauptung, genmanipuliertes Saatgut könne verheerende Auswirkungen mit ungeahnten Folgen für die Menschen haben.

Wenn solche Aussagen mit Hilfe der Massenmedien in die Öffentlichkeit transportiert werden, müssen die Regierenden etwas tun, damit nicht der Eindruck entsteht, sie seien hilf- oder machtlos. Oft wird dann von der Öffentlichkeit nicht so sehr wahrgenommen, was im Einzelnen geschieht; wichtig ist, dass etwas geschieht.

Auch die Behauptung „Das Boot ist voll" soll den Eindruck erwecken, Deutschland könne keine Zuwanderung mehr verkraften. Die nicht ausgesprochene, aber logische Fortsetzung dieses Gedankens wäre, dass das Boot sonst untergeht. Aufgrund der Bevölkerungsentwicklung in Deutschland ist eher das Gegenteil der Fall.

Populismus spricht die Ängste, die steigenden Ansprüche und privaten Glückserwartungen der Bürger an. Daraus soll politisches Kapital geschlagen werden.

Wahlplakat der Republikaner

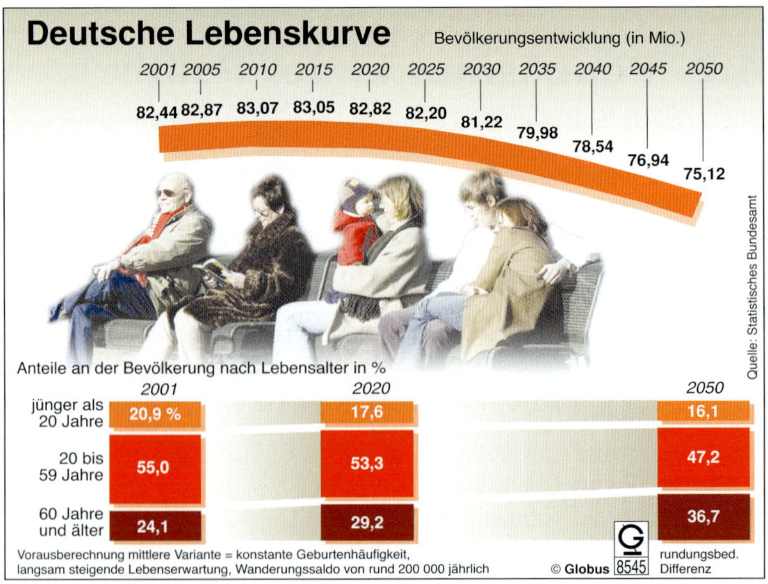

Medien in der Demokratie

5

Die Demokratie lebt von der Beteiligung ihrer Bürger. Sie wollen über die politische Entwicklung informiert sein. Das geschieht durch Gespräche in der Familie, mit Freunden oder am Arbeitsplatz, vor allem aber durch Medien.

5.1 Massenmedien

Unter Massenmedien in der Demokratie versteht man Informationsträger, die ein breites Publikum erreichen.

Sie werden eingeteilt in:

- Print-Medien (Zeitungen und Zeitschriften)
- elektronische Medien (Radio, Fernsehen, Internet)

Medien erfüllen vielfältige Funktionen für die Leser, Zuschauer oder Hörer.

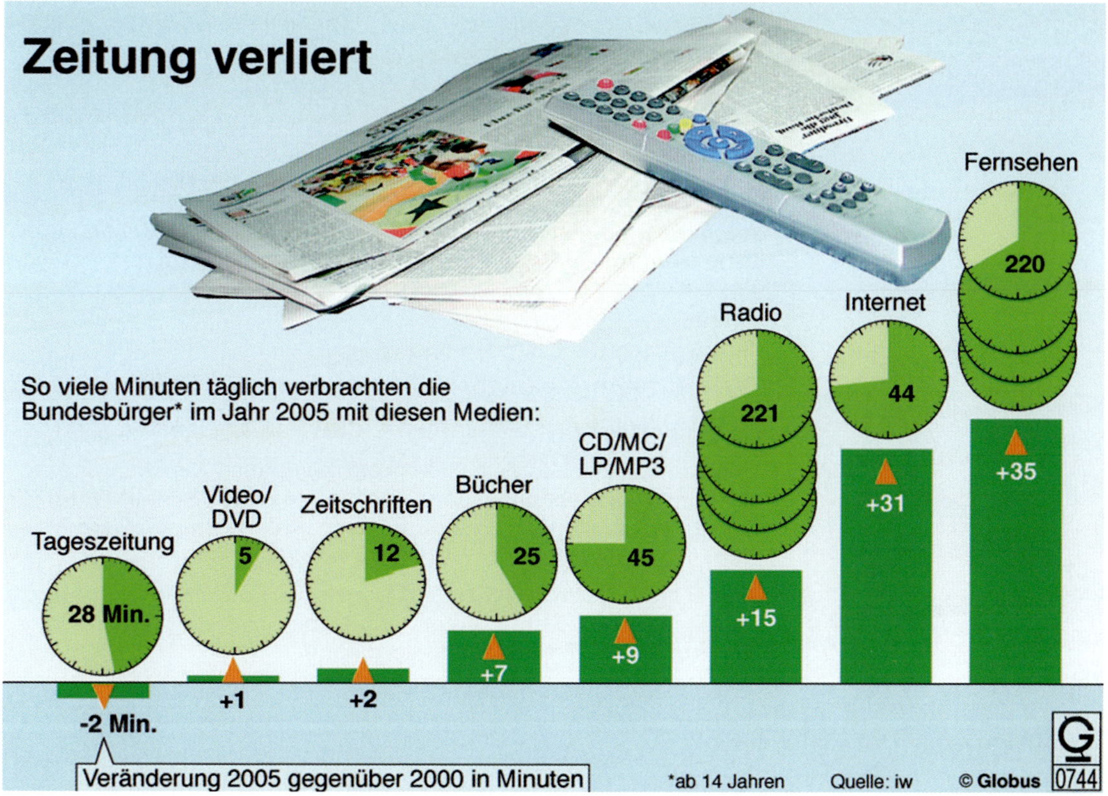

Grafik: R. A. Drude

Die Funktionen der Medien in der Demokratie

Informationsfunktion

Die Medien sollen vollständig, sachlich und verständlich informieren, damit die Bürger in der Lage sind, das öffentliche Geschehen zu verfolgen. Mit ihren Informationen sollen die Medien dafür sorgen, dass die Bürger die wirtschaftlichen, sozialen und politischen Zusammenhänge besser verstehen. Um diese Funktion zu erfüllen, ist in erster Linie die Glaubwürdigkeit der Medien wichtig. Im Falle von Fehlinformationen muss die Informationsquelle eine Gegendarstellung veröffentlichen.

Meinungsbildungsfunktion

Medien geben nicht nur Informationen an die Leser, Zuschauer oder Hörer weiter. Darüber hinaus beeinflussen sie die Meinung durch die

- Auswahl,
- Aufmachung,
- Darstellung
- und die Kommentierung von Nachrichten.

Es gibt Parteizeitungen, Gewerkschaftszeitungen oder Kirchenzeitungen, die eine bestimmte Meinung vertreten.

Nachrichtensendungen wie „Die Tagesschau" oder das „heute-journal" bieten überparteiliche Informationen.

Kontrollfunktion

Obwohl von der Verfassung nicht vorgesehen, hat sich im Laufe der Zeit für die Medien eine Kontrollfunktion ergeben. Oftmals werden durch die Medien Missstände in der Politik und Gesellschaft aufgedeckt. Dadurch werden Politiker zum Handeln veranlasst.

Mit Sozialhilfe in Florida: Das geht nicht!

Florida-Rolf:
Wie ein König genießt er Sonne, Sand und Suff!

Von DIETER SCHLÜTER und ULRIKE BRENDLIN

Miami – Ex-Banker Rolf J. (64) nippt an einem Glas Orangensaft. Er lächelt, genießt das schöne Leben in Miami (US-Staat Florida). Bei 32 Grad, mildem Wind und Nichtstun. Alles auf unsere Kosten! Ganz legal, erlaubt von deutschen Richtern!

Satte 1.425 Euro (1.605 Dollar) schickt ihm das Landessozialamt Niedersachsen. Jeden Monat – dafür muss ein Single ohne Kinder bei uns 2328 Euro brutto verdienen.

Die offizielle Begründung: Angeblich ist dem Mann nicht zuzumuten, in Deutschland zu leben (BILD berichtete).

Helga J. (63), die Ex-Frau von „Florida-Rolf" schüttelt den Kopf, wenn sie an dessen schönes Leben denkt. Dem „Kölner Express" sagte sie: „Unfassbar, dass er mit dieser dreisten Tour durchkommt." Der Florida-Abkassierer beschäftigt jetzt auch die Bundesregierung! Bundessozialministerin Ulla Schmidt (SPD) sagte zu BILD: „Die Entscheidungen in diesem Fall sind für mich nicht nachvollziehbar. Die Sozialämter sollten vorhandene Fälle genau prüfen. Außerdem werden wir das Recht so ändern, dass Sozialhilfe im Ausland nur noch in ganz dramatischen Notfällen gezahlt werden muss."

Bild 18.08.03 (gekürzt)

Der Sozialhilfeempfänger hatte die Zahlungen auf der damals gesetzlich gültigen Grundlage erhalten. Aufgrund des vielfältigen Medienechos wurde kurze Zeit später das Gesetz geändert.

Suchen Sie Beispiele, in denen die Medien ihre Kontrollfunktion erfüllen und Politiker zum Handeln auffordern.

Hinweis: Geben Sie in Ihrer Internet-Suchmaschine den Suchbegriff „Politskandal" ein.

5.2 Das Grundrecht der Pressefreiheit

Art. 5 GG (Auszug)

(1) Die Pressefreiheit und die Freiheit der Berichterstattung durch Rundfunk und Film werden gewährleistet. Eine Zensur findet nicht statt.

Art. 5 GG

(2) Diese Rechte finden ihre Schranken in den Vorschriften der allgemeinen Gesetze, den gesetzlichen Bestimmungen zum Schutze der Jugend und in dem Recht der persönlichen Ehre.

Für Journalisten ist dies die rechtliche Grundlage ihrer Arbeit.

Im Einzelnen regeln Landespressegesetze, Rundfunkgesetze und Mediengesetze sowie Rundfunksstaatsverträge die rechtliche Stellung der Medien noch ausführlicher. Das Recht auf freie Meinungsäußerung ist ein wichtiger Bestandteil der Demokratie. Die Medienfreiheit kann als Maßstab für den Entwicklungsstand der Demokratie in einer Gesellschaft angesehen werden.

Recht auf eigenes Bild

Selbst Handys haben heute Fotofunktion und Videokameras sind klein und leicht. Schnell lassen sich so Personen fotografieren. Jeder Bürger hat aber das Recht auf das eigene Bild.

§ 22 Kunsturheberrechtsgesetz (KUG)

Bildnisse dürfen nur mit Einwilligung des Abgebildeten verbreitet oder öffentlich zur Schau gestellt werden. Die Einwilligung gilt im Zweifel als erteilt, wenn der Abgebildete dafür, dass er sich abbilden ließ, eine Entlohnung erhielt.

§ 23 KUG

Ohne die nach § 22 erforderliche Einwilligung dürfen verbreitet und zur Schau gestellt werden: Bildnisse aus dem Bereiche der Zeitgeschichte (...)

5.3 Medienkonzentration

Liegt die Verfügungsmacht über die Medien in nur wenigen Händen, ist die Demokratie in Gefahr. Meinungsvielfalt wäre nicht mehr gegeben, die Menschen würden einseitig informiert, möglicherweise sogar manipuliert. Selbst das Recht der Pressefreiheit wäre nutzlos, weil freie, unabhängige Journalisten kein Medium hätten, in dem sie sich äußern könnten.

Pressekonzentration

Große Vielfalt

Deutschland ist unverändert das Land mit den meisten Publikumszeitschriften im Vergleich zu den anderen europäischen und außereuropäischen Ländern. Der Markt ist sehr dicht besetzt. In jeder Zeitschriftenkategorie gibt es etliche Wettbewerber.

VERBAND DEUTSCHER ZEITSCHRIFTENVERLEGER e.V.

Die Auswahl an Zeitungen und Zeitschriften ist in Deutschland sehr groß.

Große Konzerne

Bertelsmann, Springer, Bauer und Burda – das sind die vier großen Konzerne, von denen die meisten auflagestarken Tageszeitungen und Zeitschriften stammen.

Die Axel Springer Verlag AG ist der größte Zeitungsverlag in Europa (Marktanteil an den Tageszeitungen in der Bundesrepublik 2003: ca. 23 Prozent). Er ist Herausgeber der auflagenstärksten

- überregionalen Boulevardzeitung („Bild-Zeitung"),
- Mittagszeitung („Hamburger Abendblatt"),
- Sonntagszeitungen („Bild am Sonntag", „Welt am Sonntag"),
- Hörfunk- und Fernsehzeitschrift („HÖRZU").

Zum Springer-Konzern gehören ferner unter anderem die Tageszeitungen „Berliner Morgenpost", „Die Welt", „BZ", „Elmshorner Nachrichten" und die „Bergedorfer Zeitung" sowie die Zeitschriften „Funk Uhr", „Bildwoche", „AUTOBILD", „Bild der

Frau", „SPORT BILD", „Journal für die Frau", „TV neu", „Allegra" und „COMPUTER BILD". Hinzu kommen Anzeigenblätter. Außerdem besitzt der Konzern Kapitalanteile an Zeitungen wie der „Volkszeitung" (Leipzig), der „Ostsee-Zeitung" (Rostock), den „Harburger Anzeigen und Nachrichten", den „Kieler Nachrichten" und den „Lübecker Nachrichten".

Bundeszentrale für politische Bildung

Das Angebot an Presseerzeugnissen ist sehr umfangreich. Die Frage, ob die großen Pressekonzerne dennoch eine Meinungsmacht haben, sorgt seit langem für politische Diskussionen.

Grafik: R. A. Drude

Was soll mit der Karikatur ausgesagt werden?

Konzentration auf dem TV Markt

Der einzelne private Veranstalter darf höchstens 30 Prozent aller Zuschauer auf dem deutschen TV-Markt erreichen. Überschreitet er diese Grenze, dürfen ihm keine weiteren Lizenzen zur Veranstaltung von Fernsehprogrammen erteilt werden. Entscheidend ist, ob von einer „vorherrschenden Meinungsmacht" auszugehen ist, die grundsätzlich bei einem Marktanteil von 30 Prozent als gegeben angesehen wird.

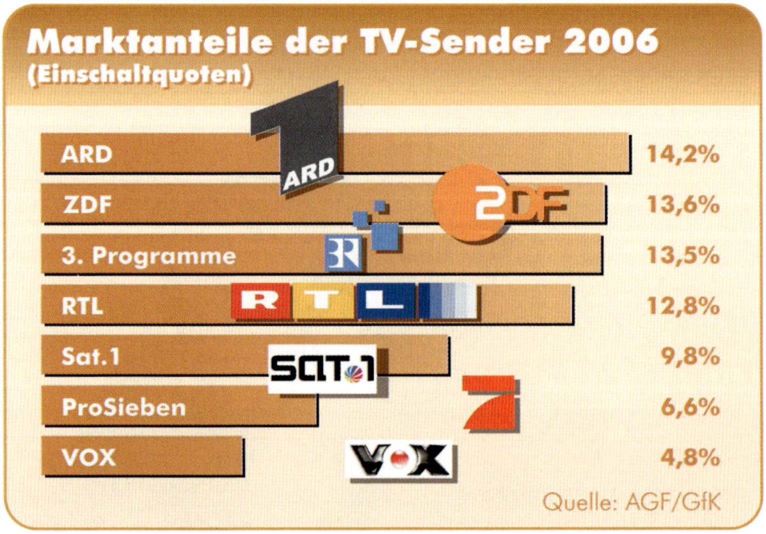

Grafik: R. A. Drude

Zusammenfassung

Unter Massenmedien in der Demokratie versteht man Informationsträger, die ein breites Publikum erreichen. Sie haben eine Informations-, Meinungsbildungs- und Kontrollfunktion.

Auf dem deutschen Markt für Print-Medien gibt es sehr viele Titel, aber nur einige wenige Pressekonzerne.

Das Recht auf freie Meinungsäußerung (Pressefreiheit) ist ein wichtiger Bestandteil der Demokratie. Die Medienfreiheit gilt als Maßstab für den Entwicklungsstand der Demokratie in einer Gesellschaft.

Personenabbildungen dürfen nur mit Einwilligung der Abgebildeten veröffentlicht werden. Ausnahme: Personen der Zeitgeschichte.

Wissens-Check

1. Warum ist heute das äußere Erscheinungsbild von Politikern so wichtig?
2. Wie werden Massenmedien verbreitet?
3. Nennen Sie drei wesentliche Funktionen, die Massenmedien in der Demokratie haben.
4. Welchen Zuschaueranteil dürfen private TV-Sender höchstens haben? Warum wurde diese Begrenzung eingeführt?

Links

www.ard.de

www.zdf.de

www.bdzv.de

D Politik und Partizipation

Jahrgangsstufe 11

- Partizipation
- Eigene Vorstellung von Politik
- Toleranz und Kompromiss
- Selber mitwirken
- Interessen durchsetzen

1 Eigene Vorstellungen von Politik und Demokratie

Bei den meisten Jugendlichen rangiert Politik, im Vergleich mit anderen Lebensbereichen, in der Reihenfolge der Wichtigkeit weit hinten.

Freunde,
Partnerschaft,
Familie,
Ausbildung,
Beruf

sind die Interessensgebiete, die bei der Frage „Was ist wichtig für dich?“ am häufigsten genannt werden.

Dennoch gibt es begründete Meinungen und Urteile gegenüber dem Politischen. Es existiert ein Bewusstsein, dass die Lebensverhältnisse des Einzelnen wesentlich von Politik mitbestimmt sind.

Etwa 30 Prozent der Jugendlichen sagen, sie würden sich in die Politik einmischen (Shell Jugendstudie 2006).

Aber fast die Hälfte aller Jugendlichen meinen: „Manchmal finde ich die Politik viel zu kompliziert, als dass ein normaler Mensch sie noch verstehen kann.“

Politik gehört nicht zu den bevorzugten Diskussionsthemen der Jugendlichen.

1. Diskutieren Sie in Ihrer Klasse, warum so viele Menschen die Politik zu kompliziert finden.
2. Organisieren Sie eine Umfrage in Ihrer Klasse: Welche Lebensbereiche sind wichtig für dich?

1.1 Politikverdrossenheit

Mit Politikverdrossenheit bezeichnet man einen Zustand, bei dem sich große Teile der Bevölkerung für die Politik nicht mehr interessieren.

Ausgelöst wird diese Verdrossenheit durch Politiker, die nach Meinung der betroffenen Bürger nicht mehr das Volk vertreten, sondern nur noch ihren eigenen, meist wirtschaftlichen Interessen nachgehen: *„Die machen ja doch, was sie wollen."*

Damit wird eine Hilflosigkeit gegenüber diesen Politikern ausgedrückt, weil man sich im Stich gelassen fühlt. Die Folgen sind, dass weniger Wahlberechtigte zu den Wahlen gehen und sich in den politischen Parteien engagieren.

In den letzten Jahren ist die Anzahl der Parteimitglieder in fast allen großen Parteien zurückgegangen.

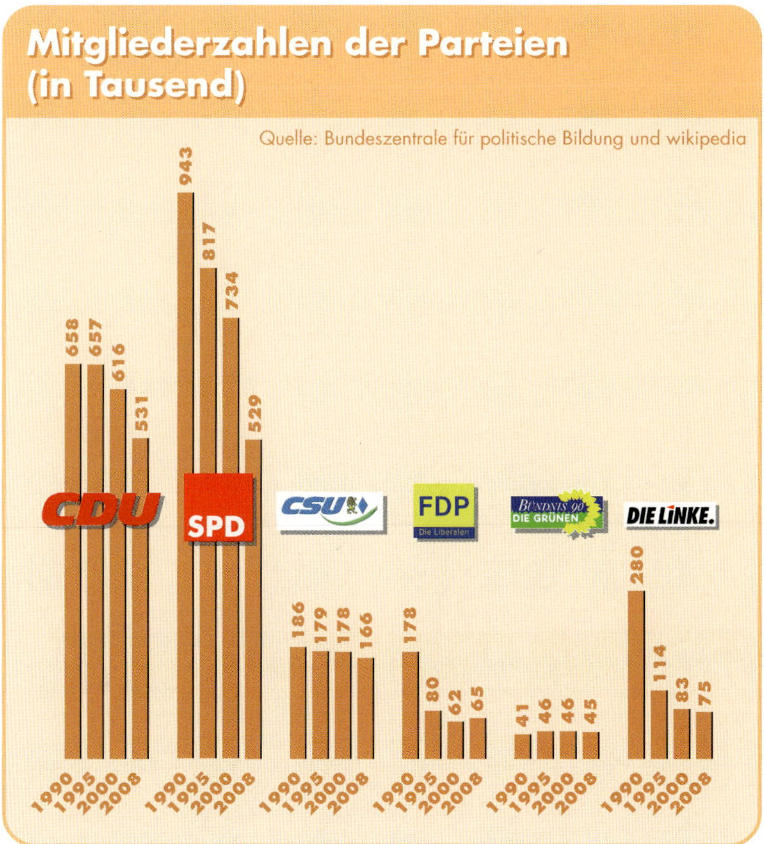

Grafik: R. A. Drude

Was könnte der Grund dafür sein, dass die Mitgliedszahlen so zurückgehen?

Karikatur: R. A. Drude

1. Welcher Zustand wird in der oben stehenden Karikatur dargestellt?
2. Überlegen Sie sich einen passenden Text für die Gedankenblase.
3. Geben Sie der Darstellung eine Bildunterschrift.

Politische Partizipation in Deutschland

Trends: Keine generelle Politikverdrossenheit in Deutschland – Wahlverhalten hat sich geändert – Wahlverweigerung oder Protestwahl sind bewusste Signale an die Politik

Trotz der geringen Beteiligung bei der Bundestagswahl kann von einer generellen Politikverdrossenheit in Deutschland nicht die Rede sein. Zu diesem Ergebnis kommt die neue Untersuchung der Bertelsmann Stiftung „Politische Partizipation in Deutschland". Die repräsentative Studie, durchgeführt unter 1.241 wahlberechtigten Deutschen, belegt, dass aktuell mehr Bundesbürger an Politik interessiert sind als während der gesamten 90er Jahre.

Dem Misstrauen gegenüber Parteien und Politikern stehen bei 77 Prozent der Deutschen ein generelles Vertrauen und eine hohe Akzeptanz der Verfassungsordnung und ihren Institutionen gegenüber. Auch die Einschätzung der persönlichen Möglichkeiten, auf die Politik Einfluss zu nehmen, hat sich positiv entwickelt. Glaubten vor zehn Jahren nur 14 Prozent der Deutschen, individuell politisch Einfluss nehmen zu können, so schreiben sich heute 36 Prozent diese Möglichkeit zu.

Neben den klassischen Möglichkeiten politischer Teilhabe erhalten Engagement in konkreten Projekten und Beteiligungsformen wie Unterschriftensammlungen, Kundgebungen oder Bürgerinitiativen regen Zuspruch. „Die Ergebnisse unserer Studie zur politischen Partizipation entziehen dem Pessimismus und der ‚Lust am Schlechtreden' einiges an Grundlagen", sagt Professor Dr. Heribert Meffert von der Bertelsmann Stiftung. Vielmehr zeige die Studie Handlungsmöglichkeiten auf und relativiere den schlagwortartig verwendeten Begriff der Politikverdrossenheit. Dieser werde allzu häufig als Pauschalerklärung herangezogen, sei es für Nachwuchsprobleme der Parteien oder für niedrige beziehungsweise schwankende Wahlbeteiligung.

Neben der Teilnahme an Wahlen wird der Studie zufolge auch Wahlenthaltung oder ein Wechsel der Parteipräferenz von immer mehr Menschen als gleichberechtigte Handlungsoption verstanden, ein gezieltes Signal an die Politik auszusenden. Dies sei als Ausdruck gestiegener Flexibilität und emanzipierten Politikbewusstseins zu werten, in dem Kritik oder Unzufriedenheit nicht automatisch Verdruss und Abkehr bedeuteten. Eine Protestwahl können sich 45 Prozent der Befragten vorstellen, 35 Prozent haben diese zur politischen Einflussnahme bereits genutzt. 36 Prozent ziehen darüber hinaus eine protestmotivierte Wahlenthaltung in Betracht. „Es ist an der Politik, diese Signale aufzunehmen", sagt Heribert Meffert. „Sie kann verlorenes Terrain neu gewinnen, indem sie mit innovativen Methoden auf die Bürger zugeht."

Bertelsmann-Stiftung Gütersloh

Jahrgangsstufe 11

Auch der Anteil der Mitglieder in Gewerkschaften geht zurück. 1993 waren noch 10,2 Millionen der Arbeitnehmer gewerkschaftlich organisiert. Im Jahre 2007 waren es nur noch 6,4 Millionen. Das Problem ist keineswegs auf die Parteien oder Gewerkschaften beschränkt. So sank die Zahl der Mitglieder der katholischen Kirche von 1993 bis 2006 um 2,3 Millionen auf 25,7 Millionen. Der ADAC ist eine der wenigen Gruppierungen, die einen stetigen jährlichen Mitgliederzuwachs verzeichnen können. Inzwischen sind fast 15,6 Millionen Autofahrer dort Mitglied.

Auch die Zahl der Kirchenmitglieder geht zurück.

1. Diskutieren Sie die Gründe, warum fast alle politischen oder kirchlichen Organisationen mit Mitgliederschwund zu kämpfen haben.
2. Was könnten die Gründe dafür sein, dass die Interessenvertretung der Autofahrer einen ständigen Zulauf verzeichnet?

Nach der Wahl hat der Bürger keine Möglichkeit mehr, direkt auf den Bundestag einzuwirken. Dies kann bei den Bürgern zu Politikverdrossenheit führen, weil sie während einer Wahlperiode an der Zusammensetzung des Bundestages nichts ändern können.

Tatsächlich achten aber die Politiker sehr genau darauf, wie sie beim Volk „ankommen“.

Fraktionsspitzen geben dem öffentlichen Druck nach

Koalition kippt zähneknirschend Diätenerhöhung

Angesichts breiter Kritik haben SPD und Union die umstrittene Diätenerhöhung für die laufende Legislaturperiode gestoppt. Die Fraktionschefs (...) teilten nach einem Treffen in Berlin mit, sie würden ihren Fraktionen nun empfehlen, die geplante Anpassung in der kommenden Woche nicht zu beschließen. (...) Zuvor hatte sich eine wachsende Zahl von Abgeordneten in beiden Fraktionen gegen ihre Führungsspitze gestellt und ein Nein zur Diätenerhöhung angekündigt. Vor allem in der SPD wollten nach Presseberichten ganze Landesverbände mehrheitlich dagegen stimmen.

Quelle: Tagesschau, 20.05.2008

Meinungsforschungsinstitute untersuchen in kurzen Abständen die Beliebtheit oder auch Unbeliebtheit von Politikern. Diese Daten werden veröffentlicht und der Bürger fühlt sich oft in seinem eigenen Urteil bestätigt.

Suchen Sie im Internet unter dem Begriff „Beliebtheitsskala“ die aktuellen Werte für amtierende Politiker.

1.2 Vertrauen in staatliche Organe

Das Vertrauen der Deutschen in ihre Politiker ist gering. 72% der Deutschen gaben 2006 an, dass die Politik nicht in der Lage sei, die wichtigsten Probleme in Deutschland zu lösen. Das Interesse für Politik sank in den vergangenen Jahren.

Umfragen unter Jugendlichen ergaben, dass es trotz der allgemein verbreiteten Politikverdrossenheit ein relativ großes Vertrauen in bestimmte staatliche Organe, wie das Bundesverfassungsgericht, die Gerichte und die Polizei gibt.

Aus der Shell-Studie 2006

Das Vertrauen der Jugendlichen in die gesellschaftlichen Institutionen und Akteure bestätigt das bisher dargestellte Bild. Erhöhtes Vertrauen genießen solche staatlichen Institutionen, die als parteiunabhängig angesehen werden, wie die Justiz und die Polizei. Das geringste Vertrauen wird dagegen den politischen Parteien entgegengebracht. Als vertrauenswürdig werden außerdem Menschenrechts- und Umweltschutzgruppen eingeschätzt. Weiterhin nur mäßig ist das Vertrauen in die Bundesregierung und die Kirchen. (...) Trotz dieser durchaus distanzierten Haltung von größeren Teilen der Jugendlichen zur Politik und zu den gesellschaftlichen Verhältnissen ist bei der überwältigenden Mehrheit ein klarer Konsens mit den Normen unseres demokratischen Systems feststellbar.

Grafik: R.A. Drude

2 Pluralistische Ordnung

Pluralismus *ist ein Wesensmerkmal aller demokratischen Staaten. Eine pluralistische Demokratie ist offen für neue Ideen und Vorstellungen, auch wenn sie nur von wenigen Menschen vertreten werden. Jedoch dürfen sie den demokratischen Staat nicht gefährden.*

In einer Diktatur gibt es keinen Pluralismus. Nur die Meinung der in der Regel einzigen Partei gilt. Abweichungen sind verboten.

Pluralismus:
Unterschiedliche Interessengruppen haben die Möglichkeit, politisch aktiv zu sein.

Ein Volk
Ein Reich
Ein Führer

Propagandaparole aus dem Nationalsozialismus

2.1 Konkurrierende Interessen und Wertvorstellungen

Toleranz bedeutet, dass man Achtung und Respekt vor allen Menschen hat, dass man ihre verschiedenen Wertvorstellungen, Meinungen, Interessen, Ziele und auch ihre Herkunft akzeptiert.

Der Staat garantiert, dass sich die Menschen in frei gebildeten Organisationen zusammenschließen können. Das sind Parteien, Verbände, Vereine, Kirchen, Gewerkschaften oder Bürgerinitiativen. Niemand darf anderen seine politische oder religiöse Überzeugung aufzwingen.

An verschiedenen Stellen im Grundgesetz zeigt sich, dass der Staat unterschiedliche Wertvorstellungen respektiert.

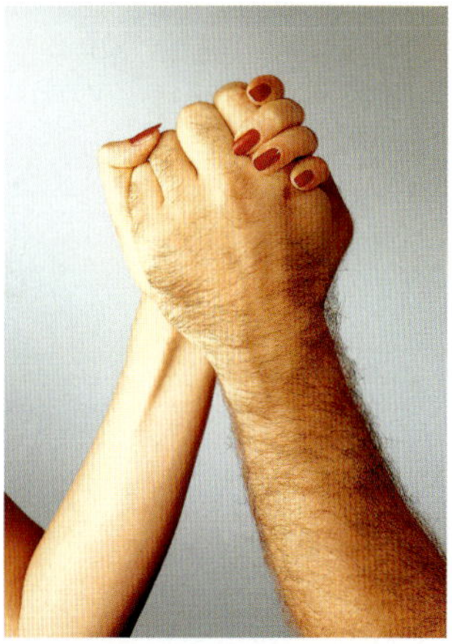

Nicht die Kraft der Arme, sondern die Stärke des Arguments entscheidet.

Art. 2 GG

(1) Jeder hat das Recht auf die freie Entfaltung seiner Persönlichkeit (...)

Art. 5 GG

(1) Jeder hat das Recht, seine Meinung frei zu äußern (...)

Art 8 GG

(1) Alle Deutschen haben das Recht, sich ohne Anmeldung oder Erlaubnis friedlich und ohne Waffen zu versammeln.

Art 9 GG

(1) Alle Deutschen haben das Recht, Vereine und Gesellschaften zu bilden.

2.2 Toleranz und Kompromissfähigkeit

Eine Demokratie zeichnet sich durch Toleranz aus: Sie erträgt abweichende Meinungen. Sind die Meinungsgegensätze unüberbrückbar, so ist die Kompromissfähigkeit gefragt. Oft sind es aber die Gerichte, die dann entscheiden müssen.

Foto: dpa

Mit Kopftuch als Lehrerin?

Darf eine Lehrerin mit Kopftuch unterrichten?

Frau F. Ludin hatte alle Prüfungen für das Lehramt bestanden und wollte nun unterrichten, aber ihr Kopftuch aus religiöser Überzeugung auch im Unterricht tragen. Das nahm das Schulamt zum Anlass, sie nicht in den Schuldienst einzustellen.

Fereshta Ludin habe als Lehrerin an einer öffentlichen Schule das der Verfassung zugrunde liegende Menschenbild zu respektieren. Dazu gehöre auch, die Gleichberechtigung von Mann und Frau aktiv zu vertreten. Durch das Tragen des Kopftuches im Unterricht sei das nicht gewährleistet. Außerdem stehe zu befürchten, dass durch das Urteil der Druck auf muslimische Frauen und Mädchen wachse, die das Kopftuch selbst nicht tragen wollen.

Frau Ludin brachte den Fall vor das Bundesverfassungsgericht.

Das Verfassungsgericht hat den Fall selbst nicht entschieden, sondern die Länder aufgefordert, dafür gesetzliche Grundlagen zu schaffen. Ausdrücklich wurde das Recht zugebilligt, grundsätzlich Lehrerinnen und Lehrern das Tragen von religiösen Symbolen im Unterricht zu verbieten. Mehrere Bundesländer haben seither angekündigt, sie prüften den Erlass entsprechender Gesetze.

"Wir bedauern die Entscheidung des Bundesverfassungsgerichts. Es erschwert unserer Meinung nach die Integration der verschiedenen Kulturen in den Schulen als eine der vordringlichsten Aufgaben", so die evangelischen Bischöfe.

Evangelische Landeskirche Württemberg, online news

1. Diskutieren Sie in Ihrer Klasse das Kopftuch-Urteil.
2. Sollte man Ihrer Meinung nach Lehrerinnen und Lehrern grundsätzlich das Tragen von religiösen Symbolen im Unterricht verbieten?

Partizipation an der Willensbildung

3

Es ist ein demokratisches Prinzip, dass auf allen gesellschaftlichen Ebenen die betroffenen Bürger so weit wie möglich beteiligt werden. Sie erhalten dadurch die Möglichkeit einer aktiven Teilnahme an politischen Entscheidungen. Die Beteiligung an der politischen Willensbildung darf sich nicht darauf beschränken, ein Mal in vier oder fünf Jahren zu wählen.

Partizipation: Teilnahme

3.1 Mitwirkung in Schule und Betrieb

In Bayerns Schulen können die Schüler am Schulleben mitwirken. Dies geschieht häufig durch die Schülervertretung. So haben Klassensprecher, die Klassensprecherversammlung, Tagessprecher, der Schülerausschuss und Schülersprecher die Möglichkeit zur Mitgestaltung. Die Wahl und die Aufgaben sind genau festgelegt.

§ 51 Berufsschulordnung

(1) Der Klassensprecher und sein Stellvertreter werden innerhalb von vier Wochen nach Unterrichtsbeginn jeweils für ein Schuljahr gewählt. Wahlleiter ist der Klassenleiter.

(2) Gewählt ist, wer mehr als die Hälfte der abgegebenen gültigen Stimmen erhält. Wird die Mehrheit im ersten Wahlgang nicht erreicht, so findet eine Stichwahl unter den beiden Bewerbern mit den höchsten Stimmenzahlen statt. Bei Stimmengleichheit in der Stichwahl entscheidet das Los. (...)

Art. 62 Bayerisches Erziehungs- und Unterrichtgesetz

(1) Im Rahmen der Schülermitverantwortung soll allen Schülerinnen und Schülern die Möglichkeit gegeben werden, Leben und Unterricht ihrer Schule, ihrem Alter und ihrer Verantwortungsfähigkeit entsprechend mitzugestalten; hierfür werden Schülersprecher (...) sowie deren Stellvertreter (...) gewählt. Die Schülerinnen und Schüler werden dabei (...) vom Schulleiter, von den Lehrkräften und den Erziehungsberechtigten unterstützt. Zu den Aufgaben der Schülermitverantwortung gehören insbesondere die Durchführung gemeinsamer Veranstaltungen, die Übernahme von Ordnungsaufgaben, die Wahrnehmung schulischer Interessen der Schülerinnen und Schüler und die Mithilfe bei der Lösung von Konflikten. (...)

Auch im Betrieb haben die Mitarbeiter Möglichkeiten mitzuwirken. Der Betriebsrat bzw. Personalrat und die Jugendvertretung sind die dafür gewählten Einrichtungen.

Engagement:
Hier: Beteiligung

3.2 Engagement in Vereinen und Verbänden

Jeder zweite Deutsche ist Mitglied eines Vereins oder eines Verbandes. In einem Verein treffen sich die Mitglieder, weil sie in der Regel die gleichen Hobbys haben. Meist bezieht sich das auf Sport- oder Freizeitbetätigungen.

In einem Verband haben die Mitglieder eher politische Ziele. Sie sammeln sich, um ihre Interessen nach außen hin zu vertreten.

Gesetz zur Regelung des öffentlichen Vereinsrechts (VereinsG)

§ 1 Vereinsfreiheit

Die Bildung von Vereinen ist frei.

§ 2 Begriff des Vereins

(1) Verein im Sinne dieses Gesetzes ist ohne Rücksicht auf die Rechtsform jede Vereinigung, zu der sich eine Mehrheit natürlicher oder juristischer Personen für längere Zeit zu einem gemeinsamen Zweck freiwillig zusammengeschlossen und einer organisierten Willensbildung unterworfen hat.

1. Wer darf einen Verein gründen?
2. Warum können auch Jugendliche unter 18 Jahren Vereinsmitglieder sein?

Aus steuerlichen und aus Haftungsgründen ist es sinnvoll, dass sich Gleichgesinnte zu einem „eingetragenen Verein" zusammenschließen. Dazu lässt sich der Verein beim zuständigen Amtsgericht registrieren (eintragen). Er bekommt dann zu dem frei gewählten Namen den Zusatz „e.V." (z. B. „Deutsche Krebshilfe e. V.").

Neujahrsempfang beim Bürgermeister

Neben Vertretern der Betriebe wurden heuer wieder etliche Vertreter der Vereine, der örtlichen Gewerkschaft und der Parteien geladen. Auch die kürzlich in Erscheinung getretene Bürgerinitiative „Rettet die Altstadt" e.V. war erschienen. Der Bürgermeister bedankte sich in seiner Ansprache ausdrücklich bei den Vereinsvertretern. Ihr ehrenamtliches Wirken sei der Kitt, der unsere Gesellschaft zusammenhält. Egal, ob es Sportler, Bienenzüchter oder Schützen seien, alle würden dazu beitragen, dass unsere Stadt lebenswert und liebenswert bleibt, auch im neuen Jahr.

Donau Kurier

1. Erläutern Sie, was der Bürgermeister mit „Kitt, der unsere Gesellschaft zusammenhält" meint.
2. Wie können sich Jugendliche in Staat und Gesellschaft engagieren?

3.3 Beteiligung an Wahlen

Grafik: R. A. Drude

Wer sich nicht an Wahlen beteiligt, hat zwar das Recht, politische Entscheidungen zu kritisieren. Aber er hat auf sein Recht verzichtet, die Politik personell zu beeinflussen. Eine hohe Wahlbeteiligung zeigt auch den Politikern, dass die Bürger ein großes Interesse an der Politik haben und sehr genau darauf achten, wie regiert wird.

Max Frisch: „Demokratie heißt, dass sich Leute in ihre eigenen Angelegenheiten einmischen."

Abraham Lincoln: „Kein Mensch ist gut genug, einen anderen Menschen ohne dessen Zustimmung zu regieren."

4 Durchsetzung von Interessen

Gerade auf kommunaler Ebene, zunehmend aber auch auf Länderebene, fordern die Bürger eine direkte Einflussmöglichkeit auf politische Sachentscheidungen. Bayerischen Bürgern stehen verschiedene Instrumente direkter Demokratie zur Verfügung.

4.1 Bürgerinitiativen

Bürgerinitiativen sind meist räumlich und zeitlich begrenzte Zusammenschlüsse von Bürgern, die ein bestimmtes Projekt oder eine Idee fördern und durchsetzen oder aber verhindern wollen.

Grafik: R. A. Drude

Welche Meinung über Bürgerinitiativen will der Karikaturist hier andeuten?

Wir wollen hier keine Windräder mehr

Die Familie Gisch wohnt in direkter Nachbarschaft zu drei Windrädern. Was Windkraftbetreiber und Politik nicht wahrhaben wollen: Seit dem Bau der Anlagen hat sich für den Landwirt und seine Familie das Leben völlig verändert.

„Seit die Anlagen in Betrieb gingen, diese Windkraftanlagen, ist das Leben hier stellenweise zu einem Albtraum geworden. Verursacht wird dies durch die Emissionen der Windkraftanlagen. Einmal der Lärm, die Lärmemission und dann der Schattenwurf durch die Sonne, wenn sie durch die Flügel scheint. Auf Kosten des Wohlbefindens und auf Kosten der Gesundheit der hiesigen Bevölkerung werden Geschäfte gemacht, und das ist nicht in Ordnung. Man kann über Windkraft sicher verschiedener Meinung sein, es gibt Pro und Kontra, aber wenn es über die Gesundheit und das Wohlbefinden der Bevölkerung läuft, dann ist jede Diskussion eigentlich hinfällig.

Dazu meint Professor Otfried Wolfrum, Ingenieur:

„Wir sehen eigentlich nur große Nachteile. Es können keine Kraftwerkskapazitäten abgebaut werden. Wir haben Fälle in einer Winternacht, wenig Wind, kein Windstrom, kein Strom von Photovoltaikanlagen. Alle bisherigen Kraftwerke müssen voll arbeiten, Windstrom leistet nichts. Das heißt, man kann keine, oder nichts Nennenswertes an Kraftwerkskapazität abbauen. Im Gegenteil, es kostet mehr Energie, weil diese Kraftwerke in Bereitschaft stehen müssen, die müssen im Leerlauf stehen."

Die betroffenen Bürger wollen eine Bürgerinitiative gründen und wehren sich gegen eine weitere geplante Windkraftanlage.

Bayerischer Rundfunk

Umweltfreundliche Stromerzeugung hat auch Gegner.

Diskutieren Sie, wie die Bürgerinitiative umgesetzt werden könnte.

Um die eigenen Absichten erfolgreich durchsetzen zu können, benötigt man neben möglichst vielen Mitstreitern und der Mobilisierung der Öffentlichkeit unbedingt juristischen Rat.

In der Regel sind es die Gerichte, die letztendlich über Erfolg oder Misserfolg von Bürgerinitiativen entscheiden.

4.2 Bürgerbegehren – Bürgerentscheid

Bayerische Bürgerinnen und Bürger können auch außerhalb der Wahlen direkt in ihren Städten und Gemeinden politisch mitwirken. Sie können über wichtige Angelegenheiten von öffentlichem Interesse entscheiden.

In der ersten Stufe entscheiden die Wähler über das **Bürgerbegehren**. Damit wird zunächst festgestellt, ob sich genügend Bürger bereit finden, in einem späteren Bürgerentscheid über das Thema abzustimmen.

Bürgerbegehren:

Von deutschlandweit 4.587 kommunalen Bürgerbegehren der Nachkriegszeit entfielen 1.750 auf den Freistaat Bayern.

(Bayerische Gemeindeordnung) BayGO

Art. 18 a Bürgerbegehren und Bürgerentscheid

(1) Die Gemeindebürger können über Angelegenheiten des eigenen Wirkungskreises der Gemeinde einen Bürgerentscheid beantragen (Bürgerbegehren).

(13) Der Bürgerentscheid hat die Wirkung eines Beschlusses des Gemeinderates.

(17) (...) Das Recht auf freies Unterschriftensammeln darf nicht eingeschränkt werden.

Verkehrsberuhigung, Gewerbeansiedlung und Mobilfunkanlagen waren die Streitpunkte von Bürgerinitiativen und -begehren.

Bürgerbegehren und Bürgerentscheid wurden in Bayern im Jahre 1995 durch einen Volksentscheid eingeführt. Die Bürger und Bürgerinnen selbst hatten sich damit die Möglichkeit zur politischen Mitwirkung in den Städten und Gemeinden geschaffen. Mit fast 2.000 Bürgerbegehren seit 1995 war Bayern 2007 in Deutschland Spitzenreiter in Sachen direkter Demokratie. Häufig haben Bürgerbegehren zwischenzeitlich als Thema öffentliche Einrichtungen wie z. B. Schulen und Bäder. Bürgerbegehren und Bürgerentscheid sind nicht nur Instrument von Bürgerinitiativen. Auch Parteien versuchen ihre kommunalpolitischen Ziele damit zu erreichen.

Eine spektakuläre Frage, die den Bürgern in München zur Entscheidung vorgelegt wurde, war z. B. der Neubau eines Stadions.

Weg frei für das Stadion

Die Münchner haben sich mit deutlicher Mehrheit für den Neubau eines Fußballstadions ausgesprochen.

Das geplante neue Fußballstadion in München kann gebaut werden. Bei einem Bürgerentscheid in München sprach sich am Sonntag eine überwältigende Mehrheit der Abstimmungsteilnehmer für das mindestens 760 Millionen Mark teure Projekt aus. Nach der Auszählung aller 311 Wahlbezirke stimmten 65,8 Prozent für den Neubau, 34,2 Prozent dagegen. Die Wahlbeteiligung lag bei 37,5 Prozent.

Quelle: Süddeutsche Zeitung

4.3 Volksbegehren – Volksentscheid

Auf Landesebene kann neben dem Bayerischen Landtag auch das Volk durch Volksentscheid Gesetze beschließen. Dazu bedarf es eines in der Bayerischen Verfassung beschriebenen Weges.

Die Unterschriften von zehn Prozent der Wahlbürger sind in einem Volksbegehren nötig, um die Durchführung eines Volksentscheides zu beantragen. Um allerdings überhaupt ein Volksbegehren zu starten, müssen zunächst 25.000 stimmberechtigte Bürger ein solches unterstützen.

Verfassungsändernde Gesetze bedürfen hingegen immer eines Volksentscheides.

Direkte Demokratie: Bayern an der Spitze

München (dpa) – In keinem anderen Bundesland können die Bürger so viel in der Politik mitreden wie in Bayern. Der Verein „Mehr Demokratie" stellte gestern in München erstmals ein so genanntes Volksentscheid-Ranking vor. Danach belegt Bayern mit der Gesamtnote „gut" den Spitzenplatz knapp vor Hamburg, das ein „befriedigend" erreichte. Die Hürden für Bürger und Volksentscheide seien in der Mehrzahl der Länder zu hoch, sagte Vorstandssprecher Gerald Hafner. Für acht Bundesländer habe es nur zu einem „ausreichend" gereicht, sechs Mal habe der Verein die Note „mangelhaft" vergeben. Die wenigsten Mitbestimmungsrechte haben demnach die Bürger in Berlin.

Donau Kurier

Auf Bundesebene ist gemäß Grundgesetz eine Volksabstimmung wie in Bayern nicht möglich. Wie beurteilen Sie diesen Sachverhalt?

Vor- und Nachteile von Volksbescheiden werden oft diskutiert. Im Wesentlichen werden folgende Argumente angeführt:

Contra

Die Bürger sind bei Volksentscheiden aufgrund der eventuell komplizierten Sachverhalte überfordert.

Volksentscheide lassen keinen Kompromiss zu, sondern erlauben nur eine Ja- oder Nein-Abstimmung.

Volksentscheide sind eine Chance für **Demagogen**.

Volksentscheide bieten eine Möglichkeit für durchsetzungsfähige Minderheiten, ihre Interessen durchzusetzen.

Pro

Volksentscheide bieten mehr Demokratie.

Volksentscheide könnten gegen die Politikverdrossenheit wirken.

Entscheidungen, die das Volk trifft, werden von den Bürgern stärker akzeptiert.

Demagoge:

Volksverführer, Hetzer, Manipulator

Appelliert in seinen Reden an die Vorurteile der Zuhörer und versucht den politischen Gegner zu verunglimpfen.

Zusammenfassung

Mit Politikverdrossenheit bezeichnet man einen Zustand, bei dem sich große Teile der Bevölkerung für die Politik nicht mehr interessieren.

Die Mitgliederzahlen aller Parteien gehen zurück.

Eine pluralistische Demokratie ist offen für neue Ideen und Vorstellungen.

Die Bildung von Vereinen ist frei.

Wer sich nicht an Wahlen beteiligt, hat auf sein Recht verzichtet, die Politik personell zu beeinflussen.

Eine Bürgerinitiative ist ein Zusammenschluss von Bürgern, die ein bestimmtes Projekt durchsetzen oder verhindern wollen.

Die Gemeindebürger können über Angelegenheiten der Gemeinde einen Bürgerentscheid beantragen (Bürgerbegehren).

Der erfolgreiche Bürgerentscheid hat die Wirkung eines Beschlusses des Gemeinderates.

Auf Landesebene kann neben dem Bayerischen Landtag auch das Volk durch Volksentscheid Gesetze beschließen.

Wissens-Check

1. Wie entwickelten sich in den letzten Jahren die Mitgliederzahlen der Parteien?
2. In welche drei staatlichen Institutionen besteht das größte Vertrauen?
3. Nennen Sie Kennzeichen einer pluralistischen Ordnung.
4. Beschreiben Sie Mitwirkungsmöglichkeiten in Schule und Betrieb.
5. Was muss man tun, um eine Bürgerinitiative zu gründen?
6. Erläutern Sie den Unterschied zwischen Bürgerbegehren und Volksbegehren.

Links

www.mehr-demokratie.de/bayern/Merk2002.pdf

www.innenministerium.bayern.de

www.km.bayern.de/km/schule/recht

E

Deutschland in Europa

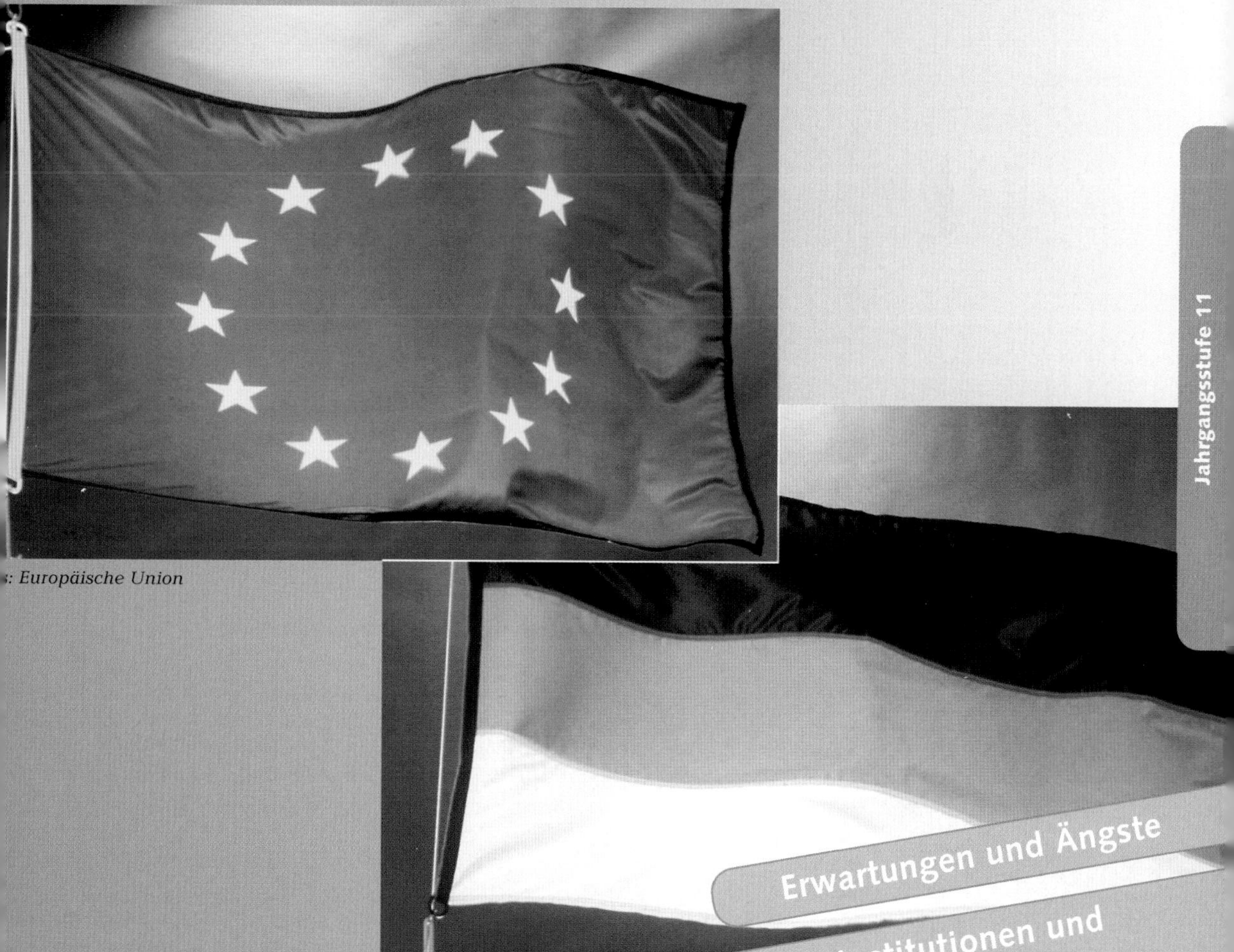

s: Europäische Union

Jahrgangsstufe 11

- Erwartungen und Ängste
- Institutionen und Entscheidungen
- Auswirkungen und Perspektiven

1 Die EU: Erwartungen und Ängste

Die Europäische Union (EU) ist ein Erfolgsmodell. Jedes europäische Land (Ausnahme: Norwegen und die Schweiz) hatte oder hat den Wunsch Mitglied der EU zu werden. Selbst außereuropäische Staaten sehen die Vorteile für ihr Land und bemühen sich um eine enge Anbindung.

Foto: Europäische Union

Jeder EU Bürger kann in jedem EU Land arbeiten oder studieren.

Hier einige Beispiele für die Vorteile:

- Arbeiten in Europa

  EU-Bürger (aus Osteuropa nach Übergangsfrist) können überall in der Europäischen Union auf Arbeitssuche gehen und einen Arbeitsvertrag eingehen, ohne eine Arbeitserlaubnis zu beantragen. Diese Freiheit garantiert das europäische Recht.

- Soziale Sicherung

  Grundsätzlich ist man in dem Land versichert, in dem man wohnt und arbeitet. Dies gilt für die drei Hauptpfeiler der Sozialversicherung: Renten-, Kranken- und Arbeitslosenversicherung.

  Bürger aus anderen EU-Staaten genießen den gleichen arbeitsrechtlichen Schutz und erhalten dieselben finanziellen Leistungen.

- Chancen für Auszubildende und Berufsfachschüler

  Die EU bietet mit dem Leonardo-Programm Auszubildenden oder Berufsfachschülern die Möglichkeit, einen Teil ihrer Ausbildung in einem anderen EU-Land zu absolvieren.

- Studieren in der EU

  EU-Bürger können ihren Studienort innerhalb der EU frei wählen. Beim Zugang zum Studium und bei der Zahlung von Studiengebühren dürfen Studenten aus anderen EU-Ländern nicht benachteiligt werden. Es wird angestrebt, die Studienabschlüsse gegenseitig anzuerkennen.

- Reisen in der EU

  Unionsbürger können im Binnenmarkt frei reisen. Gepäck und Waren werden an den Grenzen nicht mehr kontrolliert. Das nächste Ziel ist die vollständige Abschaffung der Personenkontrollen bei Reisen in alle EU-Länder.

- Rentner: Leben, wo es schön ist

  Rentner können überall in der Europäischen Union ihren Lebensabend verbringen. Voraussetzung für die Aufenthaltsgenehmigung ist eine Krankenversicherung und ein Einkommen, das über dem Sozialhilfesatz des Gastlandes liegt.

Heute selbstverständlich: Reisen quer durch Europa

- Privater Einkauf im Binnenmarkt

  Verbraucher können überall im Binnenmarkt einkaufen und die Waren problemlos über die Grenzen mitnehmen. Ein Auslandskauf wird wie ein Inlandskauf behandelt. Voraussetzung: Die mitgebrachten Waren müssen für den privaten Gebrauch bestimmt sein. Dabei gelten **Obergrenzen für die Einfuhr** bei bestimmten Waren.

Obergrenzen für die Einfuhr aus EU-Ländern:

800 Zigaretten oder
400 Zigarillos oder
200 Zigarren oder
1 Kilogramm Rauchtabak,
10 Liter Spirituosen oder
90 Liter Wein oder
110 Liter Bier
Für die Einfuhr aus Nicht-EU-Ländern gelten geringere Sätze.

- Wohnen in Europa

  Ob Arbeitnehmer, Selbstständiger oder Student: Unionsbürger können überall in der EU leben und arbeiten. Natürlich dürfen sie auch ihre Familienangehörigen mitnehmen.

- Europawahlen und Kommunalwahlen

  EU-Bürger wählen bei der Europawahl dort, wo sie wohnen. Auch bei Kommunalwahlen können Unionsbürger in dem Mitgliedstaat wählen gehen und sich als Kandidat aufstellen lassen, in dem sie wohnen.

- Auto: Europäische Betriebserlaubnis

  Wer ein neues Auto aus einem anderen EU-Land einführt, muss keine aufwändigen technischen Umrüstungen vornehmen.

- Der gleiche Führerschein in ganz Europa

  In der gesamten EU wird künftig der Führerschein nach einer einheitlichen Fahrprüfung und Klasseneinteilung gemacht.

Diesen Vorteilen stehen aber auch Bedenken und sogar Ängste gegenüber.

Jahrgangsstufe 11

„Jetzt reicht's uns bald"

Palma 17.11. „Noch nie waren so viel Deutsche, Briten und Franzosen auf unserer Insel wie in diesem Winter. Wenn sie im Hotel übernachten, wäre uns das egal. Aber sie kaufen hier Wohnungen und Häuser zu Preisen, die sie aus London oder Düsseldorf gewohnt sind. Für unsere Kinder wird es unerschwinglich, hier jemals ein Haus zu erwerben," klagt Pablo, Gemeindeangestellter in Palma. Tatsächlich haben sich die Immobilienpreise auf Mallorca in den letzten fünf Jahren glatt verdoppelt. Die Nachfrage von EU-Bürgern, meist reiche Rentner, ist ungebrochen. Während an Rhein und Ruhr, und in London sowieso, der Nebel wochenlang auf die Stimmung drückt, glaubt man sich hier im Paradies.

Donaukurier

Der Traum vieler Nordländer: Ein Haus im Süden

1. Warum kommen so viele Nichtspanier nach Mallorca?
2. Welche Auswirkungen hat das auf die dortigen Preise?
3. Welche Befürchtungen haben die Einheimischen?
4. Warum sind Ausländer berechtigt, auf Mallorca zu leben?

Nicht nur in Spanien, auch in Deutschland gibt es Probleme mit dem Binnenmarkt.

Unfallauto auf dem Weg zur billigen Reparatur

Kampf ums Überleben

Auto-Reparaturbetriebe stehen vor dem Aus

Wer kennt sie nicht, die Autotransporter, voll mit Unfallwagen in Richtung Tschechien. Dort werden sie repariert und kommen wieder zurück nach Deutschland. Der deutsche Auftraggeber und der tschechische Reparaturbetrieb machen satte Gewinne. Die deutsche Autoreparaturbranche im grenznahen Niederbayern steht vor dem Aus.

Und so geht der Trick: Herr Max K. hat einen Unfall mit hohem Blechschaden. Er lässt den Schaden von der Versicherung schätzen und lässt sich die Schadenssumme bar auszahlen. Die Schätzung beruht natürlich auf deutschen Werkstattpreisen und ist entsprechend hoch. In Tschechien kostet es höchstens die Hälfte, diesen Schaden reparieren zu lassen. Also bringt K. den Wagen dorthin, bekommt eine ordentliche Reparatur und zahlt nur die Hälfte. Den Unterschiedsbetrag kann er sich in die eigene Tasche stecken.

„So etwas müsste verboten werden", meint Herrmann F., Meister in einer unabhängigen Kfz-Werkstatt im Raum Deggendorf. „Diese Art von Konkurrenz macht uns kaputt. Die Autos kommen zwar sauber lackiert zurück, aber wie es mit der Sicherheit aussieht, weiß niemand. Und außerdem, wegen solcher Tricks werden die Kfz-Versicherungen immer teurer."

Herr K. ist sich keiner Schuld bewusst. „Die können da drüben auch Autos reparieren, das sind doch teilweise Modelle, die dort gebaut werden. Und außerdem: alles absolut legal. Die EU macht's möglich."

Mittelbayerische Zeitung, Regensburg

1. Warum sind die Reparaturkosten in Tschechien geringer als in Deutschland?
2. Welche Gefahren werden vermutet, wenn Autos in Billiglohnländern repariert werden?
3. Wer profitiert von der im Zeitungsartikel genannten Vorgehensweise und wem schadet sie?

Der europäische Einigungsprozess

2

Über viele Jahrhunderte führten die europäischen Nationen kriegerische Auseinandersetzungen. Der Zweite Weltkrieg (1939–1945) brachte den Höhepunkt an Leid, Zerstörung und Tod.

Nach dem Zweiten Weltkrieg lag Europa in Trümmern. Aufgrund dieser Erfahrung hofften die führenden Köpfe des Kontinents auf ein friedliches Zusammenleben aller Völker Europas. **Winston Churchill** *forderte 1946: „Wir müssen so etwas wie die Vereinigten Staaten von Europa schaffen."*

Winston Churchill:
Britischer Regierungschef während des Zweiten Weltkrieges

Jahrgangsstufe 11

2.1 Fünfzig Jahre Frieden in Europa

Das europäische Einigungswerk sorgt seit 50 Jahren für Stabilität, Frieden und wirtschaftlichen Wohlstand.

Die Erfolge sind:

- Höherer Lebensstandard für alle EU Bürger
- Freizügigkeit innerhalb der EU
- Errichtung des Binnenmarktes
- Einführung des Euro
- EU ist eine führende Handelsmacht in der Welt

Fotos: Europäische Union

Adenauer (oben) und Schuman werden die „Väter Europas" genannt.

2.2 Eine Gemeinschaft mit großer Anziehungskraft

1951 bildeten Belgien, die Bundesrepublik Deutschland, Frankreich, Italien, Luxemburg und die Niederlande die Europäische Gemeinschaft für Kohle und Stahl (EGKS), die auch Montanunion genannt wurde. Durch die Kontrolle der Kohle- und Stahlproduktion in diesen Ländern war eine einseitige militärische Aufrüstung erschwert. Der Friede wurde gesichert, das Vertrauen gefördert. Der damalige deutsche Bundeskanzler Adenauer und sein französischer Kollege Schuman bemühten sich besonders um diese Vereinigung. Sie werden deswegen die „Väter Europas" genannt.

1957 schlossen sich die sechs Länder der Montanunion zur Europäischen Wirtschaftsgemeinschaft (EWG) zusammen. Ziel war die Schaffung einer gemeinsamen Wirtschafts- und Währungspolitik sowie der Abbau der Zölle innerhalb der Gemeinschaft. Gleichzeitig gründeten sie die Europäische Atomgemeinschaft (EURATOM).

1967 verschmolzen die drei Organisationen EGKS, EWG und EURATOM zur Europäischen Gemeinschaft EG.

1968 vollendete die EG die Zollunion. Der Warenverkehr innerhalb der EG wurde zollfrei.

Freier Warenverkehr zwischen den Ländern der EG

1973 traten Dänemark, Irland und Großbritannien der EG bei. Die Anziehungskraft, die Attraktivität der Gemeinschaft wuchs. Die politischen und wirtschaftlichen Vorteile waren so groß, dass bis 1986 auch Griechenland, Portugal und Spanien EG-Mitglieder wurden.

1992 beschlossen die damaligen EG-Staaten noch weiter gehende Schritte zur wirtschaftlichen und politischen Vereinigung. Im Vertrag von Maastricht bildete sich aus der Europäischen Gemeinschaft die Europäische Union. Man sagt, sie habe drei Säulen:

- Wirtschafts- und Währungsunion
- Gemeinsame Außen- und Sicherheitspolitik
- Zusammenarbeit in der Innen- und Justizpolitik

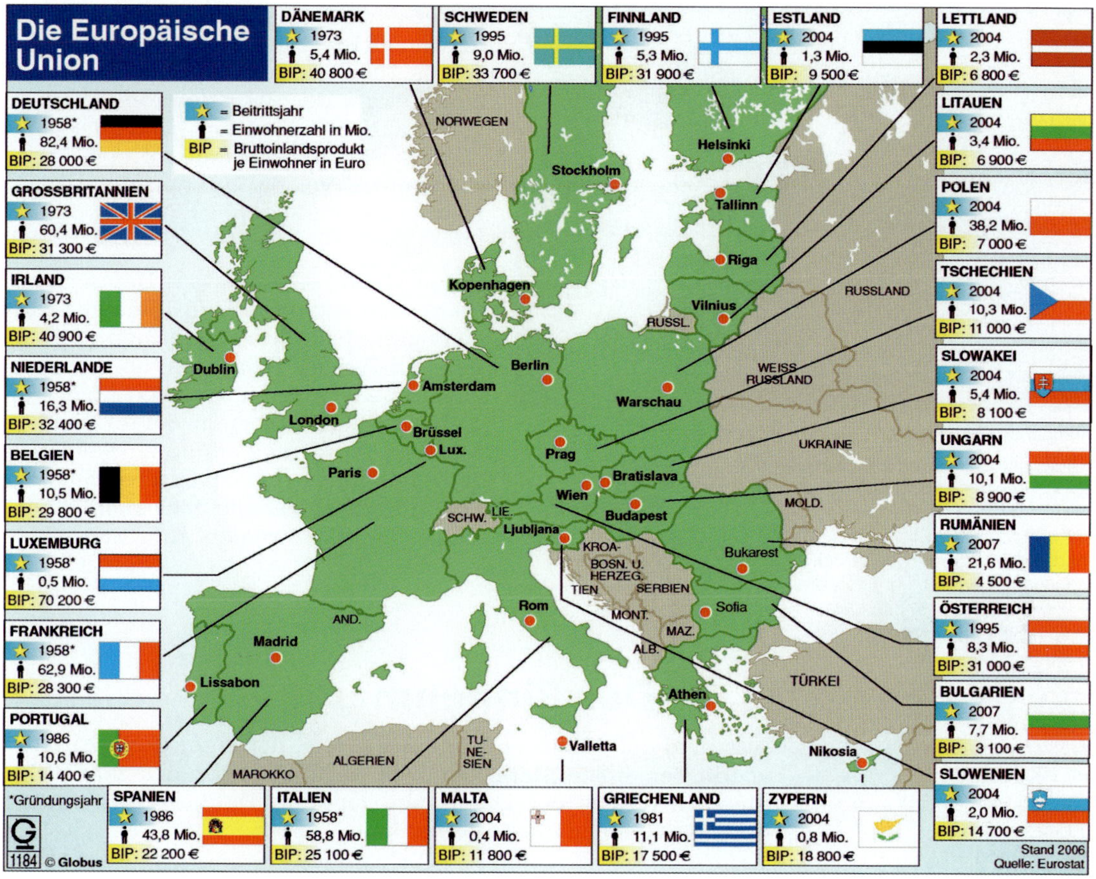

Die Zusammenarbeit in den Politikbereichen der ersten Säule wird vom Grundsatz der überstaatlichen Befugnis bestimmt. Die Organe der Gemeinschaft können hier rechtswirksam entscheiden.

Die EU-Staaten sind an die Entscheidungen gebunden. Insofern können die Beschlüsse der Europäischen Gemeinschaft gegen den Willen einzelner Mitglieder durchgesetzt werden.

Die Bereiche der zweiten und dritte Säule verbleiben im Wesentlichen in den Händen der einzelnen Regierungen, die sich allerdings zur gegenseitigen Abstimmung auf Regierungsebene verpflichten. Es sind somit keine Beschlüsse gegen den Willen eines Staates durchsetzbar.

1995 erweiterte sich die EU durch den Beitritt von Österreich, Schweden und Finnland auf 15 Mitgliedstaaten.

Im Rahmen der sogenannten Osterweiterung wurden 2004 zehn vorwiegend osteuropäische Staaten Mitglieder der EU. Im Jahr 2007 traten Bulgarien und Rumänien der EU bei. Die Beitrittsverhandlungen mit der Türkei und Kroatien werden seit 2005 geführt.

Die Schweiz und Norwegen hatten sich in einer Volksabstimmung gegen den Beitritt zur EU ausgesprochen.

Die Europäische Union ist kein eigenständiger Staat, nimmt aber ähnliche Funktionen wahr. Deswegen soll der EU eine eigene Verfassung gegeben werden. Ein Verfassungsentwurf aus dem Jahr 2004 wurde allerdings in Volksabstimmungen in einigen Mitgliedsländern abgelehnt.

Vertrag von Amsterdam (1999):
Mit dem Vertrag von Amsterdam sind wichtige Bereiche der Justiz- und Innenpolitik (z. B. Visa, Asyl, Einwanderung, Kontrolle der Außengrenzen), die bisher unter das Verfahren der Regierungszusammenarbeit fielen, auch in den Gemeinschaftsrahmen überführt worden.

Grenzübertritt in Burghausen – Personenkontrollen gibt es nicht mehr

Schengener Abkommen:

Anstelle der Grenzkontrollen werden im Grenzgebiet (30 Kilometer) stichprobenartig Personenkontrollen durchgeführt (Schleierfahndung). Eine grenzüberschreitende Fahndungsdatei unterstützt die Polizeibehörden in den Ländern des Schengen-Raumes.

In der deutschen Ratspräsidentschaft unter Angela Merkel in der ersten Hälfte des Jahres 2007 wurden die Grundlagen für eine Reform der EU gelegt. im „Vertrag von Lissabon" haben sich die Regierungschefs der Mitgliedstaaten auf eine abgespeckte EU-Verfassung geeinigt. Damit werden unter anderem die Organe der EU reformiert.

Schon 1985 vereinbarten Deutschland, Frankreich und die Benelux-Staaten im luxemburgischen Moselstädtchen **Schengen**, auf Personenkontrollen an ihren gemeinsamen Grenzen zu verzichten. Die meisten Mitgliedsstaaten der EU schlossen sich der Vereinbarung an. Seit Ende 2007 gehören auch die baltischen Staaten, Polen, Tschechien, die Slowakei, Malta, Ungarn und Slowenien zum Schengen-Raum.

2.3 Der Binnenmarkt

Bevölkerungszahlen zum Vergleich:

USA: 300 Mio.
Russland: 143 Mio.
China: 1,3 Mrd.
Indien: 1,1 Mrd.

Mit rund 480 Millionen Verbrauchern ist der europäische Binnenmarkt der größte Markt der Welt. Er trägt wesentlich zum Wohlstand in Europa bei. Durch den stärkeren Wettbewerb steigt die Produktivität und die Kosten sinken.

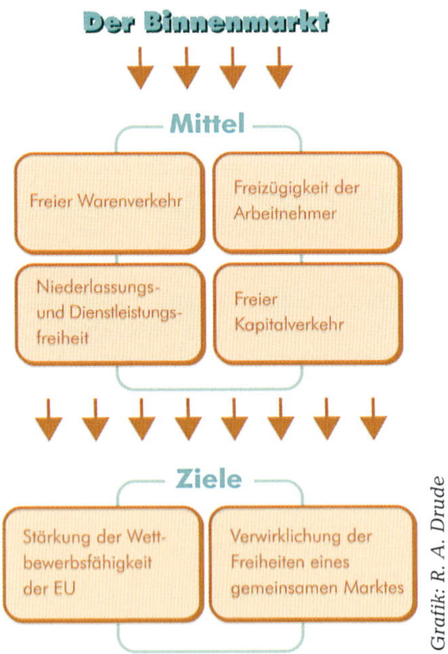

Nach längeren Anpassungsphasen war im Jahr 2002 der Binnenmarkt vollendet. Erkennbares Merkmal für jeden Bürger: Die Deutsche Mark verlor ihre Gültigkeit. Der Euro trat als gesetzliches Zahlungsmittel an ihre Stelle und wird auf der ganzen Welt akzeptiert.

Institutionen und Entscheidungsprozesse in der EU 3

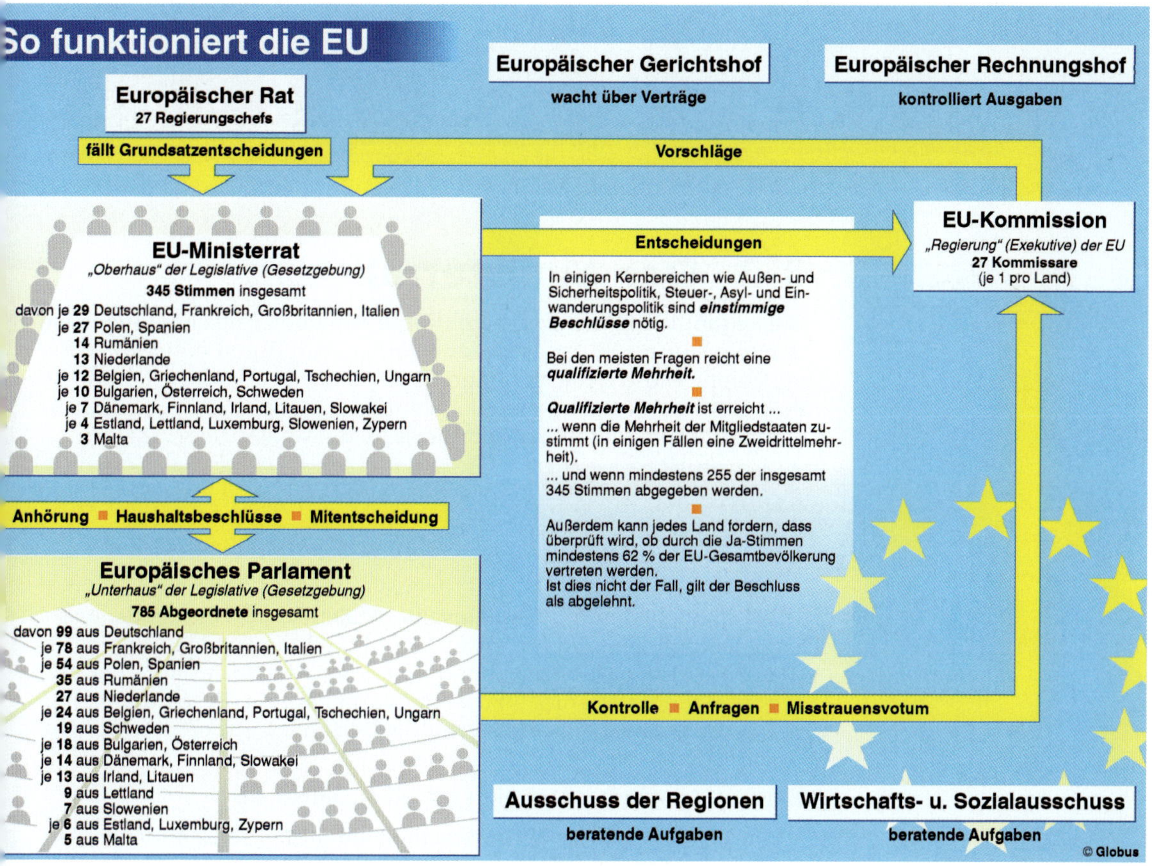

3.1 Der Europäische Rat

Mindestens zweimal im Jahr treffen sich die Regierungschefs aller EU-Länder. Sie legen die allgemeinen politischen Zielvorstellungen der EU fest. Diese Zusammenkunft der Staats- und Regierungschefs ist der Europäische Rat. Gastgeber ist das Land, das jeweils die Ratspräsidentschaft innehat. Diese wechselt nach sechs Monaten von Land zu Land.

Foto: Europäische Union

Die Regierungschefs der EU-Länder bei einem der halbjährlichen Ratstreffen

3.2 Der Ministerrat

Das eigentliche Machtzentrum für die täglichen Entscheidungen ist der Ministerrat. Im Rat ist jeder Mitgliedstaat durch einen Minister vertreten. Diese Minister tragen die politische Verantwortung für ihre Entscheidungen sowohl gegenüber ihrem nationalen Parlament als auch gegenüber den Bürgern, die sie vertreten.

Aufgaben

- Der Ministerrat trifft Entscheidungen und beschließt Gesetze.

  Im Ministerrat wird beispielsweise durch die Außenminister der Mitgliedstaaten die Gemeinsame Außen- und Sicherheitspolitik festgelegt. Die Innenminister regeln die Innen- und Justizpolitik der EU. In der Gesetzgebung muss der Ministerrat mit dem Europäischen Parlament zusammenarbeiten. In Regelungen zur Agrarpolitik ist der Ministerrat das zentrale Entscheidungsorgan der EU.

- Der Ministerrat koordiniert die Wirtschaftspolitik.

  Die Grundzüge der Wirtschaftspolitik der Mitgliedstaaten werden vom Rat entworfen. Darin wird z. B. festgelegt, wie hoch die jährliche **Neuverschuldung** im Staatshaushalt der Mitgliedsländer sein darf.

- Der Ministerrat stellt den Haushaltsplan fest.

  Der Rat entscheidet über die so genannten **obligatorischen** Ausgaben. Das sind im Wesentlichen die Ausgaben für die Landwirtschaft und die Drittstaaten (Staaten, die nicht EU-Mitglied sind). Fast die Hälfte der EU-Ausgaben fließt in die Landwirtschaft.

  Der Ministerrat beinflusst die Gesetzgebung in den Mitgliedsländern. Viele Beschlüsse und Entscheidungen, die in Brüssel fallen, werden in nationales Recht umgewandelt. Rund ein Viertel aller Gesetze, die im Bundestag in Berlin verabschiedet werden, sind Umsetzungen von europäischem Recht.

Neuverschuldung:

Die neuen Schulden eines EU-Staates dürfen nicht mehr als 3 Prozent des Bruttoinlandsprodukts ausmachen.

Obligatorisch:

Notwendig
Hier sind Ausgaben gemeint, über die das Europäische Parlament nicht bestimmen kann.

Sitz und Zusammensetzung

Sitz des Rates ist Brüssel, wo in der Regel auch die Ministertagungen stattfinden. Je nach der Tagesordnung wechseln die Minister. Am häufigsten tagen die Ministerräte für Landwirtschaft, Wirtschaft und Finanzen, Umwelt und Verkehr.

3.3 Die Kommission

Die Kommission der Europäischen Union ist vergleichbar mit der Regierung eines Landes. Sie ist die Antriebskraft des wirtschaftlichen Vereinigungsprozesses in Europa. Von ihr kommen Vorschläge zur **Gemeinschaftspolitik.** Sie führt die von Rat und Parlament beschlossenen Aktionen durch. Dem Europäischen Parlament gegenüber muss sie sich politisch verantworten. Das Parlament kann der Kommission das Misstrauen aussprechen und sie so zur Amtsniederlegung zwingen.

Gemeinschaftspolitik:
Hier: Politische Arbeit, die alle EU Länder betrifft

Mehr für Öko-Landbau, weniger für Großbauern

Die EU-Kommission will mit neuen Gesetzen die Gelder für die Agrarwirtschaft gerechter verteilen

Brüssel – Der Umbau der europäischen Landwirtschaft wird weiter vorangetrieben. Fünf Jahre nach der jüngsten großen Agrarreform stellt EU-Kommissarin Mariann Fischer Boel an diesem Dienstag in Straßburg neue Gesetzentwürfe vor. Offiziell will sie das Agrasystem nur an aktuelle Entwicklungen „anpassen". Beobachter rechnen jedoch mit erheblichen Konflikten und Verteilungskämpfen innerhalb der Bauernschaft, wenn die Agrarminister dem Vorhaben, wie geplant, bis November 2008, zustimmen sollten. Denn Ziel der Pläne ist die weitere Umverteilung der EU-Finanzhilfen – weg von alten Besitzständen hin zu neuen Herausforderungen. Der deutsche Landwirtschaftsminister Horst Seehofer sagte beim Agrarmininsterrat am Montag in Brüssel, er unterstütze eine Reform, die „Schritt für Schritt und nicht mit dem Fallbeil" vorangehe.

Im Zentrum der Reform steht die gerechtere Verteilung der etwa 50 Milliarden Euro, die im EU-Budget für die Landwirtschaft bis zum Jahr 2013 vorgesehen ist. Großbauern sollen weniger Mittel erhalten. Mehr Geld soll es dagegen für Umweltprogramme, Boden- und Klimaschutz und die ökologische Landwirtschaft geben. Auch Landwirte in benachteiligten Gebieten sollen stärker gefördert werden. Teil der Reform ist auch ein schrittweiser Ausstieg aus dem System der Milchquoten. Ferner hält es die Kommission angesichts der hohen Nahrungsmittelpreise nicht mehr für nötig, Märkte für Hartweizen, Reis oder Fleisch mit Preisgarantien zu stützen.

Süddeutsche Zeitung, 20.05.2008

Landwirtschaft war immer schon Thema in der EU. Jetzt soll die Förderung umgebaut werden.

Die Mitglieder

Die Kommission besteht aus einem Kollegium von 27 Mitgliedern. Jedes Land entsendet einen Kommissar. Es handelt sich um Persönlichkeiten, die zuvor in ihrem Herkunftsland ein politisches Amt – oft auf Ministerebene – ausgeübt haben. Alle fünf Jahre wird die Kommission neu besetzt.

Foto: Europäisches Parlament, Brüssel

Sitz der Europäischen Kommission in Brüssel

Wer ist der derzeit amtierende Kommissionspräsident?

Foto: Europäische Union

Information über den Energieverbrauch: Die Kommission machte sie zur Pflicht.

Die Aufgaben der Kommission

Die Europäische Kommission hat im Wesentlichen vier Aufgaben:

- Sie macht dem Parlament und dem Rat Vorschläge für neue Rechtsvorschriften.
- Sie führt die Gemeinschaftspolitik durch.
- Sie überwacht (gemeinsam mit dem Gerichtshof) die Einhaltung des Gemeinschaftsrechts.
- Sie ist die Sprecherin der Europäischen Union und handelt völkerrechtliche Verträge aus (im Wesentlichen Handels- und Kooperationsabkommen).

Die Tätigkeitsbereiche der Kommissare

Ähnlich wie in einer Regierung die Minister, haben die Kommissare unterschiedliche Aufgabenbereiche, z. B.:

- Wettbewerb
- Gesundheits- und Verbraucherschutz
- Landwirtschaft, Entwicklung des ländlichen Raums und Fischerei
- Unternehmen und Informationsgesellschaft
- Binnenmarkt, Steuern und Zollunion
- Forschung, Umwelt
- Wirtschaft und Währungsangelegenheiten
- Erweiterung, Außenbeziehungen
- Handel, Regionalpolitik
- Bildung und Kultur
- Haushalt, Justiz und Inneres
- Beschäftigung und soziale Angelegenheiten

Firmen-Subventionen von EU-Kommission gekürzt

Neue EU-Regeln für Subventionen

Vom 1. Januar 2004 an können Firmen nur noch mit deutlich verringerten staatlichen Mitteln rechnen.

Wie die EU-Kommission mitteilte, werden die erlaubten Fördersätze für Firmenansiedlungen drastisch gekürzt. Besonders betroffen sind die ostdeutschen Bundesländer.

Für den Beschluss benötigt die Kommission nicht die Zustimmung der Mitgliedstaaten. Die Kommission hatte nach Protesten aus ostdeutschen Ländern das Inkrafttreten der Regeln um ein Jahr bis Anfang 2004 verschoben. Für bereits angemeldete Vorhaben wie das BMW-Werk in Leipzig gelten die bisherigen Förderbedingungen.

Die EU-Kommission rechnete vor:

Wenn in ein neues Werk in Ostdeutschland 200 Mio. Euro investiert werden, durften Land und Bund bisher maximal 70 Mio. Euro (35%) zuschießen. Nach der neuen Regelung sind nur noch 38 Mio. (19%) Euro erlaubt.

geld-online

Subvention:
Staatliche Unterstützung für Unternehmen

Investition:
Geldmittel für den Bau oder die Erweiterung eines Betriebes

1. Ein EU-Staat darf ein Unternehmen, das sich im eigenen Land ansiedeln oder erweitern will, nur beschränkt unterstützen. Was soll damit bewirkt werden?
2. Die nationale staatliche Wirtschaftspolitik, (hier Förderung bestimmter Regionen) wird eingeschränkt. Wie bewerten Sie diese Einschränkung?

3.4 Das Europäische Parlament

Das Europäische Parlament ist die frei gewählte Vertretung der Bürger aller EU-Staaten. 1979 wurde es erstmals von allen Bürgern der Mitgliedstaaten nach demokratischen Regeln gewählt.

Wichtige EU-Standorte:

- In Straßburg treffen sich zumeist die Abgeordneten zu Plenarsitzungen.
- In Brüssel finden häufig Sitzungen der Ausschüsse statt.
- In Luxemburg ist das Generalsekretariat angesiedelt.

Das Europäische Parlament in Straßburg

Wahl und Zusammensetzung

Das Parlament wird alle fünf Jahre gewählt und hat derzeit 785 Abgeordnete, davon 99 aus Deutschland. Jeder Mitgliedstaat entsendet im Verhältnis zu seiner Bevölkerungszahl Abgeordnete. Alle Abgeordneten haben sich zu länderübergreifenden Fraktionen zusammengeschlossen. Diese repräsentieren die in den Mitgliedstaaten der Union vertretenen großen politischen Richtungen.

Die Aufgaben

Wie jedes Parlament hat das Europäische Parlament drei wesentliche Aufgaben:

Die Kontrollfunktion

Das Parlament übt eine demokratische Kontrolle über die Kommission aus. Es überwacht die Ernennung der Kommissionsmitglieder und ihres Präsidenten. Die Kommission ist dem Parlament gegenüber politisch verantwortlich. Das Parlament kann der Kommission das Misstrauen aussprechen und diese dadurch zum Rücktritt zwingen.

Vergleichen Sie dazu die Möglichkeiten des Deutschen Bundestages in Bezug auf die Bundesregierung.

Die Prüfung der von Bürgern eingereichten **Petitionen** und die Einsetzung von Untersuchungsausschüssen sind weitere Kontrollmöglichkeiten durch das Parlament.

Petition:

Gesuch eines Bürger an das Parlament, wenn er sich durch Behörden ungerecht behandelt fühlt

Gesetzgebung

Gesetze heißen in der EU Verordnungen oder Richtlinien. Sie werden von der Kommission vorgeschlagen und vom Ministerrat sowie dem Europäischen Parlament beschlossen. Das Parlament hat ein Anhörungs- und Mitentscheidungsrecht.

Verordnungen gelten unmittelbar in allen Mitgliedsstaaten und sind verbindlich.

Richtlinien müssen in den Parlamenten der EU-Mitgliedstaaten in nationales Recht umgesetzt werden. Kommt ein EU-Staat dieser Pflicht nicht nach, drohen Zwangsgelder.

Außerdem muss das Parlament beteiligt werden, wenn es um wichtige politische Fragen geht, z. B.

- den Beitritt neuer Mitgliedstaaten,
- den Abschluss von internationalen Übereinkommen,
- das Aufenthaltsrecht der Unionsbürger,
- die Aufgaben und Befugnisse der Europäischen Zentralbank.

Kontrolle der EU-Ausgaben

Parlament und Rat sind die Hauptakteure bei der alljährlichen Verabschiedung des **Gemeinschaftshaushalts.** Der Haushaltsplan ist erst gültig, wenn das Parlament ihm zugestimmt hat.

Gemeinschaftshaushalt:

Verteilung der von den EU-Staaten einbezahlten Mittel zur Erfüllung der Gemeinschaftsaufgaben (ca. 100 Mrd. Euro pro Jahr)

Jahrgangsstufe 11

3.5 Die Europäische Zentralbank

Euro-Zone:

Dazu gehören die Länder, in denen der Euro als gesetzliches Zahlungsmittel gilt.

Seit 1999 hat die Europäische Zentralbank (EZB) mit Sitz in Frankfurt/Main die alleinige Verantwortung für die Geldpolitik in der **Euro-Zone.** Als oberstes Ziel wird die Stabilität der europäischen Währung angestrebt. Daneben sorgt sie für das ordnungsgemäße Funktionieren der Zahlungssysteme. Auch die Versorgung mit Banknoten und Münzen gehört zu ihren Aufgaben.

Die EZB entscheidet unabhängig von den anderen europäischen Institutionen und auch unabhängig von den nationalen Regierungen.

3.6 Der Europäische Gerichtshof

In EU-Rechtsfragen ist der Europäische Gerichtshof (EuGH) in Luxemburg die höchste Instanz. Er steht damit über den nationalen Gerichten. Für Unternehmen und Bürger aus den Mitgliedstaaten ist der EuGH die letzte Instanz. Die Entscheidungen des Europäischen Gerichtshofes gelten in der ganzen EU. Seine Urteile führen dazu, dass in der Europäischen Union Rechtsvorschriften vereinheitlicht werden. Damit können die Entscheidungen des EuGH konkrete Auswirkungen auf das tägliche Leben der Bürger haben.

Der EuGH darf nicht verwechselt werden mit dem Europäischen Gerichtshof für Menschenrechte in Straßburg. Er ist nicht Organ der EU, sondern des Europarates.

Die Richter des EuGH werden von den Regierungen der Mitgliedsländer für sechs Jahre ernannt. Meist sind es hervorragende Richter in ihrem Herkunftsland.

Foto: BmVtdg

Der Europäische Gerichtshof verschaffte Frauen Gleichberechtigung bei der Bundeswehr.

Soldatinnen-Urteil

Auch Streitkräfte müssen sich an den Grundsatz der Gleichbehandlung von Mann und Frau halten. Dabei ging es um die Klage einer deutschen Frau. Die Bundeswehr hatte ihre Bewerbung für den Instandsetzungsdienst mit Verweis auf den Artikel 12a des Grundgesetzes abgelehnt, wonach Frauen auf keinen Fall Dienst an der Waffe leisten dürften.

Doch der allgemeine Ausschluss der Frauen vom Waffendienst verstoße gegen die Gleichstellungsrichtlinie, meinten die Richter.

Auf Grund dieses Urteils musste im Oktober 2000 der Artikel 12a des Grundgesetzes neu gefasst werden.

Die Europäische Union, Hrsg. Bundeszentrale für politische Bildung, Bonn 2001

Informieren Sie sich, wie der Artikel 12a GG jetzt lautet.

Auswirkungen des europäischen Einigungsprozesses

4

Die EU als Institution in Brüssel hat inzwischen eine Machtfülle, die dem Bürger nicht immer bewusst ist. Ein beträchtlicher Teil der für den Bürger politisch wirksamen Entscheidungen wird in Brüssel gefällt. Dem muss entgegengehalten werden, dass an Brüsseler Entscheidungen immer auch deutsche Politiker beteiligt sind.

4.1 Übertragung nationaler Souveränitätsrechte

Die ignorierte Macht

Die Bevölkerung unterschätzt den Einfluss der europäischen Institutionen

Es gibt ein krasses Missverhältnis zwischen den Machtbefugnissen der europäischen Institutionen und der Aufmerksamkeit, die die Bevölkerung ihnen angedeihen lässt. Die Verlagerung von Befugnissen von der nationalen auf die europäische Ebene ist enorm weit vorangeschritten. Die Organe der EU machen von ihrem erweiterten Gestaltungsspielraum ausgreifend Gebrauch.

Die Zahl der Richtlinien, Verordnungen und anderen rechtswirksamen Entscheidungen der Kommission und des Europäischen Parlamentes hat sich in den letzten drei Jahrzehnten vervierfacht. (...)

Die direkten Regulierungen von Produktion und Handel ergänzen umfassende Regulierungen zum Schutz der Umwelt und Gesundheit. Die Folgen für die Wirtschaft können viel einschneidender sein als die Gesetze, die in Berlin verabschiedet werden. In Zukunft wird die Zuständigkeit für Verbraucherschutz verbreitert und damit die Einflussmöglichkeiten mit erheblichen wirtschaftlichen Folgen. Wer über die Richtlinien und Verordnungen für Umwelt, Gesundheits- und Verbraucherschutz und über Maßnahmen zur Vermeidung jeglicher Diskriminierung entscheidet, kann das Schicksal ganzer Branchen beeinflussen.

Frankfurter Allgemeine Zeitung

Nennen Sie Bereiche, in denen die EU versucht, Diskriminierung zu vermeiden.

Diskriminierung:

Benachteilung von Personengruppen wegen ihrer Hautfarbe, ihres Geschlechts oder Religionszugehörigkeit

Im EU-Bereich ist damit oft auch die Benachteiligung von Produkten anderer EU-Länder gemeint.

4.2 Regionalismus – Nationalgedanke

Die Bundesrepublik ist verpflichtet, europäische Richtlinien umzusetzen. EU-Recht (Gemeinschaftsrecht) bricht nationales Recht. Der Vorrang des EU-Rechtes kann in einem Bundesstaat Probleme aufwerfen, nämlich dann, wenn Interessen der Bundesländer den Absichten der EU entgegenstehen.

Bayern – Europa:

Vom ehemaligen Ministerpräsidenten Franz Josef Strauß stammt das Zitat: „Bayern ist unsere Heimat, Deutschland unser Vaterland, Europa unsere Zukunft."

Bayerns Bollwerk in Brüssel

Politisch verfügt der Freistaat über einiges Gewicht in Europa. Das will die Staatsregierung mit ihrer Vertretung auch nach außen deutlich zeigen. Die Zahl der Beamten soll in Brüssel in den kommenden Jahren aufgestockt werden, von heute 28 auf 40 Mitarbeiter.

„80 Prozent der deutschen Innenpolitik wird in Europa gemacht", sagt Friedrich von Heusinger, stellvertretender Leiter der Vertretung, „gleich, ob es um die Chemikalien-Verordnung, Naturschutz, Strukturförderung oder Asylpolitik geht. Nehmen Sie das Nachzugsalter für Kinder von Ausländern, da können Sie bei uns diskutieren, so viel Sie wollen, wenn hier eine Richtlinie verabschiedet wird, ist die Sache gelaufen." Wer also mitreden will, muss sich frühzeitig Gehör verschaffen. Andernfalls „kriegen Sie von dem, was hier läuft, nicht mal eine Postkarte." „Herausfinden, was läuft – und das so früh wie möglich", darum geht es. In den Ausschüssen, dem Parlament, der Kommission und dem EU-Konvent haben die Bayern ihre Beobachter sitzen.

Süddeutsche Zeitung

Die Bayerische Vertretung in Brüssel

Wie wird im Text begründet, dass eine bayerische Vertretung in Brüssel wichtig ist?

4.3 Probleme und Folgen der EU-Erweiterung

In den nächsten Jahren werden mit Kroatien und der Türkei Verhandlungen über den EU-Beitritt geführt. Die Aufnahme Kroatiens wird als nicht problematisch angesehen. Über den Beitritt der Türkei zur EU gibt es dagegen unterschiedliche Meinungen.

Solana: Bald wird Syrien ein Nachbar sein

FRANKFURT, 30. November. Ein möglicher EU-Beitritt der Türkei ist nicht nur unter den politischen Parteien, sondern auch in der deutschen Bevölkerung umstritten. In einer repräsentativen Umfrage der Forschungsgruppe Wahlen für das ZDF lehnten 52 Prozent die Aufnahme der Türkei in die EU ab, während 41 Prozent ihr zustimmen würden. Indessen rechnet die EU offenbar schon fest mit einer Mitgliedschaft der Türkei. „Bald wird Syrien ein Nachbar sein", antwortete der Beauftragte für die gemeinsame Außen- und Sicherheitspolitik, Solana, dieser Zeitung auf die Frage nach den zukünftigen Grenzen des strategischen Interessengebietes der EU.

Frankfurter Allgemeine Zeitung

Diskutieren Sie, welche Gründe für und welche gegen die Aufnahme der Türkei in die EU sprechen.

In der politischen Diskussion hört man verschiedene Argumente. Zum Beispiel:

Pro:

Die Türkei ist eine europäisch orientierte Mittelmacht. Auf ihrem Boden entwickelten sich wichtige Abschnitte der antiken und jüdisch-christlichen Geschichte Europas.

Die türkische Mitgliedschaft in der EU wäre die beste Versicherung gegen möglichen fundamentalen Islamismus. Die Mitgliedschaft wäre eine strategische Stärkung der EU-Außenpolitik in der wichtigsten Weltregion. Europa sichert sich Zugang zu den dortigen Rohstoffen. Wesentliche Gründe für die Einwanderung türkischer Bürger in die übrige EU wären gebannt. Volle Freizügigkeit ist erst nach langen Übergangszeiten möglich.

Die türkische Wirtschaft ist in den letzten drei Jahren dreimal so schnell wie die der EU gewachsen. Die Türkei ist ein flexibler Partner mit junger Bevölkerung.

Eine wachsende türkische Wirtschaft bedeutet Exportchancen für Deutschland.

Die von der EU geforderten Reformen verändern Politik und Gesellschaft, sie vermindern den Einfluss der Militärs in der Politik, sorgen für tatsächliche Gleichberechtigung der Frauen, Minderheitsrechte für Kurden und bürgerliche Freiheitsrechte wie im westlichen Europa.

Contra:

Beitrittsgegner behaupten, die Türkei habe die Aufklärung nach westeuropäischem Muster verpasst. Reformen werden schleppend umgesetzt, es gebe kaum Fortschritte bei der Achtung der Menschenrechte durch Behörden und Polizei. Europa islamisiere sich. Durch die Ausdehnung bis an die Nachbarstaaten der Türkei (z. B. Syrien, Irak, Iran) würde die EU alle Sicherheitsprobleme der Türkei übernehmen. Wenn die Türkei eintritt, dann melden sich auch Marokko, die Ukraine oder Israel. Türkische Einwanderer könnten die EU überschwemmen.

Die Türkei hätte in der EU als bevölkerungsreichstes Land besonderes Gewicht. Das Pro-Kopf-Einkommen liegt derzeit bei 25 Prozent des EU-Durchschnitts, was drastische Auswirkungen auf die Löhne in der EU haben könnte. Ein Beitritt würde den Agrarmarkt der EU sprengen.

Zusammenfassung

Die Grundsteinlegung für die Europäische Union erfolgte 1951 mit der Gründung der Europäischen Gemeinschaft für Kohle und Stahl (Montanunion).

Der deutsche Bundeskanzler Adenauer und der französische Ministerpräsident Schuman gelten als die „Väter des vereinten Europa".

1957 wird die Europäische Wirtschaftsgemeinschaft (EWG) gegründet. Erste Schritte zu einem gemeinsamen Binnenmarkt werden gemacht.

Das Europäische Parlament wird 1979 erstmals gewählt.

1993 tritt der Vertrag von Maastricht in Kraft. Damit ist die Europäische Union (EU) in der heutigen Form gegründet.

Die europäische Währungsunion findet 2002 durch die Einführung des Euro ihre sichtbare Vollendung. Zwölf der 15 EU-Staaten gehören zur Euro-Zone.

2004 treten weitere 10 Länder in die EU ein. Die Staats- und Regierungschefs einigten sich im Juni 2004 auf eine europäische Verfassung. Die einzelnen Länder müssen dieser zustimmen. 2007 treten Bulgarien und Rumänien der EU bei; damit hat die EU insgesamt 27 Mitgliedsstaaten

Über den Beitritt weiterer Länder, insbesondere der Türkei, gibt es in Deutschland und Europa keine einheitliche Meinung.

Wissens-Check

1. Nennen Sie drei Motive, die zur Gründung der Montanunion führten.
2. Welches waren die drei wichtigsten Ziele der Montanunion?
3. Welche vier Elemente gehören zum freien Binnenmarkt in der EU?
4. Welche europäischen Staaten gehören derzeit nicht zur EU?
5. Wer wählt das Europäische Parlament?
6. Nennen Sie die drei wichtigsten Organe, die für die Organisation der weiteren europäischen Einigung zuständig sind.
7. Welche Vorteile und welche Nachteile bietet der Euro als einheitliche europäische Währung?

Links

www.europa.eu.int

www.bayern.de/Europa/Bruessel

A

Wirtschaft und Wirtschaftspolitik

- Bedürfnisse
- Verbraucherschutz
- Soziale Marktwirtschaft
- Konjunktur
- Inflation
- Globalisierung

Jahrgangsstufe 12

1 Bedürfnisse, Bedarf, Werbung

Wünsche können vielfältig sein.

Grafik: Dave Vaughan

Nach dem Aufstehen ist Max noch sehr müde und möchte duschen, um munter zu werden. Während des Duschens meldet sich der Hunger. Auf dem Tisch stehen schon die warmen Semmeln und selbst gemachte Marmelade bereit. Die Zeit drängt. Schnell ins Auto! Die Radiowerbung verspricht aufregende Stranderlebnisse mit HUI-Reisen. „Ja, Urlaub müsste man haben, drei Wochen Sonne, Strand und Meer ... Da vorn ist ja schon wieder ein Stau! Immer dasselbe an dieser Stelle! Warum wird hier nicht endlich eine Umgehungsstraße gebaut? Danach besteht doch nun wirklich seit langem ein Bedürfnis der Allgemeinheit!"

Welche **Bedürfnisse** hat Max?

Bedürfnis:
Empfinden eines Mangels mit dem Wunsch, diesen Mangel zu beseitigen

1.1 Bedürfnisarten

Jeder Mensch hat im Laufe seines Lebens eine Vielzahl von Wünschen, auf deren Erfüllung er sein Handeln ausrichtet. Diese Wünsche nennt man auch Bedürfnisse. Die Zahl der Bedürfnisse ist unbegrenzt.

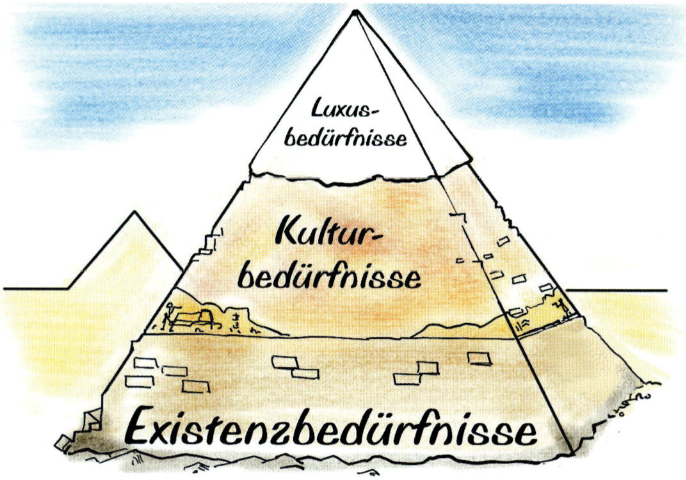

Grafik: Dave Vaughan

Dringlichkeit der Bedürfnisse

Interpretieren Sie die grafische Darstellung der Bedürfnisse in Form einer Pyramide.

Existenzbedürfnisse	
Definition: Bedürfnisse, deren Befriedigung lebensnotwendig ist	**Beispiele:** Nahrung, Wohnung, Kleidung
Kulturbedürfnisse	
Definition: Bedürfnisse, die von einem gehobenen Lebensstandard zeugen	**Beispiele:** Drei-Gänge-Menü, Mobiltelefon, Theaterbesuche
Luxusbedürfnisse	
Definition: Bedürfnisse, die Kennzeichen für einen exklusiven Lebensstil sind	**Beispiele:** Weltreise, Villa, teures Auto

Fotos: Manuela Schellenberger

Verschiedene Bedürfnisse

Sind die Existenzbedürfnisse befriedigt, dann streben viele Menschen nach der Befriedigung von Kultur- und Luxusbedürfnissen.

Viele Bedürfnisse können nicht oder nur schwer befriedigt werden, da die meisten **Güter** nicht unbegrenzt vorhanden sind. Außerdem könnten die entsprechenden Geldmittel fehlen, um sich Wünsche zu erfüllen. Der Wunsch nach einem eigenen Haus kann nur erfüllt werden, wenn die finanziellen Mittel vorhanden sind.

Güter:

Mittel, die der Befriedigung von Bedürfnissen dienen

1.2 Werbung

Werbung weckt Bedürfnisse

Werbemittel:
Sie dienen der Umsetzung der Werbebotschaft (z. B. Anzeigen, Filme, Spots im Fernsehen oder Radio).

Werbeträger:
Darunter versteht man alle Personen oder Dinge, die die Werbebotschaft an den Kunden übermitteln, wie z. B. Zeitungen, Fernsehen, Funk und Bandenwerbung bei Sportveranstaltungen.

Werbung ist ein Mittel zum Wecken von Bedürfnissen. Dabei werden häufig Anknüpfungspunkte zum privaten Umfeld der Zielgruppe hergestellt. Das ist der Fall, wenn Werbung Jugendlichen „vorgaukelt", dass sie bestimmte Dinge brauchen, um „dazuzugehören". Werbung verfolgt dabei zwei Ziele:

- Informationsfunktion: Mögliche Kunden müssen von einem bestimmten Produkt erfahren und Angaben über die besonderen Eigenschaften des Produktes erhalten.
- Anreizfunktion: Der Kunde muss letztlich zum Kauf eines Produktes bewegt werden. Um die Kunden zum Kauf anzuregen, setzen Werbefachleute zahlreiche Instrumente ein.

Durch **Werbemittel** und **Werbeträger,** die unterschiedliche Werbewirkung erzeugen, sollen diese Ziele erreicht werden.

Überlegen Sie sich weitere Werbemittel und -träger.

1.3 Vom Bedarf zur Nachfrage

Die Bedürfnisse, die mit finanziellen Mitteln erfüllt werden könnten, nennt man Bedarf. Hat man bspw. fünf Euro im Geldbeutel, könnte man sich damit eine Vielzahl kleinerer Wünsche erfüllen.

Nur ein kleiner Teil der Bedürfnisse wird tatsächlich erfüllt. Man könnte je nach Vorliebe von den fünf Euro Güter wie Semmeln, eine Zeitung oder einen kleinen Blumenstrauß kaufen oder alles zusammen.

Den Teil des Bedarfs, der tatsächlich durch Geld gedeckt wird, nennt man Nachfrage. Kauft der Kunde beim Bäcker Semmeln, so hat er den Bedarf in Nachfrage umgewandelt. Die Nachfrage am **Markt** für Semmeln ist somit gestiegen.

Foto: Manuela Schellenberger

Markt:
Ort, an dem Angebot und Nachfrage aufeinander treffen

Zusammenfassung

Jeder Mensch hat im Laufe seines Lebens eine Vielzahl von Wünschen, auf deren Erfüllung er häufig sein Handeln ausrichtet. Diese Wünsche nennt man Bedürfnisse.

Man unterscheidet Existenz-, Kultur- und Luxusbedürfnisse.

Ein Mittel zum Wecken von Bedürfnissen ist die Werbung.

Bedürfnisse, die mit finanziellen Mitteln erfüllt werden könnten, nennt man Bedarf.

Nachfrage entsteht, wenn man seinen Bedarf am Markt befriedigt.

Wissens-Check

1. Entscheiden Sie, ob folgende Aussagen richtig oder falsch sind:
   a) Ein Kleid kann sowohl ein Existenz- als auch ein Luxusbedürfnis sein.
   b) Der Besuch einer Gemäldeausstellung entspricht der Befriedigung eines Kulturbedürfnisses.
   c) Verborgene Bedürfnisse können durch Werbung geweckt und bei ausreichendem Einkommen zum Bedarf werden.
   d) Wenn kein Bedarf vorhanden ist, ergibt sich auch kein Bedürfnis.
   e) „Wirtschaften" ist nur bei den in unbeschränkter Menge vorhandenen Gütern (= bei freien Gütern) erforderlich.
   f) Bedarf ist das durch Geld gedeckte Bedürfnis.
2. Ist folgende Gleichung richtig?
   „Bedürfnisse + Kaufkraft + geäußerter Kaufwille = tatsächliche Nachfrage."

Links

www.gluecksarchiv.de
www.net-lexikon.de
www.stangl-taller.at

2 Rechte und Verpflichtungen in Verträgen

Grafik: Dave Vaughan

Eine Kette von Verträgen...

Marco, ein 17-jähriger Auszubildender zum Industriekaufmann, gerade auf dem Heimweg von der Arbeit, hat Pech: Sein Moped bleibt mangels Sprit stehen. Manuela, 18-jährige Bürokauffrau, kommt gerade vorbeigefahren und überlässt Marco ihren Ersatzkanister samt Inhalt. Am nächsten Tag soll Marco den Kanister wieder gefüllt zurückbringen. Marco füllt den Kanister bei einer Tankstelle und kauft eine Schachtel Pralinen, die er Manuela zum Dank für ihre Hilfe schenkt.

In diesem Beispiel ist eine Reihe von Verträgen zustande gekommen. Beim Überlassen eines Kanisters Benzin und Zurückgeben des gefüllten Kanisters an Manuela handelt sich um einen Darlehensvertrag. Der Kauf von Benzin und einer Schachtel Pralinen an der Tankstelle ist jeweils ein Kaufvertrag. Beim unentgeltlichen Übergeben der Pralinen an Manuela liegt ein Schenkungsvertrag vor.

Verträge kommen durch zwei übereinstimmende Willenserklärungen (Antrag und Annahme) zustande.

Zeichnung: Dave Vaughan

Arten, wie ein Vertrag geschlossen werden kann

2.1 Kaufvertrag

Der bekannteste aller Verträge ist der Kaufvertrag. Unter Anwesenden müssen Willenserklärungen sofort erfolgen. Bei schriftlichen Anträgen muss die Annahme innerhalb der üblicherweise zu erwartenden Zeit erfolgen. Bei Anträgen auf dem Postweg sind bis zu drei Tage üblich. Bei Faxanträgen muss die Annahme am selben Tag erfolgen.

Manu möchte auf dem Wochenmarkt zwei Kilo Äpfel kaufen. An einem Stand liest Manu auf einem Preisschild „Neue Ernte eingetroffen, ein Kilo nur 1,99 €." Manu geht zum Verkäufer und sagt:

„Für je 1,50 Euro pro Kilo nehme ich zwei Kilo.“ Der Verkäufer erwidert: „Geben Sie mir je 1,75 Euro und wir kommen zusammen.“ Manu willigt sofort ein.

Hier ist zunächst von Manu ein Antrag für einen neuen Preis gestellt worden. Der Verkäufer nahm diesen Antrag nicht an. Antrag und Annahme stimmten demnach nicht überein. Jetzt gab der Verkäufer einen neuen Antrag ab. Dieser wurde von Manu sofort angenommen. Antrag und Annahme stimmen jetzt überein. Es ist ein Vertrag zustande gekommen. Kaufverträge können meist **formlos** geschlossen werden.

Formlos:

Grundsätzlich gilt bei Kaufverträgen Formfreiheit. Beim Kauf von Immobilien muss aber zusätzlich ein Notar den Vertragsschluss beurkunden (= Notarielle Beurkundung).

Hauptpflichten des Verkäufers	Hauptpflichten des Käufers
– Übergabe sach- und rechtsmängelfreier Ware	– Ware abnehmen
– Übertragung des Eigentums	– Kaufpreis zahlen
– Ware zur rechten Zeit am rechten Ort übergeben	

Hauptpflichten aus dem Kaufvertrag

§ 433 Vertragstypische Pflichten beim Kaufvertrag

(1) Durch den Kaufvertrag wird der Verkäufer einer Sache verpflichtet, dem Käufer die Sache zu übergeben und das Eigentum an der Sache zu verschaffen. Der Verkäufer hat dem Käufer die Sache frei von Sach- und Rechtsmängeln zu verschaffen.

(2) Der Käufer ist verpflichtet, dem Verkäufer den vereinbarten Kaufpreis zu zahlen und die gekaufte Sache abzunehmen.

1. Begründen Sie, ob in folgenden Fällen ein rechtswirksamer Kaufvertrag abgeschlossen wurde.
   a) Rainer geht in ein Lebensmittelgeschäft, nimmt sich eine Tüte Chips und bezahlt an der Kasse.
   b) Ein Privatmann nimmt vom Briefträger ein Päckchen an, in dem sich unbestellte Ware befindet.
2. Im Alltag werden täglich eine Vielzahl weiterer Verträge geschlossen.

   Überlegen Sie sich zusammen mit Ihrem Nachbarn weitere mögliche Verträge.

2.2 Ratenkaufvertrag

Der 18-jährige Rainer möchte sich einen gebrauchten PKW kaufen. Leider fehlt ihm das erforderliche Kapital. Ein geschickter Verkäufer bietet ihm daraufhin an, das Auto in monatlichen Raten von 200,00 Euro innerhalb von 36 Monaten zu einem effektiven Zinssatz von 7 Prozent abzuzahlen. Rainer willigt sofort ein und fährt mit seinem neuen Auto davon.

Grafik: Dave Vaughan

Abschluss eines Ratenkaufvertrags

Kreditfinanzierte Käufe (= Ratenkaufverträge) gehören heute zum Alltag. Dies gilt insbesondere bei höherwertigen Konsumgütern wie Autos, Stereoanlagen etc. Derartige Güter können häufig nicht sofort in voller Höhe bezahlt werden. Um Kaufanreize zu schaffen und auch kurzfristig größere Anschaffungen für jedermann zu realisieren, werden häufig Ratenlieferungsverträge vereinbart. Personen, die Anschaffungen durch einen Ratenkredit tätigen, unterliegen gesetzlichem Schutz nach § 505 BGB.

Diskutieren Sie, warum besondere gesetzliche Regelungen bei Ratenkreditverträgen erforderlich sind.

2.3 Mietvertrag und Leasing

Ein Mietvertrag ist nach § 535 BGB ein Vertrag zur zeitweiligen Gebrauchsüberlassung einer Sache gegen Entgelt.

Bei Mietverträgen über einem Jahr Laufzeit muss ein schriftlicher Vertrag abgeschlossen werden. Bei kürzerer Laufzeit kann dies auch mündlich erfolgen. Ein Mietvertrag bezieht sich nicht nur auf Wohnungen, sondern auch auf Autos oder Computer bis hin zum Smoking oder Abendkleid.

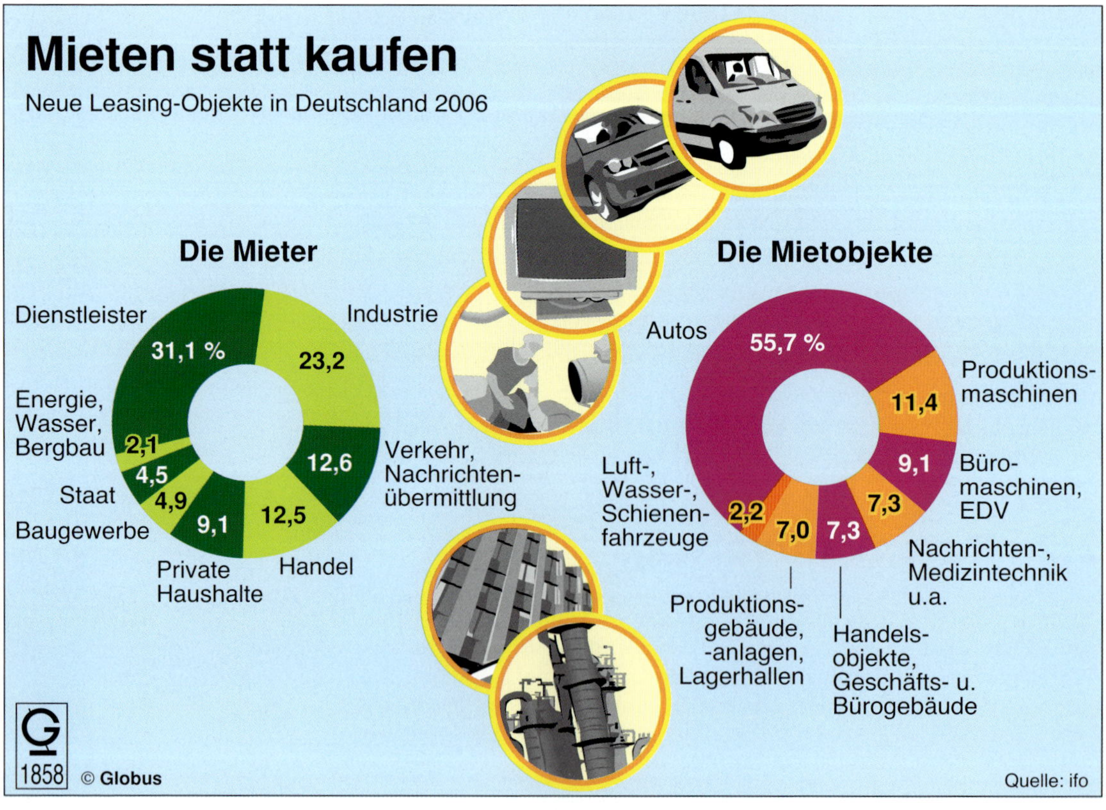

Unter **Leasing** versteht man ein für einen bestimmten Zeitraum geschlossenes miet- oder pachtähnliches Verhältnis zwischen einem Leasinggeber und einem Leasingnehmer. Bei den geleasten Wirtschaftsgütern kann es sich um Gebäude, Maschinen, Schiffe, Autos oder andere Gegenstände handeln. Der Unterschied zum Mietvertrag besteht darin, dass beim Leasing die Möglichkeit besteht, den geleasten Gegenstand am Ende der Leasingzeit zu kaufen oder gegen einen neuen Leasinggegenstand zu tauschen. Ein Leasingvertrag muss immer schriftlich abgeschlossen werden.

Leasing:
To lease (engl.): mieten oder vermieten

1. Welche Branchen sind die größten Leasingnehmer?
2. Welche Produkte werden am häufigsten geleast?

Zusammenfassung

Verträge kommen durch zwei übereinstimmende Willenserklärungen zustande.

Mit dem Zustandekommen eines Vertrages gehen die Vertragspartner unterschiedliche Rechte und Pflichten ein.

Der bekannteste aller Verträge ist der Kaufvertrag.

Ratenzahlungen werden angeboten, um Kaufanreize zu schaffen und auch kurzfristig größere Anschaffungen für jedermann realisierbar zu machen.

Leasing ist ein für einen bestimmten Zeitraum geschlossenes miet- oder pachtähnliches Verhältnis.

Leasing hat sich in Deutschland auch für private Haushalte zu einem üblichen Kreditersatz entwickelt.

Wissens-Check

1. Begründen Sie, ob in folgenden Fällen ein rechtswirksamer Kaufvertrag zustande bzw. nicht zustande gekommen ist.
   a) Ein Kunde bestellt aufgrund einer detaillierten Werbeanzeige in der Tageszeitung. Der Verkäufer nimmt die Bestellung an.
   b) Ein Kaufmann bestellt Ware zum bisherigen Preis, der Verkäufer liefert die Ware zum erhöhten Neupreis.
2. Die EMULTEC GmbH erhält folgendes Fax der Mair OHG: „Wir liefern Dichtungsringe mit 10 % Rabatt. Bestellen Sie jetzt." Zwei Tage später bestellt der Einkäufer der EMULTEC GmbH die Dichtungsringe. Mair OHG teilt daraufhin mit, dass sie nicht mehr liefern könne, da schon alles ausverkauft sei. Die EMULTEC GmbH besteht auf die Lieferung. Klären Sie die Rechtslage.
3. Unterscheiden Sie Mietvertrag und Leasingvertrag.

Links

www.ratgeberrecht.de
www.online-recht.de
www.jusline.de

3 Verbraucherschutz

Grafik: R. A. Drude

Kinder und Jugendliche geraten immer häufiger in die Schuldenfalle durch übermäßiges Telefonieren.

Was tun, wenn der Weihnachtsmann nicht hilft? Diskutieren Sie im Klassenverband über Auswege aus der Schuldenfalle.

Verschuldung:

Verschuldung liegt vor, wenn ein Mensch Schulden hat, unabhängig davon, wie groß die mit diesen Schulden verbundene Belastung ist.

Überschuldung:

Von Überschuldung spricht man, wenn nach Abzug der Ausgaben für den Lebensbedarf der Rest nicht ausreicht, um Zahlungsverpflichtungen zu erfüllen.

Schulden der Jugendlichen:

- 850.000 Jugendliche sind verschuldet.
- 250.000 Jugendliche sind überschuldet.
- 20% der Überschuldeten sind unter 20 Jahre alt.
- 20% aller 14 bis 21-Jährigen sind bereits überschuldet.
- 33% der Schulden werden bereits vor dem 20. Lebensjahr gemacht.
- 10% der 11 bis 15-Jährigen haben Schulden bei Banken.

3.1 Problem Schuldenfalle

Für den Erwerb einer Vielzahl von Produkten sind viele Jugendliche bereit, Schulden zu machen. Diese Problematik wird noch verschärft durch den erleichterten Einkauf im Internet oder über EC- bzw. Kreditkarten. Dies kann zur **Ver-** bis hin zur **Überschuldung** führen. Vor allem Handys gehören für viele Schülerinnen und Schüler zum Alltag. Dabei sehen viele Jugendliche nicht die finanziellen Probleme, die dies mit sich bringen kann.

Häufig spielt der Nachahmungseffekt eine große Rolle. Viele Jugendliche fühlen sich einer Art Gruppenzwang ausgesetzt, der dazu führt, dass sie ihr Handy unkritisch und unkontrolliert einsetzen. Dieser sorglose Umgang wird durch Werbestrategien der Handyhersteller noch unterstützt. Da meist die Eltern für die Schulden ihrer minderjährigen Kinder aufkommen müssen, fehlt die persönliche Betroffenheit der minderjährigen Schuldner. Bei den über 18-jährigen Schuldnern beginnt die Lohnpfändung dann oft mit dem ersten selbstverdienten Geld. Viele Jugendliche haben **Schulden** und ihre Zahl steigt weiter an.

Jahrgangsstufe 12

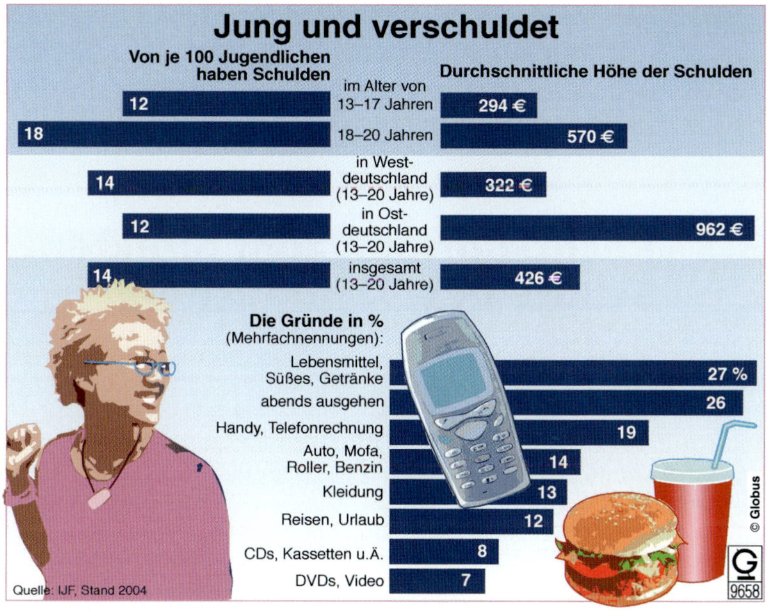

Altersstruktur der Verschuldeten

Immer mehr junge Menschen geraten in die Schuldenfalle

Immer mehr junge Bundesbürger geraten laut einer Studie der SCHUFA HOLDING AG **(SCHUFA),** Wiesbaden, in die Schuldenfalle. Demnach erhöhte sich die Zahl der 20- bis 24-Jährigen, die bei der SCHUFA zwischen 1999 und 2002 wegen einer eidesstattlichen Versicherung oder einer Privatinsolvenz gemeldet waren, um fast ein Drittel auf rund 174.000 (...)

Pressebericht der SCHUFA

SCHUFA:

Schutzgemeinschaft für allgemeine Kreditsicherung

Aufgabe der SCHUFA ist es, ihren Vertragspartnern Informationen über potenzielle Kreditnehmer zu geben, um die Kreditgeber vor Verlusten im Kreditgeschäft zu schützen.

Diskutieren Sie mögliche Ursachen dieser Entwicklung im Klassenverband.

3.2 Die Schuldnerberatung

Die **Schuldnerberatungsstellen** stehen bei Überschuldungsproblemen von Familien oder Einzelpersonen für Beratungen und Hilfestellungen kostenlos zur Verfügung. Die Schuldnerberatung sucht vor allem nach den Ursachen von Überschuldung und versucht, das Verhalten der Betroffenen dauerhaft positiv zu verändern. Diese Stellen zeigen Auswege aus der Schuldenproblematik auf und entwickeln gemeinsam mit den Betroffenen oder deren Angehörigen Entschuldungsstrategien, um sich wirtschaftlich zu sanieren. Diese Aufgabe wird meist von gemeinnützigen Organisationen übernommen.

Um der Schuldenfalle zu entkommen, empfehlen die Schuldnerberatungsstellen **Prepaid-Handys**. Die Kosten für solche Handys sind zwar höher, aber das Guthaben, das abtelefoniert werden kann, ist schon von vornherein festgelegt. Bei Handy-Verträgen hingegen zeigt erst die Telefonrechnung die wahren Ausgaben.

Schuldnerberatungsstellen:

- Schuldnerberatung im Diakonischen Werk Bayern
- Arbeiterwohlfahrt
- Caritas
- Deutsches Rotes Kreuz

Prepaid-Handys:

Mobiltelefone, bei denen keine monatlichen Grundgebühren anfallen

Diese Telefone enthalten eine Chipkarte, die mit einem Gesprächsguthaben aufgeladen werden kann. Ist das Guthaben aufgebraucht, kann der Inhaber das Telefon erst wieder nach Aufladen der Karte nutzen.

Erläutern Sie kurz die Aufgaben von Schuldnerberatungsstellen.

Suchen Sie im Internet oder im Branchenbuch nach einer Schuldnerberatungsstelle in Ihrer Nähe.

3.3 Rechtsnormen zum direkten Schutz des Verbrauchers

Grafik: Dave Vaughan

Kleingedrucktes: Der Teufel liegt im Detail.

Allgemeine Geschäftsbedingungen (§§ 305 – 310 BGB)

Eine grundlegende Voraussetzung für eine funktionierende Marktwirtschaft ist die Vertragsfreiheit. Diese beinhaltet auch die Vereinbarung „vorformulierter Vertragsbedingungen". Diese vereinfachen den Vertragsabschluss vor allem für den Unternehmer. Er muss nicht jeden Vertrag mit seinem Kunden in allen Details neu aushandeln, sondern der Kunde stimmt bei Vertragsschluss automatisch zu. Voraussetzung ist, dass er ausdrücklich darauf hingewiesen wurde und der Kunde ausreichend Zeit hatte, von den Bedingungen Kenntnis zu nehmen. Hierin liegt aber die Gefahr, dass der Kunde durch das so genannte „Kleingedruckte" vom Verkäufer benachteiligt werden könnte.

AGB:
Allgmeine Geschäftsbedingungen

So ist zum Beispiel folgende Vertragsbedingung unzulässig: Ein Kunde kauft einen Staubsauger. Nach sieben Monaten ist der Motor defekt. Der Elektrohändler lehnt eine Reparatur im Rahmen der Garantie ab, da in den **AGB** eine Garantiefrist von vier Monaten festgelegt ist. Dies verstößt gegen Bestimmungen im Bürgerlichen Gesetzbuch, die eine Gewährleistungsfrist von zwei Jahren vorsehen.

Grafik: Dave Vaughan

„Machen Sie sich über die Raten keine Sorgen, das schaffen Sie schon."

Unter welcher Voraussetzung werden die AGB Bestandteil eines Kaufvertrags?

Verbraucherdarlehensvertrag (§ 491 BGB)

Kredit:
lat. creditum = auf Treu und Glauben

Verbraucher, die ein Auto durch einen **Kredit** finanzieren oder den Kaufpreis in Raten begleichen, fallen unter den Schutz des BGB.

Heutzutage spielen Raten- oder Kreditkäufe eine immer größere Rolle. Bei teureren Konsumgütern kann deren Preis meist nicht sofort in voller Höhe beglichen werden.

Ein Kreditvertrag wird wirksam, wenn der Verbraucher ihn nicht innerhalb einer Woche schriftlich widerruft (§ 355, § 495 BGB). Das Widerrufsrecht erlischt spätestens sechs Monate nach Vertragsabschluss, wenn der Verbraucher über sein Widerrufsrecht ordnungsgemäß belehrt wurde.

Versicherungsvertragsgesetz (VVG)

Das Gesetz über den Versicherungsvertrag regelt Rechte und Pflichten von Versicherer und Versicherungsnehmer. Es dient vor allem dem Schutz der Versicherungsnehmer. Drei wesentliche Inhalte:

- Widerruf des Vertrages innerhalb von 14 Tagen bzw. 30 Tagen bei Lebensversicherungen
- Umfassende Beratungs- und Informationspflicht mit Dokumentation des Beratungsgesprächs
- Vertragsbestimmungen müssen vor Vertragsabschluss bekannt sein

Verbraucherinformationsgesetz (VIG)

Das Verbraucherinformationsgesetz (VIG) gibt den Verbrauchern ein umfassendes Auskunftsrecht. Verbraucher können bei Behörden anfragen, was Kontrollen von z. B. Lebensmitteln oder Kosmetika ergeben haben. Verbraucher bekommen innerhalb von vier Wochen Auskunft. Der Antrag der Verbraucher muss schriftlich erfolgen und ist meist gebührenpflichtig.

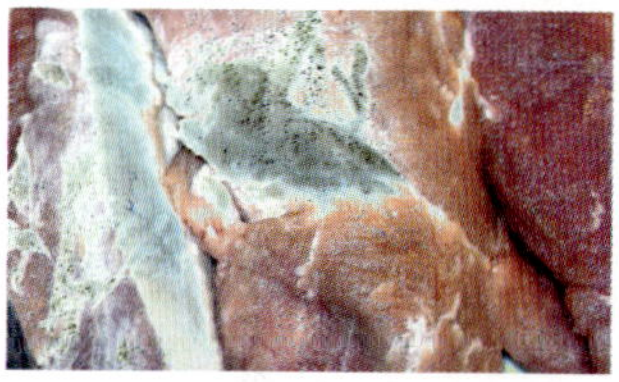

Gammelfleisch soll es künftig nicht mehr geben.

Insolvenzordnung (InsO)

Die Insolvenzordnung ermöglicht es zahlungsunfähigen Privatpersonen, in den „Verbraucherkonkurs" zu gehen. Ziel ist die völlige Schuldenfreiheit. Stellt z.B. ein Gericht fest, dass der Schuldner Restschuldbefreiung erlangt, wenn er in der Wohlverhaltensphase allen Verpflichtungen nachgekommen ist, wird der Schuldner schuldenfrei. Die Wohlverhaltensphase beträgt in der Regel sechs Jahre. Während dieser Zeit muss der Schuldner einem bescheidenen Lebenswandel nachgehen. Nach Eröffnung des Insolvenzverfahrens werden dann regelmäßige Tilgungsbeträge im Rahmen des Verteilungsplanes an die Gläubiger weitergeleitet. Vorteil hierbei ist, dass der Schuldner schuldenfrei wird und die Gläubiger zumindest einen Teil ihrer Forderungen erhalten.

Grafik: Dave Vaughan

Rechnungen über Rechnungen

Widerruf von Haustürgeschäften und ähnlichen Geschäften (§ 312 BGB)

Die gesetzliche Regelung über den Widerruf von Haustürgeschäften und ähnlichen Geschäften soll eine Benachteiligung des Konsumenten bei Barzahlungskäufen verhindern.

Der Widerruf muss nicht begründet werden und kann schriftlich oder durch Rücksendung der Sache innerhalb von zwei Wochen erklärt werden. Die rechtzeitige Absendung genügt zur Fristwahrung. Die Möglichkeit des Widerrufs muss bei Vertragsschluss gesondert unterschrieben werden.

Den Gerichtsvollziehern ist die Vollstreckung in das bewegliche Vermögen eines Schuldners übertragen.

Grafik: Dave Vaughan

Wieder einen Staubsauger an die Frau gebracht.

Bagatellgeschäfte:
Kaufverträge, bei denen der Kaufpreis sofort bezahlt wird und 40 Euro nicht übersteigt.

Das Gesetz findet keine Anwendung bei Versicherungsverträgen, Vertretern, die der Kunde selbst bestellt hat, bei notariell beurkundeten Verträgen sowie bei **Bagatellgeschäften.**

Ein Zeitschriftenverkäufer verkauft Anita ein Abonnement an der Haustür. Am nächsten Tag bereut Anita ihre Entscheidung und möchte das Abonnement kündigen. Klären Sie die Rechtslage.

Preisangabenverordnung (PAngV)

Foto: Manuela Schellenberger

Waren müssen ausgezeichnet werden.

Wer Konsumenten Waren anbietet, hat die Preise so anzugeben, wie sie einschließlich Umsatzsteuer und sonstigen Preisbestandteilen (außer Rabatten) zu zahlen sind (§ 11 PAngV). Mit den Preisen sind auch die üblichen Verkaufs- oder Leistungseinheiten und die Gütebezeichnungen anzugeben (§ 11 PAngV).

Waren, die in Schaufenstern und Schaukästen oder Verkaufsständen ausgestellt werden, sind mit Preisschildern oder Beschriftungen zu versehen. Diese Preisangaben sind – mit **Ausnahmen** – an den Waren selbst oder den Behältnissen bzw. Regalen anzubringen.

Ausnahmen von der Preisauszeichnungspflicht:
- Kunstgegenstände
- Sammlerstücke und Antiquitäten; Waren, die in Werbevorführungen angeboten werden
- Blumen und Pflanzen, die unmittelbar vom Freiland oder Treibhaus verkauft werden

Was ist der Zweck der Preisauszeichnungsverordnung?

Gesetz über die Haftung für fehlerhafte Produkte (ProdHaftG)

Angenommen, durch einen Kurzschluss in einem Mikrowellengerät wird ein Zimmerbrand verursacht. In diesem Fall regelt das Produkthaftungsgesetz, wer für den Schaden aufkommt. Nach dem Produkthaftungsgesetz werden nur durch das Produkt verursachte Schäden, nicht aber das fehlerhafte Produkt selbst ersetzt. Derjenige, der ein fehlerhaftes Produkt ausliefert, haftet für verursachte Personen- und Sachschäden.

Grafik: Dave Vaughan

Hier haftet der Hersteller.

Ausgenommen von der Haftung sind landwirtschaftliche Produkte (§ 2 ProdHaftG). Voraussetzung ist nicht, dass den Auslieferer ein Verschulden trifft. Eine Ware, die bereits vor einem Jahr hergestellt wurde, bisher auf Lager lag und jetzt erst an den Kunden ausgeliefert wird, muss dem derzeitigen technischen und wissenschaftlichen Know-how entsprechen.

Nennen Sie die wesentlichen Bestimmungen des Produkthaftungsgesetzes.

Verbraucherinformation und -beratung

Der Verbraucher sieht sich heute einer unübersehbaren Menge an Angeboten gegenüber. Sie werden ihm in oft verlockender Verpackung meist zur Selbstbedienung angeboten. Dabei ist die Verbraucherinformation und -beratung oft unzureichend. Deshalb helfen Verbraucherschutzverbände und Verbraucherzeitschriften dem Verbraucher, indem sie

- Preis- und Leistungsvergleiche (Tests) durchführen, auswerten und veröffentlichen,
- über Verbraucherrechte und die „Tücken des Kleingedruckten" informieren,
- leichtgläubige Konsumenten vor „Verkäufertricks" und „Konsumentenfallen" warnen.

Verbraucherzentralen

Verbraucherzentralen sind eingetragene Vereine, die sich in den Bundesländern um Verbraucherschutz und Verbraucherinformation kümmern. Die Verbraucherzentralen bemühen sich um eine verbraucherorientierte Gesetzgebung und klären den Verbraucher durch Informationsveranstaltungen, Broschüren, Testzeitschriften und Beratungen auf. Sie unterhalten in vielen Städten Beratungsstellen, beraten aber auch telefonisch und geben Tipps. Sie sammeln Material, z.B. Reklamationen von ihren Mitgliedern, schreiben die betreffenden Firmen an und gewähren Rechtsschutz.

Verbraucherzentralen:
Sie gibt es in jedem Bundesland. Adressen sind im Internet zu finden.

Stiftung Warentest

Auf Beschluss des Bundestages wurde 1964 die Stiftung Warentest mit Sitz in Berlin gegründet. Sie lässt aufgrund von Prüfprogrammen durch Fachinstitute vergleichende Tests von Waren und Dienstleistungen, wie z.B. Versicherungen oder Urlaubspauschalreisen, durchführen oder testet selbst. Die Ergebnisse werden monatlich veröffentlicht und in Jahrbüchern zusammengefasst.

Welche Aufgaben erfüllen die Verbraucherzentralen und die Stiftung Warentest?

Zusammenfassung

Die Schuldnerberatung hilft bei Überschuldungsproblemen von Familien oder Einzelpersonen.

Verbraucherschutz umfasst alle Maßnahmen, die den Konsumenten schützen.

Die Allgemeinen Geschäftsbedingungen vereinfachen den Vertragsabschluss vor allem für den Unternehmer.

Bei Anschaffungen durch Kredit- oder Ratenfinanzierung greift der Schutz des BGB.

Die Insolvenzordnung ermöglicht es zahlungsunfähigen Privatpersonen, in den so genannten „Verbraucherkonkurs“ zu gehen.

Die gesetzlichen Regelungen über den Widerruf von Haustürgeschäften sollen eine Benachteiligung des Konsumenten bei Barzahlungskäufen verhindern.

Nach der Preisangabenverordnung sind die Preise so anzugeben, wie sie einschließlich Umsatzsteuer und sonstigen Preisbestandteilen zu zahlen sind.

Das Produkthaftungsgesetz regelt den Ersatz für Folgeschäden, die durch den Ge- und Verbrauch eines Produktes entstehen.

Verbraucherzentralen sind eingetragene Vereine, die sich um Verbraucherschutz und Verbraucherinformation bemühen.

Die Stiftung Warentest lässt vergleichende Tests von Waren und Dienstleistungen durchführen oder testet selbst.

Wissens-Check

1. Worin liegt der besondere Schutz für Verbraucher bei Kreditfinanzierung?
2. Erläutern Sie den Zweck der Allgemeinen Geschäftsbedingungen.
3. Erläutern Sie den Zweck der Insolvenzordnung.

Links

www.forum-schuldnerberatung.de

www.stmas.bayern.de

www.test.de

www.schufa.de

www.verbraucherzentrale-bayern.de

Rechtsformen der Unternehmung 4

Der Computerhandel von Max Mayr hat sich in den letzten zwei Jahren so gut entwickelt, dass er die Geschäfte nicht mehr alleine bewältigen kann. Er stellt deswegen einen Einzelhandelskaufmann für die Buchführung und die sonstigen Verwaltungsarbeiten ein. Außerdem treten seine Kunden immer mehr mit Systemberatungswünschen an ihn heran, die er nur teilweise befriedigen kann. Er nimmt deshalb das Angebot des Freundes Herbert Müller, der in einem EDV-Beratungsunternehmen arbeitet, an. Dieser schlägt vor, sich im gleichen Verhältnis wie Max Mayr am Unternehmen zu beteiligen.

1. Klären Sie mit Hilfe der Informationen auf den folgenden Seiten, um welche Unternehmensform es sich bei der Computerhandlung handelt.
2. Prüfen Sie anschließend, welche Unternehmensform nach Aufnahme des Freundes Müller empfehlenswert wäre.

4.1 Einzelunternehmen

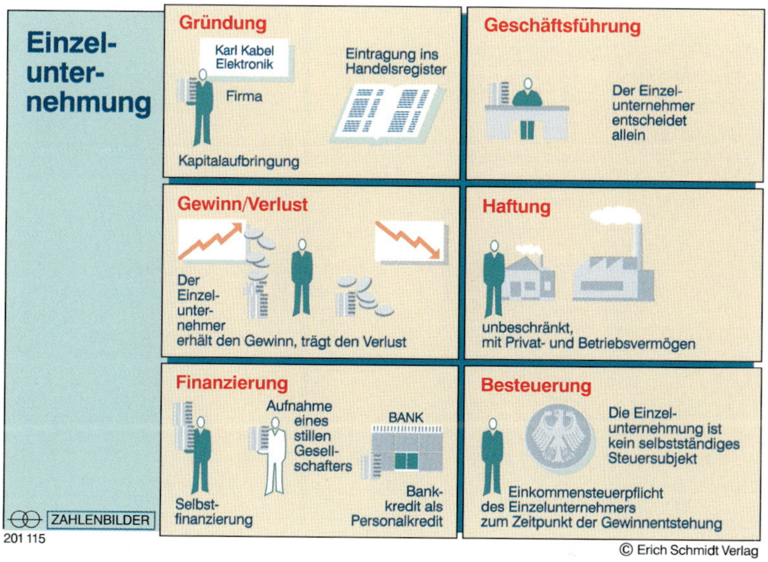

Eigenkapitel:

Von den Unternehmern für das Unternehmen zur Verfügung gestellte finanzielle Mittel

Firma:

Name des Kaufmanns, unter dem er seine Handelsgeschäfte betreibt, die Unterschrift abgibt, klagen und verklagt werden kann. Zulässig sind folgende Firmenarten:

1. Personenfirma: Besteht aus einem oder mehreren Personennamen, z. B. Hans Mair e. K.
2. Sachfirma: Der Name leitet sich aus dem Gegenstand des Unternehmens ab, z. B. BMW AG.
3. Phantasiefirma: Zulässig ist jeder Name, sofern er im Zusammenhang mit dem Unternehmen steht, z. B. Adidas AG.
4. Gemischte Firma: Name setzt sich aus dem Personennamen und Gegenstand des Unternehmens zusammen, z. B. Müller Polstermöbel KG.

Unbeschränkt:

Haftung mit Privat- und Geschäftsvermögen

Solidarisch:

Jeder Gesellschafter haftet unabhängig von der Höhe seiner Einlage für alle Schulden der Gesellschaft.

Unmittelbar:

Jeder Gläubiger kann sich an jeden einzelnen Gesellschafter zur Einforderung der Schuld wenden.

Der Einzelunternehmer hat das alleinige Recht zur Geschäftsführung. Er kann allein und somit schnell Entscheidungen fällen. Die Haftung bezieht sich auf sein gesamtes Geschäfts- und Privatvermögen. Da er allein das **Eigenkapital** in das Unternehmen einbringt, hat er auch allein Anspruch auf den Gewinn. Dafür muss er aber auch Verluste alleine tragen. Die **Firma** trägt den Zusatz e. K., e. Kfm. bzw. e. Kffr. für „eingetragener Kaufmann" bzw. „eingetragene Kauffrau".

4.2 Personengesellschaften

Um eine Personengesellschaft zu gründen sind mindestens zwei Personen erforderlich, die einen Gesellschaftsvertrag schließen.

In der Gesellschaft des bürgerlichen Rechts (GbR) sind alle Gesellschafter, wenn nichts anderes vereinbart wurde, gemeinschaftlich Geschäftsführer. Für sämtliche Schulden haften alle Gesellschafter persönlich, unbeschränkt und mit ihrem gesamten Vermögen. Gewinne oder Verluste werden, sofern nichts anderes im Gesellschaftsvertrag vereinbart ist, nach Köpfen verteilt. Die GbR hat keine Firma. Ein Zusatz ist nicht erforderlich. Genauso leicht wie die GbR gegründet werden kann, kann sie auch wieder aufgelöst werden. Beispiele für GbRs sind Wohn- oder Fahrgemeinschaften.

Bei der offenen Handelsgesellschaft (OHG) ist eine Kapitaleinlage erforderlich. Wenn der Gesellschaftsvertrag nichts anderes regelt, ist jeder Gesellschafter allein zur Geschäftsführung berechtigt. Außergewöhnliche Handlungen wie der Verkauf des Unternehmens oder die Aufnahme hoher Kredite sind aber von der Zustimmung aller Gesellschafter abhängig. Die Gesellschafter haften mit ihrem gesamten Geschäfts- und Privatvermögen, **unbeschränkt**, **solidarisch** und **unmittelbar**. Macht das Unternehmen ausreichend Gewinn, erhält jeder Gesellschafter zunächst 4 Prozent seiner Kapitaleinlage, der Restgewinn wird dann nach Köpfen verteilt. Die Verluste werden nur nach Köpfen verteilt. Die Firma hat den Zusatz „offene Handelsgesellschaft" oder die gebräuchliche Abkürzung OHG.

Bei der Kommanditgesellschaft (KG) ist wie bei der OHG eine Kapitaleinlage erforderlich. Bei der Gründung wird ein Gesellschaftsvertrag abgeschlossen, in dem vereinbart wird, wer Vollhafter (Komplementär) und wer Teilhafter (Kommanditist) ist. Der **Vollhafter** haftet mit seinem gesamten Vermögen und der **Teilhafter** nur mit seiner Kapitaleinlage. Der Vollhafter ist allein für die Geschäftsführung verantwortlich. Der Teilhafter kann nur bei außergewöhnlichen Rechtsgeschäften wie Unternehmensauflösung oder Verkauf von wesentlichen Unternehmensteilen widersprechen. Ihm steht außerdem ein Informationsrecht zu und er hat Anspruch auf Einsicht in die Geschäftsbücher. Die gesetzliche Gewinnverteilung regelt, dass jedem Gesellschafter zunächst 4 Prozent seiner Kapitaleinlage zustehen, der Rest soll im angemessenen Verhältnis z.B. in Abhängigkeit von den Kapitaleinlagen verteilt werden. Die Verluste werden in angemessenem Verhältnis aufgeteilt. Die Firma hat den Zusatz „Kommanditgesellschaft“ oder die gebräuchliche Abkürzung KG.

Vollhafter:

Der Vollhafter haftet mit seinem gesamten Vermögen.

Teilhafter:

Der Teilhafter haftet nur mit seiner Kapitaleinlage.

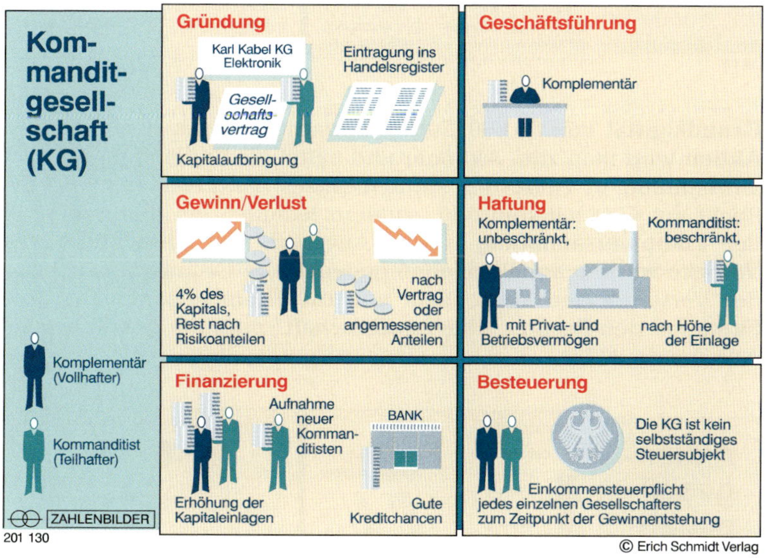

201 130

4.3 Kapitalgesellschaften

Die Gesellschaft mit beschränkter Haftung (GmbH) ist in Deutschland weit verbreitet. Die Gesellschaft kann von einer oder mehreren Personen gegründet werden. Um Rechtskraft zu erlangen muss die GmbH ins **Handelsregister** eingetragen werden. Zur Gründung ist ein Stammkapital von 25.000 Euro notwendig. Jeder Gesellschafter haftet dabei nur bis zu seiner Einlage. Organe der GmbH sind die Geschäftsführung, der Aufsichtsrat und die Gesellschafterversammlung. Der Gewinn verteilt sich nach den Geschäftsanteilen. Die Verluste werden aus Rücklagen oder Geschäftsanteilen getilgt. Die Firma hat den Zusatz „Gesellschaft mit beschränkter Haftung“ oder die gebräuchliche Abkürzung GmbH.

Handelsregister:

Beim örtlichen Amtsgericht geführtes Verzeichnis aller Kaufleute

Es gibt zwei Abteilungen. In Abteilung A werden alle Einzelunternehmen und Personengesellschaften und in Abteilung B alle Kapitalgesellschaften eingetragen.

Für die Gründung einer Aktiengesellschaft (AG) benötigt man wie bei der GmbH ein oder mehrere Personen. Weiterhin ist ein

Grundkapital:

Mindestkapital, das bei Gründung einer Aktiengesellschaft vorhanden sein muss

Dividende:

Die Dividende ist der Gewinn, der anteilig für eine Aktie von der Aktiengesellschaft an den Aktionär ausgeschüttet wird.

Grundkapital von 50.000 Euro erforderlich. Durch den Kauf von **Aktien** wird man zum Aktionär und haftet als Eigentümer der Unternehmung in Höhe des Aktienbesitzes. Aktionäre haben kein Recht auf Geschäftsführung, sondern lediglich ein Stimmrecht in der **Hauptversammlung** sowie Anspruch auf **Dividende.** Die Verluste werden aus Rücklagen gedeckt. Die Organe der AG sind der Vorstand, der Aufsichtsrat und die Hauptversammlung. Die Firma hat den Zusatz „Aktiengesellschaft" oder die gebräuchliche Abkürzung AG.

***Aktien** erhält der Aktionär meist nicht mehr in Papierform. Der Wert und die Stückzahl werden lediglich in einem Depot erfasst.*

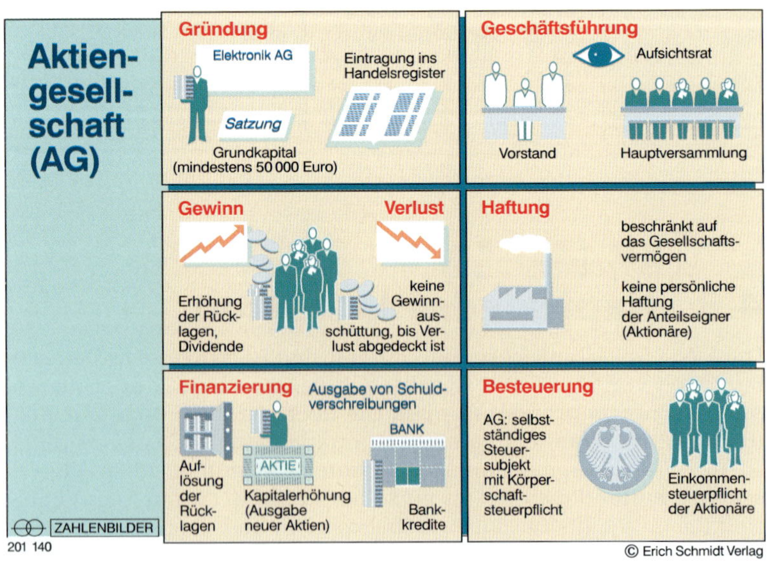

Siemens-Pressebild

***Hauptversammlung** eines großen Unternehmens*

Was unterscheidet eine Kapitalgesellschaft von einer Personengesellschaft? Arbeiten Sie die Unterschiede heraus.

Das europäische Zusammenwachsen geht auch nicht an den Unternehmensformen vorbei. So soll künftig eine Europäische AG für einen europaweit einheitlichen rechtlichen Rahmen sorgen.

EU-Staaten einigen sich über Europäische Aktiengesellschaft

(...) Grenzüberschreitend tätigen Unternehmen wird zukünftig eine einheitliche europäische Unternehmensform zur Verfügung stehen; sie brauchen nicht länger mit unterschiedlichen nationalen Rechtsformen zu agieren. Dies stärkt europäische Unternehmen im globalen Wettbewerb und damit den Wirtschaftsstandort Europa (...)

BMA-Pressestelle Berlin

Welcher Zweck wird mit der Einrichtung einer Europäischen Aktiengesellschaft verfolgt?

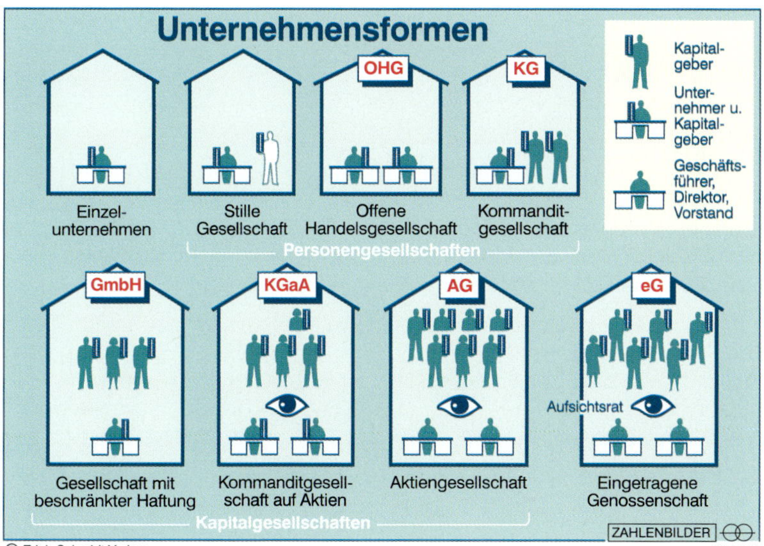

© Erich Schmidt Verlag 201 310

1. Warum ist die Einzelunternehmung zahlenmäßig am häufigsten vertreten?
2. Nennen Sie die Faktoren, die heutzutage vor allem die Wahl der Rechtsform bestimmen.

Weitere Unternehmensformen:

Genossenschaften (e. G.) verfolgen den Zweck, ihre Mitglieder wirtschaftlich zu fördern. Ein Beispiel hierfür ist eine Einkaufsgenossenschaft, die den Zweck hat, Mengerabatte beim Einkauf größerer Mengen zu erzielen.

Mischformen:

Aufgrund der großen Unterschiede im Haftungs- und Steuerrecht sind in der Praxis Kombinationen aus Personen- und Kapitalgesellschaften entstanden. Hierdurch sollen die jeweiligen Vorteile kombiniert werden.

Beispiel:
Bei einer GmbH & Co. KG handelt es sich um eine KG mit einer GmbH als Komplementär (Vollhafter).

Zusammenfassung

Der Einzelunternehmer hat das alleinige Recht zur Geschäftsführung. Er kann allein und somit schnell Entscheidungen fällen, haftet aber auch alleine.

Um eine Personengesellschaft zu gründen, sind mindestens zwei Personen erforderlich, die einen Gesellschaftsvertrag schließen.

Bei der offenen Handelsgesellschaft (OHG) haften die Gesellschafter mit ihrem gesamten Geschäfts- und Privatvermögen unbeschränkt, solidarisch und unmittelbar. Macht das Unternehmen Gewinn, erhält jeder Gesellschafter zunächst vier Prozent seiner Kapitaleinlage, der Restgewinn wird dann nach Köpfen verteilt.

Bei der Kommanditgesellschaft (KG) haftet der Vollhafter mit seinem gesamten Vermögen und der Teilhafter nur mit seiner Kapitaleinlage. Die gesetzliche Gewinnverteilung regelt, dass jedem Gesellschafter zunächst vier Prozent seiner Kapitaleinlage zustehen, der Rest soll im angemessenen Verhältnis in Abhängigkeit von den Kapitaleinlagen verteilt werden.

Die Gesellschaft mit beschränkter Haftung (GmbH) kann von einer oder mehreren Personen gegründet werden. Jeder Gesellschafter haftet dabei nur bis zu seiner Einlage. Der Gewinn verteilt sich nach den Geschäftsanteilen.

Die Aktiengesellschaft (AG) kann auch von ein oder mehreren Personen gegründet werden. Durch den Kauf von Aktien wird man zum Aktionär und haftet als Eigentümer der Unternehmung in Höhe des Aktienwertes. Aktionäre haben Anspruch auf Gewinn (Dividende).

Wissens-Check

1. Fertigen Sie eine Tabelle an, in der neben jeder Unternehmensform folgende Kriterien eingetragen sind:
   - Geschäftsführung
   - Gesellschafter/Mitglieder/Kapitalgeber
   - Kapitalausstattung (Mindestkapital)
   - Haftung (Haftungsbeschränkung)
2. Herr Otto Ford möchte sich mit einer kleinen Reparaturwerkstatt selbstständig machen. Leider weiß er noch nicht, welche Rechtsform er wählen sollte und wie er die neue Firma benennen könnte. Bitte machen Sie Herrn Ford rechtlich zulässige Vorschläge!
3. Die drei Gesellschafter der EMULTEC OHG machen einen Jahresgewinn von 167.000 Euro. Das Anfangskapital von Hans sen. beträgt 300.000 Euro; Hans jun. hat ein Anfangskapital von 350.000 Euro und der dritte Gesellschafter Konrad 450.000 Euro. Der Jahresgewinn soll nach der gesetzlichen Vorschrift verteilt werden. Bitte beraten Sie die drei im Streit liegenden Gesellschafter.
4. Wie unterscheidet sich eine OHG von einer AG hinsichtlich der Haftung der Gesellschafter?

Links

www.akademie.de
www.lehrer-online.de
www.idw-online.de
www.ratgeber-recht24.de

5 Kennzeichen der sozialen Marktwirtschaft

Grafik: Dave Vaughan

Interpretieren Sie die Karikatur.

5.1 Freie Marktwirtschaft und Planwirtschaft

Die freie Marktwirtschaft

Sämtliche wirtschaftlichen Entscheidungen werden von den Bürgern weitgehend allein getroffen. Der **Markt** bestimmt durch das Zusammentreffen von Angebot und Nachfrage, welche und wie viel Güter produziert werden. Die Unternehmen sind dabei auf Gewinnmaximierung aus, wodurch ein Wettbewerb unter den Unternehmen entbrennt. Jeder möchte den größten Profit machen. Die Nachfrage bestimmt, was und wie viel angeboten wird, worauf die Unternehmer

Markt:
Ort, an dem Angebot und Nachfrage aufeinander treffen

Foto: Manuela Schellenberger

Märkte zu jedem Anlass: Warenvielfalt ist Kennzeichen freier Märkte

ihr Angebot abstimmen. Die Unternehmer erhalten diese notwendigen Informationen über die Preise, die sich am Markt bilden (Markt-Preis-Mechanismus). Der Markt gilt dabei als Abstimmungsmechanismus für alle Arten von angebotenen und nachgefragten Gütern, Dienstleistungen, Kapitalien und Arbeitsleistungen. Die freie Marktwirtschaft gibt es in reiner Form, in der der Staat überhaupt nicht in den Wirtschaftsablauf eingreift, nicht. Zusammenfassend kann die freie Marktwirtschaft folgendermaßen charakterisiert werden:

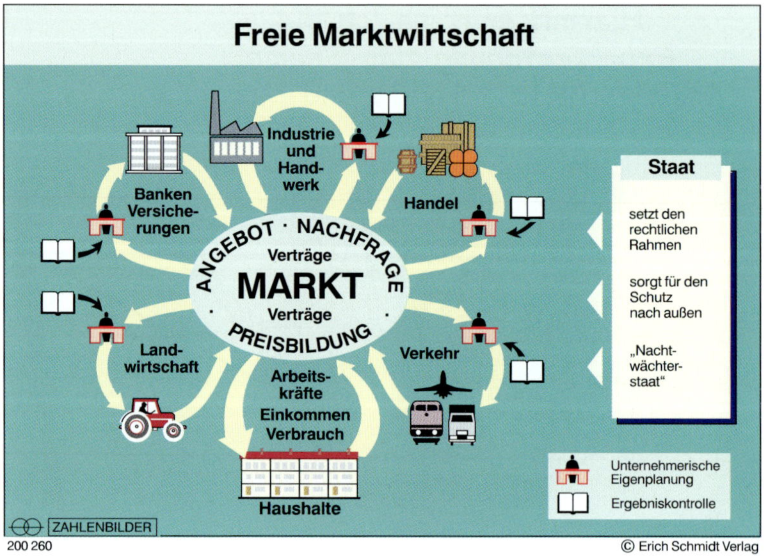

Die Plan- oder Zentralverwaltungswirtschaft

Zentralverwaltungswirtschaft:
Begriff ist gleichbedeutend mit dem Begriff Planwirtschaft

Eiserner Vorhang:
Bezeichnung für die nach dem Zweiten Weltkrieg bis 1989 geltende politische Trennung zwischen West und Ost

Dieser „Vorhang" war meist für die Bewohner des Ostteils undurchlässig.

Die **Zentralverwaltungswirtschaft** hat seit dem Fall des **„eisernen Vorhangs"** weltweit an Bedeutung verloren. Diese Wirtschaftsform existiert nur noch in wenigen Ländern wie zum Beispiel in Nord-Korea oder Kuba. Die Grundlagen dieser Wirtschaftsordnung bildet die Verstaatlichung der Produktionsmittel sowie die zentrale Planung und Steuerung der Wirtschaft durch den Staat. Eine zentrale Planbehörde setzt die Preise und Löhne fest, lenkt die Arbeitskräfte dorthin, wo sie gebraucht werden, und kontrolliert die Verteilung der Güter. Oberstes Ziel dieser Wirtschaftsordnung ist die Erfüllung des Plans.

Zentralverwaltungswirtschaft ist nur möglich, wenn ein Staat ausreichend Macht hat, sie durchzusetzen. Das Grundgesetz der Bundesrepublik Deutschland schreibt zwar keine konkrete Wirtschaftsordnung vor, doch gibt es im Grundgesetz zahlreiche Artikel, die eine Planwirtschaft ausschließen.

Bürokratisierung:
Ausdehnung der Bürokratie

Die Bürokratie steht für die Verwaltung eines Staates, ohne die ein geordnetes Zusammenleben einer großen Menschengruppe nicht möglich ist. Die Bürokratie führt Gesetze aus oder vertritt die Rechte des Bürgers, der ein Anliegen hat.
Soziologisches Lexikon

Die Planwirtschaft sieht sich einigen Problemen gegenüber:

- Wie wird die Produktion auf zukünftige Bedürfnisse der Bevölkerung abgestimmt?
- Wie werden die arbeitenden Menschen so motiviert, dass Planziele erfüllt werden?
- Wie wird eine übermäßige **Bürokratisierung** verhindert?

Bisherige Versuche einer Gesamtplanwirtschaft sind misslungen.

5.2 Spannungsverhältnis zwischen Staat und Markt

Die soziale Marktwirtschaft

1948 wird zusammen mit der Währungsunion in den drei Westzonen die Soziale Marktwirtschaft eingeführt. „Wohlstand für alle" lautet der Grundsatz der vom damaligen Bundeskanzler **Ludwig Erhard** geprägten Wirtschaftspolitik. Hierbei handelt es sich um ein Wirtschaftsmodell, das – im Gegensatz zur freien Marktwirtschaft – dem Staat eine Regulierungs- und Kontrollfunktion im wirtschaftlichen Bereich zuweist. Dadurch sollen die Mängel der freien Marktwirtschaft ausgeglichen, aber gleichzeitig ihre Vorteile gewahrt bleiben. Hierbei entsteht ein Spannungsverhältnis zwischen Staat und Markt. Es geht um die Frage, inwieweit der Staat in den Markt eingreifen darf, um das freie Spiel von Angebot und Nachfrage zu beeinflussen. Im Allgemeinen gilt das Prinzip, dass die wirtschaftliche Freiheit vom Staat nur so weit eingeschränkt werden darf, dass unsoziale Auswirkungen vermieden werden und „Wohlstand für alle" geschaffen wird. Die staatlichen Aufgaben umfassen:

Ludwig Erhard

- Schutz des freien Wettbewerbs durch Verhinderung von Wettbewerbsbeschränkungen
- Einkommens-, Vermögens- und Steuerpolitik, z. B. **progressive** Besteuerung des Einkommens
- Konjunktur- und Strukturpolitik, z. B. Subventionen für strukturell schwache Regionen
- Sozialpolitik, z. B. Sozialversicherung, Arbeitsschutzgesetze, Sozialleistungen

Progressiv:
Mit zunehmendem Einkommen steigt die prozentuale Steuer.

Inwieweit die Konzeption der sozialen Marktwirtschaft noch für die gegenwärtig vorherrschende Wirtschaftsordnung zutrifft, ist zumindest umstritten. Viele der aktuellen wirtschaftspolitischen Probleme (wie z. B. Arbeitslosigkeit oder Staatsverschuldung) stellen die sozialen Komponenten des Wirtschaftssystems zunehmend in Frage.

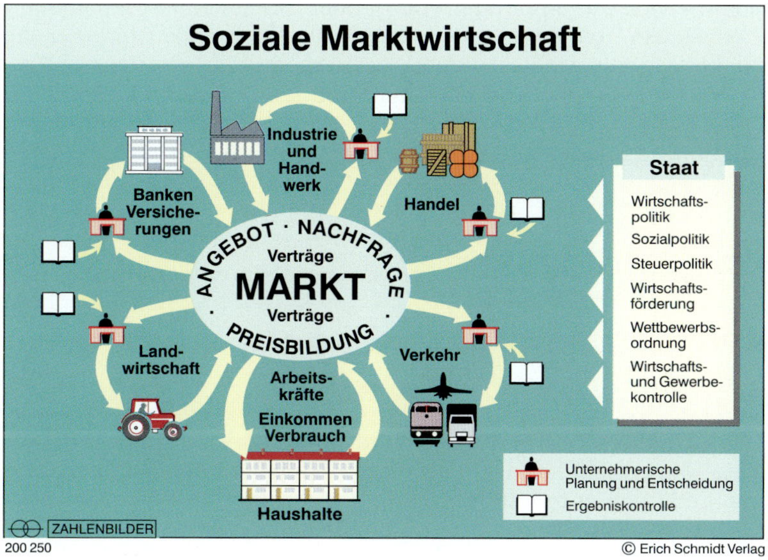

200 250 © Erich Schmidt Verlag

Erläutern Sie den wesentlichen Unterschied zwischen der freien und der sozialen Marktwirtschaft.

Menschenbild:

Stellenwert des Menschen in einem politischen oder wirtschaftlichen System

Das Menschenbild und die Prinzipien der sozialen Marktwirtschaft

Die soziale Marktwirtschaft geht von einem selbstverantwortlichen Menschen aus, der sein Leben selbst in die Hand nimmt. Die folgenden vier Prinzipien prägen die soziale Marktwirtschaft.

Individualprinzip

Jeder Mensch handelt selbstverantwortlich. Hierzu muss ihm der Staat die entsprechenden Freiräume gewähren. Dieses Prinzip leitet sich aus dem Recht auf freie Entfaltung der Persönlichkeit und dem Recht auf Eigentum ab.

Sozialprinzip

Jeder Mensch hat das Seine zum Gemeinwohl beizutragen. Das heißt, dass die Menschen füreinander einstehen sollen.

Subsidiaritätsprinzip

Nur wenn der Mensch sich nicht selbst helfen kann, tritt der Staat für ihn ein. Der Staat gewährt Hilfe zur Selbsthilfe. Hierzu gehört beispielsweise die Sozialhilfe.

Solidaritätsprinzip

Jeder Mensch hat nach diesem Prinzip Rechte und Pflichten gegenüber der Gemeinschaft („Einer trage des anderen Last."). Ein Beispiel hierfür ist der Solidaritätsbeitrag, der als Folge der deutschen Wiedervereinigung von jedem Steuerzahler zur Finanzierung der Einheit erhoben wird. Hierdurch sollen einheitliche Lebensverhältnisse in Ost und West herbeigeführt werden.

1. Die soziale Marktwirtschaft ist von bestimmten Prinzipien geprägt. Welches Prinzip verbirgt sich hinter dem Ausspruch „Einer für alle, alle für einen"?
2. Erläutern Sie kurz den Inhalt des Subsidiaritätsprinzips!

Auszug aus dem Grundgesetz:

Art. 2
(1) Jeder hat das Recht auf die freie Entfaltung seiner Persönlichkeit, soweit er nicht die Rechte anderer verletzt (...)

Art. 9
(1) Alle Deutschen haben das Recht, Vereine und Gesellschaften zu bilden (...)

Art. 9
(3) Das Recht, zur Wahrung und Förderung der Arbeits- und Wirtschaftsbedingungen Vereinigungen zu bilden, ist für jedermann und für alle Berufe gewährleistet (...)

Art. 11
(1) Alle Deutschen genießen Freizügigkeit im ganzen Bundesgebiet (...)

Art. 12
(1) Alle Deutschen haben das Recht, Beruf, Arbeitsplatz und Ausbildungsstätte frei zu wählen (...)

Art. 14
(1) Das Eigentum und das Erbrecht werden gewährleistet. (...)

Art. 20
(1) Die Bundesrepublik Deutschland ist ein demokratischer und sozialer Bundesstaat.

Rechtliche Regelungen zur sozialen Marktwirtschaft

Das **Grundgesetz** schreibt der Bundesrepublik Deutschland die soziale Marktwirtschaft nicht als einzig mögliche Wirtschaftsordnung vor. Lediglich einzelne Bestimmungen fordern die Wirtschaftspolitik auf, sich an bestimmte Regeln zu halten. Artikel 20 GG verpflichtet den Staat zu einem Mindestmaß an sozialen Standards. Jeder Bürger hat somit das Recht auf eine soziale Grundsicherung. Dieser Sozialgedanke findet sich in der sozialen Marktwirtschaft in den Sozialleistungen wieder.

Folgende Bestimmungen zur Wirtschaftsordnung lassen sich aus dem Grundgesetz ableiten:

Rechtliche Bestimmung im Grundgesetz	Die Elemente der sozialen Marktwirtschaft
Freie Persönlichkeitsentfaltung **(Art. 2 Abs. 1)**	Konsum- und Handelsfreiheit, Gewerbefreiheit, Vertragsfreiheit
Vereinigungsfreiheit **(Art. 9 Abs. 1)**	Möglichkeit freier Unternehmenszusammenschlüsse
Koalitionsrecht **(Art. 9 Abs. 3)**	Tarifverhandlungen durch Interessenvertretungen von Arbeitnehmern und Arbeitgebern
Recht auf Freizügigkeit **(Art. 11 Abs. 1)**	Niederlassungsfreiheit
Freiheit der Berufswahl **(Art. 12 Abs. 1 Satz 1)**	Freie Wahl von Beruf, Arbeitsplatz und Ausbildungsstätte
Sozialstaatsklausel **(Art. 20 Abs. 1)**	Der Staat fängt sozial Schwache mit einem Netz sozialer Leistungen auf
Eigentumsgarantie **(Art. 14 Abs. 1 Satz 1)**	Investitions- und Produktionsfreiheit

5.3 Bedeutung von Markt und Wettbewerb für Verbraucher und Volkswirtschaft

In einer Marktwirtschaft sind Angebot und Nachfrage dem freien Spiel der Marktkräfte ausgesetzt. Bei diesem Spiel gewinnt nur derjenige, der sich in der stärkeren Position befindet. Dies bedeutet, dass die Unternehmen einen Vorsprung an Marktinformationen und einen größeren Einfluss auf Politik und Wirtschaft anstreben müssen. Ferner streben Unternehmen danach, durch **Kooperationen** oder **Fusionen** ihre Macht auszubauen. Der Verbraucher kann sich meist nur den vorgegebenen Marktbedingungen anpassen.

Das einzig wirksame Mittel des Verbrauchers liegt in diesen Fällen nur in der Konsumzurückhaltung oder im Konsumverzicht. Dies funktioniert allerdings nur, wenn es sich um nicht lebensnotwendige Güter handelt. Ansonsten hilft nur ein gesunder funktionierender Wettbewerb, bei dem sich die Wettbewerber untereinander selbst kontrollieren.

Fusion:

Verschmelzung von zwei oder mehreren unabhängigen Unternehmen zu einer wirtschaftlichen und rechtlichen Einheit, z. B. EON und Ruhrgas

Kooperation:

Zusammenarbeit von zwei oder mehreren Unternehmen in bestimmten Bereichen wie Umweltschutz, Forschung und Entwicklung

Kooperationsformen können in Form von Interessengemeinschaften oder Arbeitsgemeinschaften auftreten.

GWB:

Gesetz gegen Wettbewerbsbeschränkungen

Kartell:

Vertragsmäßige Zusammenschlüsse selbstständiger Unternehmungen der gleichen Wirtschaftsstufe meist zu dem Zweck, sich zu Lasten der Verbraucher z. B. über Preise abzusprechen

Kartelle sind grundsätzlich verboten. Ausnahmen gibt es nur, wenn Kartelle für den Verbraucher von Nutzen sind.

Damit der Verbraucher den Marktkräften nicht hilflos ausgeliefert ist, wurden Gesetze zu seinem Schutz geschaffen:

- Verbraucherschutzbestimmungen im BGB
- Das **GWB,** um den freien Wettbewerb zu garantieren. Demnach sind **Kartelle** grundsätzlich verboten. Grundgedanke des Gesetzes ist, dass ein freier Wettbewerb den größten Nutzen für die Wirtschaft und den Verbraucher hat.
- Das **UWG** als wichtigste wettbewerbsrechtliche Regelung. Es soll den Verbraucher vor dem wettbewerbswidrigen Verhalten einzelner Waren- und Dienstleistungsanbieter schützen.

UWG:

Gesetz gegen den unlauteren Wettbewerb

§ 1 UWG:

Dieses Gesetz dient dem Schutz der Mitbewerber, der Verbraucherinnen und der Verbraucher sowie der sonstigen Marktteilnehmer vor unlauterem Wettbewerb. Es schützt zugleich das Interesse der Allgemeinheit an einem unverfälschten Wettbewerb.

Verbrauchsgüterkauf:

Eine Privatperson (Verbraucher) kauft von einem Unternehmer eine bewegliche Sache (§ 474 I, S. 1 BGB)

- Beim **Verbrauchsgüterkauf** wird nach § 476 BGP zugunsten des Käufers gesetzlich festgestellt, dass ein Mangel an einer Kaufsache bereits beim Kauf bestand (Beweislastumkehr). Dies gilt für die ersten sechs Monate nach dem Kauf.

Unlauter ist Werbung z. B. dann, wenn sie:

- Falsche Vergleiche mit Mitbewerbern anstellt,

  (Beispiel: „Wäscht weißer als das Waschmittel XYZ.")
- Irreführend ist,

  (Beispiel: Preis vorher 3 € jetzt nur noch 1 €. Preis vorher wurde frei erfunden.)
- Lockvogelwerbung darstellt.

  (Beispiel: Sonderangebote locken Kunden ins Geschäft; tatsächlich gibt es nur eine geringe Zahl reduzierter Artikel, die sofort ausverkauft sind.)

A. Kolb liest in der Zeitung folgende Werbeanzeige eines Supermarktes: „1 Pfund Kaffee der Marke Fibo für nur 1,99 €". Eine halbe Stunde später ist Frau Kolb in dem Geschäft; allerdings vergeblich. Die vorhandenen 30 Packungen Kaffee waren bereits verkauft.

Verstößt dies Ihrer Meinung nach gegen das UWG?

Auch entsprechende Institutionen wie das **Bundeskartellamt** zusammen mit den Landeskartellbehörden schützen den Wettbewerb.

Foto: Presseamt Bonn/Sondermann

Das Bundeskartellamt in Bonn

Aldi, Lidl und Wal-Mart werden teurer

Kartellamt verbietet Supermarkt-Preiskrieg

München. Bonn – Das Bundeskartellamt hat am Freitag den drei Handelsriesen Wal-Mart, Aldi-Nord und Lidl untersagt, bestimmte Grundnahrungsmittel wie Butter oder Reis dauerhaft unter dem **Einstandspreis** zu verkaufen. Der Präsident der Behörde (...) begründete die Entscheidung mit dem Kartellgesetz, das allenfalls befristete Sonderangebote unter Einstandspreisen zulasse. Dauerhafte Niedrigpreis-Verkäufe würden zwar den Verbrauchern kurzfristig bescheidene Vorteile bringen, längerfristig aber einen wirksamen Wettbewerb im Lebensmittel-Einzelhandel zerstören (...)

Süddeutsche Zeitung

Einstandspreis:
Preis, der aus der Summe aller Kosten ermittelt wird, die entstehen, bis das Produkt den Kunden erreicht hat. Dazu gehören neben dem Produktpreis die Fracht- und Verpackungskosten, Zölle etc.

Warum hat das Kartellamt eine für den Verbraucher günstige Niedrigpreispolitik verboten?

Um Marktmacht zu erlangen, sind manche Unternehmen sehr kreativ und scheuen keine Kosten. Wie obiger Zeitungsartikel zeigt, haben Handelsriesen versucht, durch Anbieten von Grundnahrungsmitteln unterhalb der eigenen **Selbstkosten,** Kunden anzulocken und Wettbewerber, die sich das nicht leisten konnten, aus dem Feld zu schlagen. Hier kann nur noch der Staat helfen.

Selbstkosten:
Summe der Kosten, die für die Herstellung sowie für den Vertrieb und die Verwaltung in einem Unternehmen anfallen

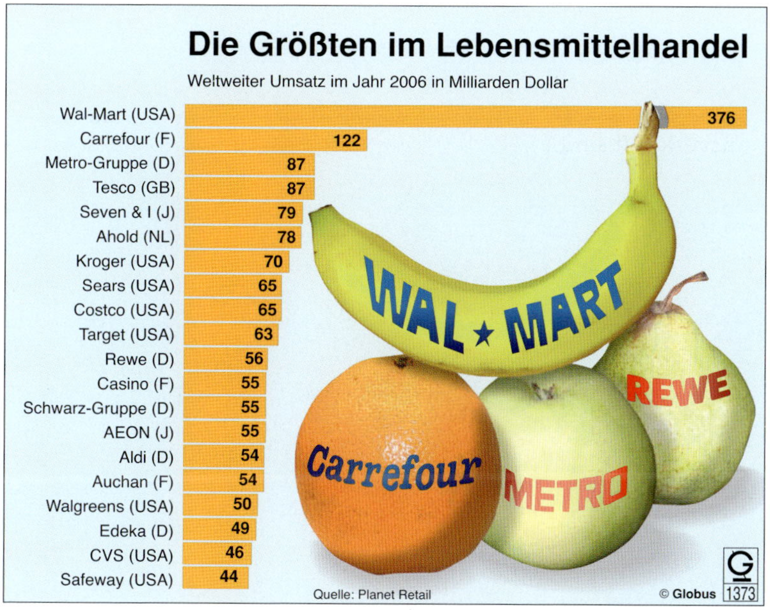

Zusammenfassung

In der reinen Form der freien Marktwirtschaft greift der Staat nicht in den Wirtschaftsablauf ein.

Der Markt bestimmt durch das Zusammentreffen von Angebot und Nachfrage, was und wie viel produziert wird.

Die Grundlagen der Zentralverwaltungswirtschaft bilden die Verstaatlichung sowie die zentrale Planung und Steuerung der Wirtschaft durch den Staat.

Planwirtschaft ist nur möglich, wenn ein Staat ausreichend Macht hat, sie durchzusetzen.

Die soziale Marktwirtschaft versucht, die Mängel der freien Marktwirtschaft auszugleichen, aber gleichzeitig ihre Vorteile sicherzustellen.

Die soziale Marktwirtschaft verfolgt folgende Prinzipien: Individualprinzip, Sozialprinzip, Subsidiaritätsprinzip, Solidaritätsprinzip.

Unternehmen streben danach ihre Marktmacht auszubauen, z.B. durch Kooperationen oder Fusionen.

Der Verbraucher kann sich nur den vorgegebenen Marktbedingungen anpassen.

Der Staat schützt den Wettbewerb mit Gesetzen und Institutionen.

Wissens-Check

1. Grenzen Sie die freie Marktwirtschaft von der Planwirtschaft ab.
2. Welche Gründe führten zur Entstehung der sozialen Marktwirtschaft?
3. Erläutern Sie kurz die Rolle des Staates in der sozialen Marktwirtschaft.
4. Nennen und erläutern Sie die Prinzipien der sozialen Marktwirtschaft.
5. Martin bekommt eine CD ins Haus geschickt, ohne dass er sie bestellt hat. Verstößt dies gegen das UWG?
6. Begründen Sie die Notwendigkeit des Verbraucherschutzes in der sozialen Marktwirtschaft.

Links

www.bpb.de

www.bundeskartellamt.de

www.sociologicus.de

6 Betriebliche Ziele

Grafik: Dave Vaughan

Ohne Ziele läuft man wie durch ein Labyrinth.

„Der Langsamste, der sein Ziel nicht aus dem Auge verliert, geht immer geschwinder als jene, die ohne Ziel umherirren."

G. E. Lessing

Diskutieren Sie die Aussage des Sprichworts im Klassenverband.

Beim wirtschaftlichen Handeln verfolgt der Mensch bestimmte Ziele. Diese Ziele versucht er zu erreichen, indem er vernünftig (rational) handelt.

6.1 Ökonomisches Prinzip

Wirtschaftssubjekte können nach zwei Prinzipien handeln. Zum einen können sie nach dem Maximalprinzip handeln. Darunter versteht man, mit vorhandenen Mitteln (meist Geld) möglichst viel zu erhalten (z.B. Lebensmittel). Zum anderen können Wirtschaftssubjekte nach dem Minimalprinzip handeln. Hierunter versteht man, ein gegebenes Ziel (z.B. den Kauf von Lebensmitteln für eine Woche) mit möglichst wenig Mitteln (z.B. Geld) zu erreichen. Beide Prinzipien zusammen bezeichnet man als **ökonomisches Prinzip** (Wirtschaftlichkeitsprinzip). Diesem Prinzip liegt die Vorstellung zu Grunde, dass der Mensch rational handelt.

Wirtschaftssubjekte:
Alle wirtschaftlich Handelnden wie private Haushalte, Unternehmen oder der Staat

Ökonomisches Prinzip:
Minimal- und Maximalprinzip

1. Nach welchem Prinzip handelt die Schülerin Maria, wenn sie in einem Billigdiscounter Kleidung einkauft?
2. Welche der folgenden Aussage trifft auf das ökonomische Prinzip zu:
   a) Die Planwirtschaft beruht auf dem ökonomischen Prinzip.
   b) Mit gegebenen Mitteln ist ein maximaler Nutzen anzustreben.
   c) Mit geringsten Mitteln ist der höchste Nutzen anzustreben.
   d) Das ökonomische Prinzip ist undurchführbar.

6.2 Wirtschaftssubjekte und ihre Zielsetzungen

Private Haushalte

Ein privater Haushalt ist ein Einpersonenhaushalt oder eine Lebensgemeinschaft mehrerer Personen. Die privaten Haushalte stellen den Unternehmen oder dem Staat ihre Arbeitskraft zur Verfügung. Hierfür erhalten sie im Gegenzug Löhne und Gehälter. Von ihrem **verfügbaren Einkommen** kaufen sie auf dem Markt Konsumgüter und Dienstleistungen und versuchen dabei ihren Nutzen zu optimieren, d. h. sie verwenden ihr Einkommen für jene Güter, von denen sie sich den größten Nutzen versprechen.

Verfügbares Einkommen:
Einkommen, das dem Haushalt nach Abzug von Steuern und Sozialabgaben für den Konsum verbleibt

Unternehmen

In einer Marktwirtschaft übernehmen die Güterproduktion und die Bereitstellung von Dienstleistungen überwiegend die privaten Unternehmungen. Dabei streben die Unternehmen meist nach Gewinnmaximierung. Für das Einbringen seiner Arbeitskraft sowie für die Übernahme des Risikos, des Misserfolgs und des damit verbundenen Kapitalverlustes erhält der Unternehmer den Gewinn. Meist stellen Unternehmen nicht nur ein Ziel auf, sondern verfolgen ein ganzes Bündel von Zielen. Unternehmen könnten z.B. die Ziele Kunden- und Mitarbeiterzufriedenheit verfolgen, um dadurch ein besseres Image am Markt zu erlangen.

Manche Unternehmungen wie die Genossenschaften streben auch andere Ziele an. Die Genossenschaften fördern ihre Mitglieder und arbeiten nach dem **Solidaritätsprinzip.**

Solidaritätsprinzip:
Handeln nach dem Prinzip: „Einer für alle, alle für einen."

Öffentliche Haushalte (Staat)

Bund, Länder und Gemeinden bezeichnet man als öffentliche Haushalte, die nach dem Kostendeckungsprinzip arbeiten und nicht die Gewinnerzielung im Blick haben. Die öffentlichen Haushalte versuchen Bedürfnisse der Allgemeinheit (z.B. soziale Sicherheit, Bildung, Verteidigung) zu befriedigen. Die dabei entstehenden Kosten sollen sowohl durch eine Gebühr für die Nutzung (z.B. von Schwimmbädern, für die Müllbeseitigung, für das Theater) als auch durch Abgaben und Steuern gedeckt werden. Ein weiteres Ziel öffentlicher Haushalte ist es, eine bestmögliche Versorgung der

Beim Bau und Betrieb von öffentlichen Schwimmbädern gilt das Kostendeckungsprinzip.

Bevölkerung sicherzustellen, z. B. durch öffentliche Versorgungsunternehmen wie Gas-, Wasser- oder Verkehrsbetriebe. Tendenziell verschiebt sich aber dieser Aufgabenbereich zunehmend hin zu privaten Unternehmen.

Welche Gründe sprechen für die Privatisierung öffentlicher Unternehmen?

Gemeinnützige Unternehmen

Karitative Institutionen versuchen mit ihren Spendengeldern und Mitgliedsbeiträgen möglichst vielen Menschen zu helfen und somit dem Gemeinwohl zu dienen. Gewinnerzielung spielt dabei meist keine Rolle.

Karitativ:

Unternehmen, die hilfsbedürftige Menschen unterstützen

Hierzu gehören z. B. das Rote Kreuz, die Caritas oder das Diakonische Werk.

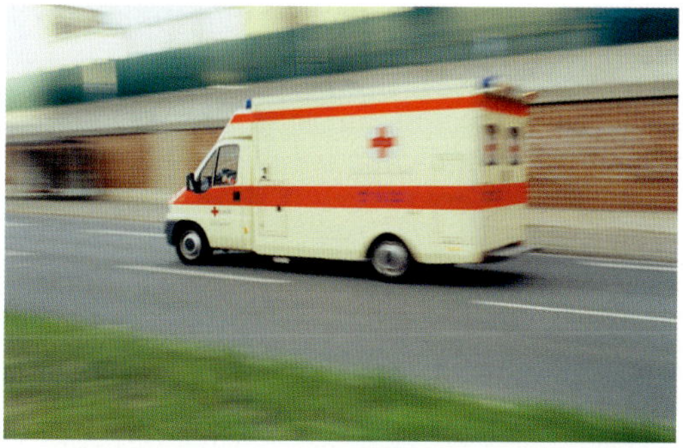

Jährlich rückt das Rote Kreuz knapp fünf Millionen Mal zu Rettungseinsätzen aus.

Vergleichen Sie die unterschiedliche Zielsetzung der folgenden Wirtschaftssubjekte:

a) Der 18-jährige Schüler Michael spart schon mehrere Monate, um sich ein Auto kaufen zu können.

b) Der Gemüsehändler Maier versucht seine Waren möglichst gewinnbringend zu verkaufen.

c) Der Oberbürgermeister von Bad Tölz versucht mit vorhandenen Finanzmitteln die Kosten für das neue Schwimmbad zu decken.

d) Das Bayerische Rote Kreuz sammelt Spendengelder und Mitgliedsbeiträge zur Unterstützung Hilfsbedürftiger.

6.3 Allgemeinwohl und wirtschaftliche Ziele

Illegale Entsorgung

Die Zielverwirklichung aller Wirtschaftssubjekte stößt an ihre Grenzen, sobald sie den Interessen des Gemeinwohls entgegensteht. Zum Nutzen der Allgemeinheit kann sogar Eigentum enteignet werden. Beispielsweise können Abfälle nicht umweltschädlich entsorgt werden, um damit Kosten zu sparen.

Art. 14 GG

(2) Eigentum verpflichtet. Sein Gebrauch soll zugleich dem Wohle der Allgemeinheit dienen.

(3) Eine Enteignung ist nur zum Wohle der Allgemeinheit zulässig. Sie darf nur durch Gesetz oder auf Grund eines Gesetzes erfolgen, das Art und Ausmaß der Entschädigung regelt. Die Entschädigung ist unter gerechter Abwägung der Interessen der Allgemeinheit und der Beteiligten zu bestimmen.

Benötigt z.B. eine Gemeinde eine Umgehungsstraße, so könnte im Interesse des Allgemeinwohls das Land von Landwirten gegen eine entsprechende Entschädigung enteignet werden.

Zusammenfassung

Jedes Wirtschaftssubjekt in einer Marktwirtschaft verfolgt Ziele.

Zur Erklärung wirtschaftlichen Handelns geht man davon aus, dass der Mensch rational (wirtschaftlich vernünftig) handelt.

Dem ökonomischen Prinzip liegt das Menschenbild des rational handelnden Menschen zugrunde.

Wirtschaftssubjekte sind die privaten Haushalte, Unternehmen und die öffentlichen Haushalte.

Die Zielverwirklichung der Wirtschaftssubjekte wird durch das Gemeinwohl eingeschränkt.

Wissens-Check

Welches ökonomische Prinzip liegt in den folgenden Fällen vor?

a) In der Konstruktionsabteilung einer Automobilfabrik wird erreicht, dass bei gleicher PS-Zahl und unveränderten Beschleunigungswerten der Benzinverbrauch eines bestimmten Typs um 10 Prozent gesenkt wird.

b) Zur Unterstützung der Landwirtschaft kauft eine staatliche Vorratsstelle Pfirsiche auf, um einen Preisverfall zu verhindern. Die aufgekauften Pfirsiche werden vernichtet.

c) In einer Möbelfabrik, die Bücherwände herstellt, war ein Unternehmensberater tätig. Aufgrund einer von ihm vorgeschlagenen Änderung des Fertigungsablaufs war es möglich, ohne zusätzliche Investitionen und ohne zusätzliches Personal die Produktion um 6 Prozent zu erhöhen.

Links

www.unternehmerinfo.de

de.wikipedia.org

www.bpb.de

Magisches Vieleck und Probleme bei seiner Verwirklichung

7

Auszug aus § 1 Stabilitätsgesetz

Bund und Länder haben bei ihren wirtschafts- und finanzpolitischen Maßnahmen die Erfordernisse des gesamtwirtschaftlichen Gleichgewichts zu beachten. Diese Maßnahmen sind so zu treffen, dass sie im Rahmen der marktwirtschaftlichen Ordnung gleichzeitig zur Stabilität des Preisniveaus, zu einem hohen Beschäftigungsstand und außenwirtschaftlichem Gleichgewicht bei stetigem und angemessenem Wirtschaftswachstum beitragen.

An den im Stabilitätsgesetz definierten Zielen werden die wirtschaftspolitische Kompetenz der jeweiligen Regierung sowie die Leistungsfähigkeit der deutschen Volkswirtschaft gemessen.

Die im Stabilitätsgesetz genannten Ziele werden auch als magisches Viereck bezeichnet. Nennen Sie die im Stabilitätsgesetz formulierten wirtschaftpolitischen Ziele.

Um wirksam Konjunkturpolitik betreiben zu können, muss die Politik klare Ziele definieren. Außerdem muss die Politik über Instrumente verfügen, mit denen sie die Ziele verfolgen kann. Geeignete Mittel zur Steuerung sind z. B.:

- Erhöhung oder Verringerung der Steuern
- Erhöhung oder Verringerung der Staatsausgaben zur Senkung der Kosten der Unternehmen sowie zur Belebung der Nachfrage
- Erhöhung und Verringerung der **Abschreibung**ssätze für die Unternehmen

Abschreibung:
Wertverlust von Vermögen, der durch Verbrauch, Verschleiß oder technischen Fortschritt verursacht ist. Dieser kann gewinnmindernd angesetzt werden. Die maximale Höhe der Abschreibung bestimmt der Steuergesetzgeber.

Ziel der Konjunkturpolitik ist es, ein gesamtwirtschaftliches Gleichgewicht zwischen wirtschaftlichem Wachstum, hohem Beschäftigungsstand, Preisniveaustabilität und außenwirtschaftlichem Gleichgewicht anzustreben. Da diese vier Ziele nicht gleichzeitig zu erreichen sind, spricht man vom „magischen Viereck". Der Staat orientiert sich dennoch an diesen gesetzlich festgelegten Zielen des Stabilitätsgesetzes.

Quelle: Spiegel-Verlag

Spiegel-Titelbild aus dem Jahr 1966

Foto: Bundesbildstelle, Bonn

Sitzung der „konzertierten Aktion" bestehend aus Vertretern des Staates, der Tarifparteien und der Wissenschaft im Bundeswirtschaftsministerium Bonn, 9. November 1967

Wirtschaftswunder:
Kometenhafter Aufschwung der deutschen Wirtschaft nach völliger Zerstörung durch den Zweiten Weltkrieg

Konzertierte Aktion:
Aufeinander abgestimmtes Verhalten

Quelle: Spiegel-Verlag

Titelseite vom Juni 1966

Historischer Überblick

Nach Jahren des **Wirtschaftswunders** durchlebte Deutschland eine schwere Rezession. Bedingt durch nachlassende Investitionsbereitschaft, machte sich 1966 eine deutliche Konjunkturschwäche bemerkbar, die Lohnkürzungen und Entlassungen zur Folge hatte.

1967 gab es zum ersten Mal in der Geschichte der Bundesrepublik Deutschland ein „negatives Wirtschaftswachstum". Das Bruttosozialprodukt sank um 0,2 Prozent, während die Arbeitslosenquote von 0,7 auf 2,2 Prozent stieg. Der damalige Bundeswirtschaftsminister Karl Schiller (SPD) und der Finanzminister Franz Josef Strauß (CSU) der damaligen großen Koalition entwarfen in einer **konzertierten Aktion** das so genannte Stabilitätsgesetz, das den negativen Entwicklungen der Wirtschaft gegensteuern sollte. Die Umsetzung dieser wirtschaftspolitischen Konzeption führte zu einer schnellen und anhaltenden Konjunkturerholung.

7.1 Die Ziele des Stabilitätsgesetzes

Stabilität des Preisniveaus

Stabile Preise erhöhen das Vertrauen von privaten Haushalten und Unternehmen in die Wirtschaft und garantieren Planbarkeit hinsichtlich Konsum- bzw. Investitionsentscheidungen. Als stabil betrachtet man eine Preissteigerung von maximal 2 Prozent.

Hoher Beschäftigungsstand

Hohe Beschäftigung bzw. niedrige Arbeitslosigkeit garantiert hohe Steuereinnahmen. Aufgrund der höheren Steuereinnahmen kann es zu einer Umverteilung kommen. Hierdurch sind höhere Sozialleistungen möglich. Geringe Arbeitslosigkeit sorgt ferner für politische Stabilität. Als Vollbeschäftigung bezeichnet man eine Arbeitslosenquote von maximal 3 bis 4 Prozent. Es handelt sich um eine Art „Sockelarbeitslosigkeit", die auch in Zeiten guter Konjunkturentwicklung aus verschiedenen Gründen (z. B. friktionelle Arbeitslosigkeit) nicht unterschritten werden kann.

Stetiges und angemessenes Wirtschaftswachstum

Das Wirtschaftswachstum wird mit Hilfe des Bruttoinlandsproduktes gemessen. Ein stetiges Wirtschaftswachstum ist wichtig, kann aber nicht isoliert von den anderen Zielsetzungen betrachtet werden. Durch Wirtschaftswachstum wird höherer Lebensstandard und höhere Beschäftigung erreicht. Als angemessen gilt ein Wirtschaftswachstum von 2 bis 3 Prozent des Bruttoinlandsproduktes.

Export:
Ausfuhr von Waren

Import:
Einfuhr von Waren

Devisen:
Ausländische Währung

Außenwirtschaftliches Gleichgewicht

Das Wirtschaftswachstum in Deutschland hängt stark vom **Export** ab. Deutsche Produkte sind im Ausland begehrt. Im Gegenzug fließen **Devisen** ins Land, mit denen Deutschland wiederum seine **Importe** zahlen kann. Aus gesamtwirtschaftlicher Sicht sollten Ex- und Importe möglichst ausgeglichen sein. Beträgt der Überschuss der Exporte im Verhältnis zu den Importen nicht mehr als 2 Prozent, liegt außenwirtschaftliches Gleichgewicht vor.

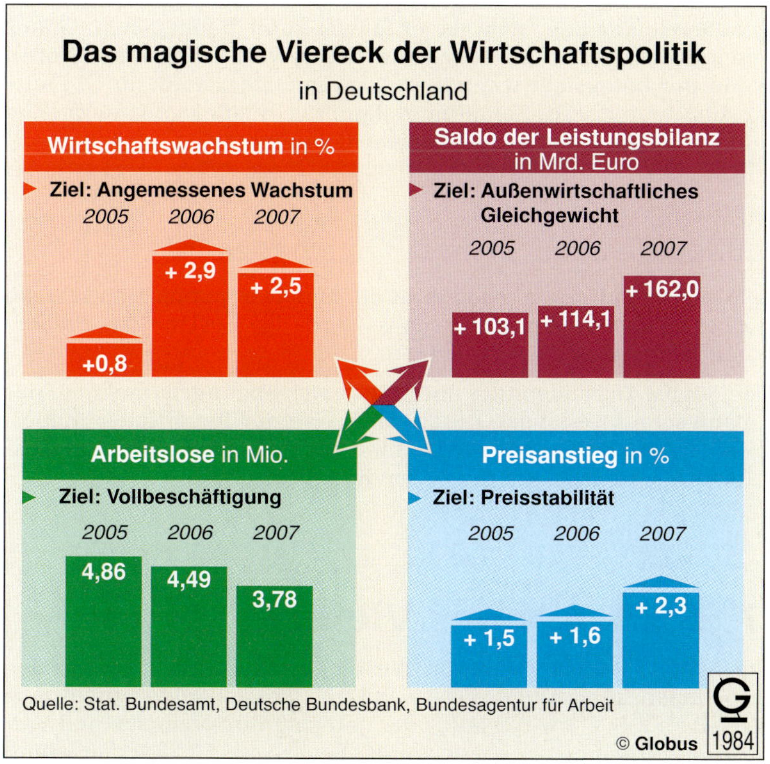

1. Prüfen Sie, inwieweit die Ziele des Magischen Vierecks erreicht wurden.
2. Warum wird das Erreichen dieser Zielvorstellungen als „Magie" bezeichnet?

Jahrgangsstufe 12

Foto: dpa

Helmut Schmidt während einer Rede 1979

7.2 Probleme bei der Verwirklichung

Das Stabilitätsgesetz beinhaltet die Forderung, dass alle vier Ziele gleichzeitig zu erfüllen sind. Da dies unmöglich ist, kommt es zwangsläufig zu Zielkonflikten.

Preisniveaustabilität (= geringe Inflation) bei gleichzeitigem hohem Beschäftigungsstand

Vor allem Ende der Siebzigerjahre des vergangenen Jahrhunderts war die Wirtschaftspolitik davon überzeugt, dass zwischen diesen beiden Zielen ein Zusammenhang bestünde. Man meinte belegen zu können, dass die Höhe der Arbeitslosigkeit von der Höhe der Inflationsrate abhinge. Dies lässt sich an einer Aussage des damaligen Bundeskanzlers **Helmut Schmidt** belegen: „Ein Prozent mehr **Inflation** ist mir lieber als ein Prozent mehr Arbeitslosigkeit". Heutzutage hält die Wirtschaftspolitik an dieser These nicht mehr fest. Inflation ist die zunehmende Geldentwertung, verursacht durch ein Ungleichgewicht zwischen Geld- und Gütermenge. Die aufgeblähte Geldmenge steht einer gleich groß gebliebenen Gütermenge gegenüber. Ein Gleichgewicht zwischen beiden Größen kann nur hergestellt werden, indem die Gütermenge durch Preisanstieg teurer wird. Somit muss dann für die gleiche Gütermenge eine größere Geldmenge aufgebracht werden.

Inflation:
lat. aufblähen

Preisniveaustabilität bei gleichzeitigem außenwirtschaftlichem Gleichgewicht

Die Preisstabilisierungspolitik in der Bundesrepublik Deutschland führte zu hohen Exportüberschüssen, da im Ausland das Preisniveau schneller stieg als im Inland.

Steigende Auslandspreise übertragen sich aber auch direkt auf das inländische Preisniveau durch die Preise der Importgüter (importierte Inflation). Beispielsweise führt ein hoher Rohölpreis im Ausland zu steigenden Benzinpreisen im Inland.

7.3 Magisches Vieleck

Im Laufe der Zeit wurde die Wirtschaftspolitik mit immer neuen Problemen konfrontiert. Das magische Viereck sollte durch neue Ziele wie z.B. Umweltschutz oder gerechte Einkommens- und Vermögensverteilung zu einem Fünf-, Sechs- oder Vieleck erweitert werden. Diese Bestrebungen scheiterten jedoch daran, dass die neuen Ziele nicht eindeutig **quantifiziert** werden konnten.

Quantifiziert:
Mit eindeutigen Maßstäben messbar; dadurch können Ziele auf ihre Erreichbarkeit überprüft werden

1. Diskutieren Sie Vorschläge, wie Umweltschutzziele gemessen werden könnten.
2. Nennen Sie weitere mögliche Ziele, die die gegenwärtige Wirtschaftspolitik in ihren Zielkatalog aufnehmen sollte.

Zusammenfassung

Um Konjunkturpolitik wirksam betreiben zu können, muss die Politik klare Ziele definieren.

Das Ziel der Konjunkturpolitik ist es, ein gesamtwirtschaftliches Gleichgewicht zwischen Wachstum, hohem Beschäftigungsgrad, Preisniveaustabilität und außenwirtschaftlichem Gleichgewicht anzustreben. Bei diesen Faktoren spricht man vom „magischen Viereck".

An den im Stabilitätsgesetz definierten Zielen werden die wirtschaftspolitische Kompetenz der jeweiligen Regierung und die Leistungsfähigkeit der deutschen Volkswirtschaft gemessen.

Das Stabilitätsgesetz beinhaltet die Forderung, dass alle vier Ziele gleichzeitig zu erfüllen sind. Da dies unmöglich ist, führt das zwangsläufig zu Zielkonflikten.

Das magische Viereck sollte durch neue Ziele wie z. B. Umweltschutz oder gerechte Einkommens- und Vermögensverteilung zu einem Vieleck erweitert werden.

Wissens-Check

1. Welches Gesetz enthält die wirtschaftspolitischen Ziele?
2. Welches Oberziel muss der Staat bei wirtschaftspolitischen Maßnahmen beachten?
3. Warum spricht man bei einer Arbeitslosigkeit von 3 bis 4 Prozent immer noch von einer vollbeschäftigten Wirtschaft?
4. Welche Preissteigerungsrate wird toleriert?
5. Warum strebt man „außenwirtschaftliches Gleichgewicht" an?
6. Nennen Sie zwei wirtschaftspolitische Ziele, die nicht gesetzlich festgelegt sind.
7. Nennen Sie fünf Ursachen hoher Preissteigerungsraten.
8. Welche volkswirtschaftlichen Folgen hat eine hohe Arbeitslosigkeit?

Links

www.destatis.de

www.bundesbank.de

www.bpb.de

8 Phasen des Konjunkturverlaufs

Konjunkturverlauf

Interpretieren Sie die Grafik!

8.1 Begriffsbestimmungen

Teilmärkte:
z. B. Güter-, Arbeits- und Geldmarkt

Nominales Bruttoinlandsprodukt:
Der Wert aller Güter und Dienstleistungen zu einem bestimmten Zeitpunkt zu aktuellen Marktpreisen

Preissteigerung:
Wird auch als Inflationsrate bezeichnet

Reales Bruttoinlandsprodukt:
Bruttoinlandsprodukt abzüglich der Inflationsrate

Unter Konjunktur versteht man das mehrjährige Auf und Ab im Wirtschaftsgeschehen einer Region, eines Landes oder eines Wirtschaftsraumes auf allen **Teilmärkten.** Diese wirtschaftlichen Schwankungen treten mit gewisser Regelmäßigkeit auf. Wenn man von einer guten Konjunktur spricht, ist die allgemeine Wirtschaftslage gut. Die Unternehmen haben genügend Aufträge und die Produktion läuft auf vollen Touren. In der Regel benötigen die Unternehmen mehr Arbeitskräfte, wodurch die Arbeitslosigkeit zurückgeht. Mehr Beschäftigte verfügen über mehr Einkommen. Dadurch können die Menschen mehr Waren nachfragen, was dem Handel zugute kommt. Bei einer schlechten Konjunktur ist genau das Gegenteil der Fall.

Die Entwicklung der Konjunktur wird mit Hilfe einer Kennzahl, dem Bruttoinlandsprodukt, gemessen. Das **nominale Bruttoinlandsprodukt** ist der Wert aller im Inland produzierten Güter und Dienstleistungen eines Landes innerhalb eines Jahres. Damit das Wachstum nicht durch **Preissteigerungen** verfälscht werden kann, zieht man diese ab. Das Ergebnis bezeichnet man als **reales Bruttoinlandsprodukt.**

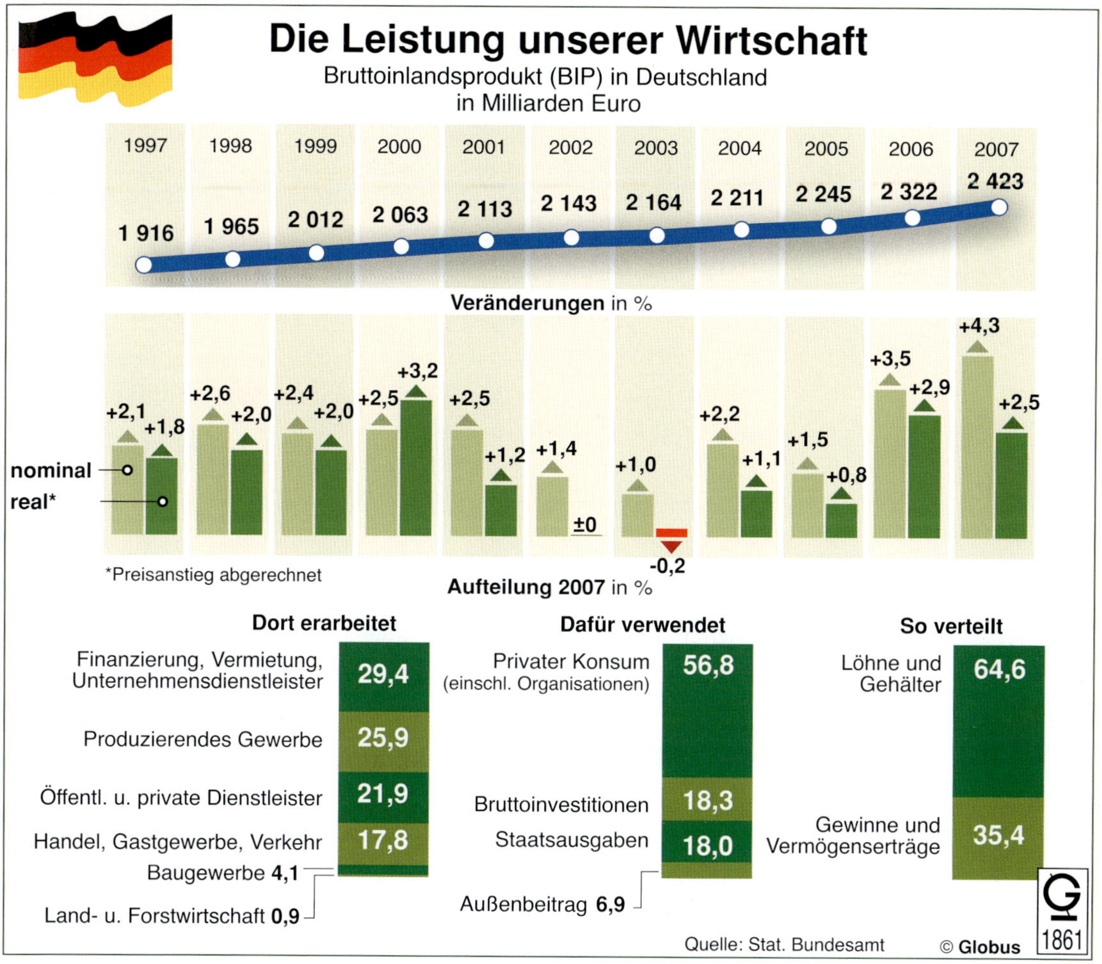

Vergleich nominales und reales Bruttoinlandsprodukt

Oben stehende Grafik zeigt, wie sich das nominale im Vergleich zum realen Bruttoinlandsprodukt entwickelt. Der Unterschied wird durch die Inflationsrate verursacht. Die Entwicklung der Inflationsrate wird dabei mit einem Basisjahr verglichen (hier: 1995).

Überlegen Sie, warum das nominale Bruttoinlandsprodukt für die Messung des wirklichen Wachstums ungeeignet ist.

8.2 Instrumente der Konjunkturpolitik

Unter **Konjunkturpolitik** versteht man die systematische Einflussnahme auf den Konjunkturverlauf vor allem durch den Staat oder durch die Europäische Zentralbank.

Ziel der Konjunkturpolitik ist es, ein **angemessenes Wirtschaftswachstum** zu erzielen.

Konjunkturpolitik:

Anstelle des Begriffs „Konjunkturpolitik" wird häufig auch der Begriff „Fiskalpolitik" verwendet.

Angemessenes Wirtschaftswachstum:

Hierunter versteht man in der deutschen Wirtschaftspolitik einen Anstieg des realen Bruttoinlandsproduktes um mindestens 2 Prozent.

Hoffnungsträger Export

Das reale Bruttoinlandsprodukt (BIP) Deutschlands wird in diesem Jahr allenfalls um 1 Prozent zulegen – und das auch nur mit Hilfe des Auslands (...) Aufgrund der anhaltenden Konjunkturflaute bekommt auch der Arbeitsmarkt keinen Rückenwind. Die Zahl der registrierten Arbeitslosen dürfte im Jahresschnitt auf 4,3 Millionen steigen (...)

iwd – Informationsdienst des Instituts der deutschen Wirtschaft

1. Begründen Sie, warum ein schwaches Wirtschaftswachstum meist mit steigenden Arbeitslosenzahlen verbunden ist.
2. Diskutieren Sie in der Klassengemeinschaft weitere negative Auswirkungen einer schwachen Konjunktur.

Staatsausgaben:

Die Ausgaben des Staates für Bildung, Straßen, öffentliche Verkehrsmittel

Diese kommen privaten Unternehmen zugute, wodurch sich deren wirtschaftliche Situation verbessern kann.

Ein Instrument für staatliche Eingriffe in die wirtschaftliche Entwicklung stellt die Ausweitung oder Verringerung von Staatsausgaben dar. Eine Verringerung der **Staatsausgaben** kann sich dämpfend, eine Ausweitung belebend auf die wirtschaftliche Entwicklung auswirken.

Beispiel für eine die Konjunktur belebende Maßnahme

Investitionen wie der Bau neuer Straßen oder öffentlicher Gebäude werden vorgezogen. Die Aufträge werden an private Unternehmen vergeben. Dadurch müssen diese Unternehmen bei anderen Unternehmen Maschinen und Rohstoffe für die Produktion beschaffen. Auf dem Arbeitmarkt müssen diese Unternehmen nach Arbeitskräften nachfragen, um den größeren Arbeitsanfall bewältigen zu können. Dies schafft neue Arbeitsplätze und senkt somit die Arbeitslosigkeit. Durch die gesunkene Arbeitslosigkeit verdienen mehr Menschen eigenes Geld, das sie ausgeben können. Hierdurch wird weitere Nachfrage an den Märkten geschaffen, wodurch weitere Unternehmen mehr Aufträge erhalten. So setzt sich die Spirale fort.

8.3 Phasen der Konjunktur

Theorie des Konjunkturverlaufs

Die wirtschaftliche Entwicklung lässt sich in vier Phasen einteilen:

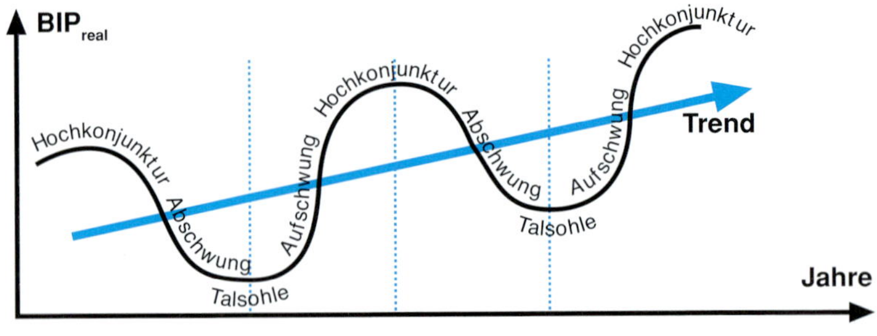

Grafik: Manuela Schellenberger

Kennzeichen der Konjunkturphasen

Anhand verschiedener Kennzeichen lässt sich ableiten, in welcher Phase sich eine Volkswirtschaft befindet.

Phase	Kennzeichen
Aufschwung	▸ Produktion, Kapazitätsauslastung und Investitionen nehmen zu ▸ Nachfrage und Beschäftigung steigen ▸ Einkommen und Gewinne steigen ▸ Preise und Zinsen steigen teilweise an ▸ Optimistische Zukunftserwartungen
Hochkonjunktur	▸ Hohe Produktion, hohe Investitionen, erste Engpässe ▸ Hoher Beschäftigungsstand ▸ Preise und Zinsen steigen deutlich ▸ Anfangs noch optimistische, später schlechtere Zukunftserwartungen
Abschwung	▸ Nachfrage, Produktion, Investitionen und Kapazitätsauslastung sinken ▸ Beschäftigung, Einkommen, Gewinne sinken ▸ Preis- und Zinssteigerungen werden schwächer ▸ Pessimistische Zukunftsaussichten
Tiefstand, Talsohle	▸ Nachfrage, Produktion, Kapazitätsauslastung und Investitionen nehmen weiter ab ▸ Beschäftigung, Einkommen und Gewinne sinken ▸ Preise und Zinsen sinken deutlich ▸ Pessimistische und gegen Ende langsam optimistische Zukunftsaussichten

Der Staat strebt möglichst schwache Schwankungen und ein stetiges Wirtschaftswachstum an. Denn große Schwankungen verunsichern die Wirtschaftssubjekte bei ihren Planungen.

Informieren Sie sich im Internet oder im Wirtschaftsteil einer Tageszeitung, in welcher Konjunkturphase sich Deutschland gegenwärtig befindet.

Konjunkturphasen:

Für die Konjunkturphasen können auch folgende Begriffe verwendet werden:
Expansion (= Aufschwung),
Boom (= Hochkonjunktur),
Rezession (= Abschwung) und
Depression (= Tiefstand, Talsohle)

Realität des Konjunkturverlaufs

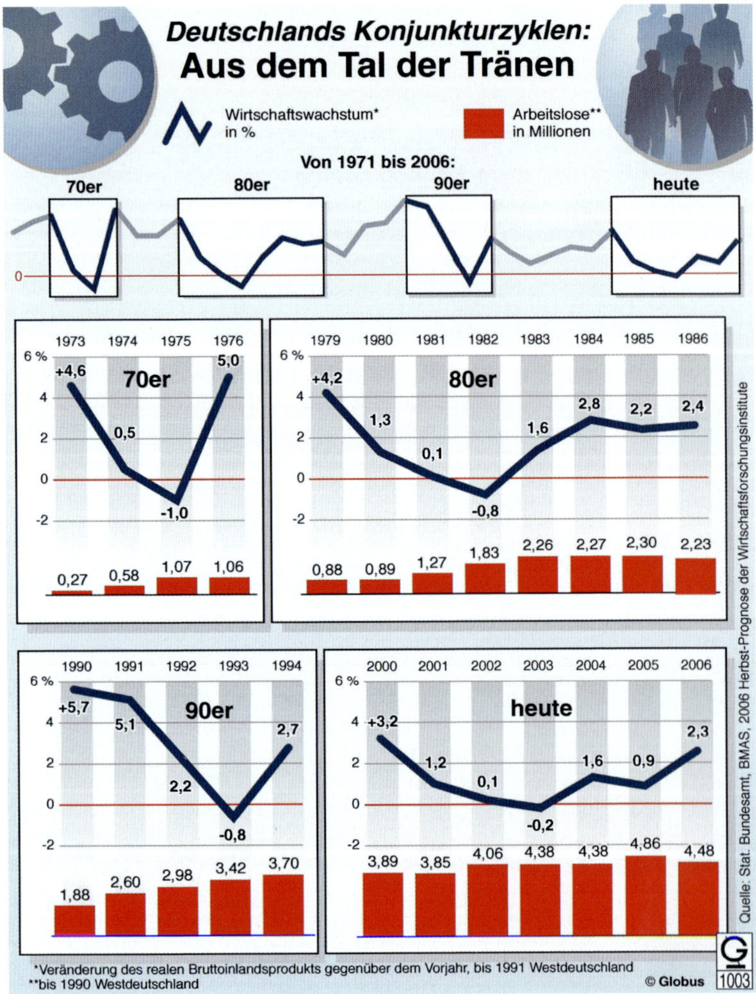

Vergleichen Sie den theoretischen mit dem realen Konjunkturverlauf. Worin besteht der Unterschied?

8.4 Kritik an der Aussagefähigkeit des Bruttoinlandsprodukts

Grafik: Dave Vaughan

Warum freuen sich die beiden Herren der Karosseriewerkstatt?

Das Bruttoinlandsprodukt wird als Maßstab für den Wohlstand eines Landes herangezogen. Steigt die Menge der produzierten Güter und Dienstleistungen, wird angenommen, dass der Reichtum bzw. Wohlstand eines Volkes zugenommen hat.

Doch dieser „Wohlstand" wird eventuell erkauft durch zunehmende **soziale Ungleichheit**. Dies führt schließlich zu einem Rückgang an Lebensqualität für viele Menschen. Der Wohlstand verteilt sich meist nur auf verhältnismäßig wenige Menschen, während ein Großteil am gestiegenen Wohlstand nicht teilhat. Dadurch verschärfen sich soziale Spannungen.

Ein weiterer Kritikpunkt am Bruttoinlandsprodukt als Maß für die Wohlstandsverbesserung ist, dass die mit der Güterproduktion und Güternutzung verbundenen Schäden nicht in Betracht gezogen werden. Die mit verstärkter industrieller Produktion verbundene Umweltverschmutzung und Ausbeutung von Rohstoffen gehen zu Lasten der Allgemeinheit, was wiederum zu sinkender Lebensqualität führt. Beispielsweise werden folgende Umweltbelastungen bei der Wohlstandsmessung nicht erfasst:

Foto: dpa

Armut in Deutschland

Soziale Ungleichheit:

Die ungleiche Verteilung von Kapital und Gütern führt zu ungleichen Lebensbedingungen einzelner Personen oder Personengruppen. Dies ist meist abhängig von der gesellschaftlichen Position. Im System der Marktwirtschaft ist die Tendenz zu erkennen, dass die Kluft zwischen Arm und Reich immer mehr auseinanderklafft.

Versiegelung:
Versiegelung bedeutet, dass landwirtschaftlich nutzbarer Boden überbaut wird.

Fossile Brennstoffe:
Hierzu zählt man Erdöl, Erdgas, Braun- und Steinkohle. Sie entstanden vor Jahrmillionen durch die Zersetzung abgestorbener Pflanzen und Tiere. Die in ihnen enthaltene Energie stammt aus in Pflanzen gespeicherter Solarenergie. Heute wird der Weltprimärenergiebedarf (Energie) zu 90 Prozent durch die Verbrennung fossiler Brennstoffe gedeckt.

Ehrenamtliche Tätigkeit:
Arbeit ohne Bezahlung

- **Versiegelung** der Landschaft (z. B. durch den Bau von Autobahnen)
- Verbrauch von Rohstoffen und **fossiler Brennstoffe**
- Luft- und Wasserverschmutzung

In der Realität hat das Bruttoinlandsprodukt auch Schwächen bei der Messung, da einige Vorgänge fälschlicherweise erfasst werden. So werden durch einen Verkehrsunfall Leistungen verursacht wie Heilbehandlungskosten, Abschleppdienste oder Reparaturleistungen in einer Werkstatt. Ein derartiger Vorgang erhöht das Bruttoinlandsprodukt und führt somit zu einer scheinbaren Wohlstandssteigerung. Tatsächlich ist aber eine steigende Zahl von Unfällen mit Personenschäden für die betroffenen Personen keine Wohlstandsverbesserung.

Im Bruttoinlandsprodukt werden außerdem nicht alle Leistungen erfasst. So fehlen z. B. folgende Leistungen:

- Hausfrauentätigkeiten und Nachbarschaftshilfe
- Schwarzarbeit (ca. 10 Prozent des BIP)
- **Ehrenamtliche Tätigkeiten** (z. B. der Freiwilligen Feuerwehr)
- Prostitution, Waffen- oder Drogenhandel

Umweltschäden werden nicht berücksichtigt; hier: Waldsterben.

Die Arbeit der freiwilligen Feuerwehr wird nicht im BIP erfasst.

Grafik: Dave Vaughan

Hausfrauen und ihr Beitrag zum Wirtschaftswachstum

1. Diskutieren Sie folgende Aussage: „Das Bruttoinlandsprodukt ist als Wohlstandsmaßstab ungeeignet."
2. Interpretieren Sie die Karikatur.

8.5 Antizyklische und angebotsorientierte Konjunkturpolitik

Die antizyklische Konjunkturpolitik

Der zyklische Ablauf der Konjunktur ist politisch nicht ohne Probleme. Gerade Phasen der Rezession sind für die Regierenden politisch gefährlich, weil

- die Arbeitslosigkeit steigt,
- radikale Gruppen stärker werden können,
- die Steuereinnahmen zurückgehen.

Um diesen Problemen entgegenzuwirken ist es sinnvoll, von Seiten des Staates aktiv in das Wirtschaftsgeschehen einzugreifen. Dies kann zum einen durch Beeinflussung der Nachfrage, zum anderen durch Beeinflussung des Angebots geschehen.

Der Staat muss versuchen, dem tatsächlichen Konjunkturzyklus mit staatlichen Maßnahmen gegenzusteuern. Dazu muss der Verlauf des Wachstums des Bruttoinlandsprodukts dem **Trend** angenähert werden. Diese Art aktiver Wirtschaftspolitik wird als antizyklische Konjunkturpolitik bezeichnet.

Antizyklisch:

Gegen den herrschenden Trend handeln

Gegensatz: prozyklisch

Trend:

Linie, die den Durchschnitt der jährlichen Zuwächse des Bruttoinlandsprodukts in einem Zyklus, gemessen über mehrere Zyklen, ausdrückt

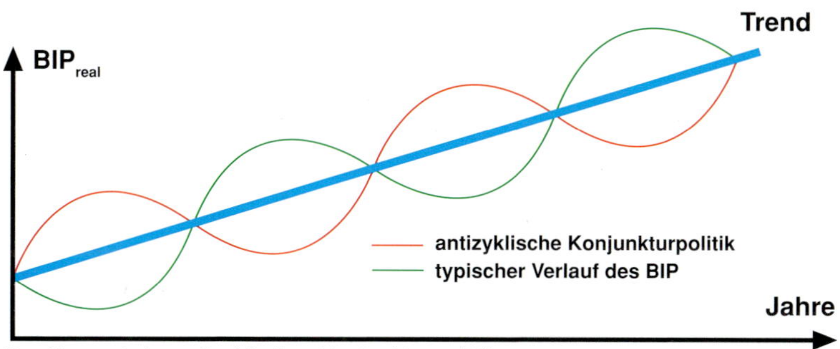

Das Konzept der antizyklischen Konjunkturpolitik

Grafik: Manuela Schellenberger

Erläutern Sie kurz mit eigenen Worten, was man unter antizyklischer Fiskalpolitik versteht.

Maßnahmen der antizyklischen Konjunkturpolitik

Die **öffentlichen Haushalte** können in der Krise auf der Einnahmeseite durch Senkung von Steuern (z.B. Einkommen-, Körperschaftsteuer bzw. Gewerbesteuer) oder durch eine Erhöhung der Ausgaben steuernd eingreifen. Eine Ausgabenerhöhung kann z.B. durch Erteilung vermehrter öffentlicher Aufträge an private Unternehmen erreicht werden. Durch diese Maßnahme kann die Nachfrage gesteigert werden.

Öffentliche Haushalte:

Hierzu zählen Bund, Länder und Gemeinden.

Jahrgangsstufe 12

Um eine Hochkonjunktur zu dämpfen, ist eine umgekehrte Vorgehensweise, z. B. Steuererhöhung bzw. Ausgabensenkung, sinnvoll.

Der Vorteil dieser Maßnahmen liegt darin, dass hierdurch das Verhalten der Wirtschaftssubjekte gezielt beeinflusst werden kann.

Überlegen Sie sich weitere Beispiele, wie der Staat aktiv das Wirtschaftsgeschehen beeinflussen kann.

Öffentliche Güter:

Z. B. Infrastruktur (Straßen und Schienen), öffentliche Dienstleistungen

Öffentliche Güter werden vom Staat aus Steuermitteln finanziert.

Die antizyklische Konjunkturpolitik gilt zwar heute als überholt, doch herrscht Übereinstimmung darüber, dass der Markt nicht in der Lage ist, sich selbst zu regulieren. Deshalb muss der Staat durch Gesetze Rahmenbedingungen schaffen sowie **öffentliche Güter** zur Verfügung stellen. Diese stellt der Markt von sich aus meist nicht oder nur unzureichend zur Verfügung, da dies nicht Gewinn bringend ist.

Weshalb gilt die antizyklische Konjunkturpolitik als überholt?

Angebotsorientierte Konjunkturpolitik

Foto: dpa

*Milton Friedman, (*1912, †2006): Er gilt als einer der bedeutendsten Vertreter der angebotsorientierten Wirtschaftspolitik, die auch Neoklassizismus oder Monetarismus genannt wird.*

Nach diesem Ansatz kommen Angebot und Nachfrage von selbst ohne staatliche Eingriffe ins Gleichgewicht. Es gilt der Grundsatz: Möglichst wenig Staat, möglichst viel Markt. Die Ursache für einen nicht funktionierenden Markt liege nach dieser Theorie, die auf **Milton Friedman** zurückgeht, bei den Unternehmen. Ihr Angebot sei aufgrund zu hoher Preise nicht mehr konkurrenzfähig. Der Staat müsse dafür sorgen, durch Kostensenkungen die Wettbewerbsfähigkeit wiederherzustellen. Dies könnte z. B. durch Senkung der Unternehmenssteuern oder Senkung der Lohnnebenkosten erreicht werden.

Instrumente der angebotsorientierten Konjunkturpolitik sind:

- Entbürokratisierung
- Abbau des Kündigungsschutzes für Arbeitnehmer
- Privatisierung staatlicher Betriebe

Der Nachteil dieser Politik besteht darin, dass eine Senkung von Kosten meist zu einem Rückgang der sozialen Sicherung führt.

Zusammenfassung

Unter Konjunktur versteht man das Auf und Ab im Wirtschaftsgeschehen einer Volkswirtschaft auf allen Teilmärkten über mehrere Jahre hinweg.

Die Entwicklung wird mit Hilfe des Bruttoinlandsprodukts gemessen.

Das Bruttoinlandsprodukt ist der Wert aller im Inland produzierten Güter und Dienstleistungen einer Volkswirtschaft innerhalb eines Jahres. Es wird als Maßstab für den Wohlstand eines Landes herangezogen.

Unter Konjunkturpolitik versteht man die systematische Einflussnahme auf den Konjunkturverlauf vor allem durch den Staat oder durch die Europäische Zentralbank.

Ziel der Konjunkturpolitik ist es, ein angemessenes Wirtschaftswachstum zu erzielen.

Außerdem soll Konjunkturpolitik die Ziele des magischen Vierecks erreichen.

Das Konzept der antizyklischen Konjunkturpolitik zielt auf eine Beeinflussung der Nachfrageseite. Der Staat muss dem tatsächlichen Konjunkturzyklus mit staatlichen Maßnahmen entgegenwirken.

Nach dem angebotsorientierten Ansatz reguliert sich ein funktionierender Markt von selbst. Angebot und Nachfrage kommen auch ohne staatliche Eingriffe ins Gleichgewicht.

Wissens-Check

1. Nennen Sie zwei Ursachen von Konjunkturschwankungen.
2. Wie entwickeln sich das reale Bruttoinlandsprodukt, die Beschäftigung und die Nachfrage in der Phase der Hochkonjunktur?
3. Das Bruttoinlandsprodukt (BIP) misst die Leistungsfähigkeit unserer Volkswirtschaft. Nehmen Sie kurz Stellung zu folgender Aussage: „Naturkatastrophen müssen aus dem Blickwinkel des BIP positiv gesehen werden.“
4. Nennen Sie zwei Gründe, warum stetiges Wachstum notwendig ist.

Links

www.gap.dcs.st-and.ac.uk

www.destatis.de

de.wikipedia.org

9 Inflation und Deflation

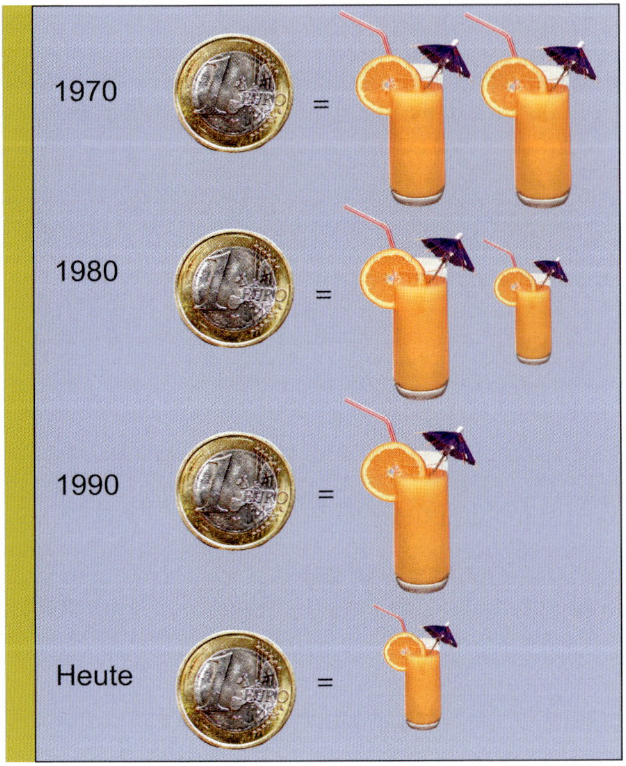

Grafik: Manuela Schellenberger

Interpretieren Sie die Grafik.

Inflation:

lat. aufblähen

Kennzeichnet einen andauernden Anstieg des Preisniveaus

Es findet eine Geldentwertung statt, da man für die gleiche Menge an Geld immer weniger Güter erhält.

Jede Stadt hatte ihr eigenes Geld.

9.1 Inflation

Wer 1923 einen Laib Brot kaufen wollte, der musste sein Geld im Koffer zum Bäcker tragen. Das Brot kostete mehrere Millionen Mark. Die Geldentwertung verlief damals rasant. Kostete das Brot um 9 Uhr noch 500.000 Mark, konnte es um 11 Uhr bereits 2.000.000 Mark kosten. Diese rasanten Preissteigerungen nennt man galoppierende oder Hyperinflation. Hier musste teilweise täglich neues Geld gedruckt werden. Meist behalf man sich mit einfachen Stempeln. Das Gegenteil der galoppierenden Inflation bezeichnet man als schleichende Inflation.

Beispiel für eine Hyperinflation

„Geld regiert die Welt." Die Macht des Geldes beruht dabei nicht auf dem **Materialwert,** der meist sehr gering ist. Auch der **Nominalwert** lässt keine Aussage über den tatsächlichen Wert zu.

Entscheidend für den Wert des Geldes ist vielmehr der **Realwert**. Der Realwert drückt die Kaufkraft des Geldes aus.

Der Realwert ist abhängig von der Entwicklung der Preise. Es spielt nur eine geringe Rolle, wenn sich lediglich der Preis für ein Gut verändert. Wenn die Bundesregierung z. B. die Mineralölsteuer um 10 Cent erhöht, steigt dadurch der Preis für Diesel und Benzin. Diese Preiserhöhung betrifft alle Autofahrer direkt. Sie haben somit weniger Geld für andere Güter zur Verfügung. Diese Preiserhöhung ist allerdings für einen Fußgänger oder Radfahrer bedeutungslos.

Steigen hingegen die Preise von Lebensmitteln, so wird jeder davon betroffen sein. Die Bürger haben weniger Geld zur Verfügung. Die Menge von Gütern und Dienstleistungen, die für eine bestimmte Geldmenge gekauft werden kann, ist kleiner geworden. Das Geld verliert an Kaufkraft.

Materialwert:
Dieser Wert wird nur bei Münzen ermittelt, zum Beispiel nach Gewicht und Goldgehalt.

Nominalwert:
Der auf Münzen und Geldscheinen geprägte bzw. aufgedruckte Wert

Realwert:
Dies ist der Gegenwert in Waren oder Dienstleistungen, den man für eine bestimmte Geldmenge erhält, z. B. für 40 Cent eine Brezel.

Unterscheiden Sie Nominalwert und Realwert des Geldes.

9.2 Messung der Kaufkraft

Ob Inflation vorliegt oder nicht, wird mit Hilfe des **Lebenshaltungskostenindex** gemessen. Steigt der Index über einen längeren Zeitraum um mehr als 2 Prozent, dann liegt Inflation vor.

Lebenshaltungsindex:
Messgröße für die durchschnittliche Entwicklung der Verbraucherpreise bei den Gütern der Lebenshaltung von privaten Haushalten

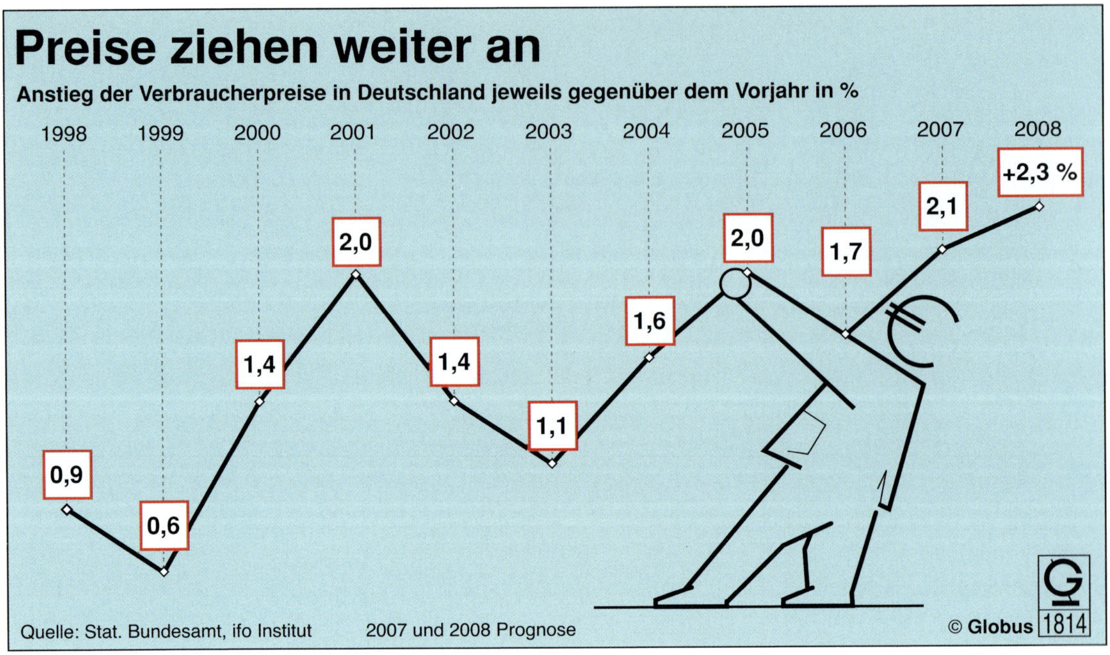

Interpretieren Sie die Entwicklung des Verbraucherpreisindex.

Den Lebenshaltungskostenindex errechnet man auf Basis eines Warenkorbs.

Warenkorb (...) Basis für den so genannten Verbraucherpreisindex für Deutschland (VPI) ist der „Warenkorb". Da es nicht möglich (...) ist, die Preise aller angebotenen Waren und Dienstleistungen zu registrieren, werden aus der Fülle des Angebots etwa 750 Posten ausgewählt. Da sich die Verbrauchergewohnheiten im Laufe der Zeit ändern, werden die Zusammensetzung und auch die Gewichtung des Warenkorbs alle fünf Jahre komplett überarbeitet (...) Als Dienstleistungen wurden beispielsweise der Pizzaservice, das Sonnenstudio (...) neu aufgenommen, während (...) Diaprojektoren oder elektrische Schreibmaschinen (...) verschwanden.

Süddeutsche Zeitung

Warum wird der Warenkorb alle fünf Jahre angepasst?

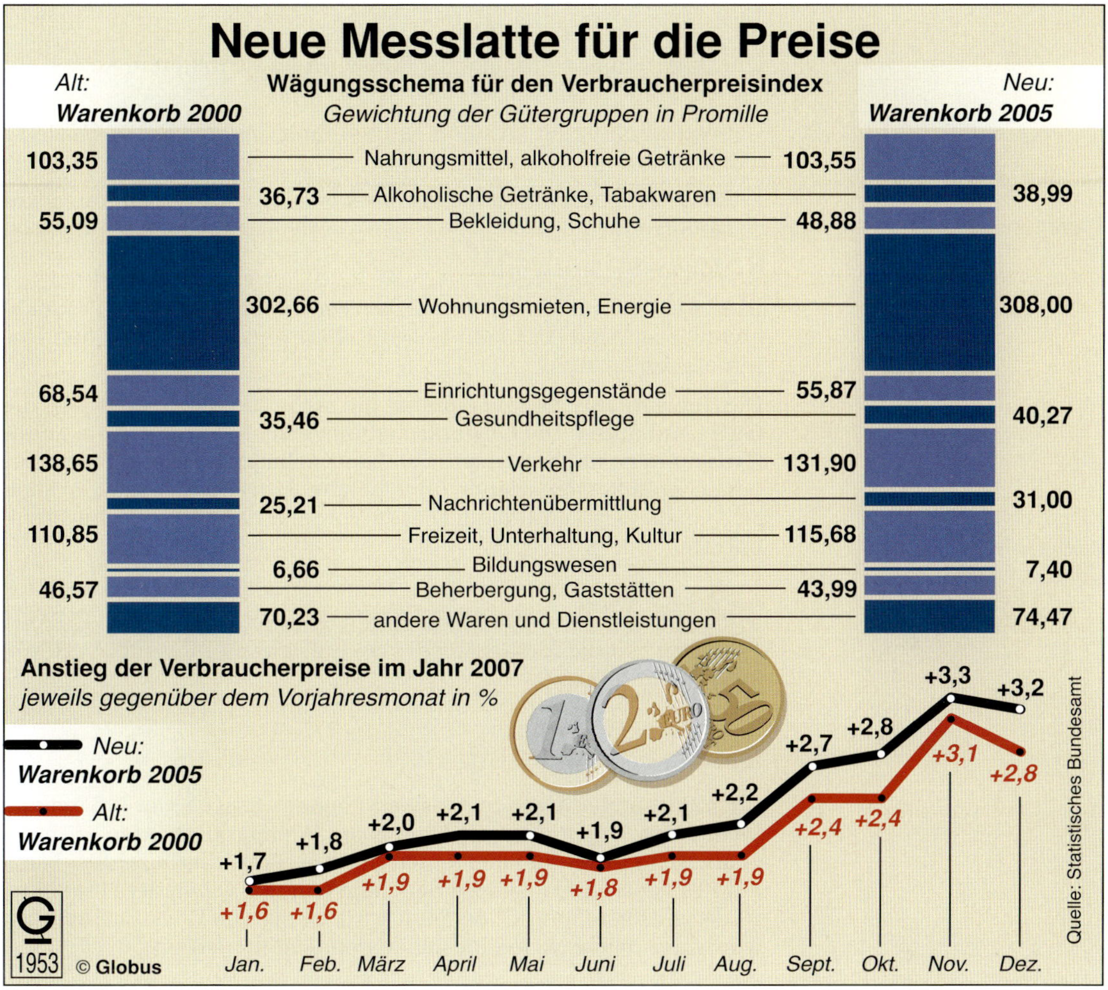

Zusammensetzung des Warenkorbs

Welche Unterschiede stellen Sie zwischen dem alten und dem neuen Warenkorb fest?

Wägungsschema:

Das Wägungsschema legt fest, welchen Anteil z. B. die Mietausgaben oder andere Ausgabepositionen an den gesamten Verbrauchsausgaben der privaten Haushalte haben. Jede Position des Warenkorbs wird nach der jeweiligen Bedeutung für den privaten Haushalt gewichtet.

Höhe und Struktur der Ausgaben der privaten Haushalte werden vom Statistischen Bundesamt alle fünf Jahre neu ermittelt.

9.3 Ursachen von Inflation

Die nachfragebedingte Inflation

Ein Unternehmen soll zwei Millionen Produktionseinheiten einer Ware herstellen. Es kann aber nur eine Million produzieren. Die Nachfrage übersteigt also das Angebot. In dieser Situation erhöhen die Anbieter die Preise. Es ist Inflation entstanden.

Die angebotsbedingte Inflation

Die Unternehmen erhöhen die Preise, wenn sie folgende Kosten auf die Verbraucher abwälzen wollen:

- Lohnerhöhungen (aus den Tarifverhandlungen mit den Gewerkschaften)
- Steuererhöhungen (z. B. bei Umsatzsteuer, Mineralölsteuer, Ökosteuer)
- Höhere Materialkosten

Dies gelingt nur dann, wenn die Verbraucher auf die Produkte angewiesen sind und kein hoher Konkurrenzdruck unter den Unternehmen herrscht.

Die Preiserhöhungen verspüren die Arbeitnehmer, wenn sie die Güter einkaufen. Die Gewerkschaften versuchen nun höhere Lohnforderungen durchzusetzen. Die Unternehmer gleichen die gestiegenen Lohnkosten wieder über höhere Preise aus. Folge ist eine sich verstärkende Inflation. Diesen Vorgang nennt man **Lohn-Preis-Spirale.**

Lohn-Preis-Spirale:
Wechselseitige Erhöhung der Löhne und Preise

Nennen Sie die Ursachen für das Entstehen einer angebotsbedingten Inflation.

Die importierte Inflation

Auch Preisänderungen im Ausland können Ursache von Inflation im Inland sein. Steigt z. B. der Ölpreis am Weltmarkt, müssen auch die inländischen Unternehmen einen höheren Preis für Öl zahlen. Nicht nur Kraftstoff und Heizöl werden dann teurer. Auch andere Produkte, zu deren Herstellung Öl benötigt wird, steigen im Preis. Die Inflation wurde aus dem Ausland ins Inland gebracht (importiert).

9.4 Folgen der Inflation

- Einkommen: Bezieher niedriger Einkommen geben einen prozentual höheren Anteil ihres Geldes für Konsumzwecke aus. Deshalb sind sie von steigenden Güterpreisen stärker betroffen. Bezieher höherer Einkommen geben einen prozentual kleineren Teil ihres Geldes für Güterkäufe aus.
- Vermögen: Liegt der Zinssatz unter der Inflationsrate, nimmt das Geldvermögen real ab. Meist liegen die Wertsteigerungsraten für Sachvermögen, z. B. Immobilien, über der Inflationsrate, sodass Sachvermögensbesitzer durch die Inflation weniger benachteiligt werden.
- Schulden: 15.000,00 € Schulden bleiben auch bei hoher Inflation 15.000,00 € Schulden. Somit profitieren Schuldner, während Gläubiger und Sparer durch die Inflation verlieren.
- Staat: Auf die Staatsfinanzen hat die Inflation zwei Auswirkungen. Zum einen werden die Güter teurer, wodurch sich die Mehrwertsteuereinnahmen erhöhen. Zum anderen muss der Staat auch für seine Güterkäufe höhere Preise und für seine Beschäftigten höhere Löhne zahlen.

9.5 Deflation

Ein stetiger Rückgang der Preise wird als Deflation bezeichnet.

Die Europäische Zentralbank versucht mit ihrem Instrumentarium für ein stabiles Preisniveau zu sorgen.

Deflation (...) Deflation (von lateinisch deflare, hinausblasen) ist das Gegenteil von Inflation und bedeutet ein sinkendes Preisniveau. Ökonomen sind sich einig, dass Deflation für eine Volkswirtschaft noch gefährlicher ist als Inflation. Unternehmer und Verbraucher warten dann ab, weil sie damit rechnen, dass immer alles noch billiger wird. Viele Firmen kommen in Schwierigkeiten, weil die Preise für ihre Produkte, unter Umständen auch für Aktien und Immobilien, sinken, der Nennwert ihrer Bankschulden jedoch nicht. Längere Phasen der Deflation gab es am Ende des 19. Jahrhunderts und während der Weltwirtschaftskrise ab 1929 (...)

Süddeutsche Zeitung

Warum ist Deflation gefährlicher als Inflation?

Zusammenfassung

Der Nominalwert des Geldes lässt keine Aussage über den tatsächlichen Wert zu.

Entscheidend ist der Realwert als Ausdruck für die Kaufkraft des Geldes.

Steigen die Preise auf breiter Front, so verliert das Geld an Kaufkraft. Man spricht von Inflation.

Ob Inflation vorliegt oder nicht, wird mit Hilfe des Lebenshaltungskostenindex gemessen.

Einen stetigen Rückgang der Preise bezeichnet man als Deflation.

Deflation ist gefährlicher als Inflation, weil die Verbraucher erwarten, dass immer alles noch billiger wird und sie sich deshalb im Konsum zurückhalten.

Wissens-Check

1. Ist der Nominal- oder der Realwert des Geldes aussagekräftiger für die Preisentwicklung? Begründen Sie Ihre Entscheidung.
2. Unterscheiden Sie Inflation und Deflation.
3. Fragt man einen brasilianischen Taxifahrer „Was ist Inflation?“, so antwortet er: „Wenn es billiger wird, ein Taxi zu nehmen, als mit dem Bus zu fahren, weil das Taxi erst bei der Ankunft bezahlt werden muss, die Busfahrt hingegen schon beim Einstieg in den Bus.“ Erläutern Sie diese Aussage.

Links

www.destatis.de

www.bundesbank.de

10 Binnenwert und Außenwert des Euro

Überbewertet:
Die Kaufkraft einer Währung ist im Vergleich zur Kaufkraft einer anderen Währung geringer

Grafik: Dave Vaughan

Der Big-Mac-Index

Das britische Magazin „Economist" bewertet anhand seines „Big-Mac-Index" den Wert der jeweiligen Landeswährung zum US-Dollar. Beispielsweise kostet ein Burger in Euroland durchschnittlich 2,89 Dollar. Das sind rund 7 Prozent mehr als in den USA. Dort kostet er 2,71 Dollar. Nach Analyse der Zahlen ist der Schweizer Franken am deutlichsten ***überbewertet*** *gegenüber der US-Währung: Für einen „Big Mac" müssen die Schweizer mit 4,52 Dollar (6,30 Franken) ca. 67 Prozent mehr als in den USA zahlen.*

Diskutieren Sie in der Klasse, warum der Big Mac ein geeigneter Maßstab für den Vergleich der Kaufkraft verschiedener Währungen sein kann.

10.1 Außenwert

Der Außenwert einer Währung gibt jene Menge ausländischen Geldes an, die man für eine Einheit der inländischen Währung erhält. Für einen Euro erhält man einen bestimmten Gegenwert in US-Dollar. Das Austauschverhältnis zwischen Währungen wird durch den Wechselkurs ausgedrückt.

Devisenmarkt:
Ort, an dem ausländische Währungen gehandelt werden

Dieser bildet sich genau wie der Preis für ein Gut auf dem freien Markt durch Angebot und Nachfrage. Wird auf dem **Devisenmarkt** der Euro weniger nachgefragt als angeboten, wird der Euro billiger.

Wie wirkt sich ein steigender Euro für Reisende in die USA aus?

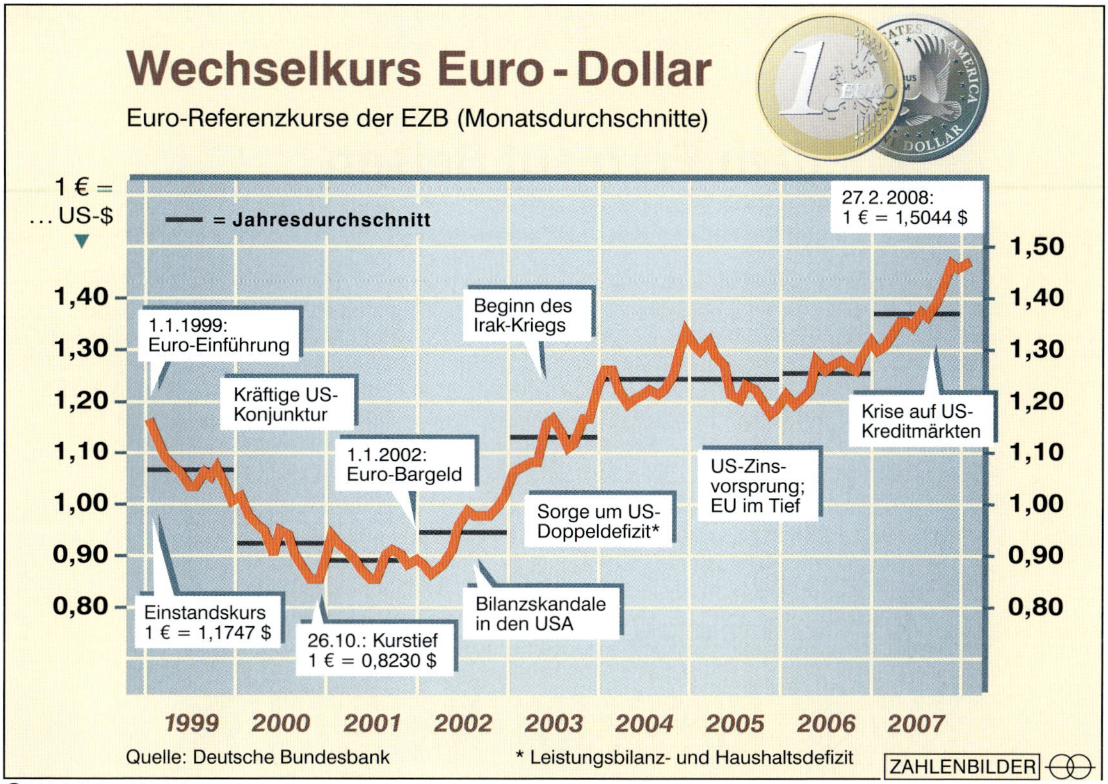

 715 518

Bei einer **Abwertung** bekommt man für inländisches Geld weniger ausländisches Geld. Eine Abwertung des Euro verbilligt Exporte in das Ausland und verteuert Importe ausländischer Waren.

Wenn z. B. ein US-Händler deutsche Waren kauft, muss er für den Kaufpreis in Euro weniger US-Dollar zahlen. Wenn ein deutscher Händler US-Güter bezieht, muss er für den Kaufpreis in US-Dollar mehr Euro zahlen.

Im umgekehrten Fall spricht man von einer **Aufwertung**. Eine Aufwertung verteuert Exporte und verbilligt Importe ausländischer Waren.

Abwertung:
Die inländische Währung (z. B. der Euro) wird durch die Abwertung weniger wert gegenüber ausländischen Währungen.

Aufwertung:
Die inländische Währung (z. B. der Euro) wird durch die Aufwertung mehr wert gegenüber ausländischen Währungen.

1. Suchen Sie im Internet oder in der Zeitung nach dem aktuellen Wechselkurs des Euro zum US-Dollar.
2. Angenommen Deutschland befindet sich in einer wirtschaftlich schwierigen Situation. Welche Folgen hat in dieser Lage die Abwertung bzw. Aufwertung des Euro?

Nachfolgende Grafik zeigt den Gegenwert an Gütern und Dienstleistungen an, den man für einen Euro im Ausland erhält.

10.2 Binnenwert

Währungsraum:

Gebiet, in dem eine bestimmte Währung gängiges Zahlungsmittel ist

Der Außenwert des Euro sagt nichts über den Wert im Innern des **Währungsraums** aus. Die inländische Kaufkraft (Binnenwert) des Euro gibt Auskunft darüber, welche Menge an Gütern man in Deutschland für den Euro kaufen kann. Dieser Wert hängt von der Preisentwicklung im Euroraum ab.

Zusammenfassung

Der Außenwert einer Währung wird durch das Austauschverhältnis gegenüber anderen Währungen bestimmt.

Dieses Austauschverhältnis bezeichnet man als Wechselkurs.

Die inländische Kaufkraft bezeichnet man als Binnenwert.

Wissens-Check

1. Grenzen Sie den Begriff des Binnenwertes vom Begriff des Außenwertes einer Währung ab.
2. Der Kurs des Euro steigt von 1,10 US-$ auf 1,15 US-$. Wie wirkt sich das aus, wenn Sie in den USA Urlaub machen wollen?

Devisenkurse in Mengennotierung

	EUR-Geld-Kurs (= USD-Verkaufskurs)	EUR-Brief-Kurs (= USD-Ankaufskurs)
USD	0,8752	0,8812
CHF	1.47870	1.47980
Yen	116.290	116.320
GBP	0.60924	0.60944

3. Ein deutscher Exporteur kalkuliert seine Ware mit 9.000 Euro Verkaufspreis. Er verkauft Waren in die USA. Der Kurs des Euro zum US-$ liegt bei 0,90 US-$. Wie viel US-$ muss er verlangen?
4. Angenommen Sie haben statt Bargeld noch Reiseschecks in Schweizer Franken (CHF) übrig. Wie viel Euro würden Sie dann für einen Schweizer Franken erhalten?
5. Wie viel Euro erhalten Sie für 1.000 Yen von der Bank?

Links

www.moneycab.com www.europarl.eu

11 Instrumente und Aufgaben der Europäischen Zentralbank (EZB)

Die EZB ist hauptsächlich für die Geldpolitik in der Europäischen Währungsunion verantwortlich. Sie hat ihren Sitz in Frankfurt am Main.

Die EZB in Frankfurt

Präsident der EZB: Jean-Claude Trichet

Fotos: dpa

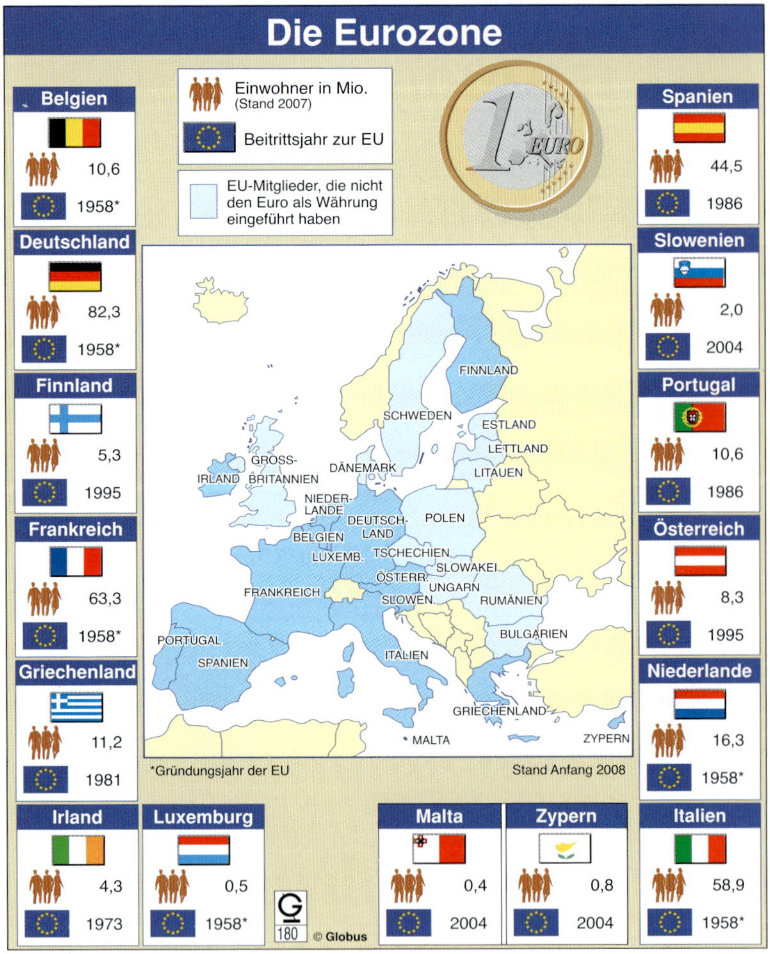

Gebiet der Eurozone.

11.1 Die Eurozone

Das Land des Euro ist noch viel größer.

Die Staaten, in denen der Euro als gesetzliches Zahlungsmittel gilt, werden als Euroland oder Eurozone bezeichnet.

Es gibt außerdem vier Ländergruppen, die den Euro als Zahlungsmittel nutzen:

- 1. Gruppe: Außereuropäische Territorien der EU-Staaten. Hierzu gehören die französischen Überseedepartements wie Guadeloupe oder Martinique, die portugiesischen Azoren und Madeira sowie die spanischen Kanaren.
- 2. Gruppe: Staaten in Europa, die über keine eigene Währung verfügen. Hierzu gehören Andorra, Monaco, San Marino und der Vatikanstaat.
- 3. Gruppe: Drittstaaten mit eigener Währung, die ihre Währung in einem festen Verhältnis zum Euro gebunden haben. In der **CFA-Zone** war früher die Währung fest an den französischen Franc gebunden, der durch den Euro abgelöst wurde.
- 4. Gruppe: Weitere Gebiete, in denen der Euro offizielles Zahlungsmittel ist wie Montenegro und das Kosovo. Die Staaten handelten bei der Organisation der Euro-Bargeldeinführung völlig unabhängig.

CFA-Zone:

Communante Financière Africaine

Die CFA-Zone umfasst 14 west- und zentralafrikanische Länder.

11.2 Ziele der Europäischen Zentralbank (EZB)

Geldpolitik

Unter Geldpolitik versteht man die Maßnahmen zur Beeinflussung

- der Geldmenge und der Zinssätze,
- des Kreditvolumens und der **Bankenliquidität**.

Ziel ist die Stabilität des Geldwertes.

Bankenliquidität:

Liquide heißt wörtlich flüssig; hier: Zuführung von Bargeld, damit die Banken Mittel zur Vergabe von Krediten haben

Auszug aus dem „Vertrag zur Gründung der Europäischen Gemeinschaft"

Die Währungspolitik Artikel 105

(1) Das vorrangige Ziel des **ESZB** ist es, die Preisstabilität zu gewährleisten. Soweit dies ohne Beeinträchtigung des Zieles der Preisstabilität möglich ist, unterstützt das ESZB die allgemeine Wirtschaftspolitik in der Gemeinschaft. (...)

ESZB:

Europäisches System der Zentralbanken, bestehend aus den nationalen Notenbanken

Aufbau und Aufgaben der EZB

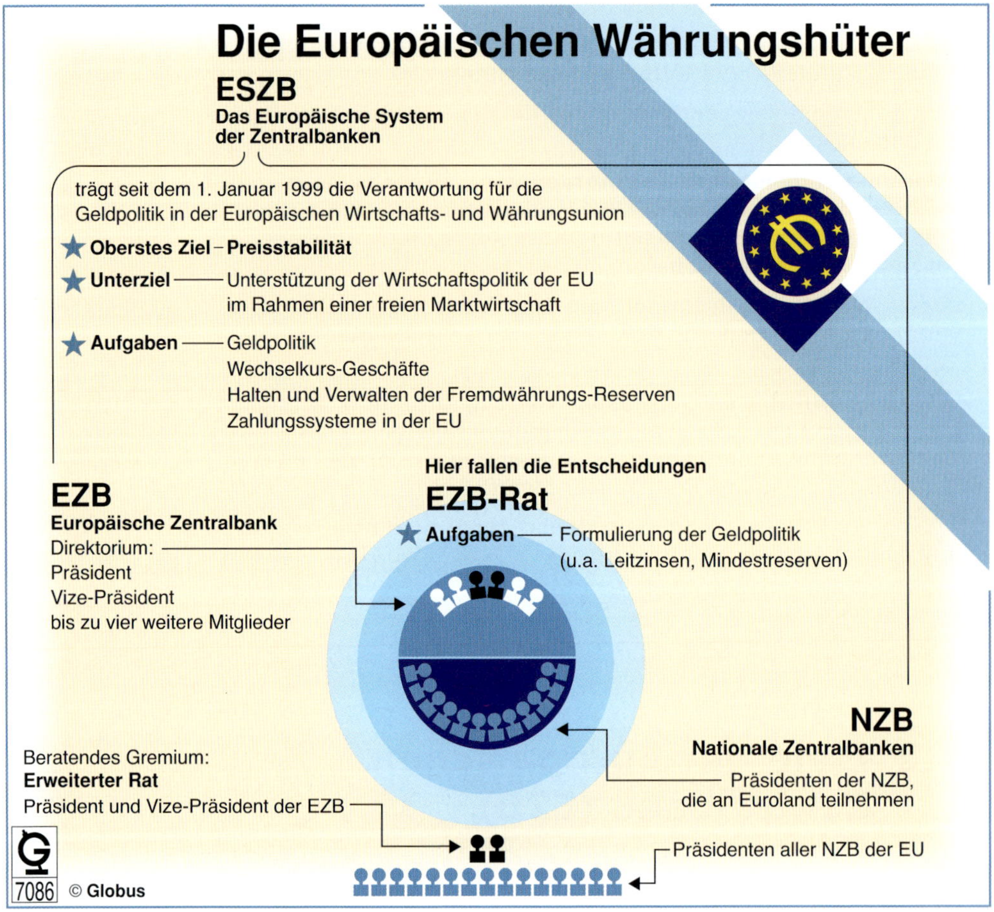

Autonom:
Selbstständig, unabhängig

Nationale Notenbanken:
Für die Geldpolitik in den Ländern der Europäischen Union waren früher ausschließlich die nationalen Notenbanken zuständig. In Deutschland war das die Deutsche Bundesbank. Seit 1999 hat diese Rolle die Europäische Zentralbank übernommen.

Foto: dpa

Deutsche Bundesbank in Frankfurt am Main

Der Vertrag zur Gründung der Europäischen Union legt in Artikel 105 auch die Ziele und Instrumente der Geldpolitik sowie Regelungen über die politische Unabhängigkeit der Notenbank fest. Die EZB kann aufgrund Artikel 108 des Vertrags zur Gründung der Europäischen Union ihre geldpolitischen Entscheidungen vollkommen **autonom** treffen.

Früher war die Geldmengensteuerung ein wichtiges Instrument der **nationalen Notenbanken.** Die Geldmenge sollte höchstens im gleichen Verhältnis wachsen wie die Gütermenge, da man glaubte, nur so könne der Wert des Geldes stabil bleiben. Von diesem Gedanken hat sich die EZB nun größtenteils verabschiedet. Die Geldmengensteuerung ist nur noch zweitrangig, da die Geldmenge sich nur sehr schwer steuern lässt.

Die EZB hat außerdem die folgenden Aufgaben:

- Sie muss die Wirtschaft ausreichend mit Geld versorgen.
- Sie beeinflusst die Geldmenge, indem sie Zentralbankgeld (Banknoten, Münzen und Einlagen der Kreditinstitute bei der Zentralbank) schöpft oder vernichtet.
- Ferner gibt die EZB die Zinssätze vor, die die Banken gegenüber den Unternehmern und den Konsumenten für Kredite verlangen oder für Einlagen gewähren können. Je niedriger die Zinsen sind, desto billiger werden Kredite und umgekehrt.
- Banken müssen einen bestimmten Mindestsatz an Geld, die so genannte **Mindestreserve,** bei der EZB anlegen. Dadurch kann die Menge der für die Kreditvergabe verfügbaren Geldmittel der Banken beeinflusst werden.

Mindestreserve:
Verpflichtung der Banken, einen Teil ihres zur Verfügung stehenden Geldes als verzinstes Guthaben bei der EZB zu halten

Geben Sie stichpunktartig die Aufgaben der EZB an.

11.3 Einwirkung auf Geldmenge und Bestimmung des Zinsniveaus

Mit einer **expansiven Geldpolitik** will man das Wachstum der Volkswirtschaft fördern. Gleichzeitig bewirkt eine expansive Geldpolitik auch einen Anstieg des Preisniveaus und (oder) eine Zunahme des Wachstums. Bewirken die Maßnahmen der EZB eine Abnahme des Wachstums und ein Sinken des Preisniveaus, liegt eine **restriktive Geldpolitik** vor. Nur die EZB, nicht aber die Notenbanken der Mitgliedsländer, hat das konjunkturpolitische Instrument der Zinsänderung zur Verfügung. Hierdurch wird eine einheitliche Zinspolitik für die gesamte Währungsunion gewährleistet. Um Geldpolitik wirksam umsetzen zu können, stehen der EZB zwei wesentliche Instrumente zur Verfügung:

Expansive Geldpolitik:
Erhöhung der Geldmenge

Restriktive Geldpolitik:
Verringerung der Geldmenge

- Offenmarktgeschäfte
  Es handelt sich um das wichtigste Instrument der Geldpolitik. Sie liegen vor, wenn die EZB Wertpapiere kauft oder verkauft. Durch den Kauf von Wertpapieren bringt die EZB zusätzliches Geld in den Umlauf. Beim Verkauf von Wertpapieren entzieht die EZB der Volkswirtschaft Geld.
- Kreditaufnahme oder Geldanlage
  Die EZB bietet den Banken die Möglichkeit, schnell Kredite aufzunehmen oder Geld anzulegen (Fazilität). Bei einer Kreditaufnahme müssen die Banken einen **Leitzins** bezahlen.

Leitzins:
Gibt die Höhe der Zinsen an, die die Banken an die EZB zahlen müssen

Unternehmer brauchen häufig Kredite, um ihre Investitionen zu tätigen. Verbraucher benötigen verschiedentlich Kredite, um sich ihre Kaufwünsche zu erfüllen. Begründen Sie, warum durch Zinssenkungen die Konjunktur angekurbelt werden kann.

Konvergenzkriterien:

Volkswirtschaftliche Größen

Ziel sollte es sein, sich den vorgegebenen Werten stetig zu nähern.

Hierzu zählen:
- Preisstabilität
- Niedrige langfristige Zinsen
- Stabile Wechselkurse
- Solide Staatsfinanzen

Die Beitrittskriterien zur Europäischen Währungsunion

Voraussetzung für den Beitritt anderer Länder in die Europäische Währungsunion ist die Einhaltung der „**Konvergenzkriterien**". Die Länder haben diese strikt einzuhalten, um wirtschaftlich stabile Bedingungen zu schaffen. Erforderlich ist außerdem eine verstärkte Abstimmung der Konjunkturpolitik.

Zusammenfassung

Für die Geldpolitik in der Europäischen Währungsunion ist die Europäische Zentralbank (EZB) verantwortlich.

Die EZB und die nationalen Notenbanken bilden zusammen das Europäische System der Zentralbanken (ESZB).

Die EZB kann ihre geldpolitischen Entscheidungen autonom treffen.

Die EZB hat primär die Aufgabe für einen stabilen Geldwert zu sorgen.

Als Instrumente stehen der EZB Offenmarktgeschäfte, ständige Fazilitäten und die Veränderung der Mindestreserve zur Verfügung.

Nur der EZB, nicht aber die Notenbanken der Mitgliedsländer, steht das konjunkturpolitische Instrument der Zinsänderung zur Verfügung.

Voraussetzung für den Beitritt in die Europäische Währungsunion ist die Einhaltung der Konvergenzkriterien.

Wissens-Check

1. Nennen Sie die Aufgaben der EZB.
2. Zeitungsmeldung: „Die EZB hat die Zinsen auf zwei Prozent gesenkt. Damit hat die Euro-Zone das tiefste Zinsniveau seit 1948."
   a) Welche Wirkung wird damit von der EZB bezweckt?
   b) Erläutern Sie, was die EZB mit einer restriktiven Geldpolitik bewirken will.
3. Nennen Sie die Konvergenzkriterien.
4. Warum wird der Beitritt zur Währungsunion von strengen Konvergenzkriterien abhängig gemacht?

Links

www.europa.eu.int

www.europarl.de/euro

www.aktion-euro.de

Außenhandel, Außenhandelspartner und Zahlungsbilanz 12

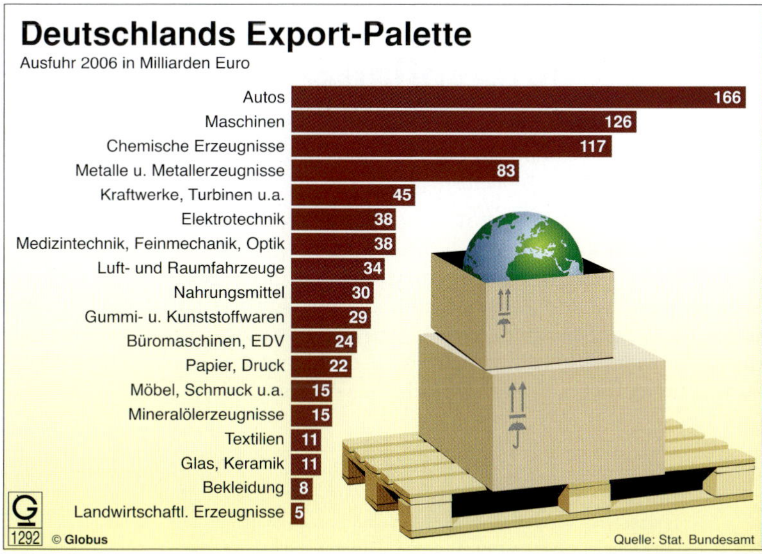

Deutsche Produkte sind sehr begehrt. Ganz oben stehen dabei Autos und Autoteile sowie Maschinen und chemische Erzeugnisse.

Diskutieren Sie, warum Außenhandel für Deutschland wichtig ist.

12.1 Außenhandel

Unter Außenhandel versteht man die wirtschaftlichen Aktivitäten eines Landes mit Handelspartnern im Ausland. Der Außenhandel wird in der Handelsbilanz eines Landes aufgezeichnet. Die Summe aller **Exporte** sollte genauso groß wie die Summe aller **Importe** sein. Wird weniger exportiert als importiert, spricht man von einem Außenhandelsdefizit, umgekehrt von einem Außenhandelsüberschuss.

Export:
Ausfuhr von Waren und Dienstleistungen

Import:
Einfuhr von Waren und Dienstleistungen

Bedeutung des Außenhandels für Deutschland

Autark:
Wirtschaftliche Unabhängigkeit von anderen Ländern; Selbstversorgerwirtschaft

Kein Staat der Welt kann vollkommen **autark** leben. Deutschland ist ein an Rohstoffen armes Land. Edelmetalle, Erdöl, Gas, Südfrüchte, Kaffee, Tee und Gewürze sind wichtige Importgüter. Deutschland ist auch ein besonders am Export orientierter Industriestaat, der mit fast allen Ländern der Welt in Handelsbeziehungen steht. Die größten Abnehmer bzw. Lieferanten sind die europäischen Nationen und die USA.

Ein Umschlagplatz für den Im- und Export von Waren

12.2 Zahlungsbilanz

Die Zahlungsbilanz zeigt die wirtschaftlichen Aktivitäten dieses Landes mit dem Ausland. Sie stellt alle Im- und Exporte eines Landes innerhalb eines bestimmten Zeitraumes gegenüber.

Damit lässt sich überprüfen, ob das Ziel außenwirtschaftlichen Gleichgewichts erreicht wurde. Außenwirtschaftliches Gleichgewicht liegt dann vor, wenn die Zahlungsbilanz einen leichten Überschuss ausweist. Das heißt, in der Summe sollte ein Exportüberschuss von ca. zwei Prozent des Bruttoinlandsproduktes vorliegen. Die Zahlungsbilanz wird von der Deutschen Bundesbank erstellt und in ihren Monatsberichten veröffentlicht.

© Erich Schmidt Verlag 218 001

Umsätze der Börse werden in der Kapitalbilanz erfasst.

Kapitalbilanz

Die Kapitalbilanz ist eine Teilbilanz der Zahlungsbilanz, in der der Kapitalverkehr mit dem Ausland erfasst wird. Hierzu gehören Direktinvestitionen in Form von Aktien sowie langfristige Darlehen inländischer Investoren im Ausland oder ausländischer Investoren im Inland. Ferner zählen dazu Wertpapierkäufe und -verkäufe und der Kreditverkehr zwischen dem In- und Ausland.

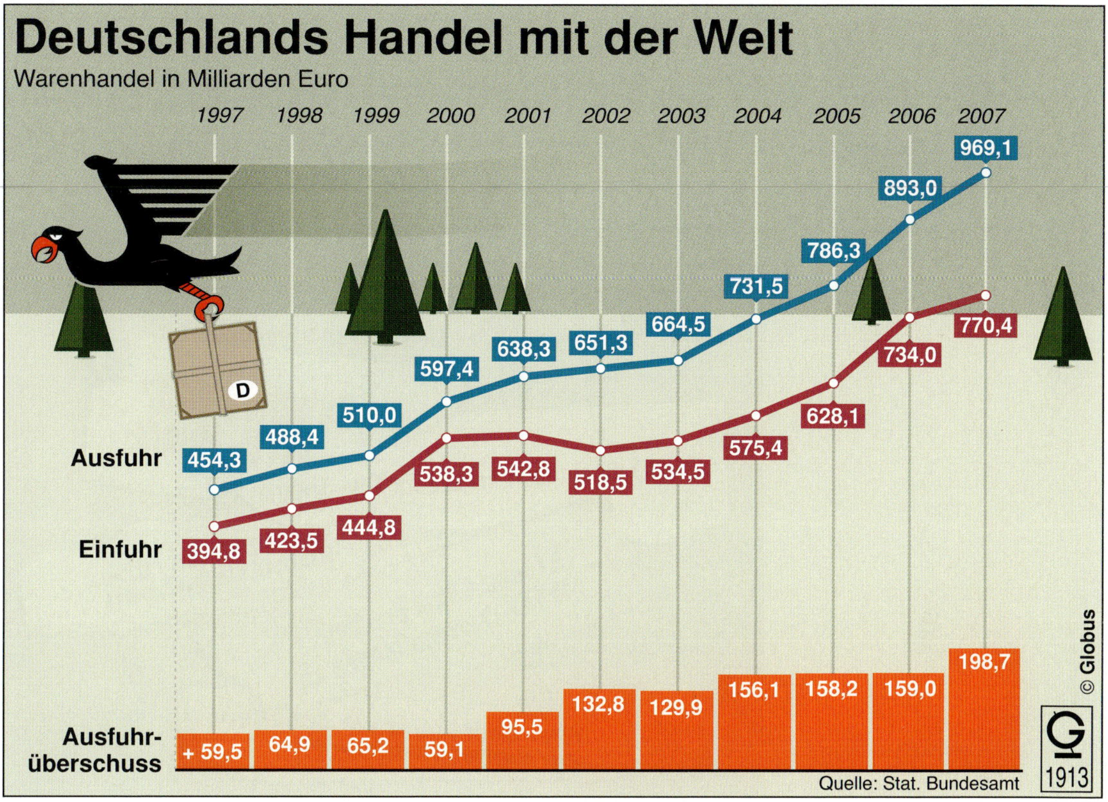

1. Wie hat sich der deutsche Außenhandel entwickelt?
2. Diskutieren Sie die möglichen Auswirkungen.

Zusammenfassung

Unter Außenhandel versteht man die wirtschaftlichen Aktivitäten eines Landes mit Handelspartnern im Ausland.

Kein Staat der Welt kann vollkommen autark leben. Auch die Bundesrepublik Deutschland steht in zahlreichen internationalen Handelsbeziehungen.

Die Zahlungsbilanz beinhaltet die wertmäßige Gegenüberstellung aller wirtschaftlichen Transaktionen eines Landes mit dem Ausland über einen bestimmten Zeitraum.

Wissens-Check

1. Warum kann ein Land nicht autark leben?
2. Begründen Sie, warum die Zahlungsbilanz stets ausgeglichen sein muss.

Links

www.bundesbank.de www.bpb.de

13 Internationale Handelsbeziehungen bzw. Organisationen

Grafik: R. A. Drude

Welche Organisationen werden in den Schlagzeilen genannt?

Jahrgangsstufe 12

13.1 Entwicklung des Welthandels

Bretton Woods:

Um das im Sept. 1931 zusammengebrochene internationale Währungssystem neu zu ordnen, fand vom 1. bis 22. Juli 1944 in Bretton Woods (New Hampshire, USA) die Internationale Währungs- und Finanzkonferenz statt. Hier wurden Verträge über die Errichtung des Internationalen Währungsfonds (IWF) und der Internationalen Bank für Wiederaufbau und Entwicklung (Weltbank) geschlossen.

In früheren Weltwirtschaftskrisen (z. B.1929) glaubten viele Staaten, sie könnten den Problemen entgehen. Durch gesetzlich festgelegte Handelsbeschränkungen, Importzölle oder Einfuhrsteuern, Boykottaufrufe oder verschärfte Sicherheits- oder Gesundheitsbestimmungen versuchten sie, Vorteile zu erlangen.

Nach 1945 rückte die Welt langsam näher zusammen. In **Bretton Woods** wurde der Grundstein für eine Weltwährungsordnung gelegt. Dies war auch die Geburtsstunde der ersten internationalen Handelsorganisationen. Eine der Hauptzielsetzungen dieser Organisationen ist die Unterstützung und der weitere Ausbau des internationalen Welthandels durch Abbau von Handelsbeschränkungen zur Öffnung der Märkte. Anhand der Entwicklung der Zollsätze lässt sich ablesen, dass die Welt diesem Ziel in den letzten 50 Jahren näher gekommen ist.

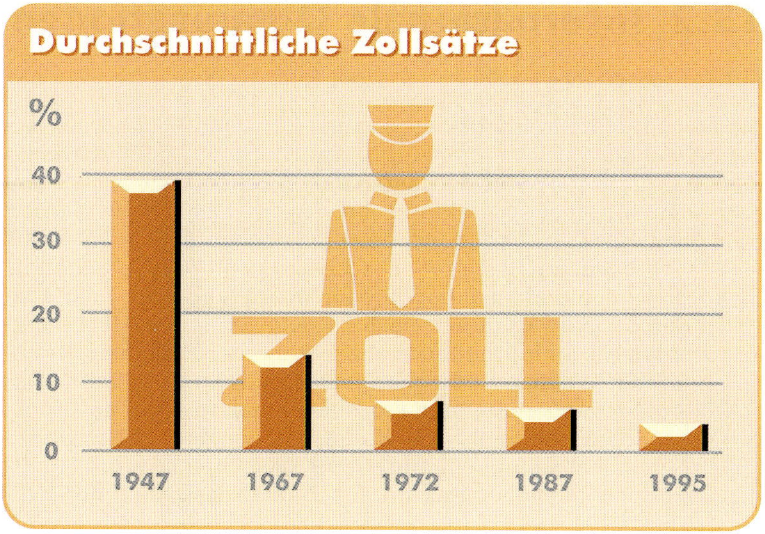

Zollabbau durch GATT-Verhandlungsrunden

Das Ziel ist die weitere **Liberalisierung** bis hin zu einer globalen **Freihandelszone.** In den letzten Jahrzehnten hat sich der internationale Welthandel mehr als verdreifacht.

Liberalisierung:
Die Rücknahme staatlicher Auflagen und gesetzlicher Regelungen, die den Handel einschränken

Worin liegt der Vorteil einer Freihandelszone?

Freihandelszone:
Wirtschaftsregion, bestehend aus mehreren Ländern, in der der freie Austausch von Gütern und Dienstleistungen zwischen den Ländern ermöglicht wird
Dies geschieht z. B.durch Abbau von Zöllen und Handelsbeschränkungen.

Der Großteil des Handels spielt sich heute zwischen Japan, Südostasien, den USA, der NAFTA und der EU ab. Diese Entwicklung ging allerdings bislang an den Reform- und Entwicklungsländern vorbei.

Neue Freihandelszone FTAA

Von Alaska bis Feuerland

Die Handelsminister aus 34 Staaten des amerikanischen Kontinents haben sich in Miami auf ein Rahmenabkommen für die größte Freihandelszone der Welt geeinigt. Mit 780 Millionen Verbrauchern ist die FTAA fast doppelt so groß wie die EU. Globalisierungsgegner protestierten gegen den Zusammenschluss.

Süddeutsche Zeitung

FTAA:
Free Trade Area of America

13.2 Internationale Organisationen

GATT und WTO

Protektionismus:

Der Schutz inländischer Produzenten vor ausländischer Konkurrenz mit Hilfe von Verboten, mengenmäßigen Beschränkungen (Quotierung, Kontingentierung), Zöllen oder Auflagen

Eine wichtige Rolle hat das allgemeine Zoll- und Handelsabkommen (General Agreement on Tariffs and Trade – GATT) übernommen. Es wurde 1947 von 23 Staaten unterzeichnet. Mit seiner Hilfe sollte der Wirtschafts**protektionismus** weltweit bekämpft und der freie Welthandel gefördert werden. Inzwischen sind dem GATT mehr als 120 Staaten beigetreten – China ist noch kein Vollmitglied. Zwar ist es gelungen, insbesondere im Warenhandel die Zölle zwischen den Ländern nach und nach zu reduzieren und Mengenbegrenzungen für Einfuhren abzubauen, von einem vollkommen unbeschränkten Welthandel ist man jedoch noch weit entfernt. Das GATT-Abkommen erlaubt den einzelnen Ländern sogar ausdrücklich, zum Schutz besonders gefährdeter nationaler Wirtschaftsbereiche Schutzmaßnahmen für die eigene Wirtschaft zu ergreifen. Es gibt keine rechtlichen Mittel, die Einhaltung des GATT durchzusetzen.

Das GATT, das nur ein Vertragswerk ist, wurde am 1. Januar 1995 durch die WTO (World Trade Organization = Welthandelsorganisation) in Genf abgelöst. Hinter den GATT-Verträgen steht damit jetzt eine dauerhafte Institution, von der man sich mehr Einfluss im Sinne eines ungehinderten Welthandels verspricht.

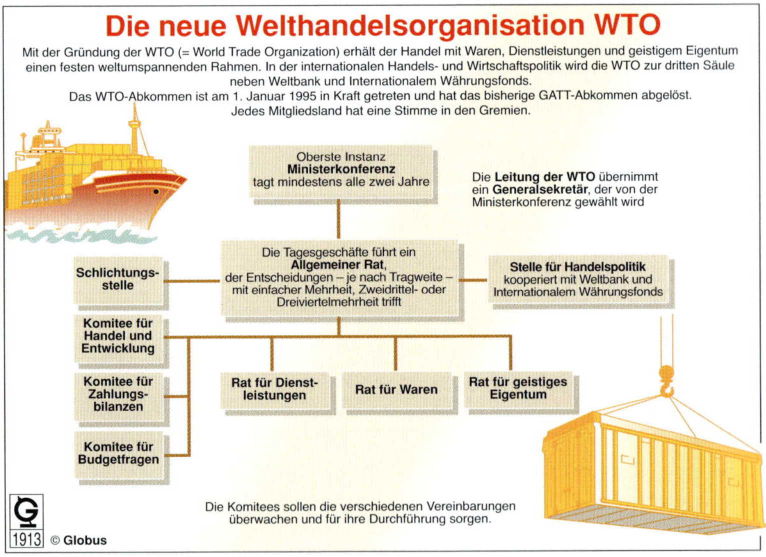

OECD

OECD:

Organization for Economic Cooperation and Development = Organisation für wirtschaftliche Zusammenarbeit und Entwicklung

1960 wurde die **OECD** gegründet. Sie hat sich zum Ziel gesetzt, die Wirtschaftsentwicklung der Mitgliedsländer durch Informationsaustausch und politische Zusammenarbeit zu unterstützen. Dies geschieht nicht durch Vorschriften, sondern durch die Vorlage von Analysen und Berichten sowie Empfehlungen und deren Diskussion. Die OECD hat z. B. die PISA-Studie in Auftrag gegeben. Eine spezielle Aufgabe sieht die OECD darin, den ärmsten Entwicklungsländern zu helfen. 30 zumeist hoch entwickelte Industriestaaten gehören der Organisation als Vollmitglieder an, darunter sämtliche EU-Staaten.

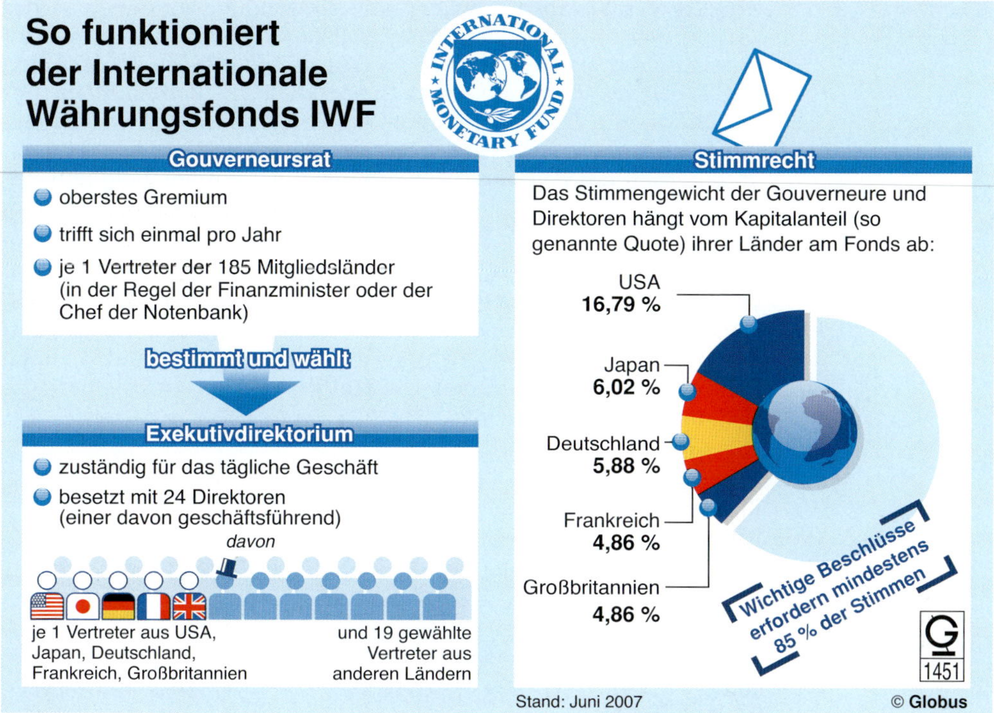

G7/G8

Bei der Gruppe der Sieben handelt es sich um ein **informelles**, nicht mit Entscheidungskompetenz ausgestattetes Gremium, in dem sich 1975 die sieben wirtschaftsstärksten Länder zusammengefunden haben, um insbesondere weltwirtschaftliche und währungspolitische Fragen zu erörtern. Die Mitgliedstaaten sind: Deutschland, Frankreich, Großbritannien, Italien, Japan, Kanada und die USA. Hier geht es darum, dass die Staats- bzw. Regierungschefs sowie die Wirtschafts- und Finanzminister versuchen, eine gemeinsame Beurteilung der wirtschaftlichen Lage zu erzielen und die Probleme im jeweils anderen Land aus dessen Sicht zu verstehen. Auf dieser Basis kann dann versucht werden, die jeweilige Wirtschafts-, Finanz- und Währungspolitik untereinander abzustimmen oder auch eine gemeinsame Politik in Krisensituationen – z. B. Währungs- oder Schuldenkrisen – zu verfolgen. Seit dem Jahr 1994 nimmt auch Russland an den politischen Beratungen teil (G8). Wichtige Staaten fehlen jedoch noch in diesem Gremium, z. B. China und Indien.

Informell:
Nicht offiziell, ohne Formalitäten

IWF und Weltbank

Der **IWF** wurde 1944 gegründet und umfasst inzwischen über 180 Mitgliedstaaten. Der IWF befasst sich vor allem mit internationalen Währungs- und Wechselkursfragen und den internationalen Zahlungsbilanzen der einzelnen Volkswirtschaften. Im Falle von Währungs- und Zahlungsbilanzkrisen (Auslandsschulden von Staaten) kann er korrigierend eingreifen, indem er den betroffenen Staaten Kredite gibt. In großem Umfang ist dies z. B. 1994 zur Behebung der mexikanischen Finanzkrise und 1997 im Falle der Währungs- und Finanzkrisen in Ost- und Südostasien (z. B. in Südkorea, Thailand oder Indonesien) geschehen.

IWF:
Internationaler Währungsfond

Kredite werden auch gewährt, um Entwicklungsaufgaben in der Dritten Welt oder um den Wirtschaftsaufbau und -umbau z.B. in Russland und auf dem Balkan zu unterstützen. Diese Finanzhilfen sind stets an wirtschafts- und finanzpolitische Bedingungen geknüpft, die die Empfängerländer erfüllen müssen, um wieder stabile Währungs- und Finanzverhältnisse zu erreichen. Seine Finanzmittel erhält der IWF überwiegend aus Einlagen der Mitgliedsländer. Er kann aber auch in begrenztem Umfang Kredite aufnehmen.

IDA:
Internationale Entwicklungsorganisation

IFC:
Internationale Finanz-Korporation

IBRD:
Bank für Wiederaufbau und Entwicklung

Die **Weltbank** wurde fast zur gleichen Zeit wie der IWF errichtet. Ziel der Weltbank ist es, die wirtschaftliche Entwicklung in ihren weniger entwickelten Mitgliedsländern hauptsächlich durch finanzielle Unterstützung zu fördern. Die Mittel stammen vorwiegend aus Beteiligungen der Mitgliedsländer. Zur **Weltbank-Gruppe** gehören fünf Organisationen. Die drei wichtigsten sind die **IDA,** die **IFC** und die **IBRD.**

Die IDA vergibt vorwiegend zinslose Kredite an Entwicklungsländer; die IFC hilft Entwicklungsländern bei der Errichtung, Modernisierung oder Erweiterung rentabler privater Unternehmen. Die IBRD vergibt günstige Kredite an Entwicklungsländer.

Dem IWF und der Weltbank gehören zurzeit 165 Mitgliedsstaaten an.

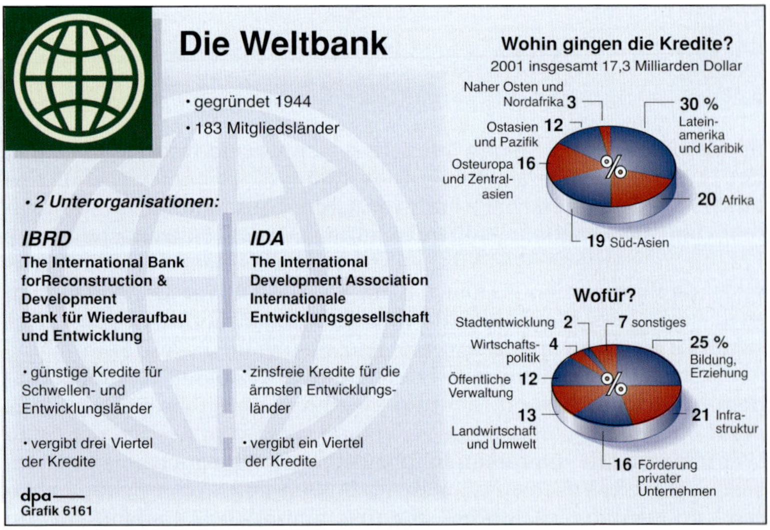

Wozu benötigt die Welt internationale Handelsorganisationen?

13.3 Problembereiche des IWF

Die Kredite des IWF sind an strenge Auflagen gebunden, die es den Entwicklungsländern oftmals unmöglich machen, sich von innen heraus zu reformieren. Beispielsweise werden Kredite nur dann gewährt, wenn es zu tief greifenden Umstrukturierungen in der heimischen Wirtschaft kommt (vor allem im Sektor Handwerk). Durch den Wegfall dieser Bereiche steigt aber die Arbeitslosigkeit im Land rasant an, da neue Industrien nicht so rasch Fuß fassen können. Dies treibt die Länder immer tiefer in den Abgrund.

Ein weiteres Problem stellen private Investoren dar. Immer wieder wird kritisiert, dass private Investoren zwar von der Stabilisierungspolitik des IWF profitierten, in Krisenzeiten jedoch ihr Geld schnell abzögen und den Niedergang des betroffenen Landes dadurch nur verstärkten. Die europäischen Staaten im IWF haben auf feste Regelungen für eine Einbindung der privaten Investoren bestanden, doch die USA setzten sich mit ihrer **restriktiven** Haltung weitgehend durch.

Restriktiv:
Auf Zurückhaltung bedacht, einschränkend

Zusammenfassung

Das GATT wurde 1947 von 23 Staaten gegründet und wurde 1995 durch die WTO abgelöst. Mit seiner Hilfe sollte der Wirtschaftsprotektionismus weltweit reduziert und der freie Welthandel gefördert werden.

Die OECD hat sich zum Ziel gesetzt, die Wirtschaftsentwicklung ihrer Mitgliedsländer durch Informationsaustausch und Politikkoordination zu unterstützen.

Bei den G7 handelt es sich um die sieben wirtschaftsstärksten Länder. Die G7 wollen vorwiegend weltwirtschaftliche und währungspolitische Fragen erörtern.

Der IWF befasst sich vor allem mit internationalen Währungs- und Wechselkursfragen sowie den internationalen Zahlungsbilanzen.

Ziel der Weltbank ist es, die wirtschaftliche Entwicklung in ihren weniger entwickelten Mitgliedsländern hauptsächlich durch finanzielle Unterstützung zu fördern.

Wissens-Check

1. Welche Gründe führten zur Entstehung der internationalen Organisationen?
2. Welches Ziel verfolgen die internationalen Handelsorganisationen?
3. Nennen Sie die wichtigsten internationalen Handelsorganisationen.
4. Erläutern Sie die Problembereiche der internationalen Handelsorganisationen.

Links

www.osce.org
www.oecd.org
www.who.org
www.weu.int
www.uno.de

Globalisierung 14

Die Berufsschülerin Elvira Klug steht heute früh auf; sie muss in die 40 Kilometer entfernte Berufsschule. Zum Frühstück trinkt sie schnell eine Tasse Kaffee. Er kommt aus Nicaragua. Für die Vormittagspause nimmt Elvira zwei Orangen mit, die in Israel angepflanzt wurden. Ihre Mutter hat ihr erlaubt, heute ihr Auto zu verwenden, einen japanischen Kleinwagen. Als sie die Schule erreicht hat, telefoniert sie mit ihrem finnischen Mobiltelefon nach Hause. Im Deutschunterricht hält Elvira ein Referat über den weltweiten Klimawandel. Die Informationen hat sie aus dem Internet. In der Mittagspause versorgt sich die Berufsschülerin in einem Fastfood-Restaurant und trinkt einen Cappuccino. Ihre Großmutter sagt immer, dass es zu ihrer Zeit solche Nahrungsmittel nicht gegeben habe. Für ihre Schwester kauft Elvira nach der Schule Jeans. Sie wurden in Honduras genäht, die Baumwolle lieferte Kasachstan.

Wie wird erkenntlich, dass die Berufsschülerin in einer globalisierten Welt lebt?

Grafik: Dave Vaughan

Die Globalisierung erfasst den ganzen Erdball. Es entfallen nationale Grenzen.

14.1 Dimensionen der Globalisierung

Globalisierung als wirtschaftliche Entwicklung

Der Begriff „Globalisierung" bezieht sich vor allem auf den wirtschaftlichen Bereich. Globalisierung ist ein langfristiger Vorgang, bei dem die einzelnen Märkte immer mehr staatliche Grenzen überschreiten. Bereits im vergangenen Jahrhundert fand Globalisierung im Rahmen der **internationalen Arbeitsteilung** statt. Innerhalb des Globalisierungsprozesses kommt es zu einer starken Zunahme der Handelsströme zwischen den einzelnen Volkswirtschaften. Darüber hinaus werden ganze Produktionsstätten in das Ausland verlagert. Es bilden sich Unternehmen, die weltweit tätig sind. Sie werden multinationale Unternehmen („Multis") oder „global players" genannt. Weil durch die technologische Entwicklung (z. B. Telekommunikation) die Entfernung zwischen den im Wirtschaftsleben Handelnden (z. B. Käufer, Verkäufer, Kapitalanleger) immer geringer wird, spricht man vom „global village".

Internationale Arbeitsteilung:

Die Produkte werden dort hergestellt, wo sich die geringsten Kosten ergeben. Geringe Transportkosten begünstigen diese Entwicklung.

Global player ohne Heimspiel?

Als internationales Unternehmen, das in mehr als 50 Ländern tätig ist, nutzen wir die Chancen der Globalisierung. Unsere Strategie:

Genaue Kenntnisse lokaler Marktgegebenheiten und Präsenz vor Ort. Damit jedes Spiel zum Heimspiel wird. XYZ – ein internationaler Pharma- und Chemiekonzern.

Werbeanzeige in der Süddeutschen Zeitung

Globalisierung und kulturelle Entwicklung

Foto: dpa

Demonstranten verbrennen amerikanische Symbole.

Kultureller Austausch gehört zur Geschichte der Menschheit. Unser Zahlensystem stammt aus Arabien. Europäische Kulturgüter gelangten in der Kolonialzeit in die ganze Welt.

Die Globalisierung beeinflusst die Alltagskultur der Menschen in den verschiedenen Erdteilen. Da die multinationalen Unternehmen weltweit ihre Produkte verkaufen wollen, kommt es zu einer Angleichung der Mode und der Essgewohnheiten. So sind Fast-Food-Ketten in der ganzen Welt mit einem identischen Angebot vorzufinden und Sportartikelhersteller wollen die Produkte ihrer Marke überall verkaufen. Der zunehmende Informationsaustausch durch das Internet und der Zugang zu einem Fernsehgerät können die Entwicklung zu einer Einheitskultur verstärken.

Die Tendenz zum einheitlichen Lebensstil in der globalisierten Welt verursacht Gegenbewegungen. Wenn Menschen bewusst den Dialekt ihrer Region sprechen oder vermehrt landestypische Speisen essen, kann dies aus Ablehnung gegenüber der kulturellen Globalisierung erfolgen. Das kann in Entwicklungsländern dazu beitragen, dass sich bestimmte Bevölkerungsschichten abschotten und einem **Fundamentalismus** zuwenden.

Fundamentalismus:
Kompromissloses Festhalten an politischen, ideologischen und religiösen Werten

1. Überlegen Sie sich Lebensmittel und Kleidungsstücke, die Sie vermutlich weltweit erhalten können!
2. Welche Vor- und Nachteile sehen Sie in der kulturellen Globalisierung?

Globalisierung und Umweltschutz

Die Lebensweise in den westlichen Industrienationen und die Standards im Umweltschutz wirken sich auch auf die Umweltsituation auf anderen Kontinenten aus. Umweltkatastrophen wie Überschwemmungen machen nicht an den Landesgrenzen Halt und Klimaveränderungen betreffen die Klimazonen weltweit. Maßnahmen zum Umweltschutz bedürfen daher einer globalen Abstimmung. Die UN-Umweltkonferenzen sind ein Ansatz für eine globale Umweltpolitik (**Global Governance**).

Global Governance:
Versuch, globale Probleme durch internationale Koordination, Kooperation und überstaatliche Organisationen zu lösen

14.2 Chancen und Risiken der Globalisierung

Globalisierung: Katalysator für das Wirtschaftswachstum

Veränderung des realen Pro-Kopf-Bruttoinlandsprodukts im Jahresdurchschnitt

	Industrieländer	Entwicklungsländer	
		Globalisierer	Nicht-Globalisierer
1960er Jahre	4,7	1,4	2,4
1970er Jahre	3,1	2,9	3,3
1980er Jahre	2,3	3,5	0,8
1990er Jahre	2,2	5,0	1,4

Industrieländer: 24 OECD-Länder, Chile, asiatische Tigerstaaten (Hongkong, Taiwan, Südkorea, Singapur); Globalisierer: Entwicklungsländer mit relativ starkem Anstieg des Verhältnisses zwischen Außenhandel und Wirtschaftsleistung seit Ende der siebziger Jahre; Nicht-Globalisierer: übrige Entwicklungsländer; Quelle: Dollar/Kray 2001

Institut der deutschen Wirtschaft Köln

Katalysator:
Beschleuniger eines Vorganges

„Globalisierung" hat sich in der öffentlichen Diskussion zu einem Begriff entwickelt, der Angst und Aggressionen, aber auch Hoffnungen auslöst. Sie berührt insbesondere die Wirtschaftspolitik. Globalisierung hat gesellschaftliche Konsequenzen (z.B. Auswanderung).

Das Institut für Demoskopie in Allensbach hat die Meinung der deutschen Bevölkerung ab dem 16. Lebensjahr zur Globalisierung mit folgender Frage untersucht: „Wenn von Globalisierung die Rede ist, was überwiegt bei Ihnen: sehen Sie da alles in allem mehr die Chancen oder mehr die Risiken?" Seit 1998 sehen die befragten Personen mit zunehmender Tendenz immer mehr Risiken; im Jahr 2006 waren es 47 Prozent. Nur noch 20 Prozent der befragten Personen finden, dass durch die Globalisierung sich eher Chancen ergeben.

Mittelschwäbische Zeitung

Foto: dpa

Fließbandarbeiterinnen in Taiwan bei der Platinenherstellung

Globalisierung – eine Chance für die Entwicklungsländer?

Armut und Hunger sind auch heute in vielen Entwicklungsländern weit verbreitet. Der Einkommensunterschied zwischen den Menschen in den Industrieländern und jenen der Entwicklungsländer hat sich im vergangenen Jahrhundert dramatisch vergrößert. Der zunehmende weltweite Handel mit Waren hat in vielen Staaten der früheren „Dritten Welt" keine deutliche Wohlstandsmehrung gebracht. Eine genauere Betrachtung zeigt, dass es bei den Entwicklungsländern Globalisierungsgewinner und Globalisierungsverlierer gibt. Zu den Gewinnern gehören China und die „Tiger-Staaten" Ostasiens wie etwa Südkorea und Singapur. In Lateinamerika haben die „Jaguar-Staaten" (u. a. Mexiko, Chile, Brasilien) durch den Welthandel ihren Wohlstand vermehren können.

Bruttoinlandsprodukt (2006 bzw. 2007) pro Kopf im internationalen Vergleich

Quelle: www.auswaertiges-amt.de

	in Euro		in US-Dollar		in US-Dollar
Schweiz	43000	Kambodscha	513	Brasilien	7634
Tschechien	12912	Burundi	127	Iran	2941
Slowakei	7480	Thailand	3094	Tschad	240
Australien	26344	Myanmar	1027	Mali	414
Japan	29399	Bangladesh	482	Simbabwe	595
Liechtenstein	90000	Nepal	293	Laos	653
Schweden	36045	Algerien	3387	Pakistan	847
Italien	26100	Togo	370	USA	43533
Kroatien	7704	Burkina Faso	347	Vietnam	714
Irland	41205	Singapur	7950	Tadschikistan	404
Litauen	8294	Argentinien	5772	Malaysia	5457
Portugal	14654	Indien	828	Ecuador	3270
Serbien	4058	Südkorea	20000	Philippinen	1234
Belgien	29700	Chile	12027	Kenia	492
Singapur	25725	Mexiko	7950	China	2014
Deutschland	28211	Äthiopien	160	Venezuela	6099

Grafik: R. A. Drude

Welche Weltregionen haben noch nicht von der Globalisierung profitiert?

Als Voraussetzungen für eine positive Entwicklung in einem Entwicklungsland durch die Globalisierung gelten:

- Geldwertstabilität
- Stabile Regierungsverhältnisse
- Exportorientierung bei teilweiser Öffnung gegenüber Importen
- Rechtssicherheit (z. B. Schutz vor Enteignungen)
- Geringe Korruption
- Investitionen in Bildung und Infrastruktur

Die Globalisierung hat in den begünstigten Entwicklungsländern auch Schattenseiten. Ihre Arbeitnehmer erhalten von den „global players" im Vergleich zu den Arbeitnehmern in Industrieländern nur kärgliche **Stundenlöhne.** Zudem unterliegen auch die Entwicklungsländer dem weltweiten Konkurrenzdruck. Die heimische Wirtschaft trifft auf ausländische Anbieter, deren Güter nicht mehr durch Zölle verteuert werden.

Stundenlöhne:
In Mexiko arbeiten Frauen für 1,40 $/Stunde am Fließband.

Thailands Landwirte in der Modernisierungsfalle

„Je mehr sie arbeiten, desto ärmer werden sie"

Kleinbauern im Norden des Landes protestieren gegen die Folgen der Globalisierung

Die Welthandelsorganisation WTO, der Internationale Währungsfonds, die Weltbank sind hier Schimpfwörter. „Die WTO macht die Preise von Zwiebeln, Reis und Früchten kaputt", sagt ein Bauer. „Weil es keine Zollschranken mehr gibt, wird das Land von Billigimporten überschwemmt."

Süddeutsche Zeitung

Grafik: Dave Vaughan

Logo von Transfair

Die positiven Auswirkungen der Globalisierung können von den Industrienationen, wie z. B. Deutschland, unterstützt werden.

> „Wir müssen unsere Märkte für alle Produkte der Entwicklungsländer öffnen (...) Jeder von uns kann etwas tun. Jeder kann zu einem fairen Welthandel beitragen. Das scheint naiv, aber es gibt gute Beispiele dafür. Viele Verbraucherinnen und Verbraucher kaufen fair gehandelten Kaffee, Orangensaft und Kakao. Waren mit Transfair-Siegel hatten im vergangenen Jahr in Deutschland einen Umsatz von 53 Millionen Euro."
>
> Johannes Rau (Bundespräsident von 1999–2004) im Mai 2002 zur Globalisierung

Probleme durch die Globalisierung

Weil die „global players" ihre Produktionsstätten dorthin verlagern, wo die Lohnkosten gering und neue Absatzmärkte zu erwarten sind, gehen in den Industrieländern Arbeitsplätze verloren.

Der Verlust an Arbeitsplätzen wird auch dadurch verstärkt, dass internationale Unternehmen **Fusionen** eingehen.

Fusion:
Hier: Zusammenschluss internationaler Unternehmen

> „Noch nie haben sich so viele Arbeitnehmer Sorgen gemacht, ob ihr Unternehmen zum Übernahmeobjekt ausländischer Konzerne werden könnte und was dann aus ihnen würde. (...) Menschen sind nicht so mobil und nicht so bindungslos wie Kapital, und sie werden und wollen es auch nie sein."
>
> Johannes Rau (Bundespräsident von 1999–2004) in seiner Berliner Rede

Foto: dpa

Demonstration von Globalisierungsgegnern in Bangkok

Die „global players" sind nicht durch die Wirtschaftspolitik eines einzigen Landes zu beeinflussen. Eine nationale Behörde wie das Bundeskartellamt kann sie nicht mehr überwachen und kontrollieren. Fusionen werden als Notwendigkeit im internationalen Konkurrenzkampf angesehen. Die Kritiker der Globalisierung sehen in diesem Prozess die Gefahr, dass die Politik ihre Herrschaft über internationale Konzerne verliert.

Grafik: Dave Vaughan

Teilweise werden die Umweltvorschriften sowie die Steuer- und Sozialgesetze von einzelnen Staaten bewusst minimal gestaltet, damit sich „global players" ansiedeln. Eine besondere Bedeutung als Gegenpol zu dieser Entwicklung erlangen internationale Staatengemeinschaften wie die EU, die mit ihrer **supranationalen** Wirtschafts-, Steuer-, Umwelt- und Sozialpolitik ein Gegengewicht entwickeln können.

Supranational:
Überstaatlich, übernational

Globalisierungskritiker fordern Politik-Wechsel

Köln (AP) – Zehntausende Globalisierungskritiker haben in Köln für mehr soziale Gerechtigkeit und gegen **neoliberale** Politik demonstriert. Zu der Aktion unter dem Motto „Her mit dem schönen Leben – eine andere Welt ist möglich" hatten die Jugendverbände von fünf Gewerkschaften, das globalisierungskritische Netzwerk Attac sowie Friedensbewegung und Erwerbslosen-initiative aufgerufen. Die Proteste richteten sich auch gegen Sozialabbau, Lohndumping, Bildungsnotstand und Umweltzerstörung

Süddeutsche Zeitung

Neoliberal:
Unterstützung des wirtschaftlichen Liberalismus, der nur Angebot und Nachfrage als Marktkräfte anerkennt und staatlichen Einfluss auf die Wirtschaft komplett ablehnt

Überlegen Sie sich, wie der Einzelne tagtäglich verspüren kann, dass er in einer globalisierten Welt lebt.

Vorteile durch die Globalisierung

Durch die Globalisierung sind neue Beschäftigungschancen entstanden. Dies gilt z.B. für die Software-Industrie und die Multimediabranche.

Von der Globalisierung profitieren der arbeitsintensive Dienstleistungssektor sowie die Kapitalanleger. Reisen, Freizeitangebote, Kultur und Bildung können vermehrt nachgefragt werden.

Einen Vorteil aus der Globalisierung können die Verbraucher in den Industriestaaten ziehen. Der weltweite Wettbewerb führt zu einem Preisdruck. Bei einer Vielzahl von Anbietern können für die Produkte keine überhöhten Preise verlangt werden. Erkauft wird dieser Vorteil allerdings häufig mit starken Umweltverschmutzungen, Kinderarbeit und Lohndumping in den Entwicklungsländern.

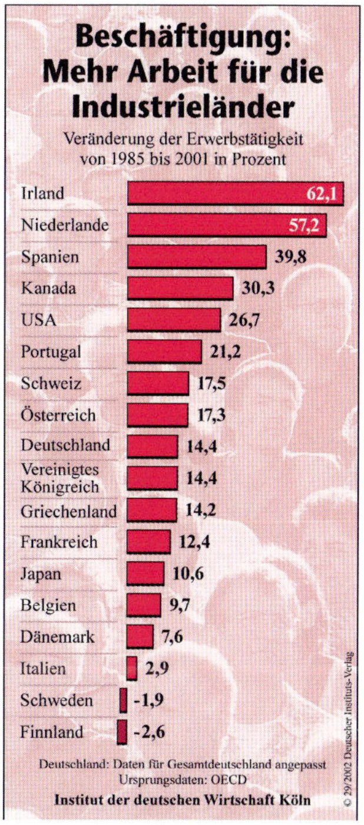

Deutschland exportiert in großem Umfang Straßenfahrzeuge, Maschinen, chemische Erzeugnisse und Elektrotechnik in die ganze Welt. Der Anteil der Lebensmittelimporte übersteigt deutlich die Exporte an Lebensmitteln. Welche Vor- und Nachteile ergeben sich daraus für Deutschland bzw. für die hauptsächlich Lebensmittel exportierenden Länder?

Zusammenfassung

Globalisierung ist eine langfristige Entwicklung, bei der sich die weltweiten Wirtschaftsbeziehungen vermehren.

Der Begriff Globalisierung ist für die Menschen mit Sorgen und Ängsten, aber auch Erwartungen verbunden.

Unter günstigen Bedingungen bietet die Globalisierung den Ländern der Dritten Welt Entwicklungschancen. Diese Chancen konnten bislang nur einige Staaten nutzen. In anderen Entwicklungsländern führt die Globalisierung zu vermehrter Armut, Kinderarbeit und Niedriglöhnen.

Die Globalisierung führt in den Industrieländern zu einem Verlust von Arbeitsplätzen.

Globalisierung geht einher mit einer zunehmenden Anzahl an Unternehmenszusammenschlüssen.

Die Globalisierung vermindert den Einfluss der staatlichen Wirtschaftspolitik.

Die internationale Arbeitsteilung führt zu erschwinglichen Preisen für die unterschiedlichsten Produkte. Produktvielfalt führt zur Wohlstandsmehrung.

Wissens-Check

1. Welche Meinung vertreten Sie zum Globalisierungsprozess? Sammeln Sie Argumente für eine Pro- und Contra-Diskussion in der Klasse!
2. Unter welchen Voraussetzungen hat die Globalisierung positive Auswirkungen in Entwicklungsländern?

Links

www.attac.de
www.globlern21.de
www.uwkw.de
www.woek.de

B

Lebens- und Zukunftssicherung durch ökologisch-nachhaltige Entwicklung

- Zentrale Umweltprobleme
- Prinzip der Nachhaltigkeit
- Internationale Umweltschutzmaßnahmen
- Individuelle Handlungsmöglichkeiten

1 Zentrale Umweltprobleme

Grafik: Dave Vaughan

Die Karikatur zeigt, wie sich das Umweltbewusstsein der deutschen Bevölkerung verändert hat.

1. Beschreiben Sie die Grenzen des Umweltbewusstseins in Deutschland.
2. Was könnte Ursache für diese veränderte Einstellung sein?

Umweltgefährdung und Umweltzerstörung machen nicht vor nationalen Grenzen Halt. Die zentralen Umweltprobleme wirken grenzüberschreitend und global.

1.1 Klimawandel

Der Klimaschutz gehört für die Mehrzahl der Menschen zu den wichtigsten umweltpolitischen Aufgaben. Gerade hier sieht man aber in den letzten Jahren die wenigsten Fortschritte. Das Eintreten eines Klimawandels wird für höchst wahrscheinlich gehalten. Dass man den Klimawandel durch entsprechende Maßnahmen noch verhindern kann, glaubt allerdings nur die Hälfte der Bevölkerung.

Der Mensch benötigt Energie, um Lebensbedürfnisse zu befriedigen, technologischen Fortschritt zu erreichen und wirtschaftliches Wachstum zu sichern. Lange Zeit waren Brennholz, Wasserkraft und Windenergie die wichtigsten Energieträger auf der Erde. Mit der Entwicklung der Dampfmaschine vor 200 Jahren konnte der Mensch erstmals über seine körperliche Leistungskraft hinaus in seine Umwelt eingreifen.

Um den Lebensstandard weiter verbessern zu können, wurde mit dem Einsatz **fossiler Brennstoffe** und der Atomenergie die Produktion von Gütern und Dienstleistungen ständig gesteigert.

Fossile Brennstoffe:
Erdgas, Erdöl, Kohle

1. Auf welches Problem macht die nebenstehende Karikatur aufmerksam?
2. Welche Gefahren sehen Sie in diesem Zusammenhang für die Umwelt?

Grafik: Dave Vaughan

Das Klima auf der Erde wird entscheidend von den Eigenschaften der Luft beeinflusst. Der langwellige Anteil der Sonnenstrahlung (Wärmestrahlung) wird von bestimmten Gasen in der Luft **absorbiert**. Dadurch gelangen nicht alle Wärmestrahlen zurück ins Weltall. Wie die Glasfenster eines Treibhauses hält die uns umgebende **Atmosphäre** einen bestimmten Teil der Wärmestrahlung der Sonne auf der Erde zurück. Dadurch stellt sich eine Durchschnittstemperatur von +15 Grad Celsius ein (Treibhauseffekt).

Absorbieren:
Aufsaugen, in sich aufnehmen

Atmosphäre:
Lufthülle der Erde

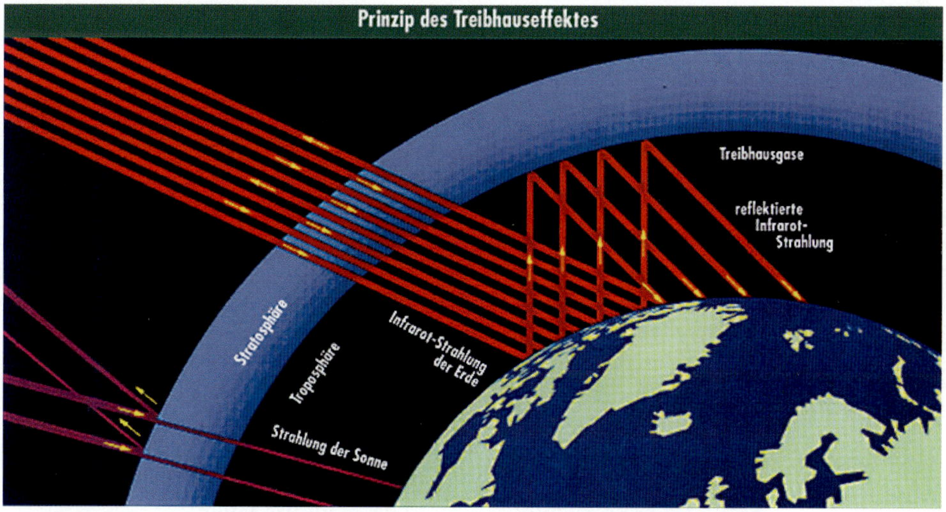

Quelle: Shell AG

Durch unvollständige Verbrennung, beispielsweise in Wärmekraftwerken, Kraftfahrzeugmotoren und Heizungen in Privathaushalten, wird Kohlenmonoxid freigesetzt. Dieses Gas wandelt sich in der Luft zu Kohlendioxid um (CO_2-**Emission**). Es gilt als hauptverantwortlich für die globale Erwärmung. Je mehr CO_2 sich in der Atmosphäre befindet, desto mehr Wärmestrahlung wird auf der Erde zurückgehalten. Die Folge ist eine weltweite Temperaturerhöhung. Die vom Menschen verursachte CO_2-Emission verstärkt somit den Treibhauseffekt.

Emission:
Abgabe von Stoffen (meist gasförmig) in die Luft

Die Eismassen Grönlands und die Gebirgsgletscher schmelzen. Schmelzwasser und die Wärmeausdehnung des Wassers führen zu einem Anstieg des Meeresspiegels. Es wird befürchtet, dass bis zum Jahre 2100 der Meeresspiegel um 10 bis 90 cm steigen wird. Bewohner ungeschützter Küstenregionen und kleiner Inselstaaten (z.B. Bangladesh, Malediven, Niederlande) sind von der Überschwemmungsgefahr besonders bedroht.

Durch die weltweite Erwärmung verändern sich die Niederschläge. Der Verdunstungskreislauf wird beschleunigt. Das bedeutet, dass das Regenwasser nach kurzen heftigen Schauern schnell wieder verdunstet. Dadurch trocknen die Böden aus. In bestimmten Regionen können deshalb Dürreperioden und Trinkwasserknappheit häufiger auftreten.

Künftig könnten sich die landwirtschaftlich genutzten Flächen zu den Polen hin verlagern. In verschiedenen Ländern sind dann gravierende Einschnitte in der landwirtschaftlichen Produktion zu befürchten.

1. Erklären Sie mit eigenen Worten, wie es zum Treibhauseffekt kommt!
2. a) Wodurch verstärkt sich der natürliche Treibhauseffekt auf der Erde?
   b) Nennen Sie mögliche Folgen!

1.2 Gefährdung von Wäldern und Böden

Die Wälder bestimmen das Weltklima maßgeblich. Sie dienen als Filter für Luftverunreinigungen. Trotzdem werden weltweit jährlich Waldgebiete der 1,5-fachen Waldfläche Deutschlands zerstört.

In Kanada und Russland werden großflächig Wälder zur industriellen Verarbeitung abgeholzt. Die Entwicklungsländer gewinnen neue Agrarflächen durch

- Brandrodung und
- illegalen Holzeinschlag.

Werden Wälder großflächig abgeholzt und nicht wieder ersetzt, kann der Boden seine Funktion nicht mehr erfüllen.

Besonders bewaldeter Boden lässt das Regenwasser langsam versickern. Dadurch werden Pflanzen länger mit Nährstoffen versorgt, Boden**erosion** wird verhindert und das Grundwasser gefiltert.

Erosion:

Zerstörungsarbeit von Wasser, Eis und Wind an der Erdoberfläche

Bei der Verbrennung fossiler Brennstoffe entstehen auch Schwefeloxide und Stickoxide. Diese Gase bilden mit dem Sauerstoff und dem Wasser in der Luft Säuren. Säurehaltige Niederschläge (saurer Regen) übersäuern den Boden und verursachen Schäden an Pflanzen und Bauwerken. Das „Waldsterben" wird auf diesen sauren Regen zurückgeführt. Unter Sonneneinstrahlung bildet sich aus Stickoxiden auch bodennahes Ozon, das für die Atemwege des Menschen gefährlich sein kann.

Langfristige Folgen der Zerstörung der Wälder sind:

- Ausdehnung von Wüsten
- Klimaveränderung durch fehlende Waldfläche (CO_2-Speicher)

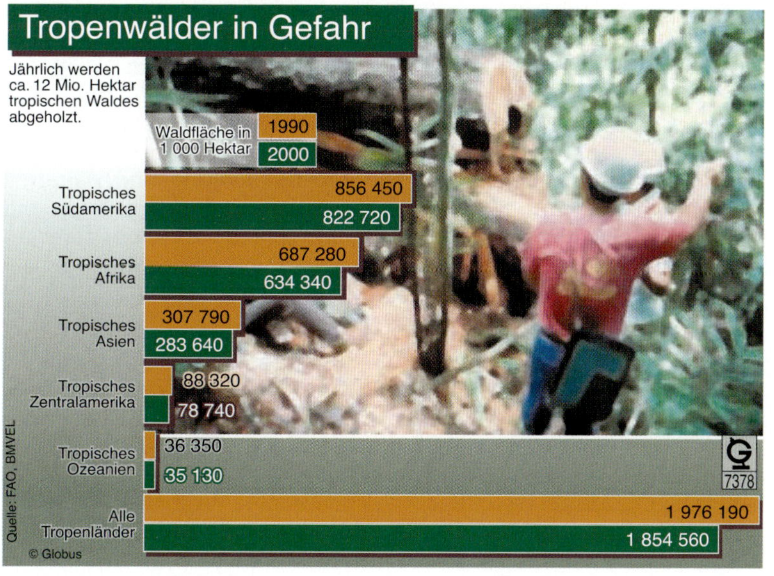

Erklären Sie, wie fehlende Waldflächen den Treibhauseffekt beeinflussen.

Agrarwirtschaft

Die Europäische Union bezahlt Subventionen und garantierte Mindestpreise für Agrarprodukte. Wer mehr produziert, erhält auch mehr Geld. Um den Ertrag zu steigern, haben viele Landwirte auf **Monokulturen** und Massentierhaltung umgestellt. Zur Erhöhung der Ernteerträge ist der Einsatz von großen Mengen an Düngemitteln und **Pestiziden** notwendig. Das Ausbringen riesiger Mengen von Gülle aus der Massentierhaltung auf den Feldern gefährdet das Wachstum der Nutzpflanzen und vor allem die Qualität des Grundwassers.

Monokultur:
Anbau nur einer Nutzpflanze

Pestizid:
Mittel gegen tierische Schädlinge

1.3 Gefährdung der Süßwasserreserven

97 Prozent der Wasservorräte der Erde sind für Menschen ungenießbares Salzwasser. Zwei Prozent sind als gefrorenes Süßwasser in Gletschern und Polkappen gebunden. Der geringe Rest ist verfügbares Süßwasser. Trotzdem würden diese Wasservorkommen für alle Menschen ausreichen, wären sie nicht regional so ungleich verteilt. Süßwasser ist der wichtigste Faktor bei der Nahrungsmittelproduktion. Zur Erzeugung von 50 kg Weizen braucht man beispielsweise 25.000 kg (Liter) Wasser.

70 Prozent des Wassers werden in der Landwirtschaft benötigt. Zur Bewässerung der landwirtschaftlichen Nutzflächen wird vielfach mehr Grundwasser entnommen, als sich auf natürlichem Weg neu bildet. Nitrate aus der landwirtschaftlichen Düngung und Phosphate aus Waschmitteln führen zur Überdüngung der Flüsse und Seen. Dadurch können Algen vermehrt wachsen und dem Wasser Sauerstoff entziehen. Organische Haushaltsabfälle und **Fäkalien** werden teilweise ungeklärt in die Gewässer geleitet. Bakterien und Mikroben verwerten die darin enthaltenen Nährstoffe und verbrauchen dabei ebenfalls Sauerstoff. Durch den Sauerstoffmangel im Wasser sterben Fische und viele Wasserpflanzen.

Fäkalien:
Menschliche oder tierische Verdauungsprodukte

Die Süßwasserreserven werden belastet durch Pflanzenschutz- und Schädlingsbekämpfungsmittel aus der Landwirtschaft und versickernde Giftstoffe aus schlecht abgedichteten Mülldeponien usw. Insbesondere mit Schwermetallen belastete Industrieabwässer können nur mit hohem Aufwand wieder aufbereitet werden. Sie stellen ein hohes Risiko für die Gesundheit des Menschen dar, wenn sie unge**klärt** in Flüsse und Seen geleitet werden. Stoffwechselstörungen, Allergien und Entwicklungsstörungen bei Kindern können die Folge sein.

Klären:
Abwässer von Verunreinigungen und Bakterien befreien

Foto: dpa

Nach zehnjähriger Bauzeit staut der Drei-Schluchten-Damm den Jangtse, Chinas langen Fluss.

China flutet Drei-Schluchten-Damm

Wasser marsch!

Schon vor den Kommunisten träumten Chinas Führer davon, den Jangtse zu stauen. Jetzt geht die erste Stufe des Megaprojektes in Betrieb, für das mehr als 1,2 Millionen Menschen umgesiedelt wurden. Bald soll das größte Kraftwerk der Welt so viel Strom liefern wie 18 Atomreaktoren.

Süddeutsche Zeitung

Der weltweite Wasserverbrauch hat sich seit 1950 mehr als versechsfacht. Riesige Wassermengen werden aufgestaut, um die Wasserversorgung einer bestimmten Region zu sichern. Andere Landstriche leiden dadurch an Wassermangel und werden zu Wüsten. Dies hat vor allem in jüngerer Zeit wiederholt zu internationalen Auseinandersetzungen geführt. Der Bau des Atatürk-Dammes in der Türkei führte beispielsweise zu einem Streit um das Euphratwasser auf türkischem Gebiet. Syrien und Irak befürchteten, dass die Türkei aus politisch-strategischen Gründen die Wasserzufuhr auch ganz unterbinden könnte.

1.4 Gefährdung der Meere

Ein großes Umweltproblem ist die Verunreinigung von Gewässern mit Mineralölprodukten. Durch den Betrieb oder **Havarien** von Schiffen und Bohrinseln sind Verschmutzungen durch Mineralöle in großem Ausmaß festzustellen. Öl verbleibt über Monate im Gewässer, sinkt ab und wird nur sehr langsam abgebaut. Der Ölfilm unterbricht die Wechselwirkung zwischen Wasser und Atmosphäre.

Havarie:
Begriff aus der Seefahrt
Schiff, das nicht mehr zu steuern ist und zu sinken droht.

Jahr	Tanker	Alter	Ort	Ölmenge (t)
1967	Torrey Canyon	9	Scilly Isles, Großbritannien	119.000
1971	Wafra	15	Nadelkap, Südafrika	65.000
1974	Metula	6	Magellan Seeweg, Chile	53.000
1976	Urquiola	3	La Coruña, Spanien	108.000
1977	Hawaiian Patriot	12	300 Seemeilen (sm) vor Honolulu	99.000
1978	Amoco Cadiz	4	Bretagne, Frankreich	227.000
1979	Atlantic Empress	5	Tobago, West-Indien	280.000
1979	Independenta	1	Bosporus, Türkei	93.000
1983	Castillo de Beliver	5	Saldanha Bay, Südafrika	257.000
1985	Nova	10	Iran	70.000
1988	Odyssey	16	700 sm östlich von Novia Scotia, Kanada	132.000
1989	Khark 5	15	120 sm westlich von Marokko	80.000
1989	Exxon Valdez	4	Prince William Sound, Alaska	42.000
1991	ABT Summer	15	700 sm westlich von Angola	260.000
1991	Haven	18	Genua, Italien	140.000
1992	Aegean Sea	19	La Coruña, Spanien	72.000
1992	Katina P	26	Maputo, Mozambique	72.000
1993	Braer	18	Shetland-Inseln, Großbritannien	85.000
1996	Sea Empress	3	Milford Haven, Großbritiannien	70.000
1997	Nachodka	27	Japanisches Meer, Japan	20.000
1999	Erika	24	Golf von Biskaya, Atlantik	17.000
2001	Jessica	30	San Cristobal, Galapagosinseln	ca. 800
2002	Prestige	26	Galicische Küste, Spanien	77.000
2003	Tasman Spirit	24	Arabisches Meer, Pakistan	24.000

Große Tankerkatastrophen
Quelle: Greenpeace

Foto: dpa

Der auseinander gebrochene Öl-Tanker Erika sinkt am 13.12.1999 vor der bretonischen Küste.

Foto: dpa

Ölverschmierter Reiher nach einem Tankerunglück

Die Weltmeere bedecken 71 Prozent der Erdoberfläche. Für das Leben auf der Erde spielen sie eine zentrale Rolle. Die Meere

- beeinflussen als Wärme- und CO_2-Speicher Wetter und Klima,
- liefern als Nahrungsquelle jährlich 70 Millionen Tonnen Fisch,
- bieten weltumspannende Transportwege für die Schifffahrt,
- liefern Salz.

Trotz dieser wichtigen Rolle der Weltmeere sind diese **Ökosysteme** durch den Menschen bereits stark geschädigt aufgrund von

- Verschmutzung durch Einleitung von Abwässern und Giften (dies ist z. B. die Ursache der **Minamata-Krankheit**),
- Verunreinigungen durch die Schifffahrt (Tankerunfälle),
- Rohstoffausbeutung,
- Überfischung und **verbotene Fangmethoden,**
- unkontrollierte Küstenbebauung und Landgewinnung.

Ökosystem:

Aus tierischen und pflanzlichen Lebewesen sowie unbelebter Umwelt bestehende natürliche Einheit, die durch die Wechselwirkung ihrer Bestandteile ein stabiles System bildet

Minamata-Krankheit:

Erstmals im Jahre 1956 in Minamata (Japan) beobachtete Krankheit, die sich durch Störungen des Sehens, Hörens und Tastempfindens sowie in abnormen Bewegungen äußert. Ursache der Erkrankungen war der Verzehr von Fischen und Krebsen aus der Minamata-Bucht, die mit Methylquecksilber verunreinigt waren.

Verbotene Fangmethoden:

- Fischfang durch mit Ketten beschwerte Schleppnetze, die über den Meeresboden gezogen werden
- Fischfang durch giftige, betäubende und explodierende Stoffe sowie elektrischen Strom

1.5 Gefährdung durch Strahlung

Radioaktive Strahlung

Eine der größten Gefahren für die Umwelt und für die Gesundheit der Menschen sind Unfälle bei der Erzeugung von elektrischem Strom durch Kernenergie. Dies ist seit dem Reaktorunfall 1986 von Tschernobyl bekannt.

GAU:
Abkürzung für **G**rößter **A**nzunehmender **U**nfall

Super-GAU:
Ein Reaktorunfall, der über alle denkbaren Störfälle hinausgeht

Sarkophag:
Betonummantelung des zerstörten Reaktors

Rückblende:

Tschernobyl

Am 26.4.1986 ereignete sich in Tschernobyl der bislang größte Unfall in einem Kernkraftwerk. Es handelte sich um den ersten **Super-GAU** in der Geschichte der Kernenergienutzung. Durch eine Explosion verteilten sich die hochradioaktiven Spaltprodukte großräumig. Der havarierte Reaktor wurde in einen **Sarkophag** eingeschlossen. Im Umkreis von etwa 250 km um Tschernobyl wurden Strahlenschäden beobachtet, über 120.000 Menschen mussten evakuiert werden. Etwa 1 Mio. Soldaten und Arbeiter haben sich bei den Entseuchungs- und Aufräumarbeiten am Sarkophag und in der 30-km-Sperrzone, die sich bis 1987 hinzogen, hohen Strahlenbelastungen ausgesetzt.

Ein zerstörter Teil des Atomkraftwerks Tschernobyl wird mit einem Betonmantel umhüllt.

Foto: dpa

Je nach Quelle werden in Folge der Katastrophe in der ehemaligen UdSSR 200.000 bis 1 Mio. zusätzliche Krebstote erwartet, die durch den Reaktorunfall erkrankten. Der zerstörte Reaktor muss einige zehntausend Jahre gegen das Austreten weiterer Radioaktivität abgedichtet werden.

Nach: Umweltlexikon online

Wo befindet sich das nächstgelegene Kernkraftwerk in Ihrer Region?

Jahrgangsstufe 12

In letzter Zeit gab es weltweit immer wieder Störfälle in Kernkraftwerken. Einen schweren Unfall verursachten Ende September 1999 mangelhaft geschulte Mitarbeiter in einer Anlage in Tokaimura (Japan). Mindestens 100 Menschen wurden verstrahlt. Die tatsächlichen Folgen für Menschen und Natur in dieser Region werden sich erst nach Jahren zeigen.

Ein weiteres Problem der Kernenergie ist die Endlagerung des radioaktiven Mülls und die Beseitigung stillgelegter Atomkraftwerke.

Foto: dpa

Atomkraftgegner demonstrieren in Ahaus (Kreis Borken) gegen ein Brennelementezwischenlager.

Recherchieren Sie, welche Möglichkeiten es gibt, radioaktiven Müll zu lagern.

Befristung der Laufzeiten

Die Regellaufzeit der Atomkraftwerke (AKW) wird auf 32 Jahre seit Inbetriebnahme befristet. Die Befristung der Laufzeiten begrenzt die Menge des radioaktiven Abfalls, der durch den Betrieb entsteht. Die Betreiber erhalten keine Entschädigungen.

AKW	Reststrommenge ab 01.01.2000 (TWh netto)	Ende der Regellaufzeit
Obzigheim	8,70	31.12.2002
Stade	23,15	19.05.2004
Biblis A	62,00	26.02.2007
Neckarwestheim 1	57,35	01.12.2008
Biblis B	81,46	31.01.2009
Brunsbüttel	47,67	09.02.2009
Isar 1	78,35	21.03.2011
Unterweser	117,98	06.09.2011
Phillippsburg 1	87,14	26.03.2012
Grafenrheinfeld	150,03	17.06.2014
Krümmel	158,22	28.03.2016
Gundremmingen B	160,92	19.07.2016
Phillippsburg 2	198,61	18.04.2017
Grohnde	200,90	01.02.2017
Gundremmingen C	168,35	18.01.2017
Brokdorf	217,88	22.12.2018
Isar 2	231,21	09.04.2020
Emsland	230,07	20.06.2020
Neckarwestheim 2	236,04	15.04.2021
Summe	**2.516,05**	
Mühlheim-Kärlich	107,25	
Gesamtsumme	**2623,30**	

Quelle: BMU/Grafik: R. A. Drude

Recherchieren Sie, warum beim AKW Mühlheim-Kärlich kein Ende der Regellaufzeit angegeben ist.

Deutschland hat sich dazu entschlossen, auf die Energiegewinnung durch Kernkraft zu verzichten. Die Risiken werden als zu hoch angesehen. Im Februar 2002 wurde das Gesetz zur Beendigung der Kernenergienutzung verabschiedet. Der Energiebedarf in Deutschland wird Schritt für Schritt durch umweltverträgliche und zukunftssichere Energiegewinnung gedeckt. Der vollständige Atomausstieg soll spätestens im Jahre 2021 vollzogen sein.

Weltweit werden jedoch nach wie vor ca. 440 Kernkraftwerksblöcke betrieben.

Elektromagnetische Strahlung

Smog:

Aus den beiden englischen Worten „smoke" (Rauch) und „fog" (Nebel) zusammengesetztes Wort

„Normaler" **Smog** entsteht durch Luftverunreinigungen aufgrund giftiger Gase und Schwebeteilchen.

Der Begriff „Elektrosmog" ist Ende der Siebzigerjahre entstanden. Damit ist eine starke elektromagnetische Strahlung in der menschlichen Umgebung gemeint.

Mobiltelefone senden direkt am Ohr, Babyfone werden häufig sehr nahe am Kinderbett installiert. Starke Sendeanlagen und Hochspannungsmasten stehen dicht neben Häusern.

Die gesundheitlichen Folgen durch Elektrosmog sind bislang nicht eindeutig geklärt.

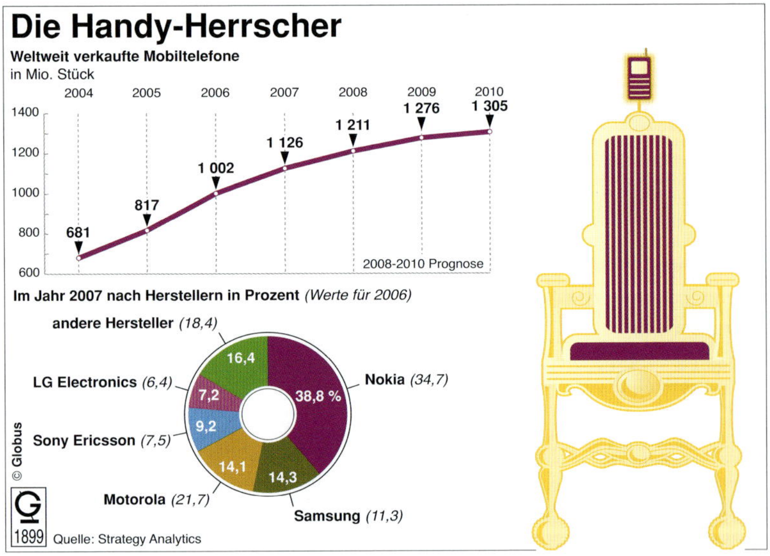

Nennen Sie Möglichkeiten, wie die tägliche Handybenutzung eingeschränkt werden kann.

1.6 Volkswirtschaftliche Auswirkungen

Umweltpolitik

Freie Güter:

Dies sind Güter, die den Menschen in ausreichender Menge zur Verfügung stehen.

Sie sind unentgeltlich verfügbar (z. B. Luft, Sonnenlicht).

Unternehmen nutzen zur Produktion von Waren häufig so genannte **freie Güter.** Tatsächlich sind die freien Güter aber nicht uneingeschränkt verfügbar. Ihr Erhalt kostet viel Geld, das häufig die Allgemeinheit und nicht der Verbraucher des freien Gutes bezahlt (z.B. Abwasserreinigung). Die Einführung staatlicher Umweltschutzanforderungen für Unternehmen schlagen sich als Kosten beim Verursacher nieder (Verursacherprinzip). Haben Konkurrenzunternehmen keine derartigen Auflagen zu beachten, entstehen Wettbewerbsnachteile. Der Absatz der Waren wird geringer, die Arbeitslosigkeit steigt, Betriebe wandern in Regionen oder Länder mit schwachen Umweltschutzbestimmungen ab.

Warum können nicht alle Kosten für den Erhalt der Umwelt nach dem Verursacherprinzip verteilt werden?

Strenge Umweltschutzbestimmungen haben auch positive Auswirkungen auf die Wirtschaft. Durch die hohen Anforderungen entsteht eine moderne Umweltschutzindustrie, was Arbeitsplätze schafft. Der technische Vorsprung verschafft den Unternehmen in dieser Branche Wettbewerbsvorteile auf den internationalen Märkten.

Verbraucherverhalten

Neben dem Staat beeinflusst auch der Verbraucher das Umweltverhalten der Wirtschaft. Werden vermehrt umweltschonend hergestellte und umweltverträgliche Produkte nachgefragt, stellen sich die Anbieter auf die neue Marktsituation ein. Die Herstellungsmethoden werden umweltverträglicher. Das Angebot an umweltschädlichen Produkten nimmt ab.

Warum kaufen die Verbraucher immer noch viel zu wenig umweltschonend hergestellte und umweltverträgliche Produkte?

Wichtiger als der wirtschaftliche Effekt der Umweltpolitik und des Verbraucherverhaltens sind der Erhalt der natürlichen Lebensgrundlagen und die langfristige Sicherung der Produktionsgrundlagen.

Zusammenfassung

Die zentralen Umweltprobleme wirken grenzüberschreitend und global.

Für den Klimawandel wird hauptsächlich die vom Menschen verursachte CO_2-Emission verantwortlich gemacht (Treibhauseffekt).

Der Schutz der Wälder und Böden, der Süßwasserreserven und der Meere sowie die Reduzierung der radioaktiven und elektromagnetischen Strahlung sind die Aufgaben der Zukunft.

Wissens-Check

1. Wie beeinflusst die Atmosphäre die Erdtemperatur?
2. a) Welches Gas ist hauptsächlich für den Treibhauseffekt verantwortlich?
   b) Wie wird dieses Gas freigesetzt?
   c) Welche Möglichkeiten gibt es, den Ausstoß dieses Gases zu reduzieren?
3. Welche Aufgabe hat der Boden im „Ökosystem Erde"?
4. Wie entsteht der Elektrosmog?

Links

www.umweltberatung.de www.lokale.umeltinfo.de

2 Prinzip der Nachhaltigkeit

Der unbekannte Begriff

Mehr als zwei Drittel der Deutschen können sich nicht entsinnen, jemals von dem Begriff Nachhaltigkeit gehört zu haben. Das hat eine Umfrage im Auftrag des Umweltbundesamtes ergeben. Den Prinzipien der Nachhaltigkeit, zum Beispiel „Ressourcen schonen" oder „nicht mehr verbrauchen als nachwächst", stimmt jedoch die überwältigende Mehrheit der Deutschen zu.

Berliner Zeitung

Nachhaltigkeit ist ein in der Forstwirtschaft entwickeltes Prinzip der Bewirtschaftung, wonach nur so viel Holz geschlagen werden darf, wie nachwachsen kann. Hiervon abgeleitet wurde der in der Umwelt- und Entwicklungspolitik gebrauchte Begriff „nachhaltige Entwicklung".

„Nachhaltige Entwicklung" beschreibt in erster Linie eine Entwicklung, die den Bedürfnissen der heutigen Generation gerecht wird, ohne die Ressourcen künftiger Generationen zu gefährden.

Das Leitbild einer nachhaltigen Entwicklung wurde 1987 geprägt von der **Brundtlandkommission** in ihrem Bericht „Our Common future" (Unsere gemeinsame Zukunft). Der Bericht war Mitauslöser für die UN-Konferenz für Umwelt und Entwicklung 1992 in Rio de Janeiro.

Brundtlandkommission:
Gro Harlem Brundtland war Leiterin der Kommission und Generaldirektorin der Weltgesundheitsorganisation.

Dort wurde die Agenda 21 verabschiedet. Sie gibt den Regierungen detaillierte Handlungsanweisungen, um eine nachhaltige Nutzung der natürlichen Ressourcen sicherzustellen. Die „Lokale Agenda 21" beschreibt die Umsetzung der nachhaltigen Entwicklung auf kommunaler Ebene.

Verstärkt sollten erneuerbare Ressourcen genutzt werden. Die Emissions- und Immissionsraten müssen so gewählt sein, dass die natürliche Umwelt (Luft, Boden und Wasser) diese verarbeiten kann. Des Weiteren sollte der Einsatz von Produkten und Technologien, deren ökologische bzw. soziale Folgen nicht abschätzbar oder mit **irreversiblen** Schäden verbunden sind, vermieden werden.

Irreversibel:
nicht umkehrbar

Erklären Sie in eigenen Worten, was Sie unter dem Prinzip der Nachhaltigkeit verstehen.

3 Internationale Umweltschutzmaßnahmen

Seit 1992 finden Umweltkonferenzen der Vereinten Nationen statt. Dort werden Grundregeln und Absichtserklärungen für möglichst viele Teilnehmerstaaten erarbeitet, um der Ausbeutung und Zerstörung der Umwelt entgegenzuwirken.

Die Menschen haben erkannt, dass Wachstum, Mobilität und technischer Fortschritt im Einklang mit der Umwelt und somit ökologisch und Ressourcen schonend sein muss.

Diese Gedanken sind als oberstes Bildungsziel in Art. 131 Abs. 2 der Bayerischen Verfassung verankert.

Art. 131 Bayerische Verfassung

(2) Oberste Bildungsziele sind (...) Verantwortungsbewusstsein für Natur und Umwelt.

Grafik: Dave Vaughan

Diskutieren Sie die Karikatur.

UN-Umweltkonferenzen:

1992 **Rio de Janeiro**	UN-Konferenz für Umwelt und Entwicklung **"Nachhaltige Entwicklung"**
1995 **Berlin**	Erste UN-Klimakonferenz **"Berliner Mandat"**
1996 **Genf**	Zweite UN-Klimakonferenz **"Genfer Erklärung"**
1997 **Kyoto**	Dritte UN-Klimakonferenz **"Protokoll von Kyoto"**
1998 **Buenos Aires**	Vierte UN-Klimakonferenz **"Aktionsplan von Buenos Aires"**
1999 **Bonn**	Fünfte UN-Klimakonferenz **"Fahrplan zur Umsetzung des Kyoto-Protokolls"**
2002 **Johannesburg**	**"Weltgipfel für nachhaltige Entwicklung Rio+10"**
2005 **Montreal**	**Weltklimakonferenz „künftiger Klimaschutz"**
2006 **Nairobi**	**Weltklimakonferenz „Prüfung des Kyoto-Protokolls 2008"**

Grafik: R. A. Drude

3.1 Die Konferenz von Rio de Janeiro 1992

Nachhaltige Entwicklung:
Die gegenwärtige Generation soll ihren Bedarf befriedigen, ohne die Fähigkeit künftiger Generationen zur Befriedigung ihres eigenen Bedarfs zu beeinträchtigen.

Auf der Konferenz von Rio wurde die Idee einer **nachhaltigen Entwicklung** vorgestellt. Seither prägt dieses zentrale Leitbild weltweit die Umwelt- und Entwicklungspolitik. Über 170 Staaten haben auf dieser Konferenz darauf hingewiesen, dass dringender Handlungsbedarf zur Erhaltung der Lebensgrundlagen auf der Erde besteht. Erstmals war man sich darüber einig, dass sich die menschliche Zivilisation langfristig selbst zerstört, wenn sie ihr Verhalten nicht ändert.

Deklaration:
Grundlegende Erklärung

Im Rahmen der Konferenz von Rio wurden in der „Rio-**Deklaration**" gemeinsame Grundprinzipien künftigen Handelns festgelegt.

> Grundsatz 1
>
> Die Menschen stehen im Mittelpunkt der Bemühungen um eine nachhaltige Entwicklung. Sie haben das Recht auf ein gesundes und produktives Leben in Einklang mit der Natur.

Die teilnehmenden Staaten erklärten ihre Absicht, folgende Bereiche entsprechend ihrer Möglichkeiten zu schützen und künftigen Generationen zu erhalten:

Konvention:
Völkerrechtliches Abkommen, Übereinkunft

- Wälder (Wald-Deklaration)
- Artenvielfalt (**Konvention** über die biologische Vielfalt)
- Klima (Klimakonvention)

Die Rio-Deklaration enthält wichtige umweltpolitische Grundsätze:

- Das Vorsorgeprinzip

  Verbot von umweltfeindlichen Produktionsweisen und der Verwendung giftiger Stoffe, bevor Umweltschäden auftreten. Beispielsweise wurden ozonschädigende Fluor-Chlor-Kohlenwasserstoffe als Treibmittel für Spraydosen oder als Kühlmittel verboten. Sie wurden durch umweltfreundliche Produkte ersetzt.

- Das Verursacherprinzip

  Die Kosten zur Beseitigung von Umweltschäden können jedem angelastet werden, der sie verursacht hat. Beispiel: Ein Unternehmen leitet illegal und ungefiltert giftige Stoffe in einen Fluss. Es muss die Kosten der Wiederherstellung von **Fauna** und **Flora** tragen.

- Das Kooperationsprinzip

  Umweltschutz ist eine gemeinsame Aufgabe von Staat, Bürgern und Wirtschaft. Jeder muss bereit sein, das in seinem Rahmen Mögliche zu tun.

- Das Integrationsprinzip

  Umweltschutz betrifft alle politischen Bereiche. Entscheidungen, z. B. in der Verkehrs-, Energie- und Agrarpolitik, müssen „umweltgerecht" sein.

Fauna:
Tierwelt

Flora:
Pflanzenwelt

Auch Deutschland hat alle Deklarationen und Konventionen von Rio unterzeichnet und sich damit bereit erklärt, seine umweltpolitischen Aktivitäten nach dem Leitbild der nachhaltigen Entwicklung auszurichten.

Die Industrieländer sagten unverbindlich zu, ihren Kohlendioxid-Ausstoß bis zum Jahr 2000 auf den Stand von 1990 zu senken.

Überlegen Sie, welche Probleme bei grenzüberschreitenden Umweltschäden auftreten, wenn das Verursacherprinzip angewendet wird.

Agenda 21

„Viele kleine Leute an vielen kleinen Orten, die viele kleine Dinge tun, werden das Gesicht der Erde verändern."
Afrikanisches Sprichwort

Agenda 21:
Wörtlich übersetzt bedeutet das lateinische Wort agenda: „das, was zu tun ist" (Arbeitsprogramm).
Der Zusatz „21" verdeutlicht, dass dieses Programm die Richtung in das 21. Jahrhundert weisen soll.

Die Agenda 21 ist das zentrale, rechtlich allerdings nicht verbindliche Abschlussdokument der UN-Konferenz von Rio de Janeiro. Sie richtet sich an alle Staaten der Welt.

Das Papier ist ein Aktionsprogramm für eine „bessere", zukunftsfähige Welt im 21. Jahrhundert. Wichtige Feststellungen zur Bevölkerungs-, Wirtschafts- und Umweltpolitik werden getroffen.

Die einzelnen Länder sollen im Rahmen ihrer Möglichkeiten und gemäß der vereinbarten Grundsätze Umweltschutz betreiben.

In den Industrieländern leben 25 Prozent der Weltbevölkerung. Sie verbrauchen aber 75 Prozent der Energie. Könnte jeder Chinese und jeder Inder so viel Energie verbrauchen wie ein Westeuropäer, würde sich der Energieverbrauch weltweit verdoppeln. Die Klimafolgen wären verheerend.

Im Laufe seines Lebens wird ein Mitteleuropäer mehr konsumieren und mehr Abfall produzieren als 50 Einwohner eines Entwicklungslandes.

Foto: dpa

Elendsviertel in Manila: Armut in verschmutzter Umwelt

Die Industrieländer haben die Aufgabe, ihre verschwenderische und umweltbelastende Lebensweise zu verändern.

Die größten Probleme der Entwicklungsländer sind die Umweltbelastung und die herrschende Armut. Beides zu bekämpfen ist die zentrale Aufgabe aller Staaten.

Bei der Lösung der Probleme sollen alle Hand in Hand arbeiten: internationale Organisationen, Unternehmen, staatliche und kommunale Behörden, private Organisationen, Bürgerinnen und Bürger.

3.2 Die Konferenz von Kyoto 1997

Die Konferenz von Kyoto beschloss im Kampf gegen die Klimaänderungen die Verringerung der Emissionen bestimmter Treibhausgase, die zur weltweiten Erwärmung beitragen. Die Unterzeichnerstaaten verpflichteten sich, die Menge der Treibhausgasemissionen stufenweise bis zum Jahr 2012 um 5 bis 8 Prozent unter das Niveau von 1990 zu senken.

Trotz des hohen Schadstoffausstoßes haben die USA die Vereinbarung zur Reduzierung der Emissionen nicht unterzeichnet.

Wie erklären Sie sich die Haltung der USA?

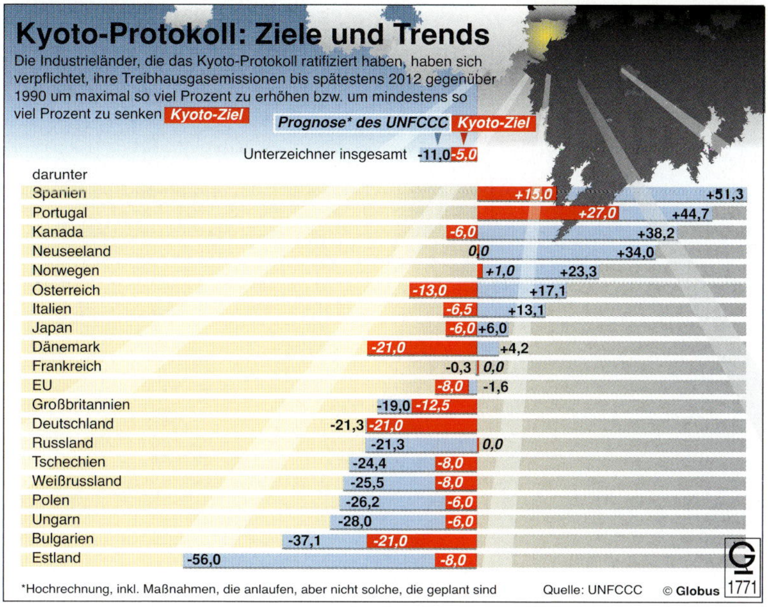

3.3 „Rio + 10" in Johannesburg 2002

10 Jahre nach der Konferenz von Rio fand im Jahre 2002 in Johannesburg der „Weltgipfel für nachhaltige Entwicklung" („Rio + 10") statt. Dort wurde überprüft, ob die Länder die in Rio vereinbarten Ziele erreicht haben. Die Einstellung der Umwelt gegenüber hat sich leider nicht verändert. Die Industrieländer orientieren sich weiterhin an wirtschaftlichen Interessen und verschwenden unvermindert Ressourcen. Auch die Anzahl der Länder, die versucht haben die Vorgaben umzusetzen, war verschwindend gering.

In Deutschland setzten fast alle Bemühungen mit Verspätung ein und haben noch bei weitem nicht alle Regionen erfasst.

Welche Gründe könnte es geben, sich nicht an der Umsetzung der Agenda 21 zu beteiligen?

3.4 Die Konferenz von Montreal 2005

Die Teilnehmer an der Konferenz von Montreal haben sich auf wesentliche Punkte zum künftigen Klimaschutz geeinigt:

- Die Klimarahmenkonvention von Rio de Janeiro bildet weiter die Grundlage für den globalen Klimaschutz.
- Entwicklungs- und Schwellenländer sollen stärker in den globalen Klimaschutz einbezogen werden.
- Die Entwicklungsländer sollen finanzielle und technische Hilfe erhalten, um die Klimaschutzvereinbarungen umsetzen zu können.
- Die Senkung der Menge der Treibhausgasemissionen, die im Rahmen der Konferenz von Kyoto vereinbart wurde, wird über das Jahr 2012 hinaus fortgeführt.

Grafik: R. A. Drude

3.5 Die Konferenz von Nairobi 2006

Die Teilnehmerstaaten an der UN-Klimakonferenz von Nairobi haben beschlossen, die Umsetzung des Kyoto-Protokolls zum Klimaschutz bis 2008 genau zu beobachten und auf dieser Grundlage neue Emissionsquoten für die Zeit nach 2012 festzulegen, wenn das Kyoto-Abkommen ausgelaufen ist.

Zusammenfassung

Die Staaten der Welt haben sich im Rahmen der UN-Umweltkonferenzen auf Umsetzungsmöglichkeiten des Prinzips der Nachhaltigkeit geeinigt.

Nachhaltigkeit bedeutet: Verlasse die Welt so, wie du sie vorgefunden hast.

In der Agenda 21 werden Grundsätze des Umweltschutzes vereinbart, an die sich alle Länder weltweit halten sollen.

Im Rahmen der Konferenz von Kyoto wird erstmals die Reduzierung der Treibhausgase beschlossen.

Umweltpolitische Grundsätze sind im Vorsorge-, Verursacher-, Kooperations- und Integrationsprinzip verankert.

Wissens-Check

1. Sie kaufen neue Möbel. Worauf achten Sie, wenn Sie nach dem Prinzip der Nachhaltigkeit handeln?
2. Beschreiben Sie die umweltpolitischen Grundsätze mit Hilfe von Beispielen.
3. Geben Sie die wesentlichen Aussagen der Agenda 21 wieder.

Individuelle und nationale Umweltschutzmaßnahmen 4

Der Klimaschutz und die Erhaltung der Umwelt gehen nicht nur die Industrie und Energiewirtschaft etwas an. Jeder kann etwas zum schonenden Umgang mit unserer Umwelt beitragen.

Grafik: Dave Vaughan

Sammeln Sie Vor- und Nachteile, die dieses umweltgerechte Verhalten mit sich bringt.

4.1 Kauf ökologisch erzeugter Produkte

Verbraucherinnen und Verbraucher wollen unbelastete, hochwertige und bezahlbare Lebensmittel. Gleichzeitig soll die landwirtschaftliche Produktion im Einklang mit der Umwelt stehen. Deshalb werden ökologisch produzierte Lebensmittel gekennzeichnet. Das Bundesministerium für Verbraucherschutz hat mit dem **Bio**-Siegel ein einheitliches Kennzeichen für Bio-Lebensmittel geschaffen. Bei Produkten, die mit dem Bio-Siegel versehen werden, sind Herkunft und Inhaltsstoffe nach der EG-Öko-Verordnung geprüft. Ein Lebensmittel mit dem Bio-Siegel muss zu mindestens 70 Prozent aus Öko-Produkten bestehen.

Seit der EG-Öko-Verordnung von 1993 sind „Bio" und „Öko" geschützte Begriffe. Wer Lebensmittel als „Bio" oder „Öko" anpreist, muss die Vorschriften der Verordnung einhalten.

Bio nach EG-Öko-Verordnung

Das Bio-Siegel soll den Verbrauchern auf den ersten Blick signalisieren, dass das Lebensmittel nach den Richtlinien der EG-Öko-Verordnung produziert und verarbeitet wurde.

EG-Öko-Verordnung:

Bezeichnungen, die den Begriffen „ökologisch" und „biologisch" entsprechen:

„kontrolliert biologisch"
„kontrolliert ökologisch"
„biologisch-dynamisch"
„biologisch-organisch"
„biologischer Landbau"
„ökologischer Landbau"

EG-ÖKO-VERORDNUNG

Anwendungsbereich

Artikel 1

(1) Diese Verordnung gilt für (...) Erzeugnisse, sofern sie als Erzeugnisse aus ökologischem Landbau gekennzeichnet sind oder gekennzeichnet werden sollen (...)

Artikel 2

Im Sinne dieser Verordnung gilt ein Erzeugnis als aus ökologischem Landbau stammend gekennzeichnet, wenn in der Etikettierung (...) seine Bestandteile oder die Futtermittel-Ausgangserzeugnisse gekennzeichnet sind (...) und zwar insbesondere durch einen oder mehrere der nachstehenden Begriffe oder der davon abgeleiteten gebräuchlichen Begriffe (wie Bio-, Öko- usw.)

Die EG-Öko-Kontrollstellen überwachen sowohl Öko-Waren als auch Betriebe, in denen ökologische Lebensmittel erzeugt und verarbeitet werden. Auch importierte Waren werden streng kontrolliert. Werden Verstöße gegen die Vorschriften aufgedeckt, dürfen die beanstandeten Produkte nicht mehr vermarktet werden.

Biomarken werden durch eigene Verbände streng kontrolliert. Diese Produkte sind meist nur in „Bioläden" oder „Naturkostfachgeschäften" zu einem höheren Preis als vergleichbare Lebensmittel erhältlich. Bio-Siegel-Produkte sind zu einem niedrigeren Preis auch im Supermarkt erhältlich.

Bio-Produkte kosten mehr, weil ihre Produktion aufwändiger ist. Bio-Bauern verwenden z.B. keine Insekten- oder Pflanzenschutzmittel und bieten ausreichend Weideflächen für ihre Tiere.

Deshalb haben sie geringere Erträge als ihre konventionell wirtschaftenden Kollegen. Die Mehrausgaben für Bio-Produkte lassen sich bei anderen Lebensmitteln zum Teil wieder einsparen. Fleisch, Fertiggerichte oder Süßwaren sind teure Lebensmittel, die im Rahmen einer vollwertigen Ernährung reduziert werden können.

Der Handel mit Öko-Lebensmitteln blüht hierzulande. Produkte, die das vom Verbraucherministerium eingeführte Bio-Siegel tragen, kommen schon längst nicht mehr nur von einheimischen Bio-Bauern. Mittlerweile sind in den Läden immer mehr Bio-Lebensmittel aus der ganzen Welt zu bekommen. Für deutsche Bio-Bauern bedeutet das eine ernst zu nehmende Konkurrenz. Das Problem: Die EG-Öko-Verordnung gestattet es auch Produzenten aus dem außereuropäischen Ausland, den so genannten Drittländern, ihre Waren mit dem Bio-Siegel zu kennzeichnen. Dies geschieht natürlich auch hier nur nach ausgiebiger Prüfung durch die entsprechenden Kontrollstellen. Bio-Bauern und Anbauverbände in Deutschland kritisieren jedoch, dass die EU-Richtlinien weitaus niedrigere Kontrollstandards für ausländische Bio-Waren vorsehen, als es die Richtlinienstandards deutscher Bioverbände tun.

Sendung des NDR: Bio-Siegel international

Welcher Gefahr sehen sich die deutschen Bio-Bauern ausgesetzt?

4.2 Energieeinsparung

Heizung

Im privaten Umfeld entfallen etwa 70 Prozent der verbrauchten Energie auf die Heizung. Der Rest verteilt sich auf Strom und andere Nutzungen. Jeder Einzelne kann einen großen Beitrag zum Erhalt der Umwelt leisten, wenn er seine Heizgewohnheiten ändert. Allein die Senkung der Raumtemperatur um nur 1 °C senkt den Energieverbrauch der Heizung um 6 Prozent.

Moderne Solaranlagen liefern auch in unseren Breiten genug Energie, um in den Sommermonaten den Warmwasserbedarf komplett zu decken.

Der **Primärenergie**verbrauch kann durch bewusstes Sparen – z. B. durch den Einsatz effektiver Heizsysteme oder durch das Verwenden von **erneuerbaren Energien** – wesentlich vermindert werden. Die gesamte Energieerzeugung aus erneuerbaren Quellen beträgt in Deutschland trotz staatlicher Hilfen nur wenige Prozent.

Primärenergie:

Energie, die aus natürlichen, noch nicht weiterverarbeiteten Energieträgern stammt (Kohle, Öl, Erdgas)

Erneuerbare Energien:

Energie, die ohne Einsatz fossiler Rohstoffe erschlossen wird, z. B.:
- Wasserkraft- und Windenergie
- Photovoltaik mit Solarzellen
- Pflanzenöle (Biodiesel aus Rapsöl)
- Vergärung (Biogas)
- Verbrennung von Pflanzenteilen

1. Wie können Sie sich verhalten, um die täglich benötigte Heizenergie zu reduzieren?
2. Beobachten Sie das Heizverhalten in Ihrem Schulgebäude.
   a) Welche grundsätzlichen Fehler werden gemacht?
   b) Wie könnte die Situation verbessert werden?

Strom

Energieeinsparung ist nicht immer gleichzusetzen mit Einschränkung oder Verlust von Lebensqualität. Durch die Vermeidung von Leerlaufverlusten (Stand-by-Betrieb) bei elektronischen Geräten könnten bundesweit etwa 1,5 Prozent der klimaschädlichen CO_2-Emissionen eingespart werden. Im Durchschnitt kann hier jeder Haushalt ca. 50 Euro pro Jahr sparen.

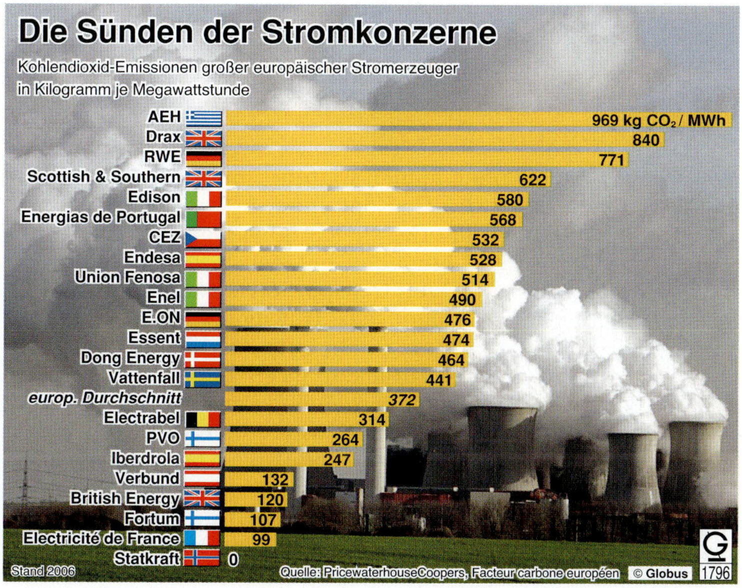

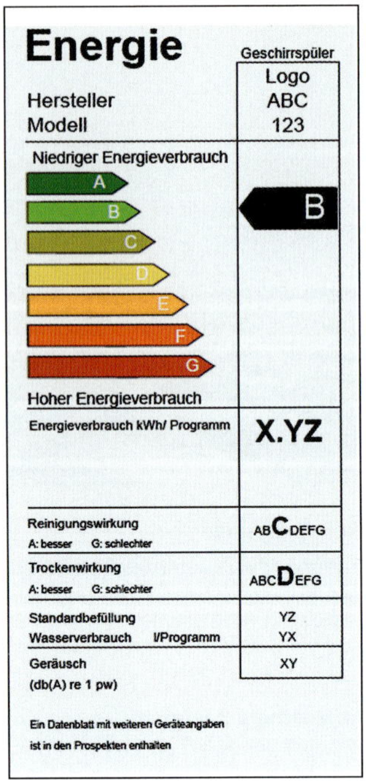

Energieetikett gemäß der Energieverbrauchskennzeichnungsverordnung (EnVKV)

Schon ab 10 Euro 15 Prozent Zinsen!

Das garantiert Ihnen derzeit keine Bank: Zinsen in zweistelliger Höhe und das ab 10 Euro. Mit einer zusätzlichen Investition von 10 Euro für eine Energiesparlampe verzinsen Sie Ihr „Kapital" um etwa 15 Prozent. Denn Sie sparen über die gesenkte Stromrechung zirka 11,50 Euro. Und Sie vermeiden durch den Austausch nur einer Glühlampe jährlich knapp 22 kg CO_2-Emissionen!

Umweltbundesamt

Energiesparlampen haben eine bis zu acht Mal längere Betriebszeit. Während bei einer herkömmlichen Glühlampe bereits nach 1000 Stunden das Licht ausgeht, brennen handelsübliche Energiesparlampen etwa 8000 Stunden.

Hersteller und Handel in der Europäischen Union sind verpflichtet, bestimmte Haushaltsgeräte und Leuchtkörper mit dem Energieetikett zu kennzeichnen. Die Verbraucher können sich somit leichter über den Energieverbrauch eines Geräts informieren.

Auto fahren

Bei 160 km/h ist der Kraftstoffverbrauch um rund 50 Prozent höher als bei 120 km/h. Erhöhte Kosten und Schadstoffemissionen rechtfertigen die Zeitersparnis nur selten.

1. Ermitteln Sie im Internet Car-Sharing-Angebote in Ihrer Region.
2. Stellen Sie eine Rangfolge der PKW nach Treibstoffverbrauch in Ihrer Klasse auf.

Güterverkehr und Konsum

Lebensmittel werden über immer weitere Strecken transportiert. Die Lebensmittelmenge, die pro Kopf und Jahr konsumiert wird, ist in den letzten 20 Jahren in etwa gleich geblieben. Der Transportaufwand für Lebensmittel hingegen hat sich fast verdoppelt. Wir konsumieren Produkte, die weit transportiert werden müssen (z.B. tropische Früchte). Der Großteil des Transportwachstums im Lebensmittelbereich ist jedoch auf veränderte Konsumgewohnheiten und Arten des Wirtschaftens zurückzuführen. Immer seltener werden die Produkte von einem Unternehmen bzw. im eigenen Land hergestellt. Zutaten für Lebensmittel werden zunehmend arbeitsteilig und an verschiedenen Orten produziert. Das verlängert die Transportwege. In den letzten fünf Jahren wuchs das Güterverkehrsaufkommen um rund 40 Prozent. Der Transport findet über immer größere Distanzen statt. Dabei nimmt der Transportanteil der Bahn ab, jener des LKW-Verkehrs steigt an.

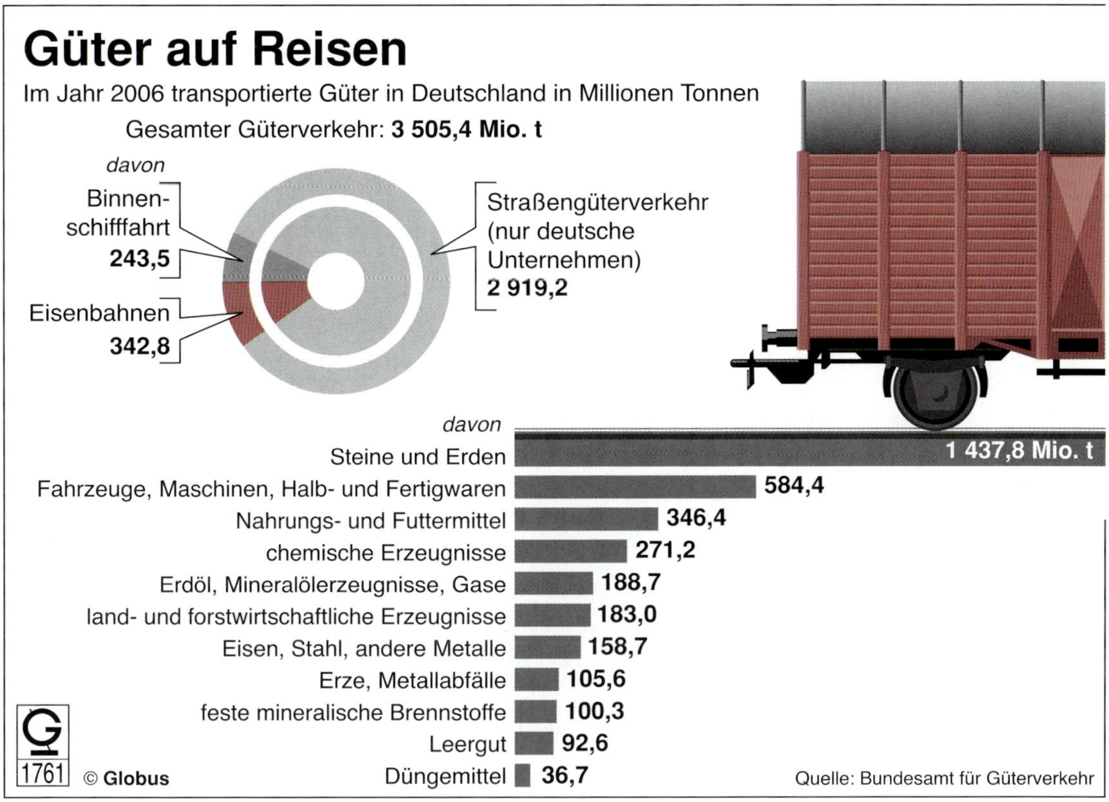

Woher kommt der Erdbeerjoghurt?

Für einen in Stuttgart abgepackten 150-Gramm-Erdbeerjoghurt wurden polnische Erdbeeren im 800 km entfernten Aachen verarbeitet. Weiter ging's nach Stuttgart (446 km). Papier aus Uetersen (Niedersachsen) diente im 634 km entfernten Kulmbach (Bayern) der Etikettenproduktion, zu der sich noch Leim aus holländischen und belgischen EG-Beständen (220 km) gesellte. Die Etiketten traten dann ihre 314 km lange Reise gen Süden an. Das Aluminium für den Deckel legte inklusive Prägung 864 km, die Joghurtkulturen aus Niebüll legten 917 km zurück.

Quarzsand aus Frechen in Nordrhein-Westfalen wurde in Neuburg (Bayern) zu Glas. Die Anfahrtswege für Milch (36 km) und Zucker (107 km) nehmen sich da bescheiden aus. Insgesamt bringt es das fertige Joghurt-Produkt auf eine Transportstrecke von 9.115 km!

Ohne den produktionsbedingten Energiebedarf und die damit verbundene Schadstoffproduktion mitzurechnen, verursacht der tägliche Joghurtgenuss pro Person jährlich die Emission von 500 Kilo Stickoxiden, 35 Kilo Ruß und 32,5 Kilo Schwefeldioxid.

Dipl.-Ing. Stefanie Böge, Wuppertal, Institut für Klima, Umwelt und Energie

Eine Ursache für den zunehmenden Güterverkehr ist die schrumpfende Fertigungstiefe vieler Unternehmen. Sie stellen immer weniger Produkte selbst her. Der Transport ist im Verhältnis zu den Produktionskosten zu billig.

Politiker und Umweltschützer schlagen folgende Wege aus der „Transportkrise" vor:

- Vereinheitlichung von Verpackungen
- Mehrweg- statt Einweggläser
- einheitliche Flaschennormen für Mehrwegflaschen
- Belohnungssysteme für den Transport per Bahn
- Verteuerung von Kraftstoff
- Schwerverkehrsabgabe (Maut)
- Verpflichtung zu produktionsnaher Zulieferung

1. Nennen Sie mögliche Verpackungen, welche die Zahl der Transportkilometer für den Joghurt reduzieren würden.
2. a) Notieren Sie Argumente für und wider die Vorschläge zur Verringerung der Transportwege.

   b) Welcher Vorschlag hat Ihrer Meinung nach die größte Aussicht auf Erfolg?

Trinkwasser sparen

Jeder Einwohner Bayerns verbraucht statistisch etwa 222 Liter Trinkwasser pro Tag. Rechnet man den Verbrauch von Gewerbe, Industrie und Landwirtschaft ab und berücksichtigt nur die Privathaushalte und Kleinbetriebe, dann sind es pro Kopf und Tag noch ca. 140 Liter Trinkwasser. Davon werden nur 3 Liter (2 Prozent) täglich getrunken oder zum Kochen verwendet. Rund 49 Liter (36 Prozent) dienen der Körperpflege beim Baden oder Duschen. Mit 44 Litern (32 Prozent) rauscht ein erheblicher Teil durch die Toilettenspülung.

Dabei ging der Wasserverbrauch seit 1990 stetig zurück. Das gestiegene Umweltbewusstsein führt dazu, dass Wasser sparende Verfahren und Geräte im Haushalt (Wasch- und Spülmaschinen, Toilettenspülkästen mit Spartaste, Wasser sparende Armaturen) zunehmend verwendet werden.

1. Finden Sie Möglichkeiten, wie Sie durch Ihr Verhalten Wasser sparen können.
2. Diskutieren Sie, welche Möglichkeiten Wasser einzusparen es an Ihrer Schule gibt.

4.3 Müllvermeidung

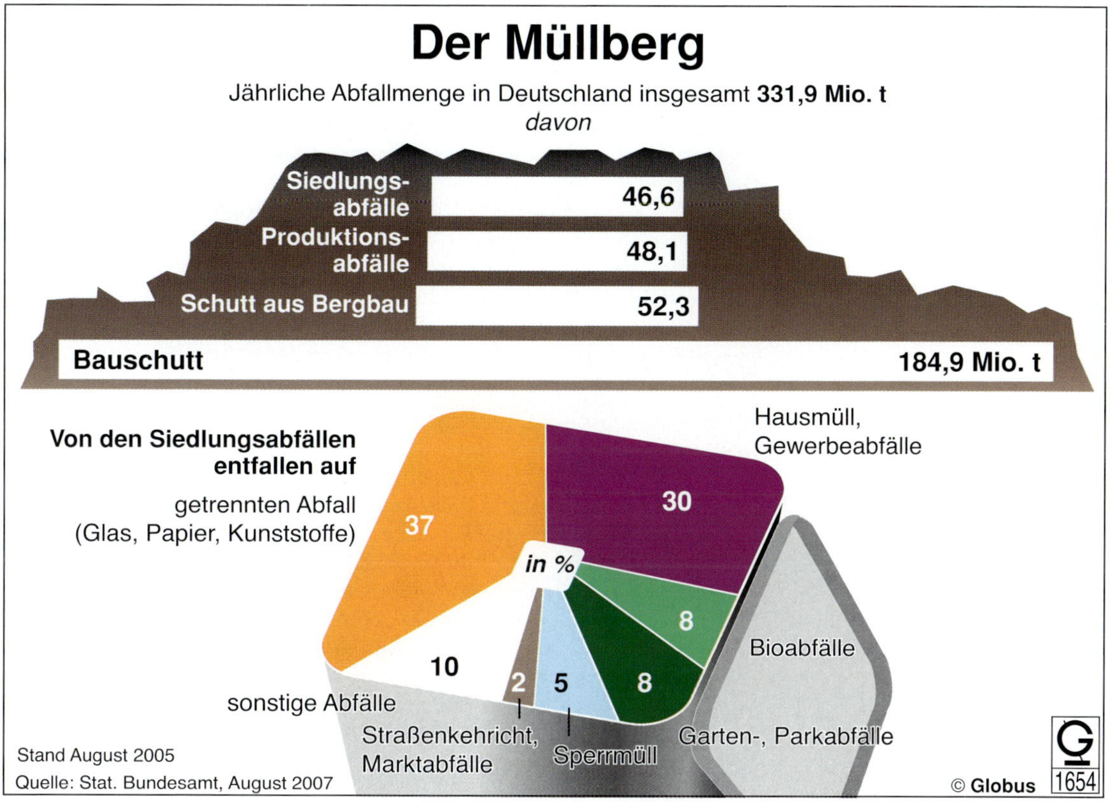

Die moderne Industrie- und Wohlstandsgesellschaft produziert riesige Müllmengen. Müll enthält immer mehr Gift und nicht wieder verwertbare Stoffe. Die Entsorgung wird daher schwieriger. Nicht wieder verwertbarer Müll wird in Deponien vergraben, zu Bergen aufgetürmt oder verbrannt. Unvermeidbar ist daher eine Belastung des Bodens durch nicht vollständig abgedichtete oder gar „wilde" Mülldeponien. Auch die bei der Verbrennung entweichenden Gase belasten die Luft. Das Müllaufkommen ist so groß, dass Deponieraum knapp wird. Deshalb ist es besonders wichtig, dass jeder Einzelne in seinem privaten Bereich zum Abbau der riesigen Müllberge beiträgt.

Im Extremfall kann 1 Liter versickertes Öl 1.000.000 Liter Grundwasser verseuchen.

Herr Schädling achtet auf eine saubere Umwelt!

Am Morgen macht sich Herr Schädling einen gesunden Obstsalat. Er gibt die Schalen in eine Plastiktüte, verknotet diese und wirft sie in den Mülleimer, das riecht sonst nach einiger Zeit erbärmlich. Beim anschließenden Einkauf im Supermarkt packt Herr Schädling seine Waren in Plastiktaschen. Er schwärmt von diesen Plastiktaschen. Sie sind so praktisch und haben besonders reißfeste Henkel. Man kann in ihnen fast alles transportieren. In einer Parfümerie kauft er sich ein teures Rasierwasser. Das ist aber ein kleines Fläschchen, denkt er sich noch, als er die aufwändige Verpackung in den nächstgelegenen Mülleimer wirft. Einkaufen macht durstig. Gut, dass er sich im Supermarkt eine Dose Cola gekauft hat. Er trinkt sie in einem Zug aus und wirft sie auch gleich in den Mülleimer – die Stadt soll ja sauber bleiben.

Zu Hause angekommen werden die abgelaufenen Medikamente aussortiert, die leeren Batterien in den Taschenlampen erneuert und die alten Farbtöpfe aus der Werkstatt hervorgekramt. Nachdem Herr Schädling die Farbreste in den Ausguss geschüttet hat, kommt alles in den gelben Sack und ab zur Wertstoffannahmestelle. In den großen Container, in den alle anderen Leute ihre Abfälle aus den gelben Säcken entsorgen, kippt auch Herr Schädling seinen Unrat – man bemüht sich ja, die Umweltverschmutzung zu reduzieren. Am Abend fällt Herr Schädling müde, aber zufrieden ins Bett. Kurz bevor er einschläft, denkt er sich noch: Morgen werfe ich als erstes den alten Radiowecker in die Mülltonne und kaufe mir einen ganz normalen Wecker, das ist viel umweltfreundlicher.

Schreiben Sie Herrn Schädling einen Stichwortzettel, wie er sich umweltgerecht verhalten könnte.

4.4 Nationale Umweltschutzmaßnahmen

Umweltschutzgesetze

Die Verpflichtung des Staates, die natürlichen Lebensgrundlagen zu schützen, ist im Grundgesetz festgelegt.

Art. 20a GG

Der Staat schützt auch in Verantwortung für die künftigen Generationen die natürlichen Lebensgrundlagen im Rahmen der verfassungsmäßigen Ordnung durch die Gesetzgebung und nach Maßgabe von Gesetz und Recht durch die vollziehende Gewalt und die Rechtsprechung.

Der Staat setzt seine umweltpolitischen Ziele zu einem wesentlichen Teil mittels Umweltgesetzen bzw. Umweltverordnungen und den entsprechenden Verwaltungsvorschriften durch. Die Umsetzung dieser Vorschriften erfolgt durch die Behörden oder kommunalen Einrichtungen (z.B. Umweltämter). Die Rechtsvorschriften sind nach **Sachgebieten** sortiert.

Sachgebiete:
- Allgemeiner Umweltschutz
- Immissionsschutz
- Gewässerschutz
- Bodenschutz
- Abfallwirtschaft
- Chemikalienrecht
- Naturschutz und Landschaftspflege
- Biotechnik
- Kerntechnische Sicherheit und Strahlenschutz

Umweltpolitik orientiert sich an grundlegenden Prinzipien wie dem Vorsorge-, Verursacher-, Kooperations- und dem Integrationsprinzip.

„Wäschewaschen ist nur bis 15.00 Uhr gestattet, ab 18.00 Uhr wird Bier gebraut."

Wilhelm II. 1888 bis 1918 deutscher Kaiser und König von Preußen

Preußisches Wassergesetz vom 7. April 1913

Wir, Wilhelm von Gottes Gnaden König von Preußen, verordnen, mit Zustimmung der beiden Häuser des Landtags der Monarchie, was folgt:

§ 19

(1) Es ist verboten, Erde, Sand, Schlacken, Steine, Holz, feste und schlammige Stoffe sowie tote Tiere in einen Wasserlauf einzubringen. Ebenso ist verboten, solche Stoffe an Wasserläufen abzulagern, wenn die Gefahr besteht, dass diese Stoffe hineingeschwemmt werden.

§23

(1) Wer Wasser oder andere flüssige Stoffe (...) in einen Wasserlauf einleiten will, hat dies vorher der Wasserpolizeibehörde anzuzeigen (...)

§24

(1) Für den Schaden, der durch die unerlaubte Verunreinigung eines Wasserlaufs entsteht, haftet, (...) der Unternehmer der Anlage, von der die Verunreinigung herrührt.

§376

(1) Werden den Vorschriften (...) zuwider Wasser oder andere flüssige Stoffe, durch deren Einleitung das Wasser verunreinigt werden kann, in ein Gewässer eingeleitet, so sind der Unternehmer und der Betriebsleiter als solche, unabhängig von der Verfolgung der eigentlichen Täter, mit Geldstrafe von fünfzig bis zu fünftausend Mark zu bestrafen.

Auszüge aus dem Preußischen Wassergesetz vom 7. April 1913

Prüfen Sie, welche grundlegenden Prinzipien moderner Umweltpolitik bereits im Preußischen Wassergesetz von 1913 verwirklicht wurden.

Umweltabgaben und Umweltprüfung

Ökosteuer

Beim Tanken verdient der Staat mit.

Ökosteuern haben den Zweck, die Nachfrage der Verbraucher umweltgerecht zu beeinflussen. Beispielsweise soll die Erhöhung der Mineralölsteuer dazu beitragen, dass weniger Auto gefahren wird. Das Geld fließt in den allgemeinen Staatshaushalt und kann dazu verwendet werden, an anderer Stelle die Steuern zu senken (z.B. durch Subventionierung umweltschonender Produkte).

Werden umweltschonende Produktionsverfahren und Produkte subventioniert, soll das Angebot verbilligt und so die Nachfrage erhöht werden.

„Rasen für die Rente – das ist keine Finanzpolitik, das ist gaga."
Guido Westerwelle, FDP-Politiker

Auf welchen Missstand möchte der FDP-Fraktionsvorsitzende Westerwelle mit dieser Aussage aufmerksam machen?

Stromerzeugung belastet die Umwelt.

Umweltsonderabgaben

Umweltsonderabgaben sind zweckgebunden. Sie kommen der Umwelt wieder zugute. Muss ein Industriebetrieb eine Abwasserabgabe entrichten, sind die Einnahmen beispielsweise für den Bau einer Kläranlage zu verwenden.

Umweltzertifikate

Zertifikat:
Hier: Berechtigung

Immissionsvolumen:
Umfang der zugelassenen Schadstoffeinleitung in die Umwelt

Umweltzertifikate werden an Unternehmen ausgegeben. Der Betrieb erwirbt damit die Berechtigung, eine festgelegte Menge an Schadstoffen freizusetzen. Die Anzahl der Zertifikate für eine Region ist so gewählt, dass ein bestimmtes **Immissionsvolumen** nicht überschritten wird.

Mit Umweltzertifikaten kann gehandelt werden. Setzt eine Firma durch den Einbau von umweltschonender Technik weniger Schadstoffe frei, kann sie Nutzungsrechte verkaufen. Betriebe mit veralteter Technik können diese Rechte kaufen. In der Summe bleibt das Immissionsvolumen gleich.

Der Umweltschutz mit Hilfe von Umweltzertifikaten erfolgt bislang hauptsächlich in den USA.

„Der Zertifikathandel verhindert technische Neuerungen!"
Nehmen Sie Stellung zu dieser Behauptung.

Umweltverträglichkeitsprüfung (UVP)

Die Umweltverträglichkeitsprüfung ist ein Prüfverfahren, mit dem die Auswirkungen eines Vorhabens auf die Umwelt bereits im Planungsstadium untersucht werden.

Untersucht werden die Auswirkungen eines Projektes auf Menschen, Tiere, Pflanzen, Boden, Wasser, Luft, Klima, Landschaft, Kultur- und sonstige Sachgüter. Bei der UVP prüft man aber nicht nur den Einfluss von Einzelkomponenten auf die Umwelt, sondern auch deren Wechselwirkung. Es wird z.B. geprüft, wie der Bau einer Autobahn, eines Kraftwerkes oder einer Skipiste das gesamte Ökosystem beeinflusst.

Umwelthaftungsgesetz (UmweltHG)

§ 1 UmweltHG Anlagenhaftung bei Umwelteinwirkungen

Wird durch eine Umwelteinwirkung (...) jemand getötet, sein Körper oder seine Gesundheit verletzt oder eine Sache beschädigt, so ist der Inhaber der Anlage verpflichtet, dem Geschädigten den daraus entstehenden Schaden zu ersetzen.

Mit dem Umwelthaftungsgesetz wurde eine umfassende Gefährdungshaftung eingeführt. Der Betreiber einer Anlage muss für Schäden an Personen und Sachen auch dann haften, wenn ihn kein Verschulden trifft. Bestimmte Anlagen müssen vom Betreiber so versichert werden, dass im Schadensfall die Umweltschäden beseitigt werden können.

§ 15 UmweltHG Haftungshöchstgrenzen

Der Ersatzpflichtige haftet für Tötung, Körper- und Gesundheitsverletzung insgesamt nur bis zu einem Höchstbetrag von 85 Millionen Euro und für Sachbeschädigungen ebenfalls insgesamt nur bis zu einem Höchstbetrag von 85 Millionen Euro, soweit die Schäden aus einer einheitlichen Umwelteinwirkung entstanden sind (...)

Aus welchem Grund wurden im UmweltHG Haftungshöchstgrenzen eingeführt?

Umweltstrafrecht

Umweltschädigendes Verhalten kann als Ordnungswidrigkeit oder Straftat geahndet werden. Die Art und Höhe der Strafen sind im Strafgesetzbuch (StGB) und in den Umweltgesetzen geregelt.

Die Luftverunreinigungen eines Unternehmens schädigen die Ernte der umliegenden Bauern.

Recherchieren Sie im Internet Höhe und Art der zu erwartenden Strafe.

Kreislaufwirtschaft

Grafik: R. A. Drude

Sekundäre Rohstoffe:

Aus Abfällen gewonnene Rohstoffe (Recycling)

Zum Recycling geeignet sind vor allem Glas, Papier, Pappe, Kartonagen, Eisen, Nichteisenmetalle und Kunststoffe. Voraussetzung für die stoffliche Verwertung ist eine möglichst sortenreine Sammlung der Wertstoffe oder ihre leichte Abtrennung (Sortierung) aus der Abfallfraktion (Abfalltrennung).

Um die vorhandenen Ressourcen an Rohstoffen zu erhalten, sollen Produkte möglichst mehrfach verwendbar und technisch langlebig sein. Bei der Herstellung und dem Gebrauch von Erzeugnissen ist das Entstehen von Abfällen so weit wie möglich zu vermeiden. Angestrebt werden weitgehend geschlossene Kreisläufe. Aus verwertbaren Abfällen oder **sekundären Rohstoffen** sollen neue Produkte erzeugt werden. Bei umweltverträglichen Produkten ist nach Gebrauch eine umweltverträgliche Abfallverwertung oder eine ordnungsgemäße und schadlose Abfallbeseitigung sichergestellt.

Kreislaufwirtschafts- und Abfallgesetz (KrWg)

Nach dem KrWg gelten wieder verwertbare Stoffe, wie z.B. Glas, Papier und Altmetall, als Abfall. Sie müssen ordnungsgemäß entsorgt werden.

> § 1 KrWg Zweck des Gesetzes
>
> Zweck des Gesetzes ist die Förderung der Kreislaufwirtschaft zur Schonung der natürlichen Ressourcen und die Sicherung der umweltverträglichen Beseitigung von Abfällen.

Duales System

Duales System Deutschland AG (DSD) ist ein Unternehmen, das ein Sammelsystem für beim Verbraucher anfallende Verkaufsverpackungen aufgebaut hat. Hintergrund sind die Anforderungen der **Verpackungsverordnung.** Die Materialien werden getrennt und verwertet. Hersteller, Importeure oder Vertreiber führen an das DSD Gebühren für die Nutzung der Lizenz **Grüner Punkt** ab und sind dafür von Rücknahme- oder Pfanderhebungspflichten befreit.

Verpackungsverordnung:

Verpflichtet die Hersteller zur Rücknahme der Verkaufsverpackungen

Grüner Punkt:

Auf Verpackungen aus wieder verwertbarem Material angebrachtes Symbol

Verpackungen mit diesem Zeichen sind gegen eine Gebühr an das DSD von der Rücknahme- und Pfanderhebungspflicht entbunden. Der Verbraucher bezahlt die Entsorgungskosten mit dem Kaufpreis.

Umweltzeichen

Umweltzeichen kennzeichnen die Umweltverträglichkeit bei Herstellung, Gebrauch und Entsorgung eines Produktes. Gestaltung, Vergabe und Verwendung der Umweltzeichen sind gesetzlich geregelt. Die Voraussetzungen der Vergabe sind je nach Zeichen unterschiedlich.

Der Blaue Engel ist das älteste Umweltzeichen der Welt. Am Blauen Engel erkennen Verbraucher Produkte, die umweltfreundlich hergestellt und vertrieben werden. Die Kriterien für die Vergabe werden durch eine vom Bundesinnenminister berufene, unabhängige Jury beschlossen. Die Kennzeichnung bezieht sich nur auf bestimmte ökologische Aspekte und nicht auf das gesamte Produkt. Es wird immer ein Hinweis gegeben, warum dieses Produkt umweltfreundlicher und gesünder als andere ist.

Die Europäische Blume wird für Produkte vergeben, die von der Entwicklung bis zur Verwendung die Umwelt weniger belasten als vergleichbare Produkte.

Der Blaue Engel kennzeichnet umweltfreundlich hergestellte und vertriebene Produkte.

Europäische Blume

Umweltstandards

Im Sinne einer zukunftsgerichteten, nachhaltigen Entwicklung werden Leitwerte festgelegt (Umweltqualitätsziele). Umweltstandards werden beispielsweise durch den Verein Deutsche Ingenieure (VDI) erarbeitet (**MIK-Werte**).

MIK-Werte:

Maximale Immissions-Konzentration

Bezeichnung für die Konzentrationen luftverunreinigender Stoffe, die nach derzeitigem Wissensstand für Mensch, Tier oder Pflanze bei Einwirkung von bestimmter Dauer und Häufigkeit als unbedenklich gelten

1. Wie schützen Sie die Umwelt durch Ihr Verhalten am Arbeitsplatz?
2. Diskutieren Sie, ob die globalen Umweltkatastrophen verhindert werden können – notieren Sie Ihre Argumente.

Zusammenfassung

Jeder Einzelne kann durch sein Verhalten zum Schutz der Umwelt beitragen.

Der Staat regelt durch Umweltschutzgesetze das Umweltverhalten der privaten Haushalte und der Wirtschaft.

Mit Hilfe von Umweltabgaben (Ökosteuer, Umweltsonderabgaben) versucht er, umweltgerechtes Verhalten zu unterstützen.

Produkte sollen möglichst Ressourcen schonend hergestellt, gebraucht und entsorgt werden. Aus den verwertbaren Abfällen werden wieder neue Produkte erzeugt (Kreislaufwirtschaft).

Umweltverträgliche bzw. umweltverträglich erzeugte Produkte sind durch Umweltzeichen gekennzeichnet.

Wissens-Check

1. Erklären Sie, warum bei der Lebensmittelproduktion der Transportaufwand ständig steigt.
2. Welche positiven Effekte erzielt die Stromsteuer für die Umwelt?
3. Ein Skigebiet in den Alpen soll erweitert werden. Welcher Prüfung wird dieses Projekt unterzogen? Beschreiben Sie die möglichen Untersuchungsergebnisse.
4. Erklären Sie das Duale System Deutschland.

Links

www.bmu.de

www.bfn.de

www.umweltbundesamt.de

www.umweltministerium.bayern.de

C Internationale Beziehungen

- Konflikte
- NATO
- UNO
- Bundeswehr
- Unterentwicklung
- Terrorismus

Foto: dpa

Gewaltmonopol:
Nur der Staat hat das Recht, geltende Gesetze notfalls mit Gewalt durchzusetzen.

*In Demokratien haben die Bürger die Möglichkeit, auf das politische Geschehen in ihrem Land Einfluss zu nehmen (Wahlen, Parteiarbeit usw.). Der Staat hat das **Gewaltmonopol**. Dieses endet an den Grenzen des jeweiligen Staates.*

Foto: dpa

Hier endet das Gewaltmonopol des Staates

Ob die Bürger eines Landes in einem anderen Land Urlaub machen oder Handel treiben können, regeln Verträge zwischen den Ländern.

Jedoch gibt es auch seit Menschengedenken Kriege. In Friedensverträgen wird das Ende der Kriege festgeschrieben. Die vertraglichen Vereinbarungen zwischen Staaten sind Bestandteil der „internationalen Beziehungen".

Die „internationale Politik" befasst sich mit den politischen Aktivitäten (Diplomatie, Außenpolitik) der Staaten. Sie ist damit ein Kernbereich der „internationalen Beziehungen".

Die Welt rückt immer näher zusammen und die Anzahl der Probleme zwischen den Staaten nimmt zu. An den letzten beiden **Golfkriegen** wurden die Möglichkeiten und Grenzen der „internationalen Politik" deutlich.

Golfkriege:
Golfkrieg I:
2. August 1990 – April 1991
Golfkrieg II:
20. März 2003 – 1. Mai 2003

Golfkrieg I: Gründe und Verlauf

1

Foto: dpa

G. Bush: US-Präsident 1989-1993

Foto: dpa

Saddam Hussein: irakischer Staatspräsident

Unter der Herrschaft von Saddam Hussein, dem damaligen irakischen Staatspräsidenten, überfiel der Irak am 2. August 1990 das Öl-Emirat Kuwait. Hussein wollte sein Herrschaftsgebiet ausweiten.

Im Auftrag der Vereinten Nationen (**UNO**) stellten die USA eine internationale Streitmacht zusammen, die die irakischen Truppen zurückdrängen sollte. Am 17. Januar 1991 begann die „Operation Wüstensturm", nachdem das letzte UNO-Ultimatum zum Rückzug aus Kuwait abgelaufen war. Auf der Grundlage des folgenden **UN-Mandats** wurde Kuwait befreit. Es dauerte nur wenige Wochen, bis die irakische Armee besiegt war.

UNO:
United Nations Organization
Sitz: New York
Internationales Sicherheitsbündnis

UN-Mandat:
Die UNO beauftragt Streitkräfte mit militärischen Aktivitäten.

Die meisten Soldaten der internationalen Streitmacht stellten die USA; sie wurden von europäischen und arabischen Truppen unterstützt. Japan und Deutschland leisteten finanzielle Hilfe.

US-Präsident George Bush/September 1990:

„Der Irak selbst kontrolliert etwa 10 Prozent der Weltölreserven. Mit Kuwait kontrolliert der Irak die doppelte Menge (...) Wir können es nicht zulassen, dass solch lebenswichtige Bodenschätze von jemandem beherrscht werden, der so rücksichtslos handelt. Und wir werden es nicht zulassen."

U.S. Policy Information and Texts, S. 2f (eigene Übersetzung)

Welchen Grund, Kuwait zu befreien, nennt George Bush?

1.1 Die Bundeswehr im Golfkrieg I

Die Bundeswehr hat sich an den Kämpfen im Rahmen des UNO-Einsatzes im Golfkrieg I nicht beteiligt. Dabei hat man sich auf Art. 24 GG und Art. 87a GG berufen.

> Art. 87a GG
>
> (2) Außer zur Verteidigung dürfen die Streitkräfte nur eingesetzt werden, soweit dieses Grundgesetz es ausdrücklich zulässt.

Dieser Artikel wurde so ausgelegt, dass die Bundeswehr nur in den Landesgrenzen der **NATO**-Partner aktiv werden konnte. Ein Einsatz am Golf war somit nicht möglich. Diese Haltung hat vor allem die Amerikaner gestört.

NATO:

North Atlantic Treaty Organization, westliches Verteidigungsbündnis

Deutschland ist seit 1955 Mitglied.

Grafik: Dave Vaughan

„Es sind unsere Soldaten, nicht Deutsche, die ihr Leben aufs Spiel setzen, um einer Aggression zu widerstehen, deren Auswirkungen auch die Deutschen treffen (...) Die Deutschen und die Japaner haben in diesem Punkt eines gemeinsam: eine äußerst flexible Verfassung, die so ausgelegt werden kann, wie es am besten passt."

US-Senator John McCain im Spiegel-Interview, Der Spiegel

1. Begründen Sie, warum sich die Bundeswehr nicht militärisch am Golfkrieg I beteiligen konnte.
2. Wie beurteilen Sie in diesem Zusammenhang die Aussage des US-Senators John McCain im Spiegel-Interview?

Jahrgangsstufe 12

1.2 Die Rolle der UNO im Golfkrieg I

Mit diesem Krieg ist die UNO ihrem Auftrag der Wiederherstellung des Friedens gerecht geworden. Die Großmächte USA und die damalige Sowjetunion haben die militärischen Aktionen unterstützt und getragen. Dieser Krieg war für die UNO mit dem Völkerrecht vereinbar.

Die „Operation Wüstensturm" war eine erfolgreiche militärische Aktion im Auftrag der UNO. Griechen und Türken, Amerikaner und Russen, Israelis und Araber waren sich einig, den Aggressor Hussein aus Kuwait zurückzutreiben. Eines wurde offensichtlich: Die Funktionsfähigkeit der UNO in Kriegssituationen hängt entscheidend davon ab, wie ihre mächtigsten Mitglieder die Situation beurteilen.

Der Sicherheitsrat der UNO hat nach dem Krieg ein **Handelsembargo** über den Irak verhängt. Dadurch kam das Land in große wirtschaftliche Schwierigkeiten. Vor allem die Bevölkerung musste darunter leiden. Das von der UNO verabschiedete **„Oil For Food"**-Programm erlaubte dem Irak einen eingeschränkten Ölhandel. Mit dem Erlös durften nur Lebensmittel und Medikamente im Ausland gekauft werden.

Handelsembargo:
Ausfuhrverbot von Waren und Kapital

Oil for Food:
Öl für Lebensmittel

1.3 Die NATO im Golfkrieg I

Die Nato ist in diesem Konflikt nicht als Bündnis aufgetreten. Es haben jedoch einige NATO-Staaten der Führungsmacht USA ihre Truppen zur Verfügung gestellt. Nach der Beendigung des Ost-West-Konfliktes (1990) war die NATO wegen ihrer inneren Umstrukturierung zum Zeitpunkt des Krieges nur bedingt handlungsfähig.

Zusammenfassung

Der Irak hatte 1990 widerrechtlich Kuwait besetzt.

Die UNO legitimierte die gewaltsame Befreiung Kuwaits.

Die NATO griff als Bündnis nicht ein. Sie befand sich in einer Umstrukturierungsphase.

Die Bundeswehr konnte außerhalb des NATO-Bündnisgebietes bei Kampfhandlungen nicht eingesetzt werden.

Die USA und Verbündete haben Kuwait von der Besatzung durch den Irak befreit.

Wissens-Check

1. Was bedeutet das „Gewaltmonopol des Staates"?
2. Wie hat sich Deutschland im Golfkrieg I verhalten?

Links

www.nato.int www.bundeswehr.de

2 Golfkrieg II: Gründe und Verlauf

Resolution:
Beschluss, Entschließung

Vereinte Nationen/Sicherheitsrat:

Resolution 1441

Der UN-Sicherheitsrat verlangt von Bagdad, innerhalb eines Monats seine Waffenprogramme offen zu legen.

Der ungehinderte Zugang der UNO-Waffenkontrolleure in den Irak muss gewährleistet werden.

Den Kontrolleuren muss ungehinderte Kontrolle aller Produktionsstätten von Vernichtungswaffen erlaubt sein.

(Verabschiedet auf der 4644. Sitzung des Sicherheitsrates am 8. November 2002)

Foto: ddp

George W.Bush, Präsident der USA im 2. Golfkrieg

08.11.2002	Der UNO-Sicherheitsrat verabschiedet die Resolution 1441. Hierin werden dem Irak „ernsthafte Konsequenzen" angedroht, falls er die Resolution nicht einhält.
11.11.2002	Der amerikanische Kongress ermächtigt den Präsidenten zu kriegerischen Maßnahmen gegen den Irak.
14.11.2002	Der Irak akzeptiert die UNO-Resolution 1441.
27.01.2003	In einem Zwischenbericht werfen die UNO-Waffeninspekteure den irakischen Behörden unzureichende Zusammenarbeit vor.
17.03.2003	Die Mitglieder des UNO-Sicherheitsrates können sich nicht auf ein gemeinsames Vorgehen gegen den Irak einigen. Der amerikanische Präsident George W. Bush stellt Saddam Hussein ein Ultimatum: Er soll innerhalb von 24 Stunden den Irak verlassen haben.
20.03.2003	Am frühen Morgen greifen amerikanische und britische Streitkräfte mit Raketen und Kampfflugzeugen strategisch wichtige Ziele in Bagdad an. Dies ist der Beginn des Golfkriegs II.
09.04.2003	US-Panzer rücken in die irakische Hauptstadt ein. Saddams Regime bricht zusammen.

Foto: dpa

Bombardierung Bagdads

Halten Sie es für gerechtfertigt, den Krieg gegen den Irak ohne UN-Mandat zu führen? Begründen Sie Ihre Meinung.

2.1 Öl: „Treibstoff" für den Krieg?

Der offizielle Grund für den amerikanisch-britischen Angriff auf den Irak war die Nichtbeachtung der UN-Resolution 1441. Viele Menschen, auch hochrangige Politiker, sind der Meinung, dass die irakischen Erdölfelder ebenso ein Motiv für den Krieg waren.

Die amerikanische Regierung war davon ausgegangen, dass im Irak Massenvernichtungswaffen gelagert und hergestellt wurden. Sie hat sich dabei auf amerikanische und britische Geheimdienste berufen. Mittlerweile weiß man, dass der Irak zu diesem Zeitpunkt keine Massenvernichtungswaffen besaß.

Es war der US-Regierung auch ein Anliegen, den Irak von dem Diktator Saddam Hussein zu befreien. Für die US-Regierung gehörte der Irak zur „**Achse des Bösen**", zu den „Schurkenstaaten", die die internationale Staatengemeinschaft bedrohen.

Achse des Bösen:

So bezeichnet die US-Regierung die Staaten Irak, Iran und Nordkorea.

Gründe: Besitz und Herstellung von Massenvernichtungswaffen, Unterstützung des Terrorismus oder der Besitz von atomaren Waffen

Barrel:
Flüssigkeitsmaß:
1 Barrel = 158,97 Liter

Quelle: Spiegel-Verlag

Erkundete Erdölreserven der Welt in Milliarden Barrel

Foto: dpa

Butros Butros Ghali

Präsenz:
Hier: Anwesenheit

Auch der ehemalige UNO-Generalsekretär (1992-1996) Butros Butros Ghali sah andere Gründe für den Golfkrieg II.

Spiegel: Wie erklären Sie sich die Verbissenheit des Weißen Hauses, Saddam zu stürzen?

Ghali: Die wahren Motive der US-Regierung (...) sind doch ganz andere: George W. Bush strebt nach einer starken US-Präsenz im arabischen Teil der Welt. Auch der direkte Zugriff auf das Erdöl Bagdads spielt für den amerikanischen Präsidenten ganz offensichtlich eine gewichtige Rolle. Vergessen Sie nicht: Die irakischen Ölreserven sind enorm.

Der Spiegel

1. Welche Gründe nennen die USA für den Krieg?
2. Welche Gründe sieht Butros Butros Ghali als Auslöser für den Krieg?
3. Wie schätzen Sie die vorgebrachten Gründe ein?

2.2 Die Bundeswehr im Golfkrieg II

Deutschland war offiziell gegen den Krieg. Bundeskanzler Gerhard Schröder hat sich vor den Bundestagswahlen (Oktober 2002) gegen einen Angriff auf den Irak ausgesprochen. Dies wurde vor allem damit begründet, dass kein UN-Mandat vorliege. Die Bundesrepublik hat den Amerikanern und den Briten jedoch Überflugrechte über das Gebiet der Bundesrepublik für Truppen und Kriegsmaterial genehmigt.

52 deutsche Abwehrspezialisten für **ABC-Waffen** wurden der US-Armee in Kuwait zur Verfügung gestellt. Sie standen dort unter US-Befehl, hätten aber jederzeit zurückgerufen werden können.

ABC-Waffen:
Atomare
Biologische
Chemische
Waffen

2.3 Die NATO im Golfkrieg II

Belgien, die Bundesrepublik Deutschland, Frankreich und Luxemburg – bedeutende Mitgliedsstaaten der NATO – haben sich klar gegen den Krieg ausgesprochen.

Als reines Verteidigungsbündnis wäre die NATO nicht zum Einsatz verpflichtet gewesen. Es wurden keine Mitgliedsstaaten der NATO angegriffen, der Verteidigungsfall war nicht gegeben.

Die USA haben versucht, mehrere NATO-Staaten ihrem militärischen Kommando zu unterstellen. Dies ist ihnen gelungen: Großbritannien, Spanien, Italien, die Niederlande, Polen, Tschechien und Ungarn haben sich in die Kriegsallianz eingereiht.

Dies führte zu einem schweren Bruch innerhalb der NATO. Seit dieser Konfliktsituation ist die NATO bemüht, die Differenzen zu beseitigen.

Die Begründung der NATO, sich wegen des fehlenden UN-Mandats im Golfkrieg II zurückzuhalten, bleibt diskussionswürdig. Im **Kosovo-Krieg** hat sie sich engagiert – ebenfalls ohne UN-Mandat. Es wurden keine Mitgliedsstaaten der NATO angegriffen, der Verteidigungsfall war auch dort nicht gegeben.

Kosovo-Krieg:

Das Kosovo wollte sich 1999/2000 von Serbien lossagen. Daraufhin wurden von den Serben viele Einwohner des Kosovo verschleppt und ermordet.

Gegen diesen Völkermord ist die NATO ohne UN-Mandat militärisch vorgegangen.

Hätte die NATO sich Ihrer Meinung nach am Golfkrieg II beteiligen sollen? Begründen Sie Ihre Meinung.

2.4 Die UNO im Golfkrieg II

Die Verabschiedung der UN-Resolution 1441 war die letzte einstimmige Entscheidung des UN-Sicherheitsrates vor dem Golfkrieg II. Zu einer direkten Entscheidung für den Krieg konnte er sich nicht durchringen. Die Positionen der USA, Russlands, Chinas, Großbritanniens und Frankreichs waren – anders als im Golfkrieg I – zu unterschiedlich.

Ban Ki Moon, UN-Generalsekretär

Foto: dpa

Die UNO hat dem Krieg nicht zugestimmt und kritisiert, dass nicht noch länger mit dem Irak über die Offenlegung seiner Waffenprogramme diskutiert worden ist. Einige Völkerrechtler hielten den Krieg gegen den Irak trotzdem für rechtens, weil dieser ständig gegen die Resolution 1441 verstoßen hat.

In der kriegerischen Auseinandersetzung selbst hat die UNO keine Rolle mehr gespielt. Der US-amerikanische Präsident George W. Bush hat am 1. Mai 2003 die „Hauptkampfhandlungen" im Irak für beendet erklärt.

Seitdem kommt es fast täglich zu Bombenanschlägen. Diese richten sich vor allem gegen die „Besatzungstruppen". Es soll damit der Abzug der ausländischen Truppen aus dem Irak erreicht werden.

Die irakische Bevölkerung ist ebenfalls in Mitleidenschaft gezogen. Beobachter sprechen von bürgerkriegsähnlichen Zuständen. Bis heute gibt es keine stabile, demokratische Nachkriegsordnung.

Viele Anschläge geschehen durch Autobomben

Zusammenfassung

Der Irak hat die 2002 verabschiedete UN-Resolution 1441 nicht eingehalten. Es wurden Massenvernichtungswaffen im Irak vermutet. Kriegsbeginn: März 2003.

Die USA und Großbritannien waren die Hauptakteure in diesem Krieg.

Es hielt sich die Annahme, dass die reichen Ölquellen des Irak auch ein wichtiger Kriegsgrund gewesen sein könnten.

Deutschland war gegen den Krieg und nahm nicht teil.

Die UNO hatte den Krieg nicht legitimiert.

Wissens-Check

1. Wie hat sich die Bundeswehr im Golfkrieg II verhalten?
2. Wie hat sich die NATO im Golfkrieg II verhalten?
3. Wie hat sich die UNO im Golfkrieg II verhalten?

Links

www.nato.int

www.deutschesheer.de

www.streitkraeftebasis.de

Funktionen und Ziele von UNO, NATO und Bundeswehr 3

Das unterschiedliche Verhalten von UNO, NATO und Bundeswehr in den beiden letzten Golfkriegen hat organisatorische und rechtliche Probleme offen gelegt. Es hat sich gezeigt, dass das Zusammenspiel nicht effektiv war, teilweise sogar gegenseitige Behinderungen stattgefunden haben. Übereinstimmende Aktionen zur Kriegsverhinderung sind nicht zur Entfaltung gekommen. Dabei sind diese Organisationen so aufgebaut, dass sie sich gegenseitig stützen sollten. Bei Konflikten ist eine klare, übereinstimmende Position beabsichtigt.

3.1 Die UNO: United Nations Organization

Foto: dpa

Am 26. Juni 1945 wurde die Satzung der UNO (111 Artikel) in San Francisco/USA von 51 Staaten unterzeichnet; am 24. Oktober des gleichen Jahres trat sie in Kraft.

Die Unterzeichnerstaaten haben sich zusammengeschlossen, um den Weltfrieden zu bewahren. Eine Katastrophe wie den Zweiten Weltkrieg sollte es nicht mehr geben. Zudem sollten menschenwürdige Lebensbedingungen für die Weltbevölkerung geschaffen werden.

Deutschland ist der UNO 1973 beigetreten. Momentan sind 192 Staaten (Stand 2008) Mitglieder der UNO.

Artikel 1 Charta der Vereinten Nationen

Die Vereinten Nationen setzen sich folgende Ziele:

1. den Weltfrieden und die internationale Sicherheit zu wahren und zu diesem Zweck wirksame Kollektivmaßnahmen zu treffen, um Bedrohungen des Friedens zu verhüten und zu beseitigen, Angriffshandlungen und andere Friedensbrüche zu unterdrücken und internationale Streitigkeiten oder Situationen, die zu einem Friedensbruch führen könnten, durch friedliche Mittel nach den Grundsätzen der Gerechtigkeit und des Völkerrechts zu bereinigen oder beizulegen;
2. freundschaftliche, auf der Achtung vor dem Grundsatz der Gleichberechtigung und Selbstbestimmung der Völker beruhende Beziehungen zwischen den Nationen zu entwickeln und andere geeignete Maßnahmen zur Festigung des Weltfriedens zu treffen;

Foto: dpa

UN-Gebäude in NewYork

3. eine internationale Zusammenarbeit herbeizuführen, um internationale Probleme wirtschaftlicher, sozialer, kultureller und humanitärer Art zu lösen und die Achtung vor den Menschenrechten und Grundfreiheiten für alle ohne Unterschied der Rasse, des Geschlechts, der Sprache oder der Religion zu fördern und zu festigen;
4. ein Mittelpunkt zu sein, in dem die Bemühungen der Nationen zu Verwirklichung dieser Ziele abgestimmt werden.

(Alle Textzitate der Charta der Vereinten Nationen folgen der: „Amtlichen Fassung der Bundesrepublik Deutschland", BGBl. 1973 II. S. 431f)

Fassen Sie die Ziele der Vereinten Nationen stichwortartig zusammen.

Artikel 2 Abs. 4 der Charta der Vereinten Nationen wird von allen Mitgliedsstaaten als „Globale Verfassung" bezeichnet. Das darin festgeschriebene „allgemeine Gewaltverbot" stellt die grundlegende Norm des Völkerrechts dar.

Artikel 2 Charta der Vereinten Nationen

Die Organisation und ihre Mitglieder handeln im Verfolg der in Artikel 1 dargelegten Ziele nach folgenden Grundsätzen:

(...)

(4) Alle Mitglieder unterlassen in ihren internationalen Beziehungen jede gegen die territoriale Unversehrtheit oder die politische Unabhängigkeit eines Staates gerichtete oder sonst mit den Zielen der Vereinten Nationen unvereinbare Androhung oder Anwendung von Gewalt.

Zwei Ausnahmen von diesem „allgemeinen Gewaltverbot" sind in der UN-Charta vorgesehen:

Nach Artikel 51 der UN-Charta darf sich ein Staat, der angegriffen wird, selbst verteidigen. Andere Staaten dürfen den angegriffenen Staat militärisch unterstützen.

Die zweite Ausnahme ist die Ermächtigung zu militärischer Gewalt durch den UN-Sicherheitsrat. Dies kann dann geschehen, wenn ein Staat den Weltfrieden durch kriegerische Aktivitäten gegen einen anderen Staat stört.

Die UN-Generalversammlung

In der Generalversammlung sind alle UN-Mitgliedsstaaten vertreten. Hier haben sie – unabhängig von ihrer Größe – eine Stimme. Die Generalversammlung ist das einzige UN-Organ, in dem alle

Mitglieder vertreten sind. Eine jährliche Tagung ist Pflicht; Sondersitzungen können bei Bedarf anberaumt werden.

In den Aufgabenbereich der Generalversammlung fällt die Wahl der Mitglieder aller anderen Organe der UN. Einzige Ausnahme ist der Sicherheitsrat, dessen fünf „ständige Mitglieder" unveränderbar feststehen.

Den UN-Haushalt prüft und genehmigt die Generalversammlung, ebenso legt sie die Beiträge der Mitglieder fest. Auch die Prüfung der Jahres- und Sonderberichte des Sicherheitsrates und der übrigen UN-Organe gehört zu ihren Aufgaben.

Gegenüber dem Sicherheitsrat hat die Generalversammlung keine Möglichkeit der Einflussnahme. Allen anderen Organen kann sie Auflagen machen.

Foto: ddp

UN-Vollversammlung

Der Sicherheitsrat

Der UN-Sicherheitsrat

Der Sicherheitsrat ist das Macht- und Entscheidungszentrum der UNO.

Die Siegermächte des Zweiten Weltkrieges, China, Frankreich, Großbritannien, die Sowjetunion bzw. Russland und die USA sind ständige Mitglieder. Beschlüsse zu politischen Sachfragen sind nur dann möglich, wenn alle fünf ständigen Mitglieder im Konsens abstimmen. Es darf also keines dieser Mitglieder gegen einen Beschluss stimmen. Diese Regelung wird auch als **Vetorecht** bezeichnet. Enthaltungen sind jedoch möglich.

Die beiden Privilegien

- Festlegung der fünf ständigen Mitglieder,
- Vetorecht eines jeden der fünf ständigen Mitglieder,

werden als „**Jalta-Formel**" bezeichnet.

Vetorecht:

Hier: Stimmt eines der fünf ständigen Mitglieder gegen einen Beschluss, so kommt dieser nicht zustande.

Jalta-Formel:

Diese Beschlüsse wurden bereits auf der Konferenz von Jalta (4.-11. Februar 1945) zwischen Stalin, Roosevelt und Churchill gefasst.

In der UN-Charta sind sie in Artikel 27, Abs. 3 verankert.

Artikel 27 UN-Charta

(3) Beschlüsse des Sicherheitsrates (...) bedürfen der Zustimmung von neun Mitgliedern einschließlich sämtlicher ständigen Mitglieder, jedoch mit der Maßgabe, dass sich (...) die Streitparteien der Stimme enthalten (...)

Durch diesen Abstimmungsmodus bedingt, hat jedes ständige Mitglied die Möglichkeit, Beschlüsse zu blockieren, die gegen seine Interessen sind. Zur Zeit des Ost-West-Gegensatzes wurden mehr als 200 Vetos eingelegt. Die UNO hat sich dadurch häufig ins politische Abseits manövriert.

Weitere zehn nicht ständige Mitglieder des Sicherheitsrates werden von der Generalversammlung für jeweils zwei Jahre gewählt. Diese Mitglieder haben kein Vetorecht.

Will die UNO den neuen politischen Herausforderungen gewachsen sein, müssen die Struktur und der Einfluss des Sicherheitsrates grundlegend geändert werden. Das betrifft vor allem seine Größe und seine Abstimmungsgrundlagen. Es gibt diesbezüglich seit 1993 Änderungsabsichten. Der Sicherheitsrat soll auf 25 Mitglieder erweitert werden, fünf neue ständige Mitglieder sollen hinzukommen. Von den fünf neuen ständigen Mitgliedern sollen drei aus den bisher noch nicht berücksichtigten Regionen Afrika, Lateinamerika und Südostasien kommen. Die beiden verbleibenden Sitze sind für Industriestaaten gedacht.

Die momentanen fünf ständigen Mitglieder sind gegen diese Erweiterung. Sie wollen die Privilegien ihrer Macht nicht aufgeben und diese nicht auf weitere Mitglieder ausgeweitet sehen. Dagegen bestehen die möglichen neuen Mitglieder auf völliger Gleichbehandlung.

Foto: Corbis, Picture Press Life/Hamburg

UN-Blauhelm

1. Halten Sie die „Jalta-Formel" in der UN-Charta für geeignet, Kriege zu verhindern? Begründen Sie Ihre Meinung.
2. Welche Vorteile böte die Erweiterung des Sicherheitsrates auf 25 Mitglieder?
3. Sollten die fünf ständigen Mitglieder auf zehn erhöht werden? Welche Vorteile sehen Sie?

UN-Friedensmissionen

Seit den 50er Jahren gibt es die so genannten „Blauhelme". Die Soldaten im Dienst der UNO werden so bezeichnet, weil sie blaue Helme tragen. Auf den Seiten der Helme steht in Großbuchstaben UN. Die UNO besitzt allerdings keine eigenen Streitkräfte, diese werden ihr nur von den Mitgliedsstaaten zur Verfügung gestellt.

Eigentlich sollten die Blauhelme als Militärbeobachter – nur zur Selbstverteidigung leicht bewaffnet – zwischen Konfliktparteien stehen. Zuvor musste jedoch ein Waffenstillstand oder ein Friedensvertrag ausgehandelt sein. Von 1945, dem Gründungsjahr der UNO, bis 1988, dem Ende des Kalten Krieges, gab es nur 13 **„peace keeping"**-Einsätze.

Peace keeping:

Friedenserhaltung, friedlicher Einsatz von UN-Soldaten zur Konfliktkontrolle

Nach der Annäherung der Großmächte und der Überwindung des Ost-West-Gegensatzes konnte die UNO wieder umfassender agieren. So wurden zwischen 1988 und 1992 14 UN-Aktionen beschlossen.

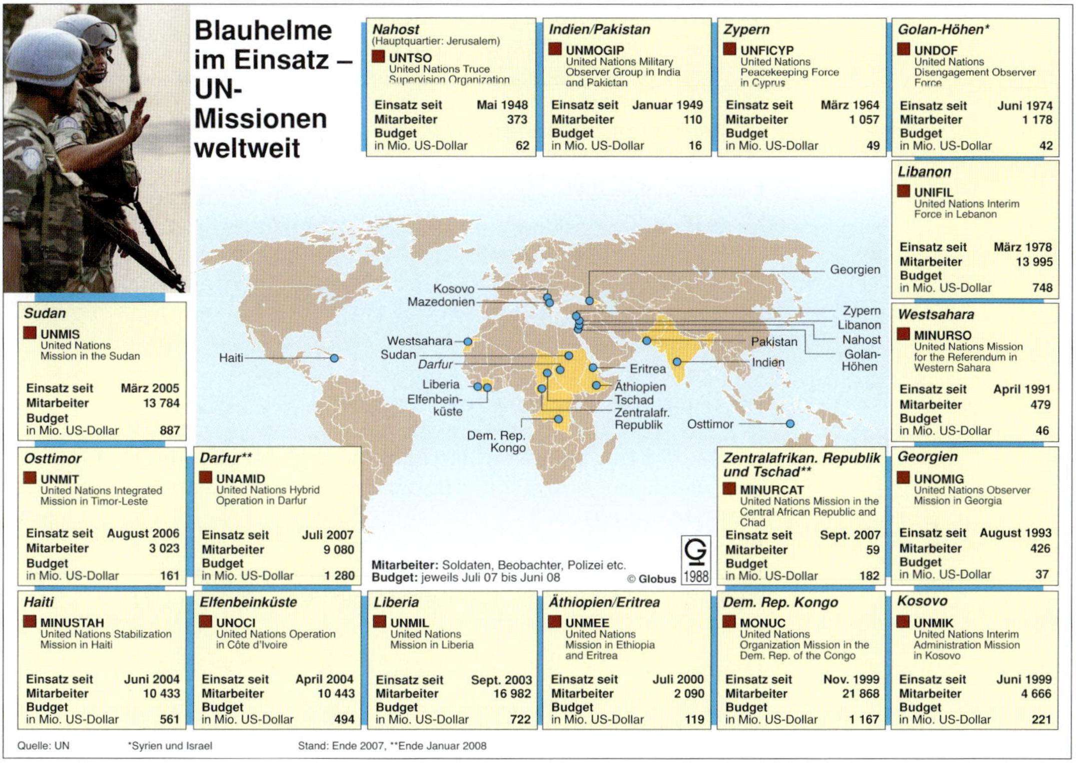

Weil die Einsätze seit 1980 immer gefährlicher wurden, musste die UNO ihre reine Beobachterfunktion aufgeben. Sie übernahm fortan weitere Aufgaben:

- Entwaffnung der Konfliktparteien
- Minenräumung
- Polizeidienst
- Überwachung zur Einhaltung der Menschenrechte
- Überwachung von Wahlen
- Aufbau von Verwaltungen

Foto: dpa

Die UN überwachen die Wahlen in Kabul, Afghanistan.

Wie gefährlich diese Aufgaben sind, zeigt sich daran, dass in den 90er Jahren mehr als 1000 Blauhelme getötet wurden. Insgesamt kamen von 1945 bis 1988 ca. 1700 UN-Soldaten ums Leben.

Die Vereinten Nationen unterscheiden ihre Friedensmaßnahmen nach deren Zielsetzung:

- **Friedensschaffende Maßnahmen**
  sind diplomatische Maßnahmen zur friedlichen Lösung eines Konflikts. Neben (...) Vermittlung und Schlichtung können sie auch diplomatische Isolationsmaßnahmen und Sanktionen umfassen.
- **Friedenserzwingende Maßnahmen**
  sind Maßnahmen zur Wiederherstellung des Friedens in Konfliktgebieten unter Einsatz militärischer Mittel. Die Zustimmung der Konfliktparteien ist nicht erforderlich.

- **Friedenserhaltende Maßnahmen**
  sind Aktivitäten zur Eindämmung, Entschärfung und/oder Beendigung von Feindseligkeiten zwischen Staaten oder in Staaten (...) Militärische Streitkräfte und zivile Organisationen können die politische Streitbeilegung ergänzen (...) Friedenserhaltende Maßnahmen beinhalten die Stationierung einer Friedenstruppe im Krisengebiet. Die Zustimmung der Konfliktparteien ist nicht erforderlich.
- **Friedenskonsolidierende Maßnahmen**
  sind Maßnahmen zur Bestimmung und Förderung von Strukturen, die geeignet sind, den Frieden zu festigen (...), um das Wiederaufleben eines Konflikts zu verhindern. Diese können sowohl militärisches als auch ziviles Eingreifen erfordern.

Aus: Frieden und Sicherheit, 2003, S. 24

Organisationen und Programme der UNO

Neben der direkten Konfliktregelung widmet sich die UNO weiteren wichtigen Aufgaben. Hierzu hat sie Organisationen und Programme eingerichtet.

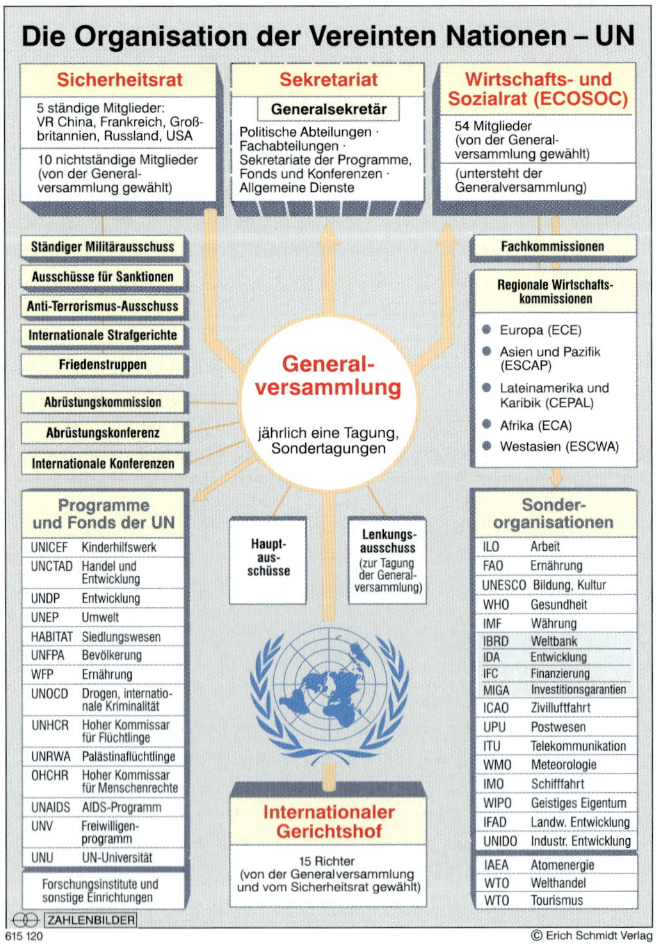

3.2 Die NATO: North Atlantic Treaty Organization

Am 4. April 1949 wurde die NATO in Washington gegründet. Zehn westeuropäische Staaten (Großbritannien, Frankreich, die **Benelux-Staaten**, Dänemark, Norwegen, Island, Portugal, Italien) sowie die USA und Kanada haben den Vertrag unterschrieben. 1952 traten Griechenland und die Türkei bei, 1955 die Bundesrepublik Deutschland und 1982 Spanien.

Benelux-Staaten:
Belgien, Niederlande, Luxemburg

Der Hauptgrund für die Gründung der NATO war, ein militärisches Bündnis gegen die kommunistische Sowjetunion und die von ihr beherrschten osteuropäischen Staaten zu schließen. Die Kriegsverhütung durch Abschreckung stellte das oberste Ziel der NATO dar.

Der NATO stand der „Warschauer Pakt", das Militärbündnis Osteuropas, gegenüber. Er wurde 1955 in Warschau gegründet. Neben der Sowjetunion waren Polen, Rumänien, Bulgarien, Albanien, Ungarn, die Tschechoslowakei und die DDR Gründungsmitglieder. Nach dem Zusammenbruch der Sowjetunion im Jahre 1989 löste sich der Warschauer Pakt auf.

40 Jahre lang war der Auftrag der NATO, ihre Mitglieder gegen Angriffe von außen zu verteidigen. Dies wurde durch ständige Aufrüstung mit **konventionellen** und atomaren **Waffen** erreicht.

Konventionelle Waffen:
Alle nicht atomaren, biologischen oder chemischen Waffen

Der NATO-Vertrag

Präambel

Die vertragsschließenden Parteien bestätigen ihren Glauben an die Ziele der Charta der Vereinten Nationen und ihren Wunsch, mit allen Völkern und mit allen Regierungen in Frieden zu leben (...)

Sie sind bestrebt, die Stabilität und Wohlfahrt im nordatlantischen Gebiet zu fördern (...)

Artikel 5

Die vertragsschließenden Staaten sind darüber einig, dass ein bewaffneter Angriff gegen einen oder mehrere von ihnen in Europa oder Nordamerika als ein Angriff gegen sie alle betrachtet wird und infolge dessen kommen sie überein, dass im Falle eines solchen bewaffneten Angriffs jeder von ihnen in Ausübung des in Artikel 51 der Charta der Vereinten Nationen anerkannten Rechtes zur persönlichen oder gemeinsamen Selbstverteidigung (...) die Vertragsstaaten (...) unterstützen wird (...)

Auszug aus dem NATO-Vertrag vom 4. April 1949

Präambel:
Erklärung als Einleitung eines Staatsvertrages oder einer Verfassungsurkunde

1. Welche Voraussetzungen müssen erfüllt sein, damit der so genannte Verteidigungsfall ausgelöst wird?
2. Hätte die NATO nach ihren Statuten im Golfkrieg I, im Golfkrieg II oder im Kosovo eingreifen müssen bzw. können? Begründen Sie ihre Meinung.

Der militärische und zivile Aufbau der NATO

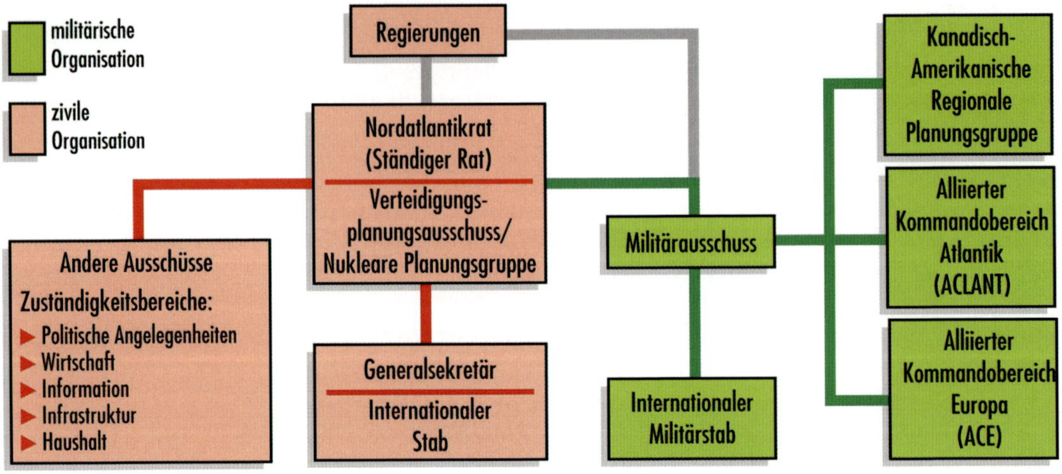

Grafik: Dave Vaughan

Im Jahre 1990 hat sich die Lage der NATO grundlegend geändert.

Nach dem Zusammenbruch des Warschauer Paktes war der Hauptgegner nicht mehr vorhanden. Die NATO wandelte sich in eine Organisation für die Sicherung des Friedens in Europa.

Das Leitmotiv lautete nun: „Partnerschaft für den Frieden!"

Zu diesem Zeitpunkt begann auch die „Osterweiterung" der NATO. Polen, Ungarn und die Tschechische Republik wurden im Jahre 1999 in das Militärbündnis integriert.

Bulgarien, Estland, Lettland, Litauen, Slowenien, Rumänien und die Slowakei sind seit 2004 Mitglieder der Nato.

Für Russland ist der Eintritt ehemaliger Verbündeter aus dem Warschauer Pakt in die NATO ein Problem. Als bedrohliche Einkreisung wird es in Russland empfunden, wenn Republiken der ehemaligen UdSSR (z.B. Estland, Lettland oder Litauen) Mitgliedsstaaten der NATO werden.

Karikatur: Dave Vaughan

3.3 Die Bundeswehr: Neue Möglichkeiten

Die Bundeswehr ist die Streitmacht der Bundesrepublik Deutschland. Sie besteht aus dem Heer (Landstreitkräfte), der Marine (Seestreitkräfte) und der Luftwaffe. Im Frieden untersteht sie dem Bundesminister für Verteidigung, im Kriegsfall dem Bundeskanzler.

Seit ihrer Gründung im Jahre 1955 haben sich die Einsatzmöglichkeiten der Bundeswehr grundlegend geändert.

Einsätze im Ausland waren anfangs auf humanitäre Aufgaben beschränkt.

Foto: dpa

Bundeswehr im Einsatz

Die Bundeswehr konnte im Golfkrieg I nicht eingesetzt werden. Ihr Einsatz **„out of area“** war auf Hilfsleistungen für UN-Missionen beschränkt. Diese fanden im Wesentlichen in Form von finanzieller und materieller Hilfe statt.

Out of area:
Außerhalb des NATO-Verteidigungsgebietes

Eine Änderung trat 1993 ein. Im Bürgerkrieg in Somalia haben sich deutsche Soldaten direkt am UN-Einsatz beteiligt. Hier wurde das Gebot des Nichteinsatzes in Kampfhandlungen gebrochen. Weil die Bundesregierung für diesen Einsatz nicht die Zustimmung des Bundestages eingeholt hatte, klagten die Oppositionsparteien. So kam es zu dem Grundsatzurteil des Bundesverfassungsgerichts von 1994.

Auszug aus dem Urteil des Zweiten Senats des Bundesverfassungsgerichts von 1994:

> „Art. 87 a GG steht der Anwendung des Art. 24 Abs. 2 GG (...) für den Einsatz bewaffneter Streitkräfte im Rahmen eines Systems gegenseitiger kollektiver Sicherheit nicht entgegen (...)“

Foto: ddp

Zweiter Senat des Bundesverfassungsgerichts

Dieses Urteil erlaubt die Teilnahme der Bundeswehr an bewaffneten militärischen Einsätzen. Voraussetzung ist, dass der Einsatz unter dem Mandat der UNO oder der NATO steht und der Bundestag – mit einfacher Mehrheit – zustimmt.

Grafik: Dave Vaughan

Welche Gründe sprechen für, welche gegen den Einsatz der Bundeswehr bei kriegerischen Auseinandersetzungen im Ausland?

Foto: ddp

Allgemeine Wehrpflicht oder Berufsarmee?

Das Bundesverfassungsgericht hat am 20. Februar 2002 zu dieser Frage Stellung bezogen. Demnach kann der Gesetzgeber nach „staatspolitischen Gesichtspunkten" abwägen, wofür er sich entscheidet. Dabei ist zu gewährleisten, dass die grundgesetzlichen Aufgaben der militärischen Landes- und Bündnisverteidigung eingehalten werden können.

Pro Wehrpflicht:

„Ich bin ein vehementer Verfechter der Wehrpflicht. Sie hat sich im Laufe von 50 Jahren Nachkriegsgeschichte in jeder Hinsicht bewährt und auch unsere Bundeswehr geprägt. Für mich war es auch sehr beeindruckend, als ich (...) vor Ort miterleben konnte, wie professionell, kompetent, aber auch wie sensibel deutsche Soldaten sich in den Einsatzgebieten verhalten (...) Es kommen weitere Punkte hinzu: Das Demokratieverständnis, die Tatsache, dass wir durch die Wehrpflicht einen viel engeren Bezug zwischen der Bundeswehr und der Gesellschaft haben. Ich glaube nicht, dass dieser intensive Austausch so gewährleistet wäre, wenn wir eine Berufsarmee hätten. Außerdem wäre eine Berufsarmee unter dem Strich teurer, wie Erfahrungen bei unseren westlichen Nachbarn zeigen."

(Reinhold Robbe, Vorsitzender des Verteidigungsausschusses des Deutschen Bundesstages, nach: Frieden und Sicherheit, 2003, S. 29)

Kontra Wehrpflicht:

„Man sollte sich darüber klar sein, dass die Wehrpflicht ein großer Eingriff in die Freiheitsrechte eines jeden jungen Mannes ist. Und dieser Eingriff muss gut und nachvollziehbar begründet werden. Unter welchen Prämissen ist er sinnvoll, was erwartet man sich davon? Begründet werden muss auch, warum nur Männer zum Dienst herangezogen werden, warum Frauen nicht davon betroffen sind (...)

(Ute Frevert, Historikerin aus Bielefeld, nach: Frieden und Sicherheit, 2003, S. 29)

1. Sind Sie für oder gegen die allgemeine Wehrpflicht? Begründen Sie Ihre Meinung.
2. In welchen NATO-Staaten gibt es die allgemeine Wehrpflicht und welche haben eine Berufsarmee?

Kriegsdienstverweigerung: Ein Grundrecht

Art. 4 GG

(3) Niemand darf gegen sein Gewissen zum Dienst mit der Waffe gezwungen werden. Das Nähere regelt ein Bundesgesetz.

Art. 12a GG

(2) Wer aus Gewissensgründen den Kriegsdienst mit der Waffe verweigert, kann zu einem Ersatzdienst verpflichtet werden. Die Dauer des Ersatzdienstes darf die Dauer des Wehrdienstes nicht übersteigen (...)

Foto: ddp

Zivildienst statt Wehrdienst

Neben Deutschland haben in Europa nur Österreich und die Niederlande das Recht auf Kriegsdienstverweigerung in den Verfassungen verankert.

Das „Gewissen" spielt bei der Begründung der Entscheidung gegen den Wehrdienst eine entscheidende Rolle. Die Wehrdienstverweigerer mussten bis 1984 ihre Gewissensgründe einem Prüfungsausschuss vortragen. Dieser überprüfte die Gewissensnot der Antragsteller. Seit 1984 müssen die Gründe zur Wehrdienstverweigerung schriftlich dargelegt werden. Es wird dann überprüft, ob die Argumente stimmig sind.

In den Parteien gibt es Bestrebungen, die Form des Wehrersatzdienstes zu verändern.

1. Kann man das Gewissen eines Menschen überprüfen? Begründen Sie Ihre Meinung.
2. Nicht alle wehrdiensttauglichen Männer eines Geburtsjahrganges werden einberufen. Ist es ein Vor- oder Nachteil zu dienen? Begründen Sie Ihre Meinung.

Soldatin der Bundeswehr

Foto: ddp

Frauen in der Bundeswehr

Das Grundgesetz sieht eine allgemeine Wehrpflicht nur für Männer vor. Frauen können zu nicht militärischen Diensten verpflichtet werden.

> Art. 12a GG
>
> (4) Kann im Verteidigungsfall der Bedarf an zivilen Dienstleistungen, im zivilen Sanitäts- und Heilwesen (...) nicht auf freiwilliger Grundlage gedeckt werden, so können Frauen vom vollendeten achtzehnten bis zum vollendeten fünfundfünfzigsten Lebensjahr (...) zu derartigen Diensten herangezogen werden. Sie dürfen auf keinen Fall zum Dienst mit der Waffe verpflichtet werden.

In einigen NATO-Staaten leisten Frauen Dienst mit der Waffe und werden zu Kampfeinsätzen herangezogen.

Nato Streitkräfte: Frauen an der Waffe

Land	Weibl. Anteil in %	Teilnahme an Kampfeinsätzen
Belgien	6,2	+
Dänemark	4,2	+
Kanada	10,0	+
Luxemburg	6,1	+
Norwegen	2,9	+
Spanien	2,0	+
Ungarn	5,0	+

Ende Juni 1999 hat der Europäische Gerichtshof in Luxemburg darüber verhandelt, ob der Ausschluss der Frauen vom Waffendienst bei der Bundeswehr rechtmäßig ist. Einer Elektroingenieurin aus Hannover wurde das Recht zugesprochen, in der Wartung von Waffensystemen arbeiten zu dürfen.

Seit 2001 sind alle Laufbahnen der Bundeswehr für Frauen offen. Der Dienst mit der Waffe ist seitdem zulässig, Kampfeinsätze bleiben weiter ausgeschlossen.

1. Sollten Frauen zum Wehrdienst bei der Bundeswehr herangezogen werden? Begründen Sie Ihre Meinung.
2. Diskutieren Sie, ob der „Dienst mit der Waffe" für Frauen in der Bundeswehr gerechtfertigt ist.
3. Welche Gründe sprechen für, welche gegen die Teilnahme von Frauen an Kampfeinsätzen?

Zusammenfassung

UNO (United Nations Organization):

Gegründet 1945; Sitz: New York; 191 Mitgliedstaaten (Stand 2004)

Deutschland ist seit dem 18. September 1973 Mitglied.

Ziel: Sicherung und Wiederherstellung des Friedens

Wichtigstes Organ: der Sicherheitsrat

NATO (North Atlantic Treaty Organization):

Gründung: 1949; Ziel: Eindämmung der kommunistischen Sowjetunion; Ziel seit 1990 (Zusammenbruch der Sowjetunion): Sicherung des Friedens in Europa. Motto: „Partnerschaft für den Frieden"

Deutschland ist seit 1955 Mitglied.

1955 wurde die Bundeswehr gegründet.

Seit 1994 sind „out of area"-Einsätze , auch bewaffnete, möglich. Ein UNO-Mandat muss vorliegen und der Bundestag – mit einfacher Mehrheit – zustimmen.

Bis heute ist die Bundeswehr eine Wehrpflichtarmee. Die Einrichtung einer Berufsarmee wird immer wieder diskutiert.

Frauen sind seit 2001 auch zum „Dienst mit der Waffe" zugelassen. Kampfeinsätze von Frauen sind bisher ausgeschlossen.

Wissens-Check

1. Seit wann ist Deutschland Mitglied der UNO?
2. Wie viele UNO-Staaten gibt es (2004)?
3. Nennen Sie drei wichtige Organe der UNO.
4. Welche Aufgaben haben UNO-Friedensmissionen?
5. Welche Friedensmaßnahmen kennen Sie?
6. Wann wurde die NATO gegründet? Von welchen Staaten?
7. Wann hat sich die NATO zum ersten Mal nach Osten erweitert?
8. Nennen Sie fünf Staaten, die seit der Osterweiterung Mitglied der NATO geworden sind.
9. Ist die Bundeswehr eine Berufs- oder Wehrpflichtarmee?
10. In welchen Artikeln des Grundgesetzes ist das Recht auf Wehrdienstverweigerung festgelegt?
11. Was bedeutet „out of area"-Einsatz?
12. Seit wann kann die Bundeswehr auch außerhalb des NATO-Bündnisgebiets militärisch aktiv werden? Wer hat das entschieden?
13. In welchen Ländern müssen Frauen an Kampfeinsätzen teilnehmen?

Links

www.uno.org

www.runiceurope.org

www.nato.int

www.auswaertiges-amt.de

4 Europäische Verteidigungs- und Friedenspolitik

Die UNO strebt an, weltweit Konflikte zu verhüten. Dies versucht die OSZE auf europäischer Ebene zu verwirklichen.

Der Vorläufer der OSZE war die KSZE (Konferenz für Sicherheit und Zusammenarbeit in Europa). Sie wurde von 35 Staaten 1975 in Helsinki gegründet. Deutschland war von Anfang an Mitglied.

Die mittlerweile 55 Staaten der OSZE wollen ein System kollektiver Sicherheit entwickeln. Es sollen Kriege verhindert und Streitigkeiten zwischen Staaten mit friedlichen Mitteln beseitigt werden.

Seit dem politischen Umbruch in Europa 1989/1990 (Ende des Ost-West-Konflikts) ist ein großer Krieg in Europa unwahrscheinlich geworden. Umso mehr treten regionale Krisen und Konflikte in den Vordergrund.

OSZE:

Organisation für Sicherheit und Zusammenarbeit in Europa

WEU:

Westeuropäische Union

4.1 Die OSZE

© Erich Schmidt Verlag 711 212

Die OSZE trifft ihre Entscheidungen nach dem **Konsensprinzip.**

Sie ist die einzige sicherheitspolitische Organisation, in der alle europäischen Länder, die USA und Kanada gleichberechtigt vertreten sind. Deshalb spricht man in Bezug auf die OSZE von „kooperativer Sicherheitspolitik".

Konsensprinzip:

Bei Entscheidungen ist die Zustimmung aller Teilnehmer erforderlich.

Weil die Übereinstimmung von 55 Staaten selten zu erreichen ist, hat die OSZE den Ruf, eine schwache Sicherheitsorganisation zu sein.

Die OSZE hat nicht das Recht, anderen Organisationen oder Staaten den Einsatz von Waffen zu erlauben. Dieses Recht bleibt dem Sicherheitsrat der Vereinten Nationen (UN) vorbehalten.

Aktivitäten der OSZE können sein:

- Wahlbeobachtung

  Die OSZE setzt Wahlbeobachter ein, die die Durchführung der Wahl nach demokratischen Grundsätzen überwachen (z. B. im Kosovo).

- Beratung und Unterstützung

  Finanzielle Hilfe und politische Beratung wird beim Aufbau demokratischer Institutionen in Weißrussland gewährt. Am 21. August 1999 errichtete die OSZE im Kosovo eine Polizeischule.

- Konfliktverhütung

  Durch Vermittlung sollen die Konfliktparteien von kriegerischen Handlungen abgehalten werden. Nach Konflikten soll ein gewaltfreies Zusammenleben gesichert werden.

Foto: ddp

Polizeischule im Kosovo

1. Warum ist die OSZE aus Ihrer Sicht eine wirkungsvolle oder eine wirkungslose Organisation?
2. Welche Gründe sprechen dafür bzw. dagegen, die OSZE-Missionen mit Waffeneinsatz zu stützen?

4.2 Von der WEU zur EU-Eingreiftruppe

1948 wurde die WEU gegründet, um das Wiederaufleben des deutschen Militarismus zu verhindern. Ab 1950 unterstützten die westlichen Staaten die Wiederaufrüstung der Bundesrepublik Deutschland: Sie sollte mit in der Front gegen den Kommunismus stehen. Seit 1954 ist die Bundesrepublik Deutschland Mitglied der WEU.

Im Laufe der folgenden Jahre sind weitere Mitglieder hinzugekommen.

1992 haben die europäischen Regierungschefs den Vertrag von Maastricht über die Europäische Union beschlossen. Darin wurde festgeschrieben, die WEU als „Verteidigungskomponente" zu stärken.

Auf dieser militärischen Basis sollte in Europa die **GASP** entwickelt werden. Vor allem die großen EU-Staaten (Deutschland, Frankreich und Großbritannien) verhalten sich dabei aber zurückhaltend. Sie tun sich schwer, auf außenpolitische Eigenständigkeit zu verzichten.

GASP:
Gemeinsame Außen- und Sicherheitspolitik

Die WEU hatte die militärische Kommandogewalt der NATO übertragen, weil sie keine eigene Militärorganisation hatte.

Dies hat sich seit dem Jahre 2000 geändert: Die „Schnelle Eingreiftruppe" der Europäer wurde aufgebaut. Mit dieser Truppe soll die gemeinsame Außen- und Sicherheitspolitik der EU untermauert werden.

Schnelle Eingreiftruppe

Die „Schnelle Eingreiftruppe" ist kein stehendes Heer. Sie setzt sich aus nationalen Streitkräften zusammen. Je nach Aufgabe werden diese unterschiedlich zusammengestellt.

Den größten Anteil an Soldaten stellen Deutschland, Frankreich, Großbritannien und Italien.

Im Bereich der Satellitenaufklärung wird die „Schnelle Eingreiftruppe" noch für längere Zeit auf die NATO-Unterstützung angewiesen sein. Das gilt auch für den Luft- und Seetransport der Soldaten.

Geplant ist, dass die eines Tages selbstständig operierende „Schnelle Eingreiftruppe" mit der NATO zusammenarbeiten kann. Deshalb sollen die Ausrüstungen aufeinander abgestimmt sein. Zwischen den Führungsstäben der NATO und der „Schnellen Eingreiftruppe" soll ein ständiger Dialog stattfinden.

Europäische Sicherheitsordnung im Überblick

OSZE
Europäische Sicherheitsordnung

Albanien
Andorra
Armenien
Aserbaidschan
Bosnien/Herzegovina
Mazedonien
Finnland
Georgien
Heiliger Stuhl Vatikan
Irland
Kasachstan
Kirgisistan
Kroatien
Liechtenstein
Malta
Monaco
Österreich
Russische Föderation
San Marino
Schweiz
Schweden
Serbien
Slowenien
Tadschikistan
Ukraine
Usbekistan
Weißrussland
Zypern

NATO

Bulgarien
Dänemark
Estland
Island
Kanada
Lettland
Litauen
Norwegen
Polen
Rumänien
Slowakische Republik
Slowenien
Tschechische Republik
Türkei
Ungarn
USA

WEU

Belgien
Deutschland
Frankreich
Griechenland
Großbritannien
Italien
Luxemburg
Niederlande
Portugal
Spanien

Quelle: Dave Vaughan

4.3 Deutsche Außenpolitik als Friedenspolitik

In der Präambel des Grundgesetzes der BRD sind die außenpolitischen Ziele im ersten Abschnitt angedeutet.

> „Im Bewusstsein seiner Verantwortung vor Gott und den Menschen, vom Willen beseelt, als gleichberechtigtes Glied in einem vereinten Europa dem Frieden der Welt zu dienen, hat sich das deutsche Volk kraft seiner verfassunggebenden Gewalt dieses Grundgesetz gegeben."

Außenpolitische Aussagen des Grundgesetzes

Art. 23 GG

(1) Zur Verwirklichung eines vereinten Europas wirkt die Bundesrepublik Deutschland bei der Entwicklung der Europäischen Union mit (...)

Art. 24 GG

(2) Der Bund kann sich zur Wahrung des Friedens einem System gegenseitiger kollektiver Sicherheit einordnen; er wird hierbei in die Beschränkungen seiner Hoheitsrechte einwilligen, die eine friedliche und dauerhafte Ordnung in Europa und zwischen den Völkern der Welt herbeiführen und sichern.

Art. 26 GG

(1) Handlungen, die geeignet sind und in der Absicht vorgenommen werden, das friedliche Zusammenleben der Völker zu stören, insbesondere die Führung eines Angriffskrieges vorzubereiten, sind verfassungswidrig. Sie sind unter Strafe zu stellen.

Umfrage zur Außenpolitik

56 Prozent der Deutschen halten das erreichte Maß der Beteiligung Deutschlands an der Lösung internationaler Konflikte für angemessen (...)

Neue deutsche Außenpolitik?

Sollte sich Deutschland in Zukunft stärker als bisher an der Lösung von internationalen Konflikten beteiligen, weniger als bisher an der Konfliktlösung beteiligen, oder sollte es so bleiben wie bisher?

stärker als bisher	27%
so wie bisher	56%
weniger als bisher	14%
weiß nicht	3%

(...)

inter esse (Hrsg.), Bundesverband deutscher Banken

Vorausschauende Außenpolitik

Vorausschauende Außenpolitik muss darauf setzen, Schritt für Schritt eine gemeinsame Weltinnenpolitik zu entwickeln. Ich weiß, dass solche Forderungen schon vor 30 und 50 Jahren auf Kirchentagen und Fantasten-Treffen erhoben worden sind. Aber der Unterschied ist: In unserer Zeit, dem ersten wirklich globalen Jahrhundert, ist die Arbeit an einer Weltinnenpolitik kein fakultatives Projekt von Utopisten mehr, sondern muss zum wichtigsten Anliegen praktischer Politik werden." (...)

Frank-Walter Steinmeier, Rede im Auswärtigen Amt, 11.09.2007

Foto: dpa

UN-Friedensgespräche

1. Fassen Sie die außenpolitischen Aussagen des GG stichwortartig zusammen.
2. Sind Sie dafür, dass Deutschland in der Außen- und Sicherheitspolitik eine führende Rolle in Europa für sich beansprucht? Warum?
3. Wie beurteilen Sie Frank-Walter Steinmeiers Aussagen zur „Vorausschauende(n) Außenpolitik"?

Zusammenfassung

OSZE (Organisation für Sicherheit und Zusammenarbeit in Europa):
1975 wird in Helsinki die KSZE von 35 Staaten gegründet. Seit 1994 trägt sie den Namen OSZE. Deutschland ist von Anfang an Mitglied. Sie verfolgt das Ziel, Krieg in Europa zu verhindern und Streit mit friedlichen Mitteln zu schlichten.

WEU (Westeuropäische Union):
Gründung 1948 mit dem Gründungsziel, das Wiederaufleben des deutschen Militarismus zu verhindern. Seit 1954 ist Deutschland Mitglied. Aus der WEU heraus hat sich die „Schnelle Eingreiftruppe" entwickelt.

Die BRD ist laut Grundgesetz verpflichtet, dem Frieden in der Welt zu dienen.

Wissens-Check

1. Welche Ziele verfolgt die OSZE?
2. Nennen sie zwei Aktivitäten der OSZE.
3. Wann wurde die „Schnelle Eingreiftruppe" gegründet?
4. In welchen Grundgesetzartikeln verpflichtet sich die BRD zur aktiven Friedenspolitik?

Links

www.eurocorps.org
www.df-brigade.de
www.bmz.de
www.mncne.de
www.osce.org

Unterentwicklung: Herausforderung für die Weltpolitik

5

Am 12. Oktober 1999 hat die Bosnierin Fatima Marie einen Sohn zur Welt gebracht. Die UNO hat das Kind zum sechsmilliardsten (6.000.000.000) Erdenbürger erklärt. Dieses Ereignis wurde medienwirksam in Szene gesetzt, der kleine Bosnier freudig auf der Welt begrüßt.

Nur wenige Veröffentlichungen haben auf die enorme Gefahr hingewiesen, die von dem rasanten Wachstum der Weltbevölkerung ausgeht.

Die Weltbevölkerung hat sich in den zurückliegenden 100 Jahren vervierfacht: Von 1,6 Milliarden Menschen im Jahre 1900 ist sie auf heute mehr als 6 Milliarden angewachsen. Weitere 80 Millionen Menschen kommen jährlich dazu. Das entspricht in etwa der Einwohnerzahl der BRD. Im Jahre 2050 wird die Erde von ca. 10 Milliarden Menschen bewohnt. Andere Schätzungen gehen von ca. 9 Milliarden Menschen aus. Krankheiten wie z. B. AIDS sollen demnach in dieser Zeit ca. 1 Milliarde Menschen das Leben kosten.

5.1 Problem: Wachstum der Weltbevölkerung

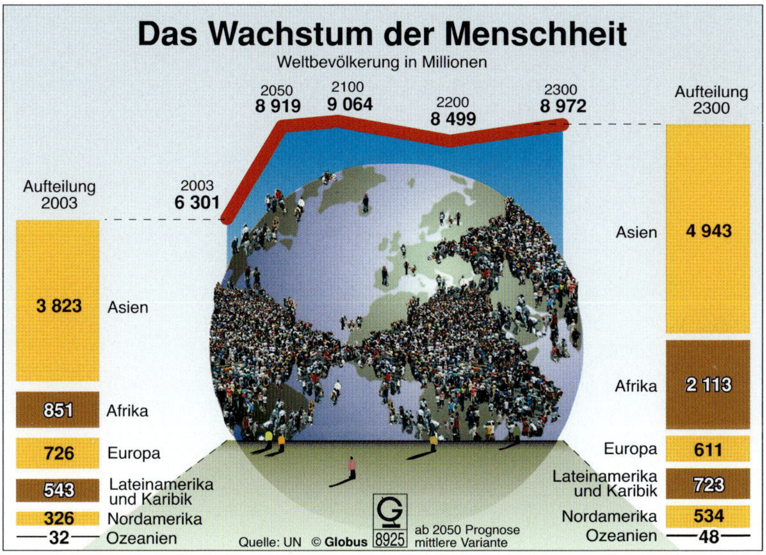

Foto: ddp

Bettelnde Kinder in Kabul

Foto: ddp

Karlheinz Böhm in Äthiopien: Private Initiative zur Entwicklungshilfe

Realistisch betrachtet ist die Welt schon jetzt überbevölkert, weil nicht alle Menschen menschenwürdig leben können. Der Grund hierfür liegt in wirtschaftlichen, politischen und ökologischen Mängeln, die in vielen Entwicklungsländern vorherrschen. Drei Viertel der Menschheit leben in den Entwicklungsländern und hier entstehen 90 Prozent des Bevölkerungswachstums.

Das Problem könnte nur durch Geburtenrückgang gelöst werden.

In den wirtschaftlich wohlhabenden Ländern – vor allem auch in Europa – nehmen die Bevölkerungszahlen dagegen ab.

Bisher gibt es außer China kein Entwicklungsland, das eine Geburtenkontrolle eingeführt hat. Langfristig kann die Überbevölkerung zu einem Problem für die gesamte Welt werden.

Eine Reihe von Maßnahmen wurde ergriffen, um die Situation zu beherrschen:

- Sexualaufklärung, Verteilung von empfängnisverhütenden Mitteln
- Entwicklungshilfe, um über den „Wohlstand" das Bevölkerungswachstum indirekt zu beeinflussen
- Einbindung führender Politiker der Entwicklungsländer in die internationale Verantwortung zur Gestaltung der Bevölkerungspolitik

Diese Maßnahmen führen nicht direkt zum Erfolg. Deshalb müssen sich die westlichen Staaten, also auch die BRD, in ihrer Außen- und Sicherheitspolitik auf die Situation der Überbevölkerung auf der Welt einstellen.

Nachhaltige Bevölkerungspolitik

Das Aktionsprogramm der Kairoer Weltbevölkerungskonferenz gab zwingende Hinweise, was nationale Regierungen und die internationale Entwicklungspolitik zur wirksamen Eindämmung des Bevölkerungswachstums tun müssten:

- die Bekämpfung der Massenarmut und höhere Investitionen in die soziale Entwicklung, was für die Entwicklungspolitik eine gezielte Armutsorientierung bedeuten würde (...)
- die Verbesserung der Bildungschancen und der Gesundheitsfürsorge (...)
- den Ausbau sozialer Sicherungssysteme, die den Zwang vermindern, möglichst viele Kinder zur Alterssicherung in die Welt zu setzen

(...)

Das Bevölkerungswachstum muss nicht in die Katastrophe führen, sondern kann durch gezielte Bekämpfung der Massenarmut eingedämmt werden (...)

Franz Nutschler, Lern- und Arbeitsbuch Entwicklungspolitik, Bonn 1996, S. 220 f.

Die Machtverhältnisse in der Welt werden sich verändern. Im Jahre 2025 werden voraussichtlich 16 Staaten die 100-Millionen-Einwohner-Schwelle überschritten haben. Von den hoch entwickelten Industrienationen werden nur Japan und die USA dazugehören.

Neben der Bevölkerungsgröße sind ausgebildete Personen, technologisches Können, wirtschaftliche Fähigkeiten und eine gut ausgebildete und ausgerüstete Armee für die Machtposition bedeutsam. In vielen Staaten der Dritten Welt entwickeln sich diese Faktoren zunehmend.

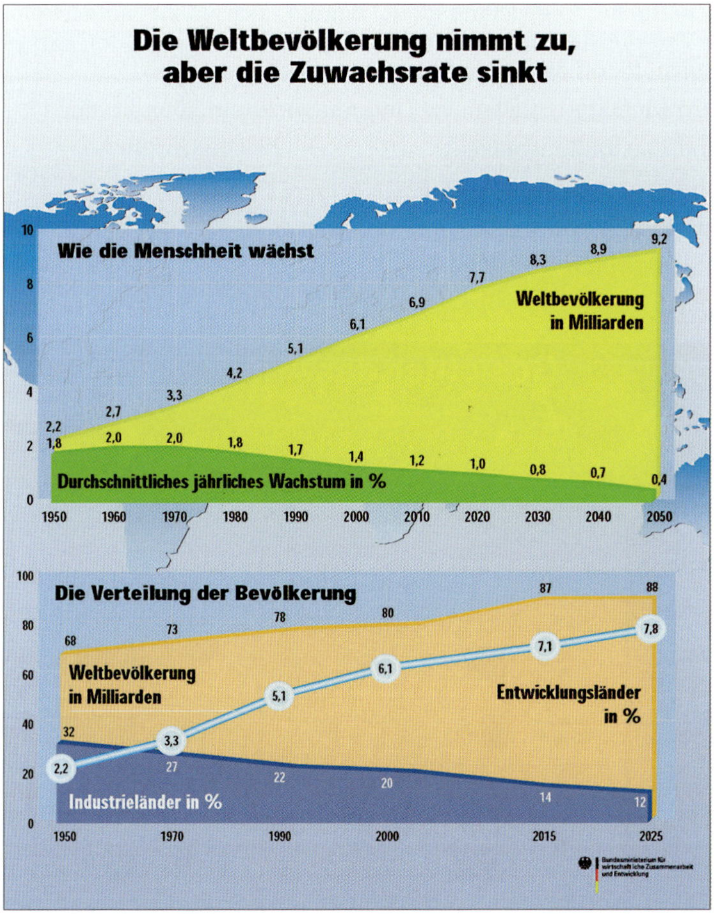

„Nach Berechnungen von Bevölkerungswissenschaftlern wird die Weltbevölkerung – auch in armen Ländern – immer älter. Im Jahre 2050 soll sich die Zahl der Menschen über 65 Jahre mehr als verdoppelt haben. Das bringt in allen Ländern große Probleme in der Alters- und Gesundheitsversorgung mit sich."

1. Glauben Sie, dass das Bevölkerungsproblem wirklich so ernst zu nehmen ist? Begründen Sie Ihre Meinung.
2. Wie könnte das Problem Ihrer Meinung nach am wirkungsvollsten eingedämmt werden?

5.2 Ursachen und Kennzeichen der Unterentwicklung

Viele der heutigen Entwicklungsländer waren früher Kolonien. Die Kolonialmächte haben die Länder unterdrückt und ausgebeutet. Bis in die 60er Jahre des vorigen Jahrhunderts konnten sich die Entwicklungsländer nur schwer aus dieser Situation lösen. Die Kolonien waren hauptsächlich Lieferanten für Rohstoffe. Sie spezialisierten sich auf diese Funktion, eine eigenständige, umfassende wirtschaftliche Selbstständigkeit konnte sich nicht entwickeln. Diese Spezialisierung ist kaum zu durchbrechen, weil der Export der Rohstoffe oft die einzige Einnahmequelle ist.

Andere wichtige Ursachen für Unterentwicklung können sein:

- Niedriges Bildungsniveau
- Schlechte Berufsausbildung
- Extremes Klima
- Rohstoffarmut
- Politische Unruhen (Bürgerkrieg)
- extrem ungleiche Eigentumsverhältnisse
- Misswirtschaft

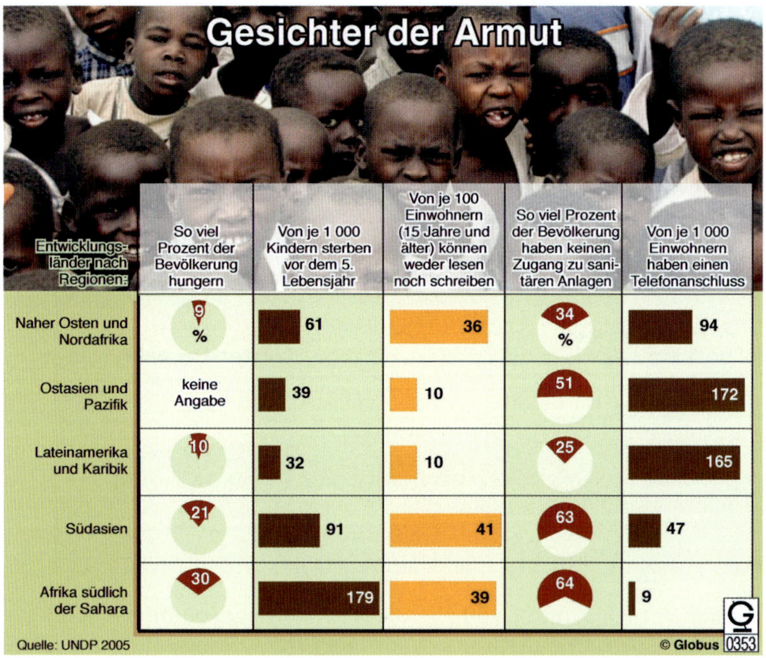

Es lässt sich an bestimmten Merkmalen erkennen, ob ein Land ein Entwicklungsland ist. Diese Merkmale treffen nicht immer gleichzeitig zu:

- Mangelhafte Ernährung der Bevölkerung
- Schlechte Gesundheitsversorgung
- Geringe Lebenserwartung
- Hohe Geburtenrate
- Kaum Industrialisierung
- Unzureichende Infrastruktur

5.3 Unterentwicklung: Folgen und Lösungsmöglichkeiten

Migration

Migration ist die Entscheidung eines Menschen, seine Heimat zu verlassen. Dabei ist „Migration" der Oberbegriff für Wanderungsbewegungen, die sowohl wirtschaftliche als auch politische Ursachen haben können.

Deshalb gibt es auch sehr unterschiedliche Gruppen von Migranten: Asylbewerber, Vertriebene, Umweltflüchtlinge, Arbeitsmigranten, Migranten wegen Familienzusammenführung, um nur die wichtigsten zu nennen.

Die Migrationsforscher haben eine Reihe von Ursachen der Migration erkannt und diese in zwei Hauptgruppen unterteilt: die Schubfaktoren **(push-Faktoren)** und die Sogfaktoren **(pull-Faktoren)**. Diese Unterscheidung zeigt, dass Migration nicht allein mit Unterentwicklung zu begründen ist.

Zur Lösung der zunehmenden Migration gibt es kein schnell wirkendes Rezept. Die Abschottung der Industriestaaten („Festung Europa") ist auf Dauer keine wirkungsvolle Maßnahme. Es müssten die wirtschaftlichen und politischen Gründe für die Migration beseitigt werden.

Migration:

Abwanderung aus dem ursprünglichen Lebensraum

push-Faktoren:

- Kriegssituationen, politische Unterdrückung
- Armut, wirtschaftliche Notlagen
- Arbeitslosigkeit und hohe Bevölkerungsdichte
- Zerstörung der natürlichen Umwelt (Industrie/Katastrophen)

pull-Faktoren:

- Problemlose wirtschaftliche und gesellschaftliche Verhältnisse in den Gastländern
- Bedarf an Arbeitskräften
- Attraktivere Verdienstmöglichkeiten
- Bessere Bildungschancen

1. Welche push-Faktoren sind Ihrer Meinung nach die entscheidendsten? Warum?
2. Welche pull-Faktoren könnten am stärksten wirken? Wieso?

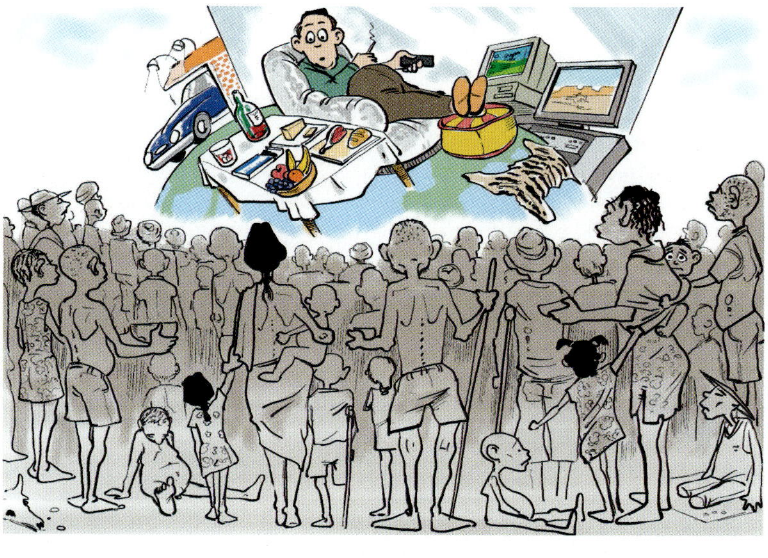

Grafik: Dave Vaughan

Jahrgangsstufe 12

Wirtschaftliche Hilfsmöglichkeiten

Kapitalzufluss durch Entwicklungshilfe und Entschuldung der ärmsten Länder sind wirtschaftliche Hilfsmöglichkeiten, um Migration zu verhindern. Mit dem Geld könnten Ausbildungsplätze und Arbeitsplätze geschaffen werden und darüber hinaus könnte eine bessere medizinische Versorgung gewährleistet werden.

Die Produkte aus den Entwicklungsländern müssten freien Zugang zu den Märkten der Industrienationen haben. Bisher schotten sich einige Industrieländer gegen Einfuhren aus Entwicklungsländern ab, um ihre eigene Wirtschaft zu schützen.

Allein können die Entwicklungsländer selten ihre Probleme lösen. Der Teufelskreis der Armut ist schwer zu durchbrechen.

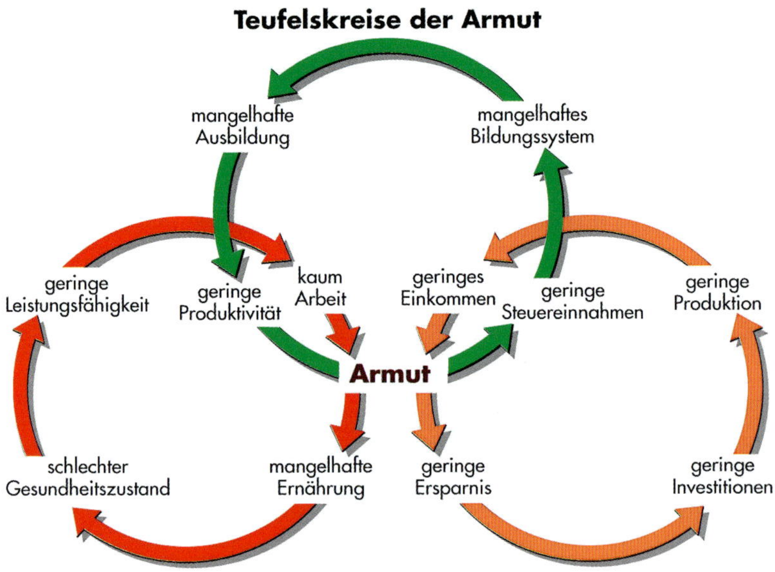

Grafik: Dave Vaughan

1. Erklären Sie das Schaubild „Teufelskreise der Armut".
2. Wo würden Sie ansetzen, um das weltweite Fluchtproblem zu lösen? Wie würde sich Ihre Lösung auswirken?
3. Wie beurteilen Sie den in der politischen Debatte in der BRD häufig verwendeten Begriff des „Wirtschaftsflüchtlings"?

5.4 Deutsche Entwicklungspolitik im Wandel

Nach dem Zweiten Weltkrieg bis in die 60er Jahre haben sich die meisten Kolonien von den Kolonialherren gelöst. Die nunmehr unabhängigen Staaten waren nicht immer in der Lage, ihre wirtschaftlichen Probleme selbst zu lösen. Entstanden sind diese Probleme häufig durch die den ehemaligen Kolonien aufgezwungene

Struktur der Wirtschaft. Es ging den Kolonialherren nicht um die Entwicklung der Wirtschaft in den Kolonien, sondern um die Ausbeutung der Bodenschätze. Die deshalb einseitig ausgerichteten Volkswirtschaften der Kolonien waren auf dem Weltmarkt nicht konkurrenzfähig.

Während des bis in die 90er Jahre andauernden „Ost-West-Konflikts" haben die jeweiligen Blöcke versucht, sich die Entwicklungsländer zu „Freunden" zu machen. Die Großmächte versuchten, die Entwicklungsländer in das Militärbündnis zu integrieren, dem sie selbst angehörten.

Die BRD hatte zu jener Zeit auch nicht nur das Ziel, die wirtschaftliche Entwicklung der Länder zu fördern. Damals wurden von der BRD nur die Länder wirtschaftlich gefördert, die die DDR völkerrechtlich nicht anerkannt hatten.

Dies hat sich nach dem Ende des „Ost-West-Konflikts" grundlegend geändert.

Die heutige deutsche Entwicklungspolitik hat vier Hauptziele:

- Soziale Gerechtigkeit: Es sollen Armut mindernde Rahmenbedingungen und sozialer Ausgleich geschaffen werden.
- Wirtschaftliche Leistungsfähigkeit: (...) Wachstum und wirtschaftliche Zusammenarbeit sollen gefördert werden.
- Politische Stabilität: Es sollen Frieden, Menschenrechte und Demokratie, Gleichberechtigung erreicht werden.
- Ökologisches Gleichgewicht: Natürliche Ressourcen als Lebensgrundlage sollen hergestellt werden.

BMZ, Materialien, Elfter Bericht zur Entwicklungspolitik der Bundesregierung, Bonn 2001, S.62

Um diese Ziele zu erreichen, hilft die BRD den Entwicklungsländern, ihre elementaren Lebensvoraussetzungen zu sichern. Sie sollen sich auf Dauer selbst helfen können.

Eine leistungsfähige Wirtschaft und gesellschaftliche Vielfalt wird von der deutschen Entwicklungshilfe gefördert. Dies sind Voraussetzungen für die Entwicklung aus eigener Kraft.

Die Förderung der regionalen Zusammenarbeit der Entwicklungsländer soll die Integrationsfähigkeit in die Weltwirtschaft erhöhen. Die **„Gruppe 77"** ist ein gutes Beispiel für einen solchen Zusammenschluss. Durch solche Bündnisse gewinnt die Stimme dieser Entwicklungsländer mehr an Gewicht.

Gruppe 77:
Zusammenschluss von 77 Entwicklungsländern im Jahre 1964, um ihre wirtschaftliche Position gegenüber den Industriestaaten zu stärken

Unmittelbare Hilfe leistet die BRD dort, wo Menschen in Hunger und Elend leben. Damit sollen die Grundbedürfnisse befriedigt und der Wille zur Selbsthilfe gestärkt werden.

Die meisten bedürftigen Länder befinden sich in Afrika, südlich der Sahara.

Für einen langfristigen Erfolg der Förderung der Entwicklungsländer sind leistungsfähige Infrastrukturen und liberale Wirtschafts- und Gesellschaftsordnungen nötig. Diese Rahmenbedingungen müssen die Entwicklungsländer selbst schaffen. Ihre Aktivitäten sollen ihnen von den Geberländern nicht vorgeschrieben werden.

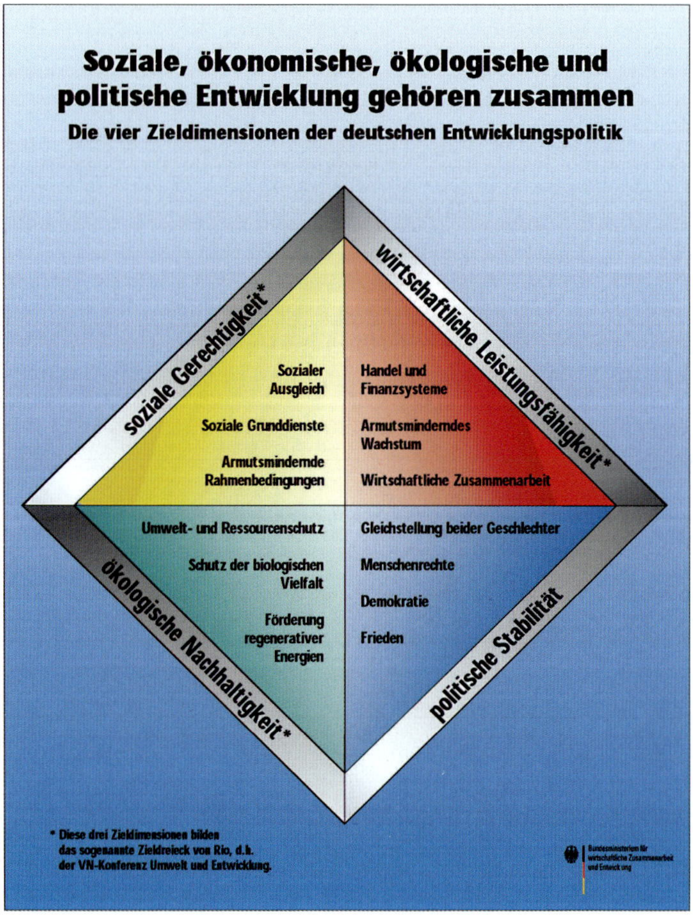

Die Bundesregierung unterstützt die Politik derjenigen Entwicklungsländer, die sich um eine wirtschaftlich leistungsfähige und sozial ausgeglichene Gesellschaftsordnung bemühen.

Weil die Entwicklungspolitik Teil der Friedenspolitik ist, fördert die BRD besonders die Kräfte des Ausgleichs. Totalitäre Staaten mit absolutem Herrschaftsanspruch werden nicht gefördert. Die Verwirklichung der Menschenrechte ist Ziel dieser Politik. Verstößt ein Staat gegen die Menschenrechte, so kann Entwicklungshilfe nicht geleistet werden.

Entwicklungspolitik darf nicht auf Entwicklungshilfe verkürzt werden. Sie muss ein Ganzes darstellen, das die soziale, ökonomische, ökologische und politische Entwicklung mit einschließt.

Terms of Trade:
Austauschverhältnis zwischen Importen und Exporten

Eines der größten Probleme für die Entwicklungsländer ist das Sinken der Rohstoffpreise. Weil die Fertigprodukte für die Entwicklungsländer gleichzeitig teurer werden, verschlechtert sich das Austauschverhältnis ständig. Diese Verschlechterung der **Terms of Trade** bringt die Entwicklungsländer immer tiefer in die Schuldenfalle.

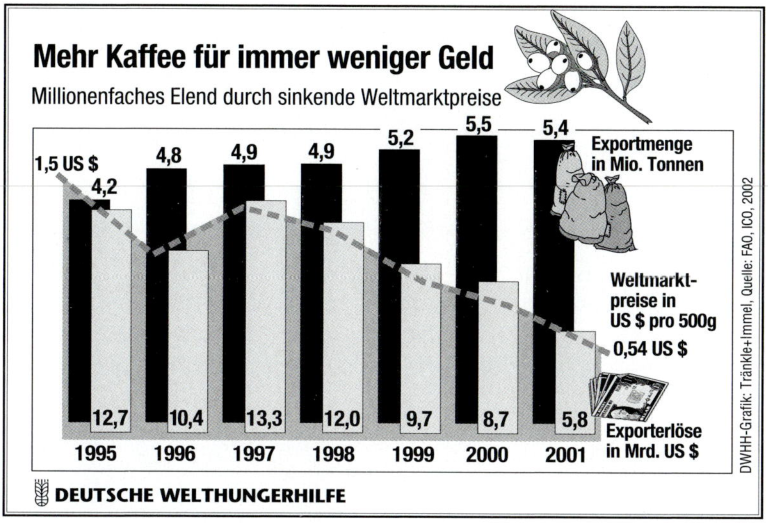

Die Grafik wurde nach 2001 nicht mehr fortgeführt, weil es danach ein unkalkulierbares Auf und Ab der Preise gegeben hat. Die Kernaussage der Grafik hat nach wie vor Gültigkeit.

Wie kann den ärmsten Menschen in totalitären Systemen geholfen werden? Sehen Sie Möglichkeiten?

Zusammenfassung

Deutschland leistet Entwicklungshilfe für unterentwickelte Länder. Dabei gilt der Grundsatz: „Hilfe zur Selbsthilfe". Damit soll aktive Friedenspolitik geleistet werden.

Unterentwicklung kann zu Migration führen. Die Armut wird verstärkt durch anhaltendes Bevölkerungswachstum in den Entwicklungsländern.

Wissens-Check

1. Wer gilt als arm?
2. Nennen Sie drei Klassen der Entwicklungsländer.
3. Nennen Sie die vier Ziele der deutschen Entwicklungspolitik.
4. Welche Ursachen der Unterentwicklung kennen Sie? Was sind deren Folgen?

Links

www.auswaertiges-amt.de

www.dwhh.de

6 Terrorismus

Terrorismus:
Das Verbreiten von Angst und Schrecken durch Anschläge und Gewaltmaßnahmen zur Erreichung bestimmter (politischer) Ziele

Fälschlicherweise wird die Unterentwicklung häufig als alleinige Ursache des Terrorismus betrachtet. Sie spielt eine Rolle, ist aber nicht die einzige Ursache. Es gibt viele Arten des Terrorismus. Einige Terrororganisationen treten nur regional auf. Andere agieren weltweit.

Foto: AP

Das World Trade Center (WTC) in Flammen

Pentagon:
Wörtlich: „Fünfeck"
Das auf einem fünfeckigen Grundriss errichtete amerikanische Verteidigungsministerium

Die Anschläge vom 11. September 2001 auf das WTC, das Symbol der internationalen Finanzwelt in New York, und das **Pentagon** in Washington sind die bisherigen Höhepunkte terroristischer Aktionen. Viele Menschen fanden den Tod, der Sachschaden war sehr hoch.

Durch ihre Gewaltakte wollen Terroristen Emotionen in der Bevölkerung wecken. Es geht ihnen nicht nur um materiellen Schaden. Sie erhoffen sich durch die Anschläge einerseits bei ihren Gesinnungsgenossen Sympathien zu erwerben und andererseits ihre Gegner in Angst und Schrecken zu versetzen. Terroristen provozieren gezielt die staatliche Macht und erwarten unangemessene Reaktionen des betroffenen Staates, um diesen bloßstellen zu können.

6.1 Internationaler Terrorismus

Bis in die späten 60er Jahre fanden terroristische Anschläge dort statt, wo der Konflikt bestand. Weltweite Anschläge wurden zuerst von der PLO (z.B. München 1972) durchgeführt. Das Ziel war es, den Konflikt zwischen Israel und Palästinensern zu einem internationalen Thema zu machen.

Internationale Zusammenschlüsse terroristischer Gruppen waren früher wenig erfolgreich. **Osama Bin Laden** ist es gelungen, ein islamisch-fundamentalistisches Netzwerk zu schaffen. Die von ihm gegründete **Al Qaida** hat Verbündete und Helfer in der ganzen Welt. In vielen Ländern des nahen und mittleren Ostens und in einigen afrikanischen Staaten werden Terroristen trainiert und auf die Anschläge vorbereitet. Die Al Qaida verfügt über selbstständig handelnde Gruppen in über 50 Ländern.

Osama Bin Laden:
Chef der Terrororganisation Al Qaida

Al Qaida:
Straff organisierte Terrororganisation von Osama Bin Laden

Nach dem Anschlag vom 11. September 2001 rief Osama Bin Laden in einer Videobotschaft zum Kampf der „Gläubigen gegen die Ungläubigen" auf:

Foto: AP

Osama Bin Laden in einer Videokonferenz

„Ich bezeuge, dass es keinen Gott außer Allah gibt, und Mohammed ist sein Prophet. Da ist Amerika, von Gott getroffen an einer seiner empfindlichsten Stellen. Seine größten Gebäude wurden zerstört, Gott sei Dank dafür (...)

(...) Als Gott eine der Gruppen des Islams segnete, Speerspitzen des Islams, zerstörten sie Amerika. Ich bete zu Gott, dass er sie erhöhen und segnen möge. Während ich spreche, werden Millionen unschuldiger Kinder getötet. Sie werden in Irak getötet, ohne Sünden zu begehen, und wir hören keine Verurteilungen oder eine **Fatwa** von der Führung. Dieser Tage suchen israelische Panzer Palästina heim – in Dschenin, Ramallah, Rafah, Beit Dschalla und an anderen Orten im Land des Islams, und wir hören niemanden, der seine Stimme erhebt oder sich einen Schritt bewegt (...)

Fatwa:
Rechtsauskunft zu Fragen der Scharia (dem islamischen Rechtssystem)

Als Menschen am Ende der Welt, in Japan, zu Hunderttausenden getötet wurden, Junge und Alte, wurde das nicht als Kriegsverbrechen betrachtet, sondern es gilt als etwas, das gerechtfertigt ist. Millionen Kinder in Irak, auch das ist etwas, das gerechtfertigt ist. Aber wenn sie Dutzende Menschen in Nairobi und Daressalam verlieren, wird Irak angegriffen und Afghanistan angegriffen. Die Heuchelei stand mit ganzer Macht hinter dem Kopf der Ungläubigen weltweit, hinter den Feiglingen dieses Zeitalters, Amerika und denen, die auf dessen Seite sind.

Diese Ereignisse haben die ganze Welt in zwei Lager geteilt: das Lager der Gläubigen und das Lager der Ungläubigen, möge Gott euch von ihnen fernhalten. Jeder Moslem muss danach drängen, seiner Religion zum Sieg zu verhelfen. Der Sturm des Glaubens ist gekommen. Der Sturm der Veränderung ist gekommen, um die Unterdrückung von Mohammeds Insel auszumerzen. Friede sei mit ihm (...)"

Quelle: http://www.pcpnet.com

1. Mit welchen Argumenten rechtfertigt Bin Laden den Anschlag?
2. Wie beurteilen Sie Bin Ladens religiöse Rechtfertigungen für den Anschlag?

6.2 Lösungsmöglichkeiten

Das Außenministerium der BRD ist in vielen Institutionen der Friedenssicherung aktiv. Hier leistet es den im Grundgesetz festgeschriebenen Beitrag zum Frieden.

Zur Lösung des Terrorproblems werden zwei Hauptvarianten diskutiert. Einige Länder bevorzugen militärische Aktionen gegen die Terroristen, wogegen andere Länder der Diplomatie den Vorzug geben.

Militärische Aktionen

Foto: dpa

Zerstörungen in Kabul

Nach dem Terroranschlag auf das WTC vom 11. September 2001 haben amerikanische und britische Kampfflugzeuge am 7. Oktober 2001 damit begonnen, Bomben über Afghanistan abzuwerfen.

Halten Sie Militärschläge gegen Terroristen für wirkungsvoll?

Begründen Sie Ihre Meinung.

Diplomatische Wege der Terrorbekämpfung

Nur eine internationale Zusammenarbeit kann terroristischen Aktivitäten wirkungsvoll begegnen. Deshalb sollte die UNO bei ihren Vorhaben gegen den Terror von allen Nationen vorbehaltlos unterstützt werden. Eine auf Interessenausgleich statt auf Interessendurchsetzung gerichtete Friedenspolitik ist nötig. Nur sie ist in der Lage, dem Terrorismus die Akzeptanz in gewissen Kreisen zu nehmen. Deshalb kann Friedensdiplomatie langfristig das stärkste Mittel im Kampf gegen den internationalen Terrorismus sein.

Foto: dpa

Runder Tisch: Diplomaten bei Friedensverhandlungen

Neue Weltwirtschaftsordnung

Neben anderen Ursachen ist die ungleiche Verteilung des Wohlstandes auf der Welt ein Auslöser für Terrorismus. Nicht jeder Terrorist kommt aus armen Verhältnissen, aber: Hoffnungslosigkeit und Verzweifelung beim täglichen Kampf um das Existenzminimum können für terroristische Parolen anfällig machen. Deshalb ist die Überwindung der Armut in der Welt auch ein Mittel gegen den Terrorismus.

Die Auslandsschulden der ärmsten Länder müssten erlassen werden. Die Schuldentilgung in diesen Ländern verschlingt das Geld, das dringend für Bildung und Gesundheitsvorsorge gebraucht würde. Dem **IWF** kommt eine Schlüsselrolle bei der Bewältigung der Schuldenprobleme zu. Meistens verordnet er den verschuldeten Ländern eine Kürzung der Staatsausgaben. Weil diese Maßnahmen die Notlage vieler Menschen in der Dritten Welt oft verschärfen, steht der IWF häufig in der Kritik.

IWF:
Internationaler Währungsfond

Zusammenfassung

Terroristische Anschläge waren in der Vergangenheit auf die Problemregion beschränkt. Mittlerweile agieren einige Terroristen weltweit.

Folgen des Terrorismus zeigen sich innerdeutsch (BRD) in Gesetzesverschärfungen, international auch in Kriegsdrohungen und Kriegsvorbereitungen.

Für den internationalen Terrorismus kann es keine nationalen Lösungen geben. Möglichkeiten seiner Bekämpfung sind militärische Aktionen, verstärkte diplomatische Aktivitäten und eine neue, gerechte Weltwirtschaftsordnung.

Wissens-Check

1. „Kein Land ist alleine in der Lage, den internationalen Terrorismus zu stoppen!" Warum ist diese Aussage richtig?
2. Welche Umstände sind für Migration und Terrorismus gleichermaßen verantwortlich?

Links

www.besserewetltlinks.de

www.bundesstiftung-friedensforschung.de

Freistaat Bayern – politisch

Oberbayern	Niederbayern	Oberpfalz	Oberfranken	Mittelfranken	Unterfranken	Schwaben

Bundesrepublik Deutschland – politisch

Europa – politisch

Welt – politisch

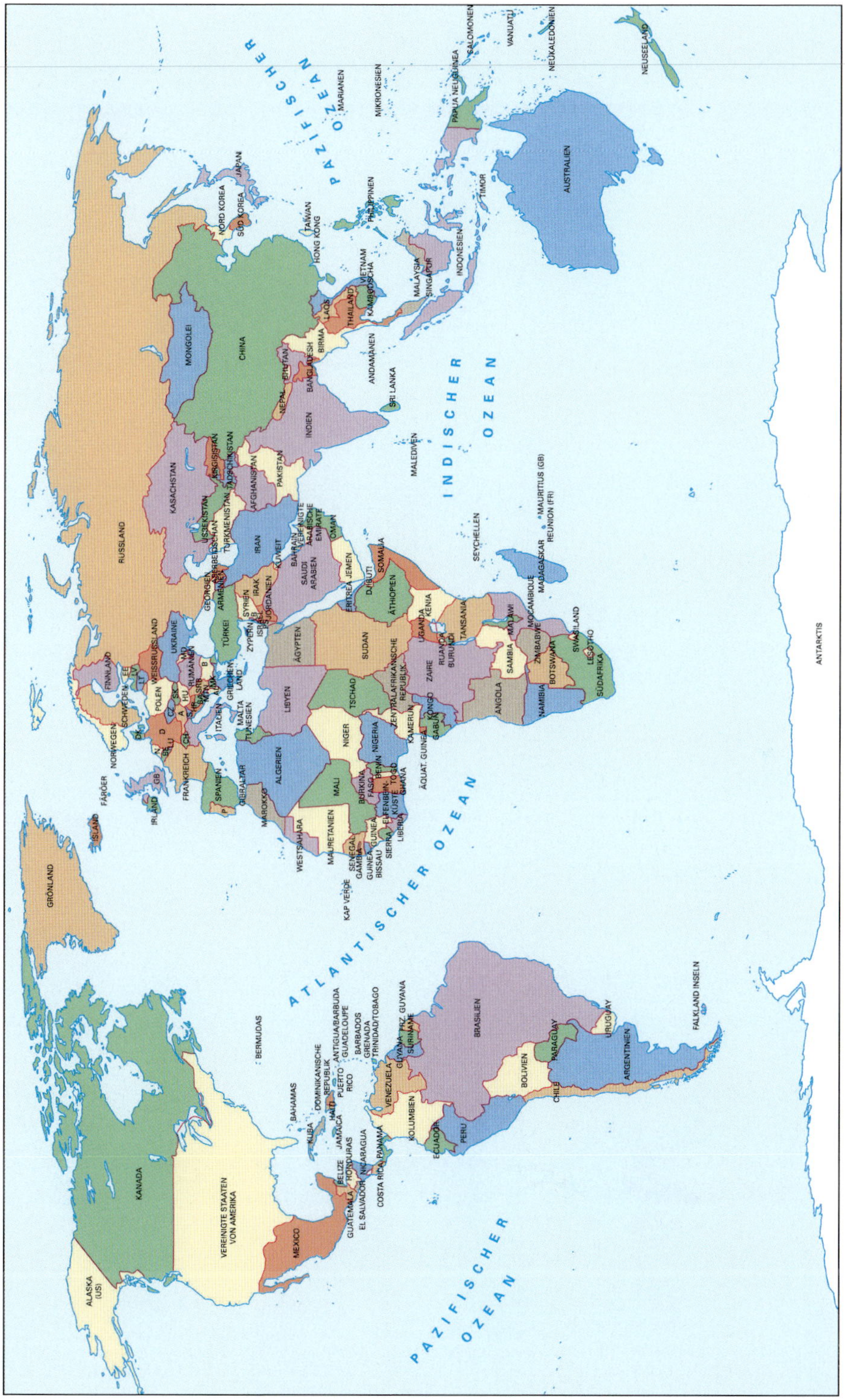

A

B

C

D

E